Anlegerschutz durch die Regulierung von Investmentvermögen und Corporate Governance

Schriftenreihe zum Gesellschafts- und Kapitalmarktrecht

Herausgegeben von Lutz Michalski,
Axel Jäger und Klaus-Rudolf Wagner

Band 41

PL ACADEMIC RESEARCH

Katja Scharkowski

Anlegerschutz durch die Regulierung von Investmentvermögen und Corporate Governance

Eine rechtsvergleichende Studie des deutschen und britischen Investmentrechts

PL ACADEMIC RESEARCH

Bibliografische Information der Deutschen Nationalbibliothek
Die Deutsche Nationalbibliothek verzeichnet diese Publikation in der Deutschen Nationalbibliografie; detaillierte bibliografische Daten sind im Internet über http://dnb.d-nb.de abrufbar.

Zugl.: Hamburg, Bucerius Law School, Diss., 2012

H 360
ISSN 1619-117X
ISBN 978-3-631-64066-1

PL Academic Research ist ein Imprint der Peter Lang GmbH

www.peterlang.de

Meinen Eltern

DANKSAGUNG

Meinem Doktorvater Herrn Prof. Dr. Rüdiger Veil möchte ich herzlichst für die wohlwollende Begleitung meines Promotionsverfahrens danken. Für die zügige Erstellung des Zweitgutachtens danke ich Herrn Prof. Dr. Matthias Jacobs.

Bedanken möchte ich mich zudem bei allen, die mich bei dem Verfassen der Arbeit unterstützt haben, insbesondere bei Evelyn Woitge und Dana Constantin für ihre Kritik und Anregungen. Mein Dank für die Hilfe bei der Endredaktion gilt Serjoscha Ostermeyer, Eva Lüdemann und Simone Dux. Weiterhin bedanke ich mich bei Dr. Matthias Kiesselbach und Oliver Strutynski für die technische Beratung und Unterstützung.

Adam Parmenter danke ich für seine konstante Unterstützung und die pragmatische Perspektive auf das britische Recht und meine Arbeit.

Mein besonderer Dank gilt meiner Familie, für ihre unentwegte moralische und tatkräftige Unterstützung. Gerade das Interesse und die Anteilnahme meines Großvaters waren ein steter Ansporn für die zügige Fertigstellung der Arbeit.

Inhaltsverzeichnis

Abkürzungsverzeichnis

Abl.	Amtsblatt
a.F.	alte Fassung
AG	Aktiengesellschaft, Die Aktiengesellschaft
AktG	Aktiengesetz
AöR	Archiv des öffentlichen Rechts
Art.	Artikel
Aufl.	Auflage
AuslInvG	Auslandsinvestmentgesetz
BaFin	Bundesanstalt für Finanzdienstleistungen
BAKred	Bundesaufsichtsamt für das Kreditwesen
BB	Betriebsberater
Bd.	Band
BGB	Bürgerliches Gesetzbuch
BGBl.	Bundesgesetzblatt
BGH	Bundesgerichtshof
BGHZ	Entscheidungen des Bundesgerichtshofes in Zivilsachen
BKR	Zeitschrift für Bank- und Kapitalmarktrecht
BNatSchG	Bundesnaturschutzgesetz
BörsG	Börsengesetz
BT-Drs.	Bundestagsdrucksache

BuB Bankrecht und Bankpraxis

BVerfG Bundesverfassungsgericht

BVerfGE Entscheidungen des Bundesverfassungsgerichts

BVI Bundesverband Investment und Asset Management e.V.

CESR Committee of European Securities Regulators

Ch. Chapter

CIS Collective Investment Schemes

COBS Conduct of Business Rules

COLL Collective Investment Schemes Sourcebook

CP Consultation Paper

DCGK Deutscher Corporate Governance Kodex

DB Der Betrieb

DerivateV Derivateverordnung

ders. derselbe

DÖV Die Öffentliche Verwaltung

DVBl Deutsches Verwaltungsblatt

EU Europäische Union

EuZW Europäische Zeitschrift für Wirtschaftsrecht

f. folgende

ff. fortfolgende

FinDAG Gesetz über die Bundesanstalt für Finanzdienstleistungsaufsicht

FMFG Finanzmarktförderungsgesetz

FPO Financial Services & Markets Act 2000 (Financial Promotion) Order 2005

FSA Financial Services Authority

FSMA 2000 Financial Services and Markets Act

GenG Gesetz betreffend die Erwerbs- und Wirtschaftsgenossenschaften

GG Grundgesetz

GmbH Gesellschaft mit beschränkter Haftung

GmbHG Gesetz betreffend die Gesellschaften mit beschränkter Haftung

GWB Gesetz gegen Wettbewerbsbeschränkungen

Halbbd. Halbband

HGB Handelsgesetzbuch

InvG Investmentgesetz

InvÄndG Investmentänderungsgesetz

InvPrüfbV Investment-Prüfungsberichtsverordnung

i.S.d. im Sinne des/der

JuS Juristische Schulung

JZ Juristenzeitung

KAG Kapitalanlagegesellschaft

KAGG Gesetz über Kapitalanlagegesellschaften

KID Key Information Document

KWG Kreditwesengesetz

LiqV Liquiditätsverordnung

Ltd. Limited

MaRisk Mindestanforderungen an das Risikomanagement

MiFiD Markets in Financial Instruments Directive

MMR Multimedia und Recht

m.w.N. mit weiteren Nachweisen

NJW Neue Juristische Wochenschrift

Nr. Nummer

NVwZ Neue Zeitschrift für Verwaltungsrecht

NZG Neue Zeitschrift für Gesellschaftsrecht

OEIC Open-ended Investment Company

OGAW Organismen für gemeinsame Anlagen in Wertpapieren

OLG Oberlandesgesitz

ÖPP Öffentlich-Private Partnerschaft

OVG Oberverwaltungsgericht

PERG Perimeter Guidance Manual

PRIN The Principles

QIS Qualified Investor Scheme

RGBl Reichsgesetzblatt

Rn. Randnummer

SRI Synthetic Risk Indicator

S. Satz, Section

ss. sections

SEC Securities and Exchange Commission

TER Total Expense Ratio

TKG Telekommunikationsgesetz

u.a. und andere

UCITS Undertakings for Collective Investments in Transferable Securities

UK United Kingdom

USA	United States of America
VersR	Versicherungsrecht
VG	Verwaltungsgericht
VGH	Verwaltungsgerichtshof
Vgl.	Vergleiche
WM	Wertpapiermitteilung
WpHG	Wertpapierhandelsgesetz
WpPG	Gesetz über die Erstellung, Billigung und Veröffentlichung des Prospekts, der beim öffentlichen Angebot von Wertpapieren oder bei der Zulassung von Wertpapieren zum Handel an einem organisierten Markt zu veröffentlichen ist
z.B.	zum Beispiel
ZBB	Zeitschrift für Bankrecht und Bankwirtschaft
ZFBF	Zeitschrift für betriebswirtschaftliche Forschung
ZfgK	Zeitschrift für das gesamte Kreditwesen
ZGR	Zeitschrift für Unternehmens- und Gesellschaftsrecht
ZHR	Zeitschrift für das gesamte Handels- und Wirtschaftsrecht
ZIP	Zeitschrift für Wirtschaftsrecht
ZUR	Zeitschrift für Umweltrecht

1 Einführung

1.1 EINLEITUNG

Die Kapitalanlage in Investmentvermögen hat eine hohe gesellschaftliche Relevanz. Diese resultiert nicht nur aus dem Boom von Hedgefonds der letzten Jahre, sondern vornehmlich aus der steigenden Bedeutung der privaten Altersvorsorge. 28,3 % aller deutschen Haushalte, also 9,3 Millionen, halten Anteile an Investmentvermögen,[1] durchschnittlich jeweils 1,8 verschiedene Arten von Investmentvermögen.[2] Die Verbreitung der privaten Altersvorsorge in Form von Kapitalanlagen in Investmentvermögen wird durch die Einführung von staatlichen subventionierten Modellen wie der Riester-Rente gefördert. So hat sich in den letzten fünf Jahren der Anteil reiner Investmentfondsverträge an den abgeschlossenen „Riester-Renten" von circa sieben auf rund 20 % gesteigert.[3] Zudem hat die Anlage in Investmentvermögen für private Haushalte eine besondere Relevanz, da oftmals deren zukünftiges wirtschaftliches Wohlergehen von der Wertentwicklung ihrer Investmentvermögensanteile abhängt.[4]

Trotz der hohen Bedeutung der Vermögensanlage werden Privatkunden oft Probleme haben, die Risiken von Anlageformen einzuschätzen und eine informierte Auswahl unter den verschiedenen Anlagemöglichkeiten zu treffen. Tätigen sie eine Anlage in Investmentvermögen, so wird es Ihnen häufig nicht möglich sein, die Entwicklung ihrer Vermögensanlage derart zu überwachen, dass sie im Falle eines Verlustrisikos Maßnahmen ergreifen können, um das Eintreten eines Verlusts zu verhindern.

Bislang fehlt es an Studien, die sich mit dem Entscheidungsverhalten von Privatkunden bezüglich der Anlage in Investmentvermögen und dem

1 *Bundesverband Investment und Asset Management (BVI)*, Grundlagenstudie Investmentfonds 2009, S. 5.
2 *BVI*, Grundlagenstudie Investmentfonds 2009, S. 8.
3 *BVI*, Investmentinformation, 8. Februar 2010.
4 Vgl. *Llewellyn*, The economic rationale for financial regulation, S. 37.

weiteren Umgang mit der Anlage beschäftigen und so die aus mangelnden Kenntnissen resultierenden Risiken für die Privatkunden empirisch aufzeigen. Allerdings zeigen Studien zum allgemeinen Verhalten von Privatkunden in wirtschaftlichen Zusammenhängen und insbesondere bei Investitionen am Kapitalmarkt, dass erhebliche Probleme auftreten, fundierte Entscheidungen zu treffen. Aus diesen Studien kann abgeleitet werden, dass vergleichbare Probleme auch im Umgang von Privatkunden mit Investmentvermögensanteilen auftreten könnten, da diese eine mindestens ebenso komplexe Anlageentscheidung und fortlaufende Aufmerksamkeit erfordern wie andere Wertpapiere.

Daher soll sich diese Arbeit mit der Frage des Anlegerschutzes für Privatkunden befassen. Anlegerschutz im Investmentvermögensrecht ist eine komplexe Materie, in die verschiedenste Aspekte hineinspielen. So ist zwischen den Ebenen des Anlegerschutzes bei der Anlageentscheidung und nach der Anlageentscheidung sowie während der Laufzeit der Anlage in Investmentvermögen zu differenzieren. Für den Anlegerschutz bei der Anlageentscheidung sind Publizitätsmaßnahmen, sowie die regulative Ausgestaltung von Investmentvermögen von Bedeutung. Auch spielt die Anlageberatung eine Rolle, welche jedoch nicht Thema dieser Arbeit sein soll. Nach der Anlageentscheidung wird die Effizienz des Anlegerschutzes durch die Ausgestaltung des rechtlichen Rahmens der Investmentvermögen, die Funktionalität der internen Kontrolle in der KAG sowie die Kontrolle durch die Depotbank und BaFin beeinflusst.

1.2 GEGENSTAND DER UNTERSUCHUNG

Die Zielsetzung dieser Arbeit ist es, eine systematische Analyse des Anlegerschutzes im deutschen Investmentrecht vorzunehmen, um bestehende Schutzdefizite zu ermitteln und Verbesserungsvorschläge für den Anlegerschutz zu erarbeiten.

Dafür sollen im Wege der Rechtsvergleichung die deutschen Anlegerschutzregelungen, mit den Anlegerschutzinstrumenten des englischen Rechts verglichen werden. Aus diesem Vergleich sollen als Ergebnis Regulierungsvorschläge für ein verbessertes Anlegerschutzsystem in Deutschland erarbeitet werden. Hierfür sollen auch die volkswirtschaftlichen und psychologischen Erkenntnisse zum menschlichen Entscheidungsverhalten in wirtschaftlichen Kontexten berücksichtigt werden.

Innerhalb des Investmentrechts soll der Fokus auf den Investmentvermögen in Form von Sondervermögen liegen, da die Investment AG keine große praktische Relevanz aufweist und sich bei Sondervermögen komplexere Anlegerschutzprobleme ergeben.

1.3 GANG DER UNTERSUCHUNG

Der Gang der Untersuchung teilt sich in vier Abschnitte, erstens die Analyse des generellen Bedürfnisses für Anlegerschutz und zweitens der Effizienz des bestehenden Anlegerschutzes durch Publizität. Der dritte Abschnitt beschäftigt sich mit der Frage, wie Anlegerschutz durch Regulierung verbessert werden kann und abschließend werden die Corporate Governance-Strukturen auf ihre Anlegerschutzeffizienz hin beleuchtet.

Um die Erforderlichkeit von Anlegerschutz und die Anlegerschutzinstrumente zu diskutieren, sind zunächst die Grundlagen des Investmentvermögensrechts sowie die Gründe für die Nutzung von Investmentvermögen darzustellen.

2 Grundlagen des Investmentrechts

2.1 GRUNDLAGEN DES INVESTMENTRECHTS

2.1.1 *Hintergrund des Investmentrechts*

Die ursprüngliche Funktion des Investmentrechts war und ist, Anlegern auch mit kleinem Kapitaleinsatz einen Zugang zum Kapitalmarkt zu eröffnen,[1] ohne sie in vollem Umfang den Gefahren der Anlage am Kapitalmarkt auszusetzen.[2] Investmentvermögen sind daher Kapitalsammelstellen, deren Kapital durch ein erfahrenes Management nach dem Grundsatz der Risikostreuung in verschiedene Vermögenswerte angelegt wird, um einen möglichst hohen Ertrag für die Anleger zu erzielen.[3] Gerade aber Anlageprodukte mit hohen Renditechancen bergen oftmals ein hohes Risiko.[4]

2.1.2 *Kollektive Kapitalanlage nach den Grundsätzen der Risikomischung*

Investmentvermögen sind gemäß § 1 S. 2 InvG Vermögen zur gemeinschaftlichen Kapitalanlage, die nach dem Grundsatz der Risikomischung in Vermögensgegenstände im Sinne des § 2 IV InvG angelegt sind. Eine gemeinschaftliche Kapitalanlage liegt vor, wenn die Vermögensmasse mehr als einen Anleger haben kann.[5] Der Begriff „Anleger" wird im InvG nicht

---

1 *Schnyder*, in Münchener Kommentar zum BGB, Internationales Kapitalmarktrecht, Rn. 168; *Kümpel*, Bank- und Kapitalmarktrecht, Rn. 12.2.

2 *Beckmann*, in Beckmann/Scholtz, Investment, 409 Einleitung, Rn. 1.

3 Vgl. *Köndgen* in Schimansky/Bunte/Lwowski, Bankrechts-Handbuch, § 113 Rn. 1 f.; *Kasberg*, Steuerliche Aspekte der Investment-Aktiengesellschaft, S. 3; vgl. *Beckmann*, in Beckmann/Scholtz, Investment 409, Einleitung Rn. 1; so auch *Müller*, Die Investmentgesellschaft, S. 13.

4 *Boutonnet*, Portfolio-Optimierung – Die Mischung macht's, Kurs 2007, S. 38.

5 Vgl. *BaFin*, Rundschreiben 14/2008, im Kontext von ausländischen Investmentvermögen.

definiert. Allerdings lässt er sich historisch herleiten. In § 1 I KAGG wurde noch der Begriff Anteilsinhaber verwandt und als jeder Einleger definiert. Das InvG weicht von dieser Definition sachlich nicht ab, so dass ein Anleger jede natürliche und juristische Person ist, welche einen bestimmten Geldbetrag in Höhe des Ausgabepreises gemäß § 23 II S. 1 InvG in ein Sondervermögen einlegt und einen Anteil an diesem Sondervermögen erwirbt.[6]

2.1.3 *Grundlagen der Investmentvermögensgestaltung*

Investmentvermögen können verschieden organisiert sein. Die in Deutschland üblichste Investmentvermögensvariante ist die vertragliche Investmentfondsgestaltung. Sie hat die Form einer Treuhandkonstruktion, deren dingliche und insolvenzrechtliche Grundlage das Sondervermögen darstellt.[7] Die Sondervermögen werden von einer Kapitalanlagegesellschaft (KAG) verwaltet. Die KAG ist für das Fondsmanagement zuständig. Die Verwahrung des Sondervermögens obliegt der Depotbank, die eine Kontrollfunktion gegenüber der KAG inne hat.

Investmentvermögen können auch als Investmentaktiengesellschaften (Investment-AG) ausgestaltet sein. Investment-AGs sind in der Praxis jedoch absolut unüblich. Daher liegt der Fokus dieser Arbeit auf den Investmentvermögen in Form von Sondervermögen.

2.1.3.1 *Sondervermögen*

Die KAG hat das Vermögen der Anleger getrennt von ihrem eigenen Vermögen zu halten (sogenanntes „Sondervermögen“).[8] Das Sondervermögen schafft die dinglichen[9] und die insolvenzrechtlichen Voraussetzungen für die treuhänderische Verwaltung[10] des Anlage-Portfolios durch die KAG.[11]

6 *Bartz,* in Derleder/Knops/Bamberger, Handbuch zum deutschen und europäischen Bankrecht, § 50 Rn. 23.

7 *Roth,* Treuhandmodell des Investmentrechts, S. 129 ff.; *Köndgen/Schmies* in Schimansky-/Bunte/Lwowski, Bankrechts-Handbuch, § 113 Rn. 57.

8 § 30 I S. 2 InvG.

9 Präziser wäre es von „verfügungsrechtlichen“ Voraussetzungen zu sprechen, vgl. *Roth,* Treuhandmodell des Investmentrechts, S. 129 ff.

10 Grundlegend hierzu *Roth,* Treuhandmodell des Investmentrechts, S. 129 ff.

11 *Köndgen/Schmies* in Schimansky/Bunte/Lwowski, Bankrechts-Handbuch, § 113 Rn. 57.

Sondervermögen weisen[12] drei Strukturmerkmale auf:[13] Erstens die Trennung des Sondervermögens vom Allgemeinvermögen, insbesondere durch Verfügungs- und Verwaltungsbeschränkungen zu Lasten des Vermögensinhabers, also der KAG. Zweitens die Bestandserhaltung des Sondervermögens, insbesondere durch Surrogation. Drittens eine Haftungssonderung, welche auch im Falle einer Insolvenz durchgehalten wird.[14]

2.1.3.2 *Verwaltung des Sondervermögens durch die KAG*

Kapitalanlagegesellschaften sind Gesellschaften, deren Geschäftsbereich darauf gerichtet ist, Sondervermögen zu verwalten und Dienstleistungen oder Nebendienstleistungen[15] zu erbringen.[16] Die KAG ist zwingend entweder als Aktiengesellschaft (AG) oder als Gesellschaft mit beschränkter Haftung (GmbH) zu organisieren.[17] Sie ist verpflichtet, einen Aufsichtsrat zu bestellen, gleich ob sie die Rechtsform der AG[18] oder der GmbH hat. Das InvG schreibt auch bei der Verwendung der Gesellschaftsform einer GmbH für die KAG einen Aufsichtsrat zwingend vor.[19] Die KAGen unterliegen der Aufsicht durch die BaFin.[20]

Die KAG verwaltet das Sondervermögen auf Basis einer Vielzahl von Investmentverträgen, die sie mit den Anlegern in Form vorformulierter und von der Aufsichtsbehörde genehmigter Vertragsbedingungen abschließt.[21] Sie ist verpflichtet, im ausschließlichen Interesse ihrer Anleger und der Integrität des Marktes zu handeln.[22] Zudem hat sie ihre Tätigkeit mit der gebotenen Sachkenntnis, Sorgfalt und Gewissenhaftigkeit im besten Interesse der von ihr verwalteten Sondervermögen und der Integrität des Marktes auszuüben und sich um die Vermeidung von Interessenkonflikten

12 Es ist allerdings zu berücksichtigen, dass Sondervermögen nicht immer vom Privatrecht gleich ausgestaltet sind, die Strukturmerkmale sind jedoch allen Sondervermögen gemein.

13 Zur Dogmatik der Sondervermögen grundsätzlich, *Enneccerus/Nipperdey*, Allgemeiner Teil des Bürgerlichen Rechts, 1. Halbbd., § 132.

14 Diese als Hauptfunktion der Miteigentumslösung bezeichnend, *Caemmerer*, Kapitalanlage und Investmentgesellschaften, JZ 1958, 41 (46).

15 Gemäß § 7 II InvG.

16 Vgl. § 6 I S. 1 InvG

17 § 6 I S. 2 InvG.

18 Die Verpflichtung zur Bestellung eines Aufsichtsrates bei der AG folgt bereits aus §§ 30 ff., 95 ff. AktG.

19 § 6 III InvG.

20 § 5 S. 1 InvG.

21 *Fock*, Das neue Recht der Investmentaktiengesellschaft, BB 2006, 2371.

22 § 9 II Nr. 1 InvG.

zu bemühen.[23] Treten unvermeidliche Interessenkonflikte auf, hat sie dafür zu sorgen, dass unvermeidliche Konflikte unter der gebotenen Wahrung der Interessen der Anleger gelöst werden.[24]

2.1.3.3 *Depotbank*

Die Depotbank muss ein Kreditinstitut sein, das seinen Sitz in Deutschland hat. Sie muss zum Einlagen- und Depotgeschäft zugelassen sein.[25]

Die Depotbank verwahrt das Sondervermögen, das die KAG verwaltet. Es erfolgt eine organisatorische Trennung von Portfolio-Verwaltung und Portfolio-Verwahrung, die der institutionellen Absicherung der Integrität des Sondervermögens dient.[26] Zudem übt die Depotbank eine Rechtmäßigkeitskontrolle hinsichtlich der Handlungen der KAG aus. Die Depotbank ist berechtigt und verpflichtet, gegebenenfalls Ansprüche der Anteilsinhaber gegen die KAG geltend zu machen. Im Falle einer Zwangsvollstreckung in das Sondervermögen hat sie eine Drittwiderspruchsklage nach § 771 ZPO zu erheben.[27] Die Depotbank muss unabhängig von der KAG und im ausschließlichen Interesse der Anleger handeln. Sie hat eine Schutzfunktion zugunsten von Sondervermögen und Anteilsinhabern.[28] Die Depotbank erhält eine Vergütung aus dem Sondervermögen.[29]

2.1.3.4 *Typische Probleme des Investmentrechts*

Bei Investmentvermögen treten aufgrund der Dreiecksstruktur zwischen KAG, Depotbank und Anlegern Interessenkonflikte auf. Kern der Interessenkonflikte ist der Umstand, dass die Anleger in der Regel keine Gesellschafter der KAG sind. Sie können daher nicht innerhalb der Gesellschaft Einfluss nehmen. Es bestehen zudem strukturelle Schwierigkeiten der Anleger, die Fondsverwaltung zu kontrollieren. Bei Sondervermögen erfolgt daher eine Kontrolle des Handelns der Geschäftsleitung der KAG durch ihren Aufsichtsrat, die Depotbank, durch einen Abschlussprüfer sowie

---

23 § 9 II Nr. 2 f. InvG.

24 § 9 II Nr. 3 InvG.

25 § 20 I S. 2 InvG.

26 *Köndgen/Schmies* in Schimansky/Bunte/Lwowski, Bankrechts-Handbuch, § 113 Rn. 61; *Beckmann*, in Beckmann/Scholtz, Investment 410 § 2 Rn. 138.

27 § 28 I InvG.

28 *Baur* in Assmann/Schütze, Handbuch des Kapitalanlagerechts § 20 Rn. 275

29 § 29 II InvG.

die BaFin. Diese zahlreichen Kontrollorgane sollen sicherstellen, dass die Verwaltung des Anlagevermögens im Interesse der Anleger erfolgt.

Trotzdem können in der Praxis bei der Verwaltung von Investmentvermögen vielfältige Interessenkonflikte auf verschiedenen Ebenen auftreten. Es besteht die Möglichkeit, dass Interessenkonflikte in der KAG bestehen, wobei hier zu differenzieren ist: Eigene Interessen der KAG können mit denen der Anleger konfligieren, Interessen von Mitarbeitern der KAG und nicht in der KAG liegende Interessen der Gesellschafter der KAG können einen Interessenkonflikt bewirken. Des Weiteren kann es zu Konflikten zwischen den Interessen der Anleger verschiedener, von einer KAG verwalteter, Sondervermögen kommen. Konflikte können insbesondere auftreten, wenn eine Investition in Anlagegegenstände wie etwa Immobilien nur durch ein Sondervermögen möglich ist, die Anlage aber für mehrere Sondervermögen in Betracht kommt. Innerhalb der KAG kann entweder die Geschäftsleitung in ihren Leitungshandlungen von Interessenkonflikten betroffen sein oder die Mitglieder des Aufsichtsrates in der Ausübung ihrer Aufsichtsfunktion über die Geschäftsleitung.

Weiterhin können Interessenkonflikte zwischen der Depotbank und den Anlegern auftreten, die bewirken, dass die Depotbank ihre Kontroll- und Verwahrfunktion nicht im Interesse der Anleger wahrnimmt. Zwischen KAG und Depotbank bestehen regelmäßig konzernrechtliche Verflechtungen,[30] aus denen die Gefahr von Interessenkonflikten resultiert.[31]

2.1.4 *Risikodiversifizierung*

Die Risikomischung oder -streuung ist ein Kernelement von Investmentvermögen. Der objektive Geschäftszweck der Investmentvermögen muss die Risikomischung sein.[32] Die Ratio der Risikomischung ist, das Risiko der einzelnen Anlage zum Schutz der Anleger zu verringern.[33] Risikomischung bedeutet, dass die Anlage in einer größeren Anzahl von verschiedenartigen

30 Empirisch belegt bei *König*, Anlegerschutz im Investmentrecht, S. 44 f., 127 f.

31 *Immenga*, Ordnungspolitische Möglichkeiten des Investmentprinzips, S. 24; *Möllers/Wenninger*, Schriftliche Stellungnahme zum Gesetzesentwurf der Bundesregierung „Entwurf eines Gesetzes zur Änderung des Investmentgesetzes und zur Anpassung anderer Vorschriften" (Investmentänderungsgesetz – InvÄndG, BT-Drs. 16/5576) sowie dem Antrag der Fraktion Bündnis 90/Die Grünen „offene Immobilienfonds – Marktstabilität sichern, Anlegervertrauen stärken" (BT-Drs. 16/662), S. 1 ff.

32 Vgl. *BaFin*, Rundschreiben 14/2008.

33 *Schnyder*, in Münchener Kommentar zum BGB, Internationales Kapitalmarktrecht, Rn. 184; *Trautmann*, Investitionen, S. 117.

Vermögensgegenständen wie etwa Bankguthaben, Wertpapiere, Geldmarktinstrumente, Derivate, Investmentanteile oder Immobilien erfolgt.[34] Regelmäßig wird sie dann angenommen, wenn das Vermögen in mehr als drei Vermögensgegenständen mit unterschiedlichen Anlagerisiken angelegt ist.[35]

Diese Anforderung basiert auf den Erkenntnissen der Portfoliotheorie.[36] Die Portfoliotheorie legt ihren Fokus auf den Effekt des Erwerbs eines Wertpapiers im Bezug auf das gesamte Portfolio anstatt auf die Charakteristika eines einzelnen Wertpapiers.[37] Die Risikomischung erfolgt deshalb durch eine Portfoliodiversifizierung. Durch diese soll eine für die Investoren ideale Balance zwischen Risiken und Erträgen geschaffen werden,[38] da die Portfoliodiversifizierung grundsätzlich zu einer Risikominderung führt, ohne dass die Renditeerzielung negativ beeinträchtigt wird.[39] Eine zufällige Herbeiführung einer Risikomischung genügt nicht, wenn für die Zusammensetzung des Investmentvermögens andere Faktoren als die Herbeiführung einer Risikomischung ausschlaggebend sind.[40]

2.1.4.1 *Kapitalbündelung als Voraussetzung der Risikomischung*

Ein wirtschaftliches Bedürfnis für Investmentsparen besteht besonders für Anlegerkreise, die auf Grund der Höhe ihres Kapitals oder mangels Fachkenntnissen selbst keine risikostreuende Anlagepolitik verfolgen kön-

---

34 *Baur* in Assmann/Schütze, Handbuch des Kapitalanlagerechts, § 20 Rn. 319.

35 Vgl. *BaFin*, Rundschreiben 14/2008, bzgl. ausländischer Investmentvermögen.

36 Siehe zu den Grundlagen der Portfoliotheorie, *Markowitz*, Portfolio Selection, 7 Journal of Finance (1952), 77; zu den theoretischen Grundlagen von Anlageentscheidungen bei Ungewissheit über die Entwicklung des Wertes der Anlagegegenstände, *Arrow*, Alternative approaches to the theory of choice in risk-taking situations, 19 Econometrica (1951), 404 (433); *Tobin*, Liquidity Preferences as behavior towards, 25 Review of Economic Studies (1958), 65 (66 ff.)

37 *Fox*, Securities Disclosure in a Globalizing Market: Who should regulate whom, 95 Michigan Law Review (1997), 2498 (2510); *Franke/Hax*, Finanzwirtschaft des Unternehmens und Kapitalmarkt, S. 315; vgl. *Trautmann*, Investitionen, S. 117.

38 *Lajili-Jarjir/Rakotondratsimba*, The number of securities giving the maximum return in the presence of transaction costs, 42 Quality Quantity (2008), 613.

39 Vgl. *Markowitz*, Portfolio Selection, 7 Journal of Finance (1952), 77; *Posner*, Economic Analysis of Law, S. 192; *Fox*, Securities Disclosure in a Globalizing Market: Who should regulate whom, 95 Michigan Law Review (1997), 2498 (2510); *Sharpe/Alexander*, Investments. S. 11; vgl. *Franke/Hax*, Finanzwirtschaft des Unternehmens und Kapitalmarkt, S. 315 f.; *Spremann*, Portfoliomanagement, S. 4; siehe auch zu den Grundannahmen der Portfoliotheorie, *Laux*, Risikoteilung, Anreiz und Kapitalmarkt, S. 121 ff.; *Maginn/Tuttle-/McLeavey/Pinto*, Managing Investment Portfolios, S. 4.

40 Vgl. *BaFin*, Rundschreiben 14/2008.

nen.[41] Bei kleinem Kapitaleinsatz ist eine diversifizierte, unter Risiko- und Chancenverteilungsgesichtspunkten wirtschaftlich ausgewogene Anlagestrategie nicht möglich.[42] Durch die kollektive Kapitalanlage in Investmentvermögen wird daher Kapital gebündelt und so eine Risikostreuung ermöglicht, die den einzelnen Anlegern in dem Umfang nicht offen stünde.

2.1.4.2 *Die Grenzen der Risikominderung durch Portfoliodiversifizierung*

Die Möglichkeit Risiken durch Portofoliodiversifizierung zu reduzieren stößt jedoch an Grenzen.[43] Für die Wertentwicklung eines Anlageportfolios sind verschiedene Arten von Risiken relevant. Bei den mit einer Kapitalanlage verbundenen Risiken werden zwei Risikoarten unterschieden: Die unsystematischen oder „Alpha"-Risiken, welche die Risiken umfassen, die keinerlei Bezug zum Markt aufweisen und die systematischen oder „Beta"-Risiken, welche in einer absoluten Korrelation mit dem Markt stehen.[44] Vereinfacht gesagt, sind die unsystematische Risiken solche Risiken, die spezifisch mit dem Emittenten verknüpft sind. Systematische Risiken sind hingegen Marktrisiken. Portfoliodiversifizierung kann den Effekt unsystematischer Risiken einzelner Wertpapiere auf das Gesamtrisiko eines Portfolios beschränken, da solche Risiken für das einzelne Wertpapier unabhängig von den unsystematischen Risiken anderer Wertpapiere sind und sie sich so ausgleichen können.[45] Risikomischung kann aber nicht systematische Risiken eliminieren. Wenn einzelne Wertpapiere auf Grund von Faktoren von ihrem antizipierten Ertrag abweichen, die auf systematischen Risiken basieren, weichen im Allgemeinen alle Wertpapiere in dieselbe Richtung von ihren erwarteten Erträgen ab.[46] Der risikomindernde Effekt von Portfoliodiversifizierung findet demgemäß seine Grenzen bei einem Auftreten systematischer Risiken.

---

41 *Canaris*, Bankvertragsrecht, Rn. 2326; ähnlich *Kümpel*, Bank- und Kapitalmarktrecht, Rn. 12.3.

42 Vgl. *Canaris*, Bankvertragsrecht, Rn. 2326; *Kümpel*, Bank- und Kapitalmarktrecht, Rn. 12.2.

43 *Sharpe*, A Simplified Model for Portfolio Analysis, 9 Management Science (1963), 277 (279); *Lorie*, in Lorie/Hamilton, The Stock Market: Theories and Evidence, 108 ff.

44 Vgl. hierzu *Malkiel*, A Random Walk down Wall Street, S. 208 ff.; *Fox*, Securities Disclosure in a Globalizing Market: Who should regulate whom, 95 Michigan Law Review (1997), 2498 (2511); *Coffee*, Market failure and the economic case for a Mandatory Disclosure System, 70 Virginia Law Review (1984), 717 (748).

45 *Fox*, Securities Disclosure in a Globalizing Market: Who should regulate whom, 95 Michigan Law Review (1997), 2498 (2511).

46 *Fox*, Securities Disclosure in a Globalizing Market: Who should regulate whom, 95 Michigan Law Review (1997), 2498 (2511); *Kümpel*, Bank- und Kapitalmarktrecht, Rn. 12.4.

2.1.5 *Die Transaktionskosten*

Eine weitere Konsequenz der kollektiven Kapitalanlage ist die Senkung der Transaktionskosten für die einzelne Vermögensanlage. Transaktionskosten sind die Kosten, die aus einer Übertragung einer Sache oder einer Dienstleistung resultieren.[47] Sie folgen aus Marktversagen und werden als die Kosten beschrieben, die durch das Betreiben des ökonomischen Systems entstehen.[48] Mit dem InvÄndG wurden Transaktionskosten auch im InvG definiert. Gemäß § 41 S. 3 InvG sind Transaktionskosten alle Nebenkosten des Erwerbs und der Veräußerung von Vermögensgegenständen für Rechnung des Sondervermögens, die innerhalb eines Geschäftsjahres bei der Verwaltung zulasten des Sondervermögens anfallen. Die Nebenkosten des Erwerbs sind die Anschaffungsnebenkosten.[49]

Transaktionskosten beziehen sich auf die einzelne Transaktion. Elemente der Transaktionskosten sind z.B. Informationskosten, Verwaltungskosten, Zugangs- und Erschließungskosten für Märkte, Kosten auf Grund der Komplexität von Transaktionen, sowie Kosten für die Unterhaltung von IT Systemen.[50]

2.1.6 *Skalenerträge durch die kollektive Vermögensanlage*

Wird Vermögen investiert, treten Transaktionskosten auf. Besonders hoch sind die Kosten der Anleger, sich fundiert über ein Unternehmen zu informieren, dessen Aktien sie erwerben wollen. Zudem ist es praktisch unmöglich für den Durchschnittsanleger alle Aspekte zu ermitteln, die für die Beurteilung der Ertragsentwicklung eines Unternehmens relevant sind.[51] Eine solche Recherche wäre auch volkswirtschaftlich unökonomisch,

---

47 Siehe *David/Han*, A systematic assessment of the empirical support for the transaction cost economics, 25 Strategic Management Journal (2004), 39 (40); vgl. *Picot/Dietl/Frank*, Organisation: eine ökonomische Perspektive, S. 57.

48 *Coase*, The nature of the Firm, 4 Economica (1937), 386; *Williamson*, Markets and Hierarchies, S. 8 ff.; *ders.* Transaction Cost Economics, 8 Journal of Economic Behavior and Organization, 617 (618); vgl. *Arrow*, The organization of economic Activity: Issues Pertinent to the choice of market versus non-market allocation, in The Analysis and Evaluation of Public Expenditure: The PPB System 1, S. 12.

49 *BT*-Drucksache 16/5576, Gesetz zur Änderung des Investmentgesetzes und zur Anpassung anderer Vorschriften (Investmentänderungsgesetz – InvÄndG), S. 68.

50 Vgl. *David/Han*, A systematic assessment of the empirical support for the transaction cost economics, 25 Strategic Management Journal (2004), 39 (49).

51 *Easterbrook/Fischel*, Mandatory Disclosure and the protection of investors, 70 Virginia Law Review (1984), 669 (675).

da die Kosten bei allen Investoren anfallen würden, ohne die Vorteile von Arbeitsteilung zu nutzen.[52] Investmentvermögen können sich durch die kollektive Vermögensanlage Skaleneffekte zu Nutze machen.[53] Der Grundsatz der steigenden Skalenerträge („Economies of Scale") besagt, dass bei vermehrtem Mitteleinsatz die Transaktionskosten pro zusätzliche Einheit sinken.[54] So steigt der Ertrag pro zusätzliche Einheit. Für kollektive Vermögensanlagen gilt, dass die Transaktionskosten pro Vermögenseinheit mit zunehmendem Nettoinventarwert des Investmentvermögens sinken.[55] Daher treten beim Investmentsparen niedrigere Transaktionskosten für den einzelnen Anleger auf, als bei direktem Investment. Die Senkung der Transaktionskosten wird zudem dadurch gefördert, dass die Portfoliogestaltung in der Regel an dem Ziel die Kosten zu minimieren ausgerichtet sein wird.[56]

2.1.7 *Fremdverwaltung des Investmentvermögens*

Ein weiteres wesentliches Charakteristikum ist die Fremdverwaltung des Investmentvermögens, welche auch Privatkunden Zugang zu einer pro-

52 *Easterbrook/Fischel*, Mandatory Disclosure and the protection of investors, 70 Virginia Law Review (1984), 669 (675).

53 *Pearce/Stevens*, The Law of Trusts and Equitable Obligations, S. 630.

54 *Baßler/Heinrich/Utecht*, Grundlagen und Probleme der Volkswirtschaft, S. 143; siehe *Mankiw*, Volkswirtschaftslehre, S. 307; *Krol/Schmid*, Volkswirtschaftslehre, S. 659; vgl. auch *Frantzke*, Grundlagen der Volkswirtschaftslehre, S. 141 f.

55 *Diboky/Fisinger*, Total Expense Ratio – eine empirische Untersuchung der Zusatzkosten von Investmentfonds, ZFBF 58, 710 (726); *Malhotra/McLeod*, An Empirical analysis of mutual fund expenses, 20 Journal of Financial Research (1997), 175 (185); *Berkowitz/Kotowitz*, Managerial quality and the structure of management expenses in the US mutual fund industry, 11 International Review of Economics and Finance (2002), 315 (325); *Ferris/Chance*, The effect of 12b-1 Plans on Mutual Fund Expense Ratios, 17 The Journal of Finance (1987), 1077 (1080); *Tufano/Sevick*, Board Structure and fee setting in the U.S. mutual fund industry, 46 Journal of Financial Economics (1997), 321 (342); *Sirri/Tufano*, Costly Search and Mutual Fund Flows, 53 The Journal of Finance (1998), 1589 (1629); *LaPlante*, Influences and Trends in Mutual Fund Expense Ratios, 24 The Journal of Financial Research (2001), 45 (58); a.A. *Korkeamaki/Smythe*, Effects of Market Concentration and Bank Concentration of Mutual Fund Expenses and Returns: Evidence from Finland, 10 European Financial Management (2004), 413 (423).

56 Vgl. *Rao*, The Economics of Transaction Costs, S. 128, 140; *Wärneryd*, Transaction Cost, Institutions and Evolution, 25 Journal of Economic Behavior and Organization (1994), 219 (231 f.).

fessionellen Vermögensverwaltung ermöglicht.[57] Die Fremdverwaltung erfolgt durch die Einschaltung eines „Sachverständigen", der über die Fachkenntnisse verfügt, an denen es den einzelnen Anlegern mangelt. Bei Sondervermögen erfolgt die Fremdverwaltung durch die KAG. Die KAG ist zur Optimierung des Portfolios und der Risikomischung verpflichtet und muss sich der Erkenntnisse professioneller Wertpapieranalyse und der modernen Portfoliotheorie bedienen.[58]

Die Fremdverwaltung des Investmentvermögens begründet eine Prinzipal-Agenten-Beziehung zwischen den Anlegern und der Fondsverwaltung.[59] Die Prinzipal-Agenten-Beziehung erhält eine besondere Bedeutung, da Investmentverhältnisse auf eine lange Laufzeit ausgelegt sind und die Fondsverwaltung somit über lange Zeit Einfluss auf die Vermögensentwicklung hat.[60]

2.1.7.1 *Risiken der Fremdverwaltung*

Das Instrument der Fremdverwaltung ermöglicht die kollektive Kapitalanlage zwecks einer Risikostreuung. Zugleich bedeutet Fremdverwaltung aber, dass die Anleger ihr Kapital anderen Personen anvertrauen, die es in der Hand haben, eine Vermögensmehrung herbei zu führen oder aber das Kapital durch nachteilige Anlageentscheidungen zu verringern oder gar zu verlieren. Die KAG ist gemäß § 31 I InvG berechtigt in eigenem Namen über die zu einem Sondervermögen gehörenden Vermögensgegenstände nach Maßgabe des InvG und der Vertragsbedingungen zu verfügen und alle Rechte aus ihnen auszuüben. Die Anteilsinhaber haben keine Kontrollbefugnisse über das Investmentvermögen außer der über den Markt wirkenden „Exit-Option" oder durch Rückgabe der Anteile.[61] Durch den „Exit" lassen sich zumindest zukünftige Nachteile vermeiden, es entstehen jedoch Wohlfahrtsverluste.[62]

---

57 *Schnyder*, in Münchener Kommentar zum BGB, Internationales Kapitalmarktrecht, Rn. 168; *Köndgen/Schmies* in Schimansky/Bunte/Lwowski, § 113 Rn. 1; vgl. *Kümpel*, Bank- und Kapitalmarktrecht, Rn. 12.4.

58 *Köndgen/Schmies* in Schimansky/Bunte/Lwowski, Bankrechts-Handbuch, § 113 Rn. 122.

59 Die Prinzipal-Agenten-Beziehung soll im Folgenden unter 2.1.7.2 ausführlicher dargestellt werden.

60 *Georgosouli,* The debate over the economic rationale for investor protection regulation: a critical appraisal, 15 Journal of Financial Regulation and Compliance (2007), 236 (238).

61 *Köndgen/Schmies* in Schimansky/Bunte/Lwowski, Bankrechts-Handbuch, § 113 Rn. 76; *Engert,* Die Regulierung von Investmentfonds, German Working Papers in Law and Economics, Vol. 2004, Paper 21, S. 12.

62 *Roggatz,* Informationspflichten von Investmentgesellschaften, S. 76.

2.1.7.2 *Prinzipal-Agenten-Beziehung bei Investmentvermögen*

Durch die Fremdverwaltung kommt es also zwangsläufig zu einer Prinzipal-Agenten-Beziehung zwischen den Anlegern und der Fondsverwaltung (der KAG). Diese bringt Prinzipal-Agenten-Konflikte mit sich, da Probleme bestehen, die Anreize für den Agenten so zu gestalten, dass er sich im Interesse des Prinzipals verhält.[63]

Der Begriff der Prinzipal-Agenten-Beziehung stammt aus der von *Jensen* und *Meckling* entwickelten Prinzipal-Agenten-Theorie.[64] Diese zeigt nicht nur vorvertragliche Informationsgefälle und ihre potentiellen Auswirkungen auf, sondern auch die nachvertraglichen Kosten, welche durch die für die Agenten bestehenden Handlungsspielräume und Wissensvorsprünge des Agenten entstehen.[65] Aus den Bestrebungen, die Informationsasymmetrien zu reduzieren, resultieren Agenturkosten.[66] Agenturkosten umfassen die Signalisierungskosten des Agenten sowie die Kontrollkosten des Prinzipals und führen zu einem Wohlfahrtsverlust.[67] Es ist somit ökonomisch vorteilhaft, die Agenturkosten soweit wie möglich zu reduzieren.[68] Das gilt insbesondere für Investmentvermögen, da sich die Agenturkosten auf das verwaltete Vermögen niederschlagen und so die Vorteilhaftigkeit der Vermögensanlage für die Anleger mindern. Zudem basieren Investmentvermögen fundamental darauf, dass die Anleger den Agenten vertrauen können, da sie eine Aufklärung über das Risiko von Prinzipal-Agenten-Konflikte nicht schützen kann.[69] Besteht die Gefahr, dass der Agent den

---

63 Vgl. für einen Überblick über die Prinzipal-Agent-Theorie, *Richter/Furubotn*, Neue Institutionenökonomik, S. 173 ff.; *Picot/Dietl/Frank*, Organisation: eine ökonomische Perspektive, S. 72 ff.; *Franke/Hax*, Finanzwirtschaft des Unternehmens und Kapitalmarkt, S. 428 ff.

64 *Jensen/Meckling*, Theory of the Firm: Managerial Behavior, Agency Costs and Ownership Structure, 3 Journal of Financial Economics (1976), 305-360.

65 Siehe zu den Agenten-Kosten als negative Externalitäten, die die Notwendigkeit von Regulierung begründen können, *Benston/Kaufman*, The appropriate role of banking regulation, 106 Economic Journal (1996), 688 (695).

66 *Jensen/Meckling*, Theory of the Firm: Managerial Behavior, Agency Costs and Ownership Structure, 3 Journal of Financial Economics (1976), 305 (308).

67 *Jensen/Meckling*, Theory of the Firm: Managerial Behavior, Agency Costs and Ownership Structure, 3 Journal of Financial Economics (1976), 305 (308); vgl. zu einer wirtschaftlichen Betrachtung der Probleme der Kontrolle bei Finanzierungsverträgen, *Aghion/Bolton*, An incomplete contracts approach to financial contracting, 59 Review of Economic Studies (1992), 473 (483 ff.); siehe hierzu auch *Franke/Hax*, Finanzwirtschaft des Unternehmens und Kapitalmarkt, S. 428 ff.; ebenfalls *Ripperger*, Ökonomik des Vertrauens, S. 64.

68 Vgl. *Fleischer*, Informationsasymmetrien im Vertragsrecht, S. 134; *Kowalewski*, Das Vorerwerbsrecht der Mutteraktionäre beim Börsengang einer Tochtergesellschaft, S. 78.

69 Vgl. *Schwartz*, Anlegerschutz im Freiverkehr, S. 37.

Interessen des Anlegers zuwider handelt, ist der Anreiz für die Anleger, in Investmentvermögen zu investieren, äußerst gering.

2.1.8 *Implikation des langfristigen Charakters des Investmentsparens*

Der langfristige Charakter der Investitionen in Investmentvermögen hat zudem die Implikation, dass die Anleger bei Vertragsschluss nicht in der Lage sind, die Qualität des Investmentvertrages zu beurteilen.[70] Der Wert der Vermögensanlage in Investmentvermögen ist von den zukünftigen Handlungen des Investmentmanagers abhängig, so dass Investmentanteile Vertrauensgüter sind.[71]

Durch den Anteilserwerb am Investmentvermögen kaufen die Anleger nicht nur einen Anteil am Sondervermögen, sondern zudem die Dienstleistung der Fondsverwaltung. Rückschlüsse auf die Qualität dieser Dienstleistung können die Anleger nur aus der Entwicklung des Investmentvermögens („Performance") in der Vergangenheit ziehen.[72] Allerdings bietet die vergangene Performance noch keine Gewähr, dass auch in Zukunft ein verantwortlicher Umgang mit dem Investmentvermögen erfolgt und es ertragreich angelegt wird. Somit müssen die Anleger darauf vertrauen, dass eine verantwortliche Anlage ihres Vermögens erfolgt, sonst würden sie nicht ihr Kapital weggeben, sondern es in greifbare Dinge, wie Gold oder Immobilien investieren.[73]

Zudem ist es Anlegern kaum möglich, aus Erfahrung und Vergleich von Investmentvermögen zu lernen. Sie treffen häufig eine, oder einige langfristig ausgerichtete Anlageentscheidungen. Sie investieren jedoch nicht regelmäßig, also mit einer hohen Frequenz neu und können so keine

---

70 Vgl. *Llewellyn*, The economic rationale for financial regulation, S. 22.

71 Vgl. allgemein zu den Vertrauensgütern, *Schwartz*, Anlegerschutz im Freiverkehr, S. 36; siehe zu der Funktion von Vertrauen als Mechanismus zur Stabilisierung unsicherer Erwartungen und so zur Verringerung der damit einhergehenden Komplexität menschlichen Verhaltens, *Luhmann*, Vertrauen, ein Mechanismus der Reduktion Sozialer Komplexität, S. 1 ff.; *Ripperger*, Ökonomik des Vertrauens, S. 13.

72 *Köndgen/Schmies* in Schimansky/Bunte/Lwowski, Bankrechts-Handbuch, §113 Rn. 80.

73 Eine vergleichbare Situation liegt auch bei dem Erwerb von Wertpapieren vor, bei der Anleger nur Bescheinigungen von der Bank über ihr Depot erhalten, die Wertpapiere selbst aber nicht ausgehändigt erhalten, *Stout*, The investor confidence game, 68 Brooklyn Law Review (2002), 407 (408); zustimmend *Frankel*, Regulation and Investors' trust in the securities Markets, 68 Brooklyn Law Review (2002), 439 (448).

Erfahrungen bezüglich der Qualität verschiedener Investmentvermögen sammeln.[74]

2.1.9 *Die Anleger*

2.1.9.1 *Das Anlegerbild*

Das Bild des Anlegers hat sich im Laufe der Zeit gewandelt. Der historische Gesetzgeber ging davon aus, dass der Anleger nur ein begrenztes Kapital zur Verfügung hat und ihm die Kenntnisse für eine effektive Vermögensverwaltung fehlen. Diese Annahme hat heute nur noch teilweise Berechtigung, da professionelle Anleger teilweise riesige Vermögensmassen verwalten. Privatkunden stellen nur noch einen Bruchteil der Investmentanleger dar. Es soll in dieser Arbeit im Folgenden eine Differenzierung zwischen verschiedenen Anlegertypen erfolgen, da aufgrund der verschiedenen Anlegertypen nicht von einem allgemein gültigen Anlegerleitbild ausgegangen werden kann. Verallgemeinerbare Aussagen können nicht getroffen werden. Für die begriffliche Differenzierung soll auf die bereits im deutschen Recht verankerte Klienten-Klassifikation des WpHG rekurriert werden.

2.1.9.2 *Klienten-Klassifikation des WpHG*

Das WpHG setzt die auf die MiFiD zurückgehenden Regeln über die Klienten-Klassifikation um.[75] Die Klienten-Klassifikation gilt nicht für KAGen, da sie keine Wertpapierdienstleistungsunternehmen im Sinne des WpHG sind.[76] Trotzdem soll hier diese Terminologie verwendet werden, um die Anlegerkategorien präzise zu bezeichnen, zumal die Kunden-Klassifikation einem ausdifferenzierten Anlegerschutz dient.[77]

---

74 *Georgosouli*, The debate over the economic rationale for investor protection regulation: a critical appraisal, 15 Journal of Financial Regulation and Compliance (2007), 236 (238).

75 § 31a WpHG.

76 § 2a I Nr. 14 WpHG; siehe auch für den Ausschluss der Anwendbarkeit von MiFiD auf Investmentvermögen Erwägungsgrund Art. 24 II MiFiD; vgl. hierzu *Spindler/Kasten*, Der neue Rechtsrahmen für den Finanzdienstleistungsektor – Teil I –, WM 2006, 1749 (1753).

77 *Fleischer*, Die Richtlinie über Märkte für Finanzinstrumente und das Finanzmarkt-Richtlinie-Umsetzungsgesetz – Entstehung, Grundkonzeption, Regelungsschwerpunkte –, BKR 2006, 389 (392).

Seit der Umsetzung von MiFiD[78] differenziert das WpHG zwischen Privatkunden, professionellen Marktteilnehmern, sowie geeigneten Gegenparteien.[79] An die verschiedenen Kundenkategorien sind unterschiedliche Pflichten für die Wertpapierdienstleistungsunternehmen geknüpft.[80] Professionelle Kunden weisen nach dem Verständnis des Gesetzgebers die Fähigkeit auf, eigene Anlageentscheidungen auf Grund eigener Sachkunde und eigener Risikoeinschätzung zu treffen.[81] Sie lassen sich in per se professionelle und gekorene professionelle Kunden differenzieren, also solchen Kunden, die Kraft Gesetz den Status professioneller Kunden aufweisen und solchen, die den Status als professionelle Marktteilnehmer wählen.[82] Privatkunden sind solche Kunden, die keine professionellen Kunden sind.[83] Die Privatkunden stehen jedoch im Fokus von MiFiD, da

78 Richtlinie 2004/39/EG des Rates und des Europäischen Parlaments vom 21.4.2004 über Märkte für Finanzinstrumente, zur Änderung der Richtlinien 85/611/EWG und 93/6/EWG und der Richtlinie 2000/12/EG des Europäischen Parlaments und des Rates und zur Aufhebung der Richtlinie 93/22/EG, Anl. Nr. L 141 v. 30.04.2004, S. 1.

79 Siehe zur Kunden-Klassifikation, *Duve/Keller*, MiFiD: Die neue Welt des Wertpapiergeschäfts, BB 2006, 2425 (2427); *Weichert/Wenninger*, Die Neuregelung der Erkundigungs- und Aufklärungspflichten von Wertpapierdienstleistungsunternehmen gem. Art. 19 RiL 2004/39/EG (MiFiD) und Finanzmarkt-Richtlinie-Umsetzungsgesetz, WM 2007, 627 (629).

80 Bei diesen Pflichten handelt es sich unter anderem um abgestufte Erkundigungs-, § 31 IV S. 1 WpHG, und Informationspflichten, § 31 III WpHG, siehe hierzu ausführlich, *Veil*, Anlageberatung im Zeitalter von MiFiD, WM 2007, 1821 (1823); *ders.* Vermögensverwaltung und Anlageberatung im neuen Wertpapierhandelsrecht – eine behutsame Reform der Wohlverhaltensregeln, ZBB 2008, 34 (37); *Kasten/Spindler*, MiFiD und ihre Umsetzung – Teil II –, WM 2006, 1797 (1799); vgl. zu den Erkundigungspflichten auch *Jordan*, Die Umsetzung der MiFiD in Deutschland und die Abschaffung des § 37d WpHG, WM 2007, 1827 (1828); auch *Duve/Keller*, MiFiD: Die neue Welt des Wertpapiergeschäfts, BB 2006, 2425 (2430 f.).

81 Vgl. § 31 IX und § 31a VII RefE-WpHG sowie Begründung zum RefE-WpHG, S. 31.

82 Zu den per se professionellen Kunden zählen insbesondere Kreditinstitute, Wertpapierunternehmen, sonstige zugelassene unbeaufsichtigte Finanzinstitute sowie Zentralbanken, internationale Einrichtungen und große Unternehmen, falls sie die Kriterien des § 31a II WpHG erfüllen, vgl. hierzu *Weichert/Wenninger*, Die Neuregelung der Erkundigungs- und Aufklärungspflichten von Wertpapierdienstleistungsunternehmen gem. Art. 19 RiL 2004/39/EG (MiFiD) und Finanzmarkt-Richtlinie-Umsetzungsgesetz, WM 2007, 627 (629); *Duve/Keller*, MiFiD: Die neue Welt des Wertpapiergeschäfts, BB 2006, 2425 (2427).

83 § 31a III WpHG; vgl. *Veil*, Der Schutz des verständigen Anlegers durch Publizität und Haftung im europäischen und nationalen Kapitalmarktrecht, ZBB 2006, 162 (170); *Seyfried*, Die Richtlinie über Märkte für Finanzinstrumente (MiFiD) – Neuordnung der Wohlverhaltensregeln, WM 2006, 1375 (1376); *Weichert/Wenninger*, Die Neuregelung der Erkundigungs- und Aufklärungspflichten von Wertpapierdienstleistungsunternehmen gem. Art. 19 RiL 2004/39/EG (MiFiD) und Finanzmarkt-Richtlinie-Umsetzungsgesetz,

bestimmte Wohlverhaltenspflichten speziell auf sie zugeschnitten sind.[84] Ein freiwilliger Verzicht der Privatkunden auf die Wohlverhaltensregeln ist nicht zulässig.[85] Eine weitere Kategorie ist die geeignete Gegenpartei, die jedoch nur im Kontext bestimmter Wertpapierdienstleistungen eingeführt wurde.[86] Die Kategorie der geeigneten Gegenpartei deckt sich personell weitgehend mit den professionellen Kunden.[87] Anlegern, die geeignete Gegenparteien sind, wird aufgrund ihrer großen Erfahrung ein geringerer Schutz zu teil.[88] Durch ein Opt-in/Opt-out Verfahren kann zwischen den Kategorien gewechselt werden.[89]

Im Hinblick auf Privatkunden bestehen die größten Informationsasymmetrien (wie im Folgenden unter 2.3.3.2 ausführlicher gezeigt werden wird). Ihnen fehlen oftmals Finanzkenntnisse, sowohl um Investmentvermögen auf Basis einer fundierten Entscheidung auszuwählen, als auch um den Erfolg der Anlagestrategie zu beurteilen und im Notfall ihr Kapital aus den Investmentvermögen abzuziehen. Sie haben somit das höchste Schutzbedürfnis und sollen im Zentrum der Untersuchungen stehen.

WM 2007, 627 (629); so ebenfalls *Kasten/Spindler*, MiFiD und ihre Umsetzung – Teil II –, WM 2006, 1797 (1798).

84 Vgl. Art. 19, 21 und 22 I MiFiD; siehe hierzu *Fleischer*, Die Richtlinie über Märkte für Finanzinstrumente und das Finanzmarkt-Richtlinie-Umsetzungsgesetz – Entstehung, Grundkonzeption, Regelungsschwerpunkte –, BKR 2006, 389 (394).

85 *Weichert/Wenninger*, Die Neuregelung der Erkundigungs- und Aufklärungspflichten von Wertpapierdienstleistungsunternehmen gem. Art. 19 RiL 2004/39/EG (MiFiD) und Finanzmarkt-Richtlinie-Umsetzungsgesetz, WM 2007, 627 (629).

86 Siehe Art. 24 I der Richtlinie 2004/39/EG, Abl.; EG Nr. L 145 vom 30. 4. 2004, S. 20. Diese Vorgabe wird durch § 31b I RefE-WpHG aufgegriffen; vgl. auch *Teuber*, Finanzmarkt-Richtlinie (MiFiD) – Auswirkungen auf Anlageberatung und Vermögensverwaltung im Überblick, BKR 2006, 429 (434).

87 Für eine ausführlichere Darstellung siehe, *Balzer*, Der Vorschlag der EG-Kommission für eine neue Wertpapierdienstleistungsrichtlinie, ZBB 2003, 177 (189); *Seyfried*, Die Richtlinie über Märkte für Finanzinstrumente (MiFiD) – Neuordnung der Wohlverhaltensregeln, WM 2006, 1375 (1377).

88 *Fleischer*, Die Richtlinie über Märkte für Finanzinstrumente und das Finanzmarkt-Richtlinie-Umsetzungsgesetz – Entstehung, Grundkonzeption, Regelungsschwerpunkte –, BKR 2006, 389 (394).

89 Vgl. *Kasten*, Das neue Kundenbild des § 31a WpHG – Umsetzungsprobleme nach MiFiD & FRUG, BKR 2007, 261 (264 f.).

2.2 GRÜNDE FÜR ANLEGERSCHUTZ

2.2.1 *Definition des Anlegerschutzes*

Anlegerschutz und die Schaffung von Vertrauen in kollektives Investment sind grundlegende Ziele der Investmentregulierung.[90] Der Anlegerschutz wird in Deutschland als Leitprinzip des Investmentrechts betrachtet.[91] Auch auf EU-Ebene wird Anlegerschutz ein immer bedeutenderes Regulierungsziel. So ist beispielsweise die MiFiD die Folge einer verstärkten anlegerschützenden Gesetzgebung auf EU-Ebene, die sich in den letzten Jahren entwickelt hat. Sie spiegelt international bestehende Bedenken hinsichtlich des finanziellen Verständnisses und der Unabhängigkeit der Anleger wider, die besonders im Zusammenhang mit der zunehmenden Bedeutung der individuellen Verantwortung für die Altersvorsorge relevant sind.[92] Als Hauptgrund für Anlegerschutz wird die Förderung des Anlegervertrauens („investor confidence") angegeben; Anleger sollen Vertrauen in die Finanzmärkte entwickeln.[93] Bereits dieses Ziel verdeutlicht, dass Anlegerschutz auf unterschiedlichen Ebenen relevant ist. Einerseits ist er Ausdruck des Individualschutzes, andererseits dient er der Förderung der Partizipation von Privatkunden an Kapitalmärkten und hat so volkswirtschaftliche Relevanz.

---

90 *St Giles/Alexeeva/Buxton*, Managing Collective Investment Funds, S. 47; *Caspari*, Anlegerschutz in Deutschland im Lichte der Brüsseler Richtlinien, NZG 2005, 98.

91 Siehe *Köndgen/Schmies* in Schimansky/Bunte/Lwowski, Bankrechts-Handbuch, § 113 Rn. 34.

92 *Fanto*, Comparative investor education, 64 Brooklyn Law Review (1998), 1083 (1094); *ders.* We're all capitalists now: The importance, nature, provision and regulation of investor education, 49 Case Western Reserve Law Review (1998), 105 (106 ff.); vgl. zu der Notwendigkeit individueller Verantwortung für die finanzielle Altersvorsorge in Großbritannien, *FSA*, Towards a national strategy for financial capability (2003), S. 7; *Moloney*, Building a retail investment culture through law: The 2004 Markets in financial instruments directive, 6 EBOR 2005, 341 (345); *Karmel*, The Challenge to financial regulators posed by social securities regulation, 64 Brooklyn Law Review (1998), 1043 (1044).

93 *EU Kommission*, Commission Communication to the Council and European Parliament on E-Commerce and Financial Services, COM (2001) 66, S. 9; Final Report of the Commitee of Wise Men on The Regulation of European Securities Markets (Lamfalussy Bericht) S. 22; Explanatory Memorandum to the MiFiD Proposal Nr. 21, S. 8, 29.

2.2.2 *Anlegerschutz zweck Individualschutz*

Ein Aspekt des Anlegerschutzes, ist der Schutz der individuellen Anleger. Sie sind oftmals nicht in der Lage, die optimalen Entscheidungen hinsichtlich der Kapitalanlage zu treffen. Trotz der Vorteile, die Investmentsparen für Anleger bietet und der durch die Portfoliodiversifikation erfolgenden Risikominimierung, kann es bei der Kapitalanlage in Investmentvermögen zu Vermögensverlusten durch den Wertverfall des Investmentvermögens kommen. Auch eine Portfoliodiversifizierung kann nicht gegen einen Wertverlust schützen, wenn z.B. die Aktienkurse im gesamten Markt sinken und nicht nur einzelne Wertpapiere betroffen sind. Ein Verlust des angelegten Vermögens kann auch durch opportunistische Handlungen oder Fehlentscheidungen der Fondsverwaltung erfolgen. Daher ist es von besonderer Bedeutung, dass Anlegern die Risiken bewusst sind. Sie sollten nur dann eine Anlage in Investmentvermögen vornehmen, wenn sie bereit sind, diese Risiken einzugehen. Ob Privatkunden mehrheitlich eine fundierte Auswahl von Investmentvermögen treffen können, ist fraglich. Durch Anlegerschutzmechanismen kann eine Unterstützung bei der Auswahl der Kapitalanlage erfolgen sowie eine fortlaufende Kontrolle des Agenten.

2.2.3 *Volkswirtschaftliche Relevanz des Investmentsparens*

Volkswirtschaftlich haben Investmentvermögen als Kapitalsammelstelle eine Bedeutung. Sie fungieren als Transmissionsriemen, die Kapital zwischen Kapitalgeber und Kapitalnehmer vermitteln.[94] Auf EU-Ebene ist es erklärtes Ziel, die Investmenttätigkeit zu erhöhen und so das Kapital der Privatkunden in die Märkte zu leiten.[95] Ohne die Partizipation von Privatkunden können weder Kapitalmärkte noch institutionelle Investoren existieren und funktionieren.[96] Die primäre Funktion der Kapitalmärkte

---

94 *Müller*, Die Investmentgesellschaft, S. 13

95 *The Lisbon Council*, Presidency Conclusions, 23-24 März 2000, Rn. 21; vgl. *EU Kommission*, Financial Services Action Plan Report (Mai 2000), S. 3; vgl. *EU Kommission*, Financial Services, Meeting the Barcelona Priorities & Looking ahead: Implementation, S. 3, für den potentiellen Nutzen eines integrierten Marktes für Privatkunden.

96 *Fanto*, Comparative investor education, 64 Brooklyn Law Review (1998), 1083 (1094); vgl. *Mayer*, Trust in Financial markets, 14 European Financial Management (2008), 617 (618); vgl. zu den positiven Auswirkungen von Anlegerschutz auf das Wirtschaftswachstum von Staaten, *Haidar*, Investor protection and economic growth, 103 Economic Letters (2009), 1 (4).

ist die Kapitalallokation innerhalb einer Volkswirtschaft.[97] Das Ziel der Kapitalallokation mittels der Kapitalmärkte ist die optimale Verteilung der Ersparnisse auf die gegebenen Anlagemöglichkeiten.[98]

2.3 DIE ERFORDERLICHKEIT VON ANLEGERSCHUTZ

Anlegerschutz wird jedoch nicht per se als erforderlich betrachtet. So wird er in Teilen der ökonomischen Literatur kritisch gesehen und sowohl seine Erforderlichkeit als auch sein Nutzen hinterfragt.[99] Die Frage nach Anlegerschutz ist mit der Frage der Vorteilhaftigkeit von staatlicher Regulierung verknüpft. Die Befürworter von Anlegerschutz plädieren für staatliche Regulierung, da sie die Fähigkeit des Marktes zur Selbstkorrektur bezweifeln. Die Gegner staatlicher Intervention weisen hingegen auf das Versagen von Regulierung hin, die gewünschten Ergebnisse zu erzielen. Sie betrachten Regulierung als Bedrohung für Innovation und Unternehmertum.[100]

Dem entsprechend ist eine detailliertere Analyse der Erforderlichkeit von Anlegerschutz notwendig. Hierfür ist zunächst der Begriff der Regulierung zu erläutern und der Markt für Investmentanteile darzustellen. Dann soll das Bedürfnis nach Anlegerschutz anhand der ökonomischen Theorien über das Handeln von Menschen in wirtschaftlichen Zusammenhängen analysiert werden.

2.3.1 *Begriff der „Regulierung"*

Die Bedeutung des Begriffs der „Regulierung" ist im Schrifttum umstritten. Daher ist es erforderlich den Begriff der Regulierung, wie er in dieser Arbeit verwendet wird, zu definieren. Hierfür soll auf den im Medienrecht entwickelten Regulierungsbegriff rekurriert werden. Danach ist „Regulierung im Rechtssinne als die Verhaltenssteuerung von Unternehmen durch

---

97 *Fama*, Efficient Capital Markets: A Review of Theory and Empirical Work, 25 Journal of Finance (1970), 383; *Stiglitz*, Federalism in Securities Regulation: An Economists Perspective, 40 University of San Francisco Law Review (2006), 805 (807); vgl. *Spremann*, Portfoliomanagement, S. 54.

98 *Fazley*, Regulierung der Finanzanalysten und Behavioral Finance, S. 69.

99 Vgl. zu einem Überblick über die Meinungsstände, *Georgosouli*, The debate over the economic rationale for investor protection regulation: a critical appraisal, 15 Journal of Financial Regulation and Compliance (2007), 236 (237).

100 Vgl. *Langevoort*, Re-reading Cady Roberts: The Ideology and Practice of Insider trading Regulation, 99 Columbia Law Review (1999), 1319 (1326 ff.).

hoheitliche Gebote und Verbote – normativ oder im Einzelfall – insbesondere zur Sicherung von Gemeinwohlerfordernissen, des unverfälschten und funktionsfähigen Wettbewerbs, angemessener Leistungsbedingungen, zum Beispiel zur präventiven und repressiven Preiskontrolle zu verstehen."[101] Differenziert wird hinsichtlich der Marktstruktur- und Marktverhaltensregulierung.[102] Dabei bezwecken die Instrumente der Marktstrukturregulierung die Gestaltung der Rahmenstruktur des regulierten Marktes, wie z.B. durch die Regelung des Marktzugangs und Festlegungen von Basiskriterien für die Anbieter. Die Marktverhaltensregulierung bezieht sich hingegen auf die Feinsteuerung des Verhaltens der am Markt tätigen Anbieter, beispielsweise durch Leistungsqualitätsstandards.[103]

Der Begriff der Regulierung entstammt dem anglo-amerikanischen Recht und hat durch unionsrechtliche Vorgaben Eingang in das deutsche Recht gefunden. Dabei ist zu berücksichtigen, dass er bedeutend gestalterischere Steuerungsformen als der deutsche Begriff der „Aufsicht" umfasst.[104]

2.3.2 *Charakterisierung des Marktes für Investmentvermögensanteile*

Als Vorbedingung für die Diskussion der Erforderlichkeit von Anlegerschutzvorkehrungen ist kurz der Markt für Investmentvermögensanteile für Privatkunden zu beschreiben. Dessen Spezifika ergeben sich teils aus den Attributen der Privatkunden, teils aus der Komplexität der Materie.

Auf den Finanzmärkten herrschen Informationsasymmetrien, da Anleger in der Regel weniger gut über Finanzprodukte informiert sind, als die Anbieter von Finanzdienstleistungen.[105] Es entstehen Agenturkosten, da die Informationsasymmetrien zu Lasten der Anleger ausgenutzt werden können.[106] Eine umfassende Information der Anleger würde jedoch auch Kosten verursachen, deren Aufbringung für die Anleger nur solange

---

101 *Trute* in Trute/Spoerr/Bosch, Telekommunikationsgesetz mit FTEG, § 1 Rn. 10; vgl. auch *Badura* in Beck'scher PostG-Kommentar, § 2 Rn. 7.

102 *Trute* in Trute/Spoerr/Bosch, Telekommunikationsgesetz mit FTEG, § 1 Rn. 10.

103 *Trute* in Trute/Spoerr/Bosch, Telekommunikationsgesetz mit FTEG, § 1 Rn. 10.

104 *Ladeur*, Regulierung nach dem TKG, K & R 1998, 479 (481).

105 *Llewellyn*, The economic rationale for financial regulation, S. 21; siehe zu den Informationsasymmetrien auf dem Kapitalmarkt, *Riedl*, Transparenz und Anlegerschutz am deutschen Kapitalmarkt, S. 7.

106 *Llewellyn*, The economic rationale for financial regulation, S. 22; vgl. zu der Gefahr opportunistischen Verhaltens beim Vorliegen von Informationsasymmetrien, *Franke/Hax*, Finanzwirtschaft des Unternehmens und Kapitalmarkt, S. 421 f.

sinnvoll wäre, wie der Ertrag die Kosten übersteigt.[107] Die Information aller Anleger würde die Vorteile der Arbeitsteilung aufheben und so den Nutzen der Verwendung von Investmentvermögen senken.

2.3.3 *Anlegerschutz aus volkswirtschaftlichen Gründen*

Treffen Anleger Entscheidungen, ohne über die relevanten Informationen zu verfügen oder diese zu berücksichtigen, könnte dies dazu führen, dass keine volkswirtschaftlich optimale Allokation ihres Kapitals erfolgt. Damit eine effiziente Allokation erfolgen kann, müssen die verfügbaren Informationen von den Marktteilnehmern verarbeitet und in Handlungen umgesetzt werden. Allerdings wird oftmals ein Abweichen von dem Modell des allokationseffizienten Markts festgestellt, welches als Marktversagen bezeichnet wird. Marktversagen kann verschiedene Gründe haben. Es kann die Folge einer asymmetrischen Informationsverteilung unter den Marktteilnehmern sein[108] oder aber aus einem von dem Modell abweichenden Verhalten der Marktteilnehmer resultieren. Bei einem Marktversagen kann der Markt nicht mehr seine Allokationsfunktion erfüllen.[109] Wenn nämlich die Kapitalallokation nicht auf rationalen Entscheidungen gründet, wird das Kapital der Anleger nicht an die Stellen fließen, wo es am dringendsten benötigt wird.[110] Rentable Unternehmen erhalten dann nicht in ausreichendem Umfang Kapital. Es wird ihnen in einem ineffizienten Markt nicht möglich sein, ihre Finanztitel zum vollen wirtschaftlichen Wert zu verkaufen.[111] Andere Unternehmen erhalten hingegen Kapital, das ihren wirtschaftlichen Wert übersteigt. Dies ist volkswirtschaftlich nachteilig, da das Kapital nicht seiner ertragsreichsten Verwendung zugeführt wird.[112]

---

107 Vgl. zu den Informationskosten, *Schäfer/Ott*, Ökonomische Analyse des Zivilrechts, S. 519.

108 Dazu ausführlich *Fleischer*, Informationsasymmetrie im Vertragsrecht, S. 121 ff.; *Fülbier*, Regulierung der Ad-hoc-Publizität, S. 176 ff.; vgl. auch *Mougin*, Asymmetric information and legal investor protection, 95 Economic Letters (2007), 253.

109 Vgl. *Engelkamp/Sell*, Einführung in die Volkswirtschaftslehre, S. 284.

110 *Kahan*, Securities law and the social costs of 'inaccurate' stock prices, 41 Duke Law Journal (1992), 977 (1005 f.); *Brudney*, Insiders, Outsiders and Information Advantages Under the Federal Securities Laws, 93 Harvard Law Review (1979), 322 (341); *Carlton/Fischel*, The Regulation of Insider Trading, 35 Stanford Law Review (1983), 857 (866); *Gordon/-Kornhauser*, Efficient Markets, Costly Information and Securities Research, 60 New York University Law Review (1985), 761 (769).

111 *Engert*, Die Regulierung von Investmentfonds, German Working Papers in Law and Economics, Paper 21 (2004), S. 3.

112 edb.

Die volkswirtschaftliche Vorteilhaftigkeit von Investmentsparen hängt davon ab, ob eine rationale Anlagestrategie verfolgt wird. Im Hinblick auf Investmentvermögen spielt die Rationalität bei der Auswahl des Investmentvermögens die größte Rolle. Allgemein wird bei dem Auftreten eines Marktversagens ein regulatives Eingreifen des Staates für erforderlich angesehen.[113] Daher könnte in dem Fall ein Bedürfnis für Regulierung bestehen, wenn Marktmechanismen durch das uninformierte oder, wie im Anschluss aufzuzeigen ist, potentiell eingeschränkt rationale Handeln der Anleger gefährdet werden. Bisher wird primär versucht, begrenzt rationalem Handeln durch die Festlegung von gesetzlichen Publizitätsvorschriften entgegenzuwirken.[114]

Die Frage nach der Erforderlichkeit von Anlegerschutz aus volkswirtschaftlicher Perspektive ist demnach eng mit der Frage der Bedeutung des Entscheidungsverhaltens von Privatkunden für die Märkte verknüpft. Die verschiedenen Auffassungen über den Charakter der Finanzmärkte, insbesondere das Vorliegen einer Form von Markteffizienz, nehmen unterschiedliche Auswirkungen von potentiell eingeschränkt rationalem Verhalten auf die Märkte an. So besteht ein Meinungsspektrum, welches von der Annahme, dass ein nicht rationales Entscheidungsverhalten unerheblich für das Funktionieren der Märkte ist, bis hin zu der Annahme reicht, dass bei einem begrenzt rationalen Verhalten die Allokationsfunktion der Märkte eingeschränkt wird.

Die Frage nach dem Vorliegen einer Form der Markteffizienz wiederum hat Auswirkungen auf das Bedürfnis für einen individuellen Anlegerschutz. In einem „fundamental value" effizienten Markt beispielsweise erfolgt Anlegerschutz faktisch durch die Marktmechanismen, da alle Wertpapiere ihren wahren Fundamentalwert widerspiegeln. Daher soll nun zuerst die Markteffizienz-Hypothese dargestellt werden, um im Anschluss die Theorien über das Entscheidungsverhalten von Marktteilnehmern und deren Auswirkungen auf die Markteffizienz aufzuzeigen. Abschließend sollen die Theorien diskutiert und ihre Implikationen für das Bedürfnis von Anlegerschutz und ihre Konsequenzen für eine anlegerschützende Regulierung aufgezeigt werden.

113 Vgl. zu der Theorie, die ein Bedürfnis für Regulierung aus einem Marktversagen ableitet, *McVea*, Financial Services Regulation under the Financial Service Authority: A Reassertion of the Market Failure Thesis, 64 Cambridge Law Journal (2005), 413 (417 ff.).

114 *Fülbier*, Regulierung der Ad-hoc-Publizität, S. 179.

2.3.3.1 *Die Markteffizienz-Hypothese*

Die Markteffizienz-Hypothese geht auf *Fama* zurück, der die Efficient Capital Markets Hypothese (ECMH) entwickelt hat, welche Abstufungen zwischen drei Grundformen der Markteffizienz vornimmt: Strenge Markteffizienz, halb-strenge Markteffizienz, sowie schwache Markteffizienz.[115]

Der Begriff Markteffizienz ist der Oberbegriff für verschiedene Formen der Effizienz. Er umfasst die Informationseffizienz, die allokative, institutionelle und operative Effizienz.[116] Die Subkategorien der Markteffizienz stehen nicht unabhängig neben einander, sondern sind interdependent.

Die Informationseffizienz beschreibt die Verfügbarkeit von Informationen, welche die Kapitalströme zwischen Kapitalgebern und -nehmern lenken. Als effizienter (informationseffizienter) Markt wird ein Markt bezeichnet, bei dem sich alle verfügbaren Informationen ohne Verzögerung im Marktpreis widerspiegeln.[117] Informationseffizienz ist notwendige Voraussetzung für das Auftreten von allokativer Effizienz.[118] Letztere besteht, wenn die Marktmechanismen das Kapital zu den optimalen Anlagemöglichkeiten leiten.[119] Das Kapital soll zu den Unternehmen mit der höchsten,

115 Siehe für die ursprüngliche Verwendung der Begriffe, *Fama*, Efficient Capital Markets: A Review of Theory and Empirical Work, 25 Journal of Finance (1970), 383 (388); die Verwendung ausdehnend und nicht mehr auf Modelle, sondern auf die Informationsverarbeitung durch die Märkte beziehend, *Garbade*, Securities Markets, S. 241, 249 f., 259 f.; *Figlewski*, Market „Efficiency" in a Market with heterogenous Information, 86 Journal of Political Economy (1978), 581 (582) behauptet eine schwache Markteffizienz liege vor, wenn der Marktpreis alle historischen Informationen widerspiegele, eine mittel-strenge Markteffizienz bestehe, wenn alle öffentlich verfügbaren Informationen im Preis reflektiert sein und eine strenge Markteffizienz reflektiere alle Informationen, auch wenn die Informationen nur einer kleinen Gruppe von Personen zur Verfügung stehen; siehe für deutsche Publikationen zur ECMH, *Mülbert*, Aktiengesellschaft, Unternehmensgruppe und Kapitalmarkt, S. 129 f.; *Schröder*, Unternehmenspublizität und Kapitalmärkte, S. 91 ff.

116 Vgl. *Edelmann* in Assmann/Schütze, Handbuch des Kapitalmarktrechts, S. 263 f.; *Kümpel*, Bank- und Kapitalmarktrecht, Rn. 8.399 ff.; *Kohl/Kübler/Walz/Wüsterich*, Abschreibungsgesellschaften, Kapitalmarkteffizienz und Publizitätszwang, ZHR 138 (1974), 1 (16 ff.).

117 *Fama*, Efficient Capital Markets: A Review of Theory and Empirical Work, 25 Journal of Finance (1970), 383 (388). Die halb-strenge Theorie begrenzt die verfügbaren Informationen auf öffentlich bekannte Informationen, vgl. *Gilson/Kraakman*, Mechanisms of Market Efficiency, 70 Virginia Law Review (2004), 549 (558); kritisch zum Vorliegen von Informationseffizienz, *Grossman/Stiglitz*, On the impossibility of informational efficient markets, 70 American Economic Review (1980), 393 (404).

118 Vgl. *Stout*, The Unimportance of Being Efficient: An Economic Analysis of Stock Market Pricing and Regulation, 87 Michigan Law Review (1988), 613 (641).

119 *Kohl/Kübler/Walz/Wüsterich*, Abschreibungsgesellschaften, Kapitalmarkteffizienz und Publizitätszwang, ZHR 138 (1974), 1 (16 f.); vgl. *Stout*, The Unimportance of Being Efficient:

risikoangepassten Rendite fließen.[120] Eine fundamentale Effizienz liegt dann vor, wenn die Marktpreise den Fundamentalwerten eines gehandelten Finanzinstruments entsprechen.[121]

Eine weitere Form der Markteffizienz ist die operative Effizienz, sie bezieht sich auf das Auftreten von Informations- und Transaktionskosten. Die operative Effizienz ist umso größer, je geringer die Kostenbelastung für Informationsbeschaffung und Transaktionen ist.[122] Die Bestimmung der operativen Effizienz ist eine prozessorientierte Betrachtung.[123]

Die institutionelle Effizienz setzt das Auftreten von allokativer und operativer Effizienz voraus. Als Maßstäbe für die institutionelle Effizienz werden in der Regel der freie Marktzugang für Kapitalanbieter und -nachfrager, die Breite in der Angebotsvielfalt, sowie die -tiefe des Volumens des angebotenen Finanzkapitals herangezogen.[124] Die Funktionsfähigkeit der Kapitalmärkte erfordert die Sicherstellung einer hohen Liquidität des Marktes in Form von Marktbreite und Tiefe.[125] Als Ziel der institutionellen Effizienz wird zudem die Förderung des Anlegervertrauens in stabile und integre Kapitalmärkte genannt.[126]

An Economic Analysis of Stock Market Pricing and Regulation, 87 Michigan Law Review (1988), 613 (641).

120 *Engert*, Die Regulierung von Investmentfonds, German Working Papers in Law and Economics, Paper 21 (2004), S. 3; die Ressourcenallokation als fundamentale Funktion des Wettbewerbs bezeichnend, *Grossman*, The Informational Role of Warranties and Private Disclosure About Product Quality, 24 Journal of Law and Economics (1981), 461; siehe auch *Stiglitz*, Using tax policy to curb speculative short term trading, 3 Journal of Financial Services Research (1989), 101 (107).

121 *Ayres*, Back to Basics: Regulating How Corporations Speak to the Market, 77 Virginia Law Review, (1991), 945 (969); *Fischel*, Efficient Capital Markets, the Crash, and the Fraud on the Market Theory, 74 Cornell Law Review (1989), 907 (913).

122 *Gilson/Kraakman*, The Mechanisms of Market Efficiency twenty years later: The hindsight bias, 28 Journal of Corporation Law (2003), 715 (717); *Fazley*, Regulierung der Finanzanalysten und Behavioral Finance, S. 70.

123 *Kress*, Effizienzorientierte Kapitalmarktregulierung, S. 44.

124 *Kümpel*, Bank- und Kapitalmarktrecht, Rn. 8.400.

125 *Goshen/Parchomovsky*, The Essential Role of Securities Regulation, 55 Duke Law Journal (2006), 711 (714); die Bedeutung von Liquidität für die Markteffizienz betonend, *Longstaff*, Optimal Portfolio Choice and the Valuation of Illiquid Securities, 14 Review of Financial Studies (2001), 407 f.; *Macey/Haddock*, Shirking at the SEC: The failure of the National Market System, 1985 University of Illinois Law Review (1985), 315 (325 f.).

126 *Fazley*, Regulierung der Finanzanalysten und Behavioral Finance, S. 71; *Kümpel*, Bank- und Kapitalmarktrecht, Rn. 8.403; *Klöhn*, Kapitalmarkt, Spekulation und Behavioral Finance, S. 61.

2.3.3.2 *Entscheidungen in wirtschaftlichen Zusammenhängen*

Aufgrund von Informationsasymmetrien sowie einer möglicherweise begrenzten Rationalität der Anleger bestehen Bedenken, ob eine allokative Effizienz existiert. Die Bedenken sollen analysiert werden, um zu erörtern welche staatlichen Maßnahmen sinnvoll erscheinen, um sowohl die individuellen Anleger zu schützen, als auch die allokative Effizienz der Kapitalmärkte zu fördern. Zunächst soll daher untersucht werden, wie Menschen wirtschaftliche Entscheidungen treffen. Dies ist seit Jahrzehnten von der ökonomischen Literatur diskutiert worden. Die Literatur bezieht sich größtenteils auf direkte Investitionen von Anlegern an den Kapitalmärkten. Im Gegensatz zu Anlegern, die in Investmentvermögen investieren, treffen sie direkte Anlageentscheidungen. Bei Investmentvermögen liegt die Verwaltung des Vermögens und somit die Entscheidung über die Portfoliozusammensetzung bei der Fondsverwaltung (KAG). Die Anleger treffen folglich eine Entscheidung, ihr Vermögen durch Intermediäre verwalten zu lassen. Dies bedeutet, dass sie selbst keine Kenntnisse hinsichtlich der einzelnen Vermögensgegenstände haben müssen, in die ihr Portfolio investiert wird. Die begrenzten Finanzkenntnisse der Anleger sind also im Kontext der Kapitalanlage in Investmentvermögen weniger relevant, da sie durch die professionelle Fondsverwaltung aufgefangen werden.

Allerdings müssen auch Anleger in Investmentvermögen eine Auswahl treffen. Sie müssen entscheiden, in welches Investmentvermögen sie investieren wollen. Die Anlageentscheidung wird somit vorverlagert und auf eine einzige Entscheidung, die Auswahl eines Investmentvermögens anstelle eines ganzen Portfolios, beschränkt. Für die Auswahl ist demgemäß relevant, auf welchen Faktoren diese Entscheidung basiert.

2.3.3.2.1 Theorie vom rationalen Handeln – Die klassischen Finanztheorien

Mit der Frage, ob sich Marktteilnehmer rational verhalten, hat sich eine Vielzahl von Autoren auseinandergesetzt. Es sollen die Hauptargumente dargestellt und die Theorien, wie Marktteilnehmer Entscheidungen treffen, und welche Auswirkungen dies auf die Märkte hat, aufgezeigt werden.

Die ökonomische Analyse des Rechts, welche für die Untersuchung der Auswirkungen von Normen unter Gesichtspunkten der wohlfahrtsökonomischen Effizienz maßgeblich ist, ist bisher vorgeblich von den neo-klassischen ökonomischen Theorien geprägt.

Großteils wird in der Volkswirtschaftslehre angenommen, dass Marktteilnehmer rational handeln. So teilt die Mehrheit der Ökonomen als grundlegende Annahmen,[127] dass erstens Menschen wohl definierte Präferenzen (Ziele) haben und Entscheidungen treffen, um diese Präferenzen zu maximieren.[128] Zweitens wird vorausgesetzt, dass die Präferenzen (nach dem besten Wissen der Person) akkurat Kosten und Nutzen der verfügbaren Optionen reflektieren. Die dritte Annahme ist, dass in Situationen, in denen Unsicherheit besteht, Menschen eine Meinung haben, wie sich die Unsicherheit auflösen wird und die Wahrscheinlichkeitseinschätzung anpassen, wenn neue Informationen verfügbar werden.[129]

Diese Theorien werden in US-amerikanischen kapitalmarktrechtlichen Diskussion reflektiert. Eine dort stark vertretene Strömung ist die „Law and economics"-Theorie,[130] die zu der neo-klassischen ökonomischen Schule zählt und ihre ökonomischen Erkenntnisse auf die Rechtswissenschaften überträgt. Ihre Vertreter teilen den gemeinsamen Fokus auf individuelle Entscheidungen der Marktteilnehmer und der menschlichen Rationalität als Grundstein ihrer wissenschaftlichen Arbeit.[131]

2.3.3.2.1.1 Rationalität von Marktteilnehmern

Vertreter der neo-klassischen Strömung teilen das Modell der rationalen Erwartungen. Es besagt, dass Marktteilnehmer kühl, berechnend und aus-

127 Vgl. *Posner*, Rational Choice, Behavioural Economics and the Law, 50 Stanford Law Review (1998), 1551.

128 *Olson*, The Logic of collective Action, S. 60 ff.; *Arrow*, Social Choice and Individual Values S. 3; *Neumann/Morgenstern*, Theory of Games and economic Behavior, S. 23 ff.; *Myerson*, Game Theory: Analysis of conflict, S. 5 ff.; vgl. für einen Überlick *Green/Shapiro*, Pathologies of rational choice theory, S. 14.

129 Die Aktualisierung der Vorstellungen der Marktteilnehmer ist Konsequenz der Nutzenmaximierung, *Baird/Gertner/Picker*, Game Theory and the Law, 84 ff.; *Montet/Serra*, Game Theory and Economics, S. 5;

130 Siehe *Grossman*, An Introduction to the Theory of rational expectations under asymmetric information, 48 Review of Economic Studies (1981), 541 (556); *Townsend*, Market Anticipations, Rational Expectations and Bayesian Analysis, 19 International Economic Review (1987), 481 ff.; kritisch zu dieser Theorie *Stout*, Irrational Expectations, 3 Journal of Legal Theory (1997), 227 (228, 239 ff.);

131 *Scheppele*, Legal Theory and Social Theory, 20 Annual Review of Sociology (1994), 383 (388).

schließlich im Eigeninteresse handeln.[132] Zudem wird angenommen, dass die Marktteilnehmer davon ausgehen, dass auch die anderen Marktteilnehmer, wie sie selbst, kühl, berechnend und ausschließlich im Eigeninteresse handeln.[133] Marktteilnehmer handeln somit als *Homo Oeconomicus.*[134] Die Existenz des *Homo Oeconomicus*, die auch als Rational Choice Model oder Rational Choice Theory bezeichnet wird, ist die Kernthese der klassischen Finanzierungstheorie.[135] Die theoretischen Grundlagen der Rational Choice Theory sind die Subjective Expected Utility Theory, die Rational Expectations Theory and das Bayes-Theorem.[136] Diese Theorien werden folgend kurz erläutert.

2.3.3.2.1.2 Subjective Expected Utility Theory

Die Subjective Expected Utility Theory[137] befasst sich mit Entscheidungen unter Risiko („Risk") sowie Ungewissheit („uncertainty"). Risiko wird in diesem Kontext als die Unsicherheit verstanden, welcher von mehreren Umweltzuständen eintreten wird, wobei die Eintrittswahrscheinlichkeit

132 *Becker*, The Economic Approach to human behavior, S. 14; *van Aaken*, Rational Choice in der Rechtswissenschaft, S. 73 ff.; *Kirchgässner*, Homo oeconomicus, S. 12 ff.; vgl. für einen Überblick, *Korobkin/Ulen*, Law and Behavioral Science: Removing the rationality assumption from Law and Economics, 88 California Law Review (2000), 1051 (1061 ff.); *Klöhn*, Kapitalmarkt, Spekulation und Behavioral Finance, S. 84; vgl. *Eidenmüller*, Der homo oeconomicus und das Schuldrecht: Herausforderung durch Behavioural Law and Economics, JZ 2005, 216 (217).

133 Vgl. *Korobkin/Ulen*, 88 California Law Review (2000), 1051 (1061 ff.); auch *Eidenmüller*, Der homo oeconomicus und das Schuldrecht: Herausforderung durch Behavioural Law and Economics, JZ 2005, 216 (217).

134 *Teubner/Hutter* in Baums/Hopt/Horn, Corporations, Capital Markets and businesses in the law: liber amoricum Richard M. Buxbaum, S. 572.

135 Vgl. hierzu *van Aaken*, Rational choice in der Rechtswissenschaft, S. 73 ff.; *Eidenmüller*, Der Homo Oeconomicus und das Schuldrecht: Herausforderungen durch Behavioural Law and Economics, JZ 2005, 216 (217); *Posner*, Rational Choice, Behavioral Economics and the Law, 50 Stanford Law Review (1998), 1151 (1558); *Korobkin/Ulen*, Law and Behavioral Science: Removing the Rationality Assumption from Law and Economics, 88 California Law Review (2000), 1051 (1055).

136 Siehe grundlegend *Becker*, The Economic Approach to human Behavior, S. 14; ausführlich, *Kirchgässner*, Homo Oeconomicus, S. 12 ff.; *van Aaken*, Rational choice in der Rechtswissenschaft, S. 73 ff.

137 Die Vertreter der Subjective Expected Utility-Theorie variieren die Thesen der entscheidungstheoretischen Strömung, welche unter den Begriff Expected Utility-Theorie subsumiert wird, vgl. zu der Expected Utility-Theorie, die eher eine Gruppe von Strömungen darstellt, *Plous*, The Psychology of Judgement and Decision Making, S. 83; vgl. *Eisenführer/Weber*, Rationales Entscheiden, S. 220 f.; *Franke/Hax*, Finanzwirtschaft des Unternehmens und Kapitalmarkt, S. 311 f.; *Laux*, Entscheidungstheorie, S. 197 ff.; *Klose*, Ökonomische Analyse von Entscheidungsanalomien, S. 20 ff.

aller potentiellen Ausgänge bekannt ist.[138] Der Begriff der Ungewissheit beschreibt die Unsicherheit über die möglichen Umweltzustände sowie ihre Eintrittswahrscheinlichkeit.[139] Die zentrale These der Theorie ist, dass bei Risiko immer die Handlungsoption gewählt wird, von der die Maximierung des Nutzens erwartet wird.[140] Auch in Situationen der Ungewissheit wird von Vertretern der Subjective Expected Utility Theory angenommen, dass die Handelnden ihre Präferenzen anhand des erwarteten Nutzens bilden.[141] Den Nutzen gewichten sie gemäß der subjektiv empfundenen Wahrscheinlichkeit der einzelnen möglichen Handlungsergebnisse.[142]

2.3.3.2.1.3 Rational Expectations Theory

Die Rational Expectations Theory[143] behandelt die Frage, wie Handelnde ihre Erwartungen formen. Dabei werden zwei grundlegende Charakteristika aufgezeigt. Die rationalen Erwartungen sind unverzerrt und basieren auf allen zum Zeitpunkt der Erwartungsbildung verfügbaren Informationen.[144] Die auf den Vorhersagen des *Homo Oeconomicus* basierenden Handlungen stellen immer die optimale Handlungsalternative dar.[145]

---

138 *Klöhn*, Kapitalmarkt, Spekulation und Behavioral Finance, S. 85; vgl. *Fleischer*, Informationsasymmetrie im Vertragsrecht, S. 110.

139 Siehe *Knight*, Risk, Uncertainty and Profit, S. 197 ff.; vgl. *Fleischer*, Informationsasymmetrie im Vertragsrecht, S. 110; *Klöhn*, Kapitalmarkt, Spekulation und Behavioral Finance, S. 85; die Ungewissheit als Unsicherheit bezeichnend, sie aber ebenso definierend *Laux*, Entscheidungstheorie, S. 23.

140 *Neumann/Morgenstern*, Theory of Games and economic Behavior, S. 30; *Mankiw*, Volkswirtschaftslehre, S. 530; *Jonas/Maier/Frey* in Frey / von Rosenstiel, Wirtschaftspsychologie, S. 77; *Rabin*, A perspective on psychology and economics, 46 European Economic Review (2002), 657 (660); *Rabin*, Psychology and Economics, 36 Journal of Economic Literature (1998), 11.

141 *Klose*, Ökonomische Analyse von Entscheidungsanomalien, S. 24 ff.; *Klöhn*, Kapitalmarkt, Spekulation und Behavioral Finance, S. 86.

142 Siehe hierzu ausführlich *Klose*, Ökonomische Analyse von Entscheidungsanomalien, S. 24 ff.; *Klöhn*, Kapitalmarkt, Spekulation und Behavioral Finance, S. 86; vgl. *Wollenhaupt*, Rationale Entscheidungen bei unscharfen Wahrscheinlichkeiten, S. 52 ff.

143 *Muth*, Rational Expectations and the theory of price movements, 29 Econometrica (1961), 315 ff.; *Sargent*, Macroeconomic Theory, S. 391 ff.; *ders.* Bounded Rationality in Macroeconomics, S. 6 ff.

144 *Jolls/Sunstein/Thaler*, A Behavioural Approach to Law and Economics, 50 Stanford Law Review (1998), 1471 (1476).

145 Vgl. *Mankiw*, Volkswirtschaftslehre, S. 530; *Muth*, Rational Expectations and the theory of price movements, 29 Econometrica (1961), 315 (316), der annimmt, dass die Erwartungen der Handelnden grundsätzlich den Ergebnissen der ökonomischen Theorie entsprechen; die Annahme der optimalen Handlungsoption kritisch betrachtend, *Kirchgässner*, Homo Oeconomicus, S. 17 ff.

2.3.3.2.1.4 Bayes-Theorem

Zudem beziehen nach dem Bayes-Theorem rational handelnde Marktteilnehmer umgehend neue Informationen in ihr Erwartungsbild ein.[146] Erwartungen werden beim Auftreten neuer Informationen aktualisiert. Die ursprüngliche Wahrscheinlichkeitserwartung wird unter Berücksichtigung der neuen Informationen proportional zum Vorhersagewert dieser Informationen überarbeitet.[147]

2.3.3.2.1.5 Konsequenzen für den Markt und die Marktteilnehmer

Daraus folgen für die Vertreter dieser Theorie zwei wesentliche Implikationen:[148] Marktteilnehmer bewerten erstens den Preis von Wertpapieren (und auch Anteilen an Investmentvermögen) akkurat, so dass ein effizienter Markt entsteht, auf dem Anteile zu Preisen gehandelt werden, die ihren wahren Wert reflektieren. Solange rationale Anleger im Markt existieren, sind auch die unwissenden Anleger geschützt, da die Marktpreise alle öffentlich verfügbaren Informationen reflektieren.[149]

Da die Marktteilnehmer nach dieser Ansicht rein im Eigeninteresse handeln und davon ausgehen, dass die anderen Marktteilnehmer ebenso agieren, müssen sie annehmen, dass diejenigen, denen sie ihr Vermögen im Rahmen ihres Investments anvertrauen, dieses stehlen oder veruntreuen, sollten sie die Möglichkeit dazu haben.[150] Ein rationaler Anleger wird daher nach dieser Theorie nur investieren, wenn er ausreichende Beweise dafür hat, dass Sicherungen gegen den Missbrauch oder die Veruntreuung seines Vermögens bestehen,[151] oder dass er im Falle eines Missbrauchs sein Vermögen zurückerhält.[152]

---

146 *Bayes*, An essay towards solving a problem in the doctrine of chances, 53 Philosophical Transaction of the Royal Society of London (1763), 370 ff.

147 *Baird/Gertner/Picker*, Game Theory and the Law, S. 79 ff.; *Anderson*, Kognitive Psychologie, S. 385 ff.

148 *Stout*, The investor confidence game, 68 Brooklyn Law Review (2002), 407 (411).

149 *Easterbrook/Fischel*, Mandatory Disclosure and the protection of investors, 70 Virginia Law Review (1984), 669 (694); vgl. *Choi/Guzman*, Portable Reciprocity: Rethinking the international reach of Securities Regulation, 71 South California Law Review (1998), 903 (942).

150 *Stout*, The investor confidence game, 68 Brooklyn Law Review (2002), 407 (410).

151 *Stout*, The investor confidence game, 68 Brooklyn Law Review (2002), 407 (410).

152 *St Giles/Alexeeva/Buxton*, Managing Collective Investment Funds, S. 7.

2.3.3.2.1.6 Markteffizienz

Die generelle Konsequenz der Annahme von rationalem Handeln ist also, dass es zu einer Markteffizienz führt. Entstehen durch irrational handelnde Akteure Marktineffizienzen, so werden sie durch Arbitrage ausgeglichen, indem andere, rational handelnde Marktteilnehmer die zu hohen oder zu niedrigen Preise erkennen und Preisineffizienzen ausnutzen.[153] Arbitrage ist das Unterfangen, durch Ausnutzung eines Informationsvorsprunges gegenüber anderen Marktteilnehmern, eine höhere, risikoangepasste Rendite zu erzielen.[154] Rationale, informierte Anleger nutzen somit den ineffizienten Preis aus, indem sie Finanztitel zu einem unter dem wahren Wert liegenden Preis erwerben oder zu einem Preis über dem Wert verkaufen. Dadurch bewegt sich der Marktpreis zum rational zu erwartenden Niveau. Irrational handelnde Marktteilnehmer erleiden Verluste und werden so aus dem Markt getrieben.[155]

2.3.3.2.1.7 Anlegerschutz durch Marktmechanismen

Die Marktteilnehmer bedürfen nach dieser Lehre auf Grund ihres rationalen Handelns keines Schutzes vor dem Verlust ihres Investments durch gesetzliche Regelungen gegen Täuschungen und Betrug. Marktteilnehmer handeln eigennützig und erwarten ein solches Verhalten von den anderen Marktteilnehmern. Folglich gehen sie bereits beim Markteintritt davon aus, dass sie getäuscht werden können und agieren entsprechend. Rationale Anleger verlangen daher vom Rechtssystem, den Opportunismus von Unternehmen zu begrenzen.[156] Leistet das Rechtssystem dies nicht, so erkennen rationale Anleger dies und sichern ihr Kapital im Zweifel durch die Entscheidung gegen eine Investition. Anleger können dem Risiko, getäuscht zu werden, durch eine Deinvestition begegnen.[157]

Können Anleger mangels Information nicht zwischen Emittenten qualitativ hochwertiger und qualitativ minderwertiger Finanzprodukte differenzieren, werden rationale Anleger nur bereit sein Wertpapiere oder

153 *Friedman*, The case for flexible exchange rates, in Essays in positive economics, 161 ff.

154 *Engert*, Die Regulierung von Investmentfonds, German Working Papers in Law and Economics, Paper 21 (2004), S. 5; *Franke/Hax*, Finanzwirtschaft des Unternehmens und Kapitalmarkt, S. 368; *Trautmann*, Investitionen, S. 7; vgl. *Bailex*, The Economics of Financial Markets, S. 166 f.

155 *Friedman*, The case for flexible exchange rates, in Essays in positive economics, 174 ff.

156 *Stout*, The investor confidence game, 68 Brooklyn Law Review (2002), 407 (412).

157 *Stout*, The investor confidence game, 68 Brooklyn Law Review (2002), 407 (412).

Investmentvermögensanteile gegen einen Preisabschlag zu erwerben.[158] Ineffektive Information über die Produktqualität führt zu einem Preisabschlag, da die Marktteilnehmer die Qualität nicht als solche erkennen können. Mangelnde Publizität über ein Produkt schadet somit nach dieser Ansicht nicht den Anlegern, sondern den Emittenten.[159] Durch Wettbewerb entsteht ein Anreiz für höhere Transparenz.[160]

2.3.3.2.2 Theorien von der begrenzten Rationalität - Behavioural Economics

Die Lehre, die ein hohes Maß an Rationalität, wenn nicht sogar vollständig rationales Handeln annimmt, ist umstritten. Seit einiger Zeit bezweifelt eine Vielzahl von Autoren das Vorliegen einer vollständigen Rationalität.[161] Die Hauptkritik an der Theorie vom *Homo Oeconomicus* erfolgt durch die Vertreter der Behavioural Economics-Lehre.

Der Ansatz des Behavioural Economics-Lehre ist eine Synthese aus psychologischen Erkenntnissen und Erkenntnissen der Wirtschaftswissenschaften. Sie basiert großteils auf verhaltenspsychologischen Studien,

---

158 *Choi/Guzman*, Portable Reciprocity: Rethinking the international reach of Securities Regulation, 71 Southern California Law Review (1998), 903 (945).

159 *Akerlof*, The Market for „Lemons“: Qualitative Uncertainty and the Market Mechanism, 84 Quarterly Journal of Economics (1970), 488 (499); siehe *Easterbrook/Fischel*, Mandatory Disclosure and the protection of investors, 70 Virginia Law Review (1984), 669 (673 ff.); vgl. *Mahoney*, The Exchange as Regulator, 83 Virginia Law Review (1997), 1453 (1457 ff.) der es als Eigeninteresse der Börsen beschreibt, die optimalen Regeln für die Marktteilnehmer zu schaffen; *Pritchard*, Markets as Monitors: A Proposal to replace class actions with exchanges as securities fraud enforcers, 85 Virginia Law Review (1999), 925 (940); *Romano*, Empowering Investors: A Market Approach to Securities Regulation, 107 Yale Law Review (1998), 2359 (2362 ff.); auch Anleger ohne Finanzkenntnisse als geschützt ansehend, soweit sie sich auf rationale Investoren verlassen, die durch ihre Entscheidungen Preise in einem effizienten Markt setzen, *Choi/Guzman*, Portable Reciprocity: Rethinking the international reach of Securities Regulation, 71 Southern California Law Review (1998), 903 (943).

160 Siehe auch die Studie von *Barton/Waymire*, Investor protection under unregulated financial reporting, 38 Journal of Accounting and Economics (2004), 65 (106), die für den Kapitalmarktcrash von 1929 belegen, dass ein Anreiz für die Unternehmen bestand, freiwillig Finanzinformationen zu veröffentlichen und dies zu einem höheren Anlegerschutzniveau führte.

161 *Simon*, A Behavioral Model of Rational Choice, 69 Quarterly Journal of Economics (1955), 99; *ders.*, From Substantive to Procedural Rationality, in Method and Appraisal in Economics, S. 129 ff.; *Selten*, The Chain-Store Paradox, 9 Theory and Decision (1978), 127 (147 ff.); *Binmore*, Modelling Rational Players: Parts I, 3 Economics and Philosophy (1987), 179 (182); *Binmore*, Modelling Rational Players: Parts II, 4 Economics and Philosophy (1988), 9 (15); *Lipman*, How to decide how to decide how to...: Modelling limited rationality, 59 Econometrica (1991), 1105.

welche zur Entwicklung von Entscheidungstheorien dienen. Bei diesen Studien wurden systematische Abweichungen in den Handlungen der Studienteilnehmer von dem Idealbild eines rational handelnden Individuums festgestellt. Auf Grund empirischer Erkenntnisse wurde von den Vertretern der Behavioural Finance-Lehre versucht, die Modelle des Handelns der Marktteilnehmer an die begrenzten kognitiven Fähigkeiten des Menschen anzupassen.[162] Die Grundthese der Behavioural Economics-Strömung ist, dass Menschen regelmäßig gegen die Subjective Utility und Rational Expectations-Theorie sowie das Bayes-Theorem verstoßen.[163] Die Marktpreise können daher systematisch von ihren Fundamentalwerten abweichen und es besteht keine allokative Effizienz auf den Märkten.[164]

Die Behavioural Economics-Lehre nimmt eine begrenzte Rationalität[165] der Marktteilnehmer an, welche aus den eingeschränkten kognitiven Fähigkeiten des Menschen resultiert. Die tatsächliche Existenz des *Homo Oeconomicus* wird bezweifelt, da Hindernisse hinsichtlich der Informationsaufnahme sowie der Informationsverarbeitung bestehen. Die Hindernisse machen es den Individuen unmöglich, immer objektiv rationale Entscheidungen zu treffen.[166] Im Folgenden werden zunächst die beobachteten Anomalien der Informationsaufnahme dargestellt und dann die Anomalien hinsichtlich der Informationsverarbeitung erläutert. Abschließend werden die Auswirkungen der begrenzten Rationalität auf die Märkte diskutiert und die Meinung der Vertreter der Behavioural Economics zu der Erforderlichkeit von Regulierung präsentiert.

2.3.3.2.2.1 Informationsaufnahme

Auf Ebene der Informationsaufnahme bestehen Beschränkungen hinsichtlich des Verständnisses von komplexen Informationen. So wurde festge-

---

162 Siehe dazu die grundlegende Arbeit von *Simon*, A Behavioral Model of Rational Choice, 69 Quarterly Journal of Economics (1955), 99-118; vgl. zu den begrenzten Fähigkeiten des Menschen Information zu verarbeiten, *Schäfer/Ott*, Ökonomische Analyse des Zivilrechts, S. 65; auch *Fleischer*, Informationsasymmetrien im Vertragsrecht, S. 112; vgl. zudem *Sargent*, Bounded rationality in Macroeconimics, S. 22.

163 Vgl. *Anderson*, Kognitive Psychologie, S. 392 f.

164 *Klöhn*, Kapitalmarkt, Spekulation und Behavioral Finance, S. 90; *Winterfeldt/Edwards*, Decision Analysis and Behavioral Research, S. 170 ff.

165 Dieser Begriff geht auf *Herbert Simon* zurück, der das Modell der begrenzten Rationalität (bounded rationality) bereits 1955 entwarf, *Simon*, 69 Quarterly Journal of Economics (1955), 99. Der Begriff der begrenzten Rationalität soll im Folgenden im Sinn seines Modells verwendet werden.

166 Vgl. *Rubinstein*, Modeling Bounded Rationality, S. 13 ff.

stellt, dass die numerische Lesefähigkeit im Schnitt sehr niedrig ist. Zudem wird durch die Kapazität des Kurzzeitgedächtnisses die Fähigkeit, Informationen zu verarbeiten begrenzt.[167] Die Informationswahrnehmung scheint nicht unabhängig von intrinsischen und extrinsischen Faktoren zu sein.[168] Zentral ist die Feststellung, dass Informationen abhängig von ihrem Umfeld, und somit nicht absolut, wahrgenommen werden (sogenanntes „Framing").[169] Dies hat zur Folge, dass eine Veränderung der Präsentationsreihenfolge von Informationen („Priming Effect") oder des Präsentationsrahmens, die Wahrnehmung von Informationen bedeutend verändert.[170] Informationen werden zudem selektiv wahrgenommen, da die absolute Wahrnehmung auf Grund zeitlicher Begrenzungen und der begrenzten Kapazität des Kurzzeitgedächtnisses eingeschränkt ist.[171] Deswegen werden Vereinfachungsheuristiken verwandt, um die Informationen zu filtern und die Informationsaufnahme zu vereinfachen.[172] Ein Verwässerungseffekt kann auftreten, so dass durch ein Mehr an Informationen einzelne Informationen anders bewertet werden und ihr Eindruck durch die Informationsmenge geschwächt wird.[173]

---

167 Vgl. *Milinski/Wedekind*, Working Memory Constrains Human Cooperation in the Prisoner's Dilemma, 95 Proceedings of the National Academy of Sciences in the United States of America, 13755 (13757), welche die begrenzte Kapazität des Kurzzeitgedächtnisses als Hindernis für soziales Verhalten bezeichnen.

168 *Tversky/Kahnemann*, Judgement under Uncertainty: Heuristics and Biases, 185 Science (1974), 1124 (1128); *dies.* The Framing of Decisions and the Psychology of Choice, 211 Science (1981), 453

169 *Tversky/Kahnemann*, Judgement under Uncertainty: Heuristics and Biases, 185 Science (1974), 1124 (1128); *dies.* The Framing of Decisions and the Psychology of Choice, 211 Science (1981), 453; *dies.* Rational Choice and the Framing of Decisions, 59 Journal of Business (1986), 251 (252); *Schäfer/Ott*, Ökonomische Analyse des Zivilrechts, S. 66; *Anderson*, Kognitive Psychologie, S. 402.

170 *Tulving/Schacter*, Priming and Human Memory Systems, 247 Science, New Series (1990), 301.

171 *Fazley*, Regulierung der Finanzanalysten und Behavioral Finance, S. 85; vgl. *Kowalewski*, Das Vorerwerbsrecht der Mutteraktionäre beim Börsengang einer Tochtergesellschaft, S. 98.

172 *Tversky/Kahneman*, Belief in the law of small numbers, 76 Psychological Bulletin (1972), 105 ff.; *Tversky/Kahneman*, Judgement under Uncertainty: Heuristics and Biases, 185 Science (1974), 1124; *Kahnemann/Tversky*, Subjective probability: A judgment of representativeness, 3 Cognitive Psychology (1972), 430 ff.; *Tversky/Kahneman* in Tversky/Slovic/Kahneman, Judgement under Uncertainty, Heuristics and Biases, S. 84; *Aronson*, Sozialpsychologie, S. 145 ff.; ähnlich zum Einfluss von Erinnerungen auf die Informationsaufnahme *Mullainathan*, A memory-based model of bounded rationality, 3 Quarterly Journal of Economics (2002), 735 (737).

173 *Aronson*, Sozialpsychologie, S. 144.

2.3.3.2.2.2 Heuristiken

Menschen verwenden Heuristiken zur Vereinfachung der Informationsaufnahme und verkürzten Entscheidungsfindung.[174] Heuristiken ermöglichen große Mengen von komplexen Informationen schnell aufzunehmen. Dafür werden Informationen unbewusst nach Ähnlichkeiten mit bekannten Informationen gesichtet, da bekannte Informationen schneller aufgenommen werden können als unbekannte. Dies verkürzt den Entscheidungsprozess und macht ihn grundsätzlich erst möglich. Informationen werden umso deutlicher wahrgenommen, je stärker sie subjektiv verfügbar sind.[175] Die Verfügbarkeit hängt davon ab, wie häufig eine vergleichbare Situation aufgetreten ist, wie lange das letzte Auftreten her ist und wie prägnant die Situation war.[176] Das bedeutet, dass Risiken wie etwa der Verlust von investiertem Vermögen durch Betrug stärker wahrgenommen werden, wenn eine Person kürzlich Opfer eines Betruges geworden ist. Abstrakte Informationen hingegen, welche keinen Bezug zu Erfahrungen des Individuums haben, werden nur schwer aufgenommen.

2.3.3.2.2.3 Selektive Wahrnehmung

Die Wahrnehmung von Informationen wird durch intrinsische Filter gesteuert. So werden nicht alle vorhandenen Informationen tatsächlich aufgenommen, sondern die Wahrnehmung erfolgt selektiv. Die Auswahl der wahrgenommenen Informationen hängt von den Erwartungen und Bedürfnissen des Wahrnehmenden ab.[177] Informationen, die der bereits bestehenden persönlichen Meinung der Person entsprechen, werden eher zur Kenntnis genommen, als der persönlichen Meinung widersprechende

---

174 *Maaß/Weibler* in Maaß/Weibler, Börse und Psychologie, S. 82.

175 *Tversky/Kahnemann*, Judgement under Uncertainty: Heuristics and Biases, 185 Science (1974), 1124 (1127); vgl. *Anderson*, Kognitive Psychologie, S. 397 ff.; vgl. *Vaterrodt-Plünnecke/Bredenkamp* in Funke/Bengel, Handbuch der Psychologie Bd. 5, S. 305; auch *Maaß/Weibler* in dies., Börse und Psychologie, S. 90; vgl. *Posner*, Rational Choice, Behavioral Economics and the Law, 50 Stanford Law Review (1998), 1551 (1553), der das Auftreten von kognitiven Einschränkungen und daraus resultierenden Heuristiken wie die Verfügbarkeitsheuristik anerkennt, aber die von der Behavioral Economics-Schule gezogenen Schlussfolgerungen ablehnt.

176 *Hanson/Kysar*, Taking Behavioralism seriously: The Problem of Market Manipulation, 74 New York University Law Review (1999), 630 (662 ff.).

177 *Akerlof/Dickens*, The Economic Consequences of Cognitive Dissonance, 72 American Economic Review (1982), 307 (309); vgl. *Anderson*, Kognitive Psychologie, S. 390.

Informationen.[178] Informationen werden zudem gebündelt und kategorisiert.[179] Von den erstellten Kategorien extrem abweichende Informationen werden in der Regel ignoriert.[180] Stellen die vorliegenden Informationen hinsichtlich eines Themas kein stimmiges Gesamtbild dar, so werden die vorhandenen Informationen auf Basis des bereits vorhandenen Wissens der Person ergänzt.[181] Das Vorwissen muss jedoch nicht präzise zur Gesamtthematik passen.

2.3.3.2.2.4 Konsequenzen für die Informationsverarbeitung

Die selektive Wahrnehmung und Verfügbarkeitsheuristik können dazu führen, dass Personen Informationen ignorieren, die entweder nicht zu ihren Vorkenntnissen oder der Mehrheit der verfügbaren Informationen passen. Gerade im Bereich der Finanzinformationen verfügt eine Vielzahl der Privatkunden über geringe beziehungsweise sehr begrenzte Vorkenntnisse. Somit besteht die Gefahr, dass nur die Informationen aufgenommen werden, welche die möglicherweise, auf Grund des begrenzten Umfangs der Kenntnisse, falschen Erwartungen der Anleger bestätigen. Entscheidungen werden zu stark auf Basis der Erinnerungen der Person getroffen, auch wenn sie sich um eine umfassende Information vor ihrer Entscheidung bemüht. Es werden vor allem aktuelle, besonders auffällige, mehrfach wiederholte und leicht verständliche Informationen zu stark gewichtet.[182]

---

178 *Hunter/Coggin*, Analyst judgment: The efficient market hypothesis versus a psychological theory of human judgment, 42 Organizational behaviour and human decision processes (1988), 284 (299); dieses Phänomen wird mit dem Wunsch der Menschen erklärt, kognitive Dissonanz zu vermeiden. Vgl. zur Theorie der kognitiven Dissonanz, *Frey/Gaska* in Frey/Irle, Theorien der Sozialpsychologie Bd. 1, S. 275 ff.; *Lord/Ross/Lepper*, Biased Assimilation and Attitude Polarization, The Effect of Prior Theories on Subsequently Considered Evidence, 37 Journal of Personality & Social Psychology (1979) 2098 (2101); *Rabin/Schrag*, First Impressions Matter: A Model of Confirmatory Bias, 114 Quarterly Journal of Economics (1999), 37 (38).

179 *Maaß/Weibler* in dies., Börse und Psychologie, S. 77; *Fazley*, Regulierung der Finanzanalysten und Behavioral Finance, S. 86.

180 *Maaß/Weibler* in dies., Börse und Psychologie, S. 77; *Oehler*, „Anomalien", „Irrationalitäten" oder „Biases" der Erwartungsnutzentheorie und ihre Relevanz für die Finanzmärkte, ZBB 1992, 97 (110).

181 *Fazley*, Regulierung der Finanzanalysten und Behavioral Finance, S. 86.

182 *Tversky/Kahnemann*, Judgement under Uncertainty: Heuristics and Biases, 185 Science (1974), 1124 (1128); *dies.* The Framing of Decisions and the Psychology of Choice, 211 Science (1981), 453.

2.3.3.2.2.5 Informationsrahmen und Reihenfolge von Informationen - Framing, Priming und Anchoring

Der Rahmen, in dem Informationen präsentiert werden, sowie die Reihenfolge der Präsentation, beeinflussen ebenfalls die Informationsaufnahme. Informationen werden nicht absolut, sondern abhängig von der Art ihrer Präsentation wahrgenommen („Framing").[183] Es wurde festgestellt, dass die Präferenzen der Anleger nicht konsistent bleiben, sondern bei einer Darstellung gleicher Alternativen in unterschiedlichem Kontext oder Rahmen variieren.[184] Dies widerspricht den Annahmen der neo-klassischen ökonomischen Theorie, die von festen Präferenzen der Marktteilnehmer ausgeht. Die inkonsistenten Präferenzen wurden auch dann beobachtet, wenn die Personen vorher auf ihr Verhalten hingewiesen wurden. Es reicht daher nicht aus, Publikationen mit Warnhinweisen hinsichtlich einer möglicherweise fehlerhaften Informationsaufnahme zu versehen.

Stellen Informationen einen Reiz für den Wahrnehmenden dar, so wird dieser die Informationen besonders beachten.[185] Eine besondere Aufmerksamkeit kann durch den Einsatz von Kontrasten hervorgerufen werden, welche entweder durch das Hervorheben von Unterschieden zwischen Alternativen[186] oder durch gestalterische Mittel[187] erzeugt werden können.

Der Primateffekt („Priming") beschreibt das Phänomen, dass zuerst übermittelte Informationen die nachfolgenden Informationen in der Wahrnehmung ihrer Bedeutung überlagern.[188] Die zuerst übermittelte Information wird zur Interpretation der nachfolgenden Informationen herangezogen.[189]

Menschen orientieren sich an den ihnen bekannten Informationen und wählen dabei Referenzpunkte, anstatt eine auf allen Informationen basierende Gesamtanalyse durchzuführen („Anchoring").[190] Die Referenz-

183 *Tversky/Kahnemann*, Judgement under Uncertainty: Heuristics and Biases, 185 Science (1974), 1124 (1128); *dies.* The Framing of Decisions and the Psychology of Choice, 211 Science (1981), 453; vgl. auch *Maréchal*, Behavioral Economics in the Wild, S. 7 f.

184 *Willis*, Against consumer financial literacy education, 94 Iowa Law Review (2008), 197 (245).

185 *Fazley*, Regulierung der Finanzanalysten und Behavioral Finance, S. 86.

186 Vgl. *Aronson*, Sozialpsychologie, S. 136.

187 Zum Einsatz von visuellen Mitteln wie z.B. Farbkontrasten zur Erzeugung eines Reizes, vgl. *Engelkamp/Zimmer*, Kognitive Psychologie, S. 77.

188 *Vaterrodt-Plünnecke/Brendenkamp* in Funke/Frensch, Handbuch der Psychologie Bd. 5, S. 305.

189 *Aronson*, Sozialpsychologie, S. 144.

190 *Tversky/Kahnemann*, Judgement under Uncertainty: Heuristics and Biases, 185 Science (1974), 1124 (1128); siehe auch *Schäfer/Ott*, Ökonomische Analyse des Zivilrechts, S. 68; vgl. *Oehler*, „Anomalien", „Irrationalitäten" oder „Biases" der Erwartungsnutzentheorie und

punkte können zu Verzerrungen der Einschätzungen führen.[191] Klaren, prägnanten Informationen wird, im Gegensatz zu abstrakten Informationen, eine ungerechtfertigt hohe Bedeutung zugemessen, auch wenn die abstrakten Informationen eine höhere Qualität aufweisen und präziser sind.[192] Durch Anchoring unterlassen es die Anleger, sich widersprechende Informationen zu verarbeiten. Sie vertrauen in nicht gerechtfertigtem Umfang auf ihr eigenes Urteil und verbringen so weniger Zeit damit, ihre Wahl kritisch zu hinterfragen.[193]

2.3.3.2.2.6 Zwischenfazit zur Informationsaufnahme

Zusammenfassend kann festgehalten werden, dass bei der Informationsaufnahme Informationen gebündelt werden. Die Bündelung erfolgt auf Basis der subjektiven Verfügbarkeit der Informationen, sowie externen Referenzpunkten. Informationen, welche nicht in die mental gebildeten Kategorien passen, werden oft nicht aufgenommen. Die Informationsaufnahme wird von der Darstellung der Informationen beeinflusst.

2.3.3.2.2.7 Informationsverarbeitung

Hinsichtlich der Informationsverarbeitung wurde eine Vielzahl von Anomalien festgestellt, von denen die wesentlichsten an dieser Stelle erläutert werden sollen. Allein durch die Kapazität des Kurzzeitgedächtnisses sind der Informationsverarbeitung Grenzen gesetzt.[194]

2.3.3.2.2.8 Sicherheitseffekt

Die von *Kahnemann* und *Tversky* begründete Prospekttheorie[195] beleuchtet Anomalien der Informationsverarbeitung in Situationen mit unsicherem

ihre Relevanz für die Finanzmärkte, ZBB 1992, 97 (102); vgl. *Maginn/Tuttle/McLeavey/Pinto*, Managing Investment Portfolios, S. 144.

191 *Maaß/Weibler* in dies., Börse und Psychologie, S. 93.

192 *Willis*, Against consumer financial literacy education, 94 Iowa Law Review (2008), 197 (245).

193 *Willis*, Against consumer financial literacy education, 94 Iowa Law Review (2008), 197 (245).

194 Vgl. *Miller*, Psychological Review (1956), 81 (88 f.), der als generelles Maximum sieben Informationseinheiten ansieht, die gleichzeitig verarbeitet werden können, wobei diese Anzahl um bis zu zwei Einheiten nach oben und unten abweichen kann; siehe auch *Fazley*, Regulierung der Finanzanalysten und Behavioral Finance, S. 85.

195 Siehe zur Prospekttheorie *Kahneman/Tversky*, Prospect Theory: An Analysis of Decision under Risk, 47 Econometrica (1979), 263-291; vgl. für eine überarbeitete Version der Pro-

Ausgang. Generell zeigen die Studienteilnehmer geringe Bereitschaft, Entscheidungen im Angesichte eines unsicheren Ausgangs zu treffen.[196] Das zögeriche Handeln bei unsicherem Ausgang widerspricht der Subjective Utility Theory. Sie geht davon aus, dass auch bei Risiko oder Ungewissheit in Erwartung der Nutzenmaximierung gehandelt wird.[197] Nach den Erkenntnissen von *Kahnemann* und *Tversky* hingegen wird der Erwartungsnutzen nicht parallel zu den Vorhersagen der ökonomischen Theorie gebildet. Vielmehr bevorzugen die Marktteilnehmer einen sicheren Ausgang, auch wenn eine Entscheidung für eine Variante mit unsicherem Ausgang einen höheren Nutzen für sie hätte (der sogenannte Sicherheitseffekt).[198] Typische Handlungshemmnisse treten auf, psychologische Barrieren, welche die Verarbeitung von Informationen beeinflussen. Solche typischen Handlungshemmnisse sind eine überhöhte Furcht vor finanziellen Verlusten,[199] sowie vor Enttäuschungen,[200] ein impulsives Anlageverhalten und ein fehlenden Wille, für die Zukunft zu planen.[201]

2.3.3.2.2.9 Verlustaversion

In einigen Studien, die Präferenzen untersuchten, wurde bei der Evaluation von riskanten Wetten gegenüber sicheren Ergebnissen festgestellt, dass die

---

spekttheorie *Tversky/Kahneman*, Advances in Prospect Theory: Cumulative Representation of Uncertainty, 5 Journal of Risk and Uncertainty (1992), 297 ff.

196 *Camerer/Weber*, Recent Developments in Modeling Preferences: Uncertainty and Ambiguity, 5 Journal of Risk & Uncertainty 325 (360); *Kahneman/Tversky*, Prospect Theory: An Analysis of Decision under Risk, 47 Econometrica (1979), 263 (265); vgl. zu der Verlustaversion *Tversky/Kahneman*, Loss Aversion in Riskless Choice: A Reference-Dependent Model, 106 Quarterly Journal of Economics (1991), 1039 (1054-1058); ebenfalls *Stout*, The Mechanisms of Market Inefficiency: An Introduction to new finance, 28 Journal of Corporation Law (2003), 635 (661).

197 Vgl. *Kozhan/Schmid*, Asset allocation with distorted beliefs and transaction costs, 194 European Journal of Operational Research (2009), 236.

198 *Kahneman/Tversky*, Prospect Theory: An Analysis of Decision under Risk, 47 Econometrica (1979), 263 (265).

199 *Camerer/Issacharoff/Loewenstein/ O'Donoghue/Rabin*, Regulation for Conservatives: Behavioural Economics and the case for „ Asymmetric Paternalism", 151 University of Pennsylvania Law Review (2003), 1211 (1216).

200 Siehe zur Regret Aversion, *Bell*, Regret in Decision Making under Uncertainty, 30 Operations Research (1982), 961; *Gul*, A Theory of Disappointment Aversion, 59 Econometrica (1991), 667.

201 *Thaler*, Psychology and Saving Policies, 84 American Economic Review (1994), 186 ff.; *Joles/Sunstein/Thaler*, A Behavioural Approach to Law and Economics, 50 Stanford Law Review (1998), 1471 (1476), die die Unterschiede zwischen „echten Menschen" und dem Homo Oeconomicus mit begrenzter Rationalität, begrenzter Willsenstärke und begrenztem Eigeninteresse beschreiben.

Testteilnehmer eine extrem hohe Aversion gegen Verluste aufwiesen.[202] Gerade hinsichtlich Kosten und Nutzen machen Personen systematisch Fehleinschätzungen, die auf einem Grad an Sorge vor Verlusten zu basieren scheinen, der nicht aus den Erfahrungen der Personen erklärbar ist.[203] Verlustwarnungen werden überproportional stark wahrgenommen. Die Verlustaversion wird mit dem Umstand erklärt, dass Verluste von den Betroffenen stärker als Gewinne wahrgenommen werden.[204]

2.3.3.2.2.10 Risikoaversion

Eine Aversion der Testteilnehmer wurde auch bezüglich Risiken festgestellt.[205] Risiken werden oftmals isoliert wahrgenommen. Die isolierte Wahrnehmung bewirkt, dass Anleger kleine Risiken, die sich auf kurze Zeiträume beziehen, einzeln wahrnehmen und sie als gewichtig bewerten, anstatt sie als kleine Risiken auf das gesamte Leben bezogen anzusehen.[206] Folge der isolierten Betrachtung ist eine Risikoaversion.[207]

---

202 *Camerer/Weber*, Recent Developments in Modeling Preferences: Uncertainty and Ambiguity, 5 Journal of Risk & Uncertainty (1992), 325 (360); *Kahneman/Tversky*, Prospect Theory: An Analysis of Decision under Risk, 47 Econometrica (1979), 263 (265); vgl. zur Verlustaversion, *Tversky/Kahneman*, Loss Aversion in Riskless Choice: A Reference-Dependent Model, 106 Quarterly Journal of Econonomics (1991), 1039 (1054-1058); ebenfalls zur Aversion gegen Verluste, *Stout*, The Mechanisms of Market Inefficiency: An Introduction to new finance, 28 Journal of Corporation Law (2003), 635 (661).

203 *Tversky/Kahneman*, Loss Aversion in Riskless Choice: A Reference-Dependent Model, 106 Quarterly Journal of Economics (1991), 1039 (1054-1058); *Kahneman/Knetsch/Thaler*, Experimental Tests of the endowment effect and the coarse theorem, 98 Journal of Political Economics (1990), 1328 (1345 f.); *Strahilevitz/Loewenstein*, The Effect of Ownership History on the valuation of objects, 25 Journal of Consumer Research (1998), 276 (286); *Sunstein*, Behavioural Analysis of Law, 64 University of Chicago Law Review (1997), 1175 (1179).

204 *Benarzi/Thaler*, Myopic Loss Aversion and the Equity Premium Price Puzzle, 110 Quarterly Journal of Economics (1995), 73; *Baberis/Huang/Santos*, Propect theory and Asset Prices, 116 Quarterly Journal of Economics (2001), 1 (4); *Kahneman/Tversky*, Prospect Theory: An Analysis of Decision under Risk, 47 Econometrica (1979), 263 (287); *Kahneman/Tversky*, Loss Aversion in Riskless Choice: A Reference-Dependent Model, 106 Quarterly Journal of Economics (1991), 1039 (1043 ff.); *Abdellaoui/Bleichrod/L'Haridon*, A tractable method to measure utility and loss aversion under prospect theory, 36 Journal of Risk and Uncertainty (2008), 245 (246).

205 Siehe für einen Überblick, *Camerer/Weber*, Recent Developments in Modeling Preferences: Uncertainty and Ambiguity, 5 Journal of Risk and Uncertainty (1992), 325 ff.

206 *De Meza/Irlenbusch/Reyniers*, Financial Capability: A behavioural Economics Perspective, S. 37.

207 Vgl. *Laffont*, The Economics of Uncertainty and Information, S. 20 ff., der Modelle zur Messung von Risikoaversion aufzeigt.

2.3.3.2.2.11 Dispositionseffekt

Die Angst vor Verlusten resultiert im Dispositionseffekt. Der Dispositionseffekt ist die Bezeichnung für das Verhalten von Marktteilnehmern, unter dem Einstandspreis dotierende Wertpapiere nicht zu verkaufen, in der Gewinnzone liegende Wertpapiere hingegen abzustoßen.[208]

2.3.3.2.2.12 Regret Aversion

Die Verlustaversion wird zudem von einem Phänomen begleitet, das „Regret Aversion" genannt wird. Regret Aversion ist das Bestreben von Marktteilnehmern, eine Enttäuschung auf Grund der Folgen falsch getroffener Entscheidungen zu vermeiden.[209]

2.3.3.2.2.13 Over confidence und Status quo-Überschätzung

Als weiteres Hindernis für rationales Verhalten wird übermäßiger Optimismus/Selbstüberschätzung angesehen („Over confidence").[210] Der übermäßige Optimismus bewirkt, dass die Eintrittswahrscheinlichkeit einer bestimmten, gewünschten, zukünftigen Entwicklung überschätzt wird.[211] Anleger gehen davon aus, dass potentielle negative Ereignisse nicht ihnen

---

208 *Shefrin/Statman*, The Disposition to Sell Winners Too Early and Ride Losers Too Long: Theory and Evidence, 40 Journal of Finance (1985), 777 (778); in der Folge wurde das Auftreten des Dispositionseffekts in einer Reihe von weiteren Studien bestätigt, siehe *Odean*, Are Investors Reluctant to Realize Their Losses?, 52 Journal of Finance (1998), 1775 (1776); *Shapira/Venezia*, Patterns of behavior of professionally managed and independent investors, 25 Journal of Banking and Finance (2001), 1573 (1584); *Weber/Camerer*, The disposition effect in securities trading: An experimental analysis, 33 Journal of Economic Behavior & Organization (1998), 167 (181); *Dhar/Zhu*, Up close and personal: Investor Sophistication and the Disposition Effect, 52 Management Science (2006), 726; vgl. auch *De Meza/Irlenbusch/Reyniers*, Financial Capability: A behavioural Economics Perspective, S. 36.

209 *Bell*, Regret in Decision Making under Uncertainty, 30 Operations Research (1982), 961; *Gul*, A Theory of Disappointment Aversion, 59 Econometrica (1991), 667.

210 *Daniel/Hirshleifer/Subrahmanyam*, Overconfidence, Arbitrage and Equilibrium Asset Pricing, 56 Journal of Finance (2001), 921 (923); *dies.*, Investor Psychology and Security Market Under- and Overreactions, 53 Journal of Finance (1998), 1839 (1842); *Rabin*, Inference by Believers in the Law of Small numbers, 117 Quarterly Journal of Economics (2002), 775 (799); so *Langevoort*, Taming the animal spirits of the stock markets: A behavioral approach to Securities Regulation, 97 Northwestern University Law Review (2002), 135 (146); *Schäfer/Ott*, Ökonomische Analyse des Zivilrechts, S. 67; *Maginn/Tuttle/McLeavey/Pinto*, Managing Investment Portfolios, S. 144 f.

211 *Zacharakis/Shepherd*, The Nature of Information and Overconfidence on venture capitalists' decision making, 16 Journal of Business Venturing (2001), 311 (313).

zustoßen werden. Sie denken, dass „schon nichts passieren wird". Die Erwartung vermittelt ihnen die Illusion von Kontrolle über ihr Leben, auch wenn sie nicht in der Form existiert.[212] Menschen überschätzen ihre eigenen Fähigkeiten, die Präzision ihres Wissens und haben allgemein ein übermäßig positives Bild von sich selbst.[213] Versuche über Risiken aufzuklären, können durch den unrealistischen Optimismus zu nichte gemacht werden, da statistisches Wissen im Lichte von Irrationalität und Optimismus unzureichend sein kann, um adäquat zu informieren.[214]

Zudem tritt regelmäßig neben Überoptimismus auch eine Selbstüberschätzung auf.[215] Warnungen vor Risiken werden nicht ernst genommen. Überoptimismus und Selbstüberschätzung werden durch das Status quo-Phänomen ergänzt. Menschen leiten aus dem Status quo Einschätzungen für die Zukunft ab und gehen davon aus, dass keine Veränderungen gegenüber dem Status quo auftreten werden.[216]

2.3.3.2.2.14 Mangel an Selbstdisziplin

Eng zusammenhängend mit der geringen Bereitschaft, Entscheidungen im Angesicht eines unsicheren Ausgangs zu treffen, ist die oftmals mangelnde Selbstdisziplin. In empirischen Studien wurde beobachtet, dass Menschen ihre Entscheidungen häufig hinausschieben und als notwendig erkannte Handlungen nicht durchführen.[217] Zukünftige Renditen werden als wenig bedeutend wahrgenommen. Risiken und Kosten, die in der Gegenwart anfallen, werden als zu hoch angesehen, um durch die zukünftigen Vorteile

212 *Hanson/Kysar*, Taking Behavioralism seriously: The Problem of Market Manipulation, 74 New York University Law Review (1999), 630 (654 ff.); *Korobkin/Ulen*, Law and Behavioral Science: Removing the Rationality Assumption from Law and Economics, 88 California Law Review (2000), 1051 (1091 f.); *Kilborn*, Behavioral Economics, Overindebtedness & comparative consumer bankruptcy: Searching for causes and evaluating reasons, 22 Bankruptcy Development Journal (2005), 13 (19).

213 *Lichtenstein/Fischhoff*, Do those who know more also know more about how much they know?, 20 Organisational Behavior & Humam Performance (1977), 159 ff.; *Alpert/Raiffa* in Kahneman/Slovic/Tversky, Judgement under Uncertainty, Heuristics and Biases, S. 294.

214 *Sunstein*, Behavioural Analysis of Law, 64 University of Chicago Law Review (1997), 1175 (1184); *Choi*, Regulation Issuers not Investors: A market based proposal, 88 California Law Review (2000), 279 (318).

215 *Griffin/Tversky*, The Weighting of Evidence and the Determinants of Confidence, 24 Cognitive Psychology (1992), 411 (412); *Hanson/Kysar*, Taking Behaviouralism seriously: The Problem of Market Manipulation, 47 New York University Law Review (1999), 630 (660).

216 *Maginn/Tuttle/McLeavey/Pinto*, Managing Investment Portfolios, S. 144.

217 Vgl. hierzu *Thaler/Shefrin*, An economic Theory of self control, 89 Journal of Political Economy (1982), 392 (404).

gerechtfertigt zu werden.[218] Der Vorteil, etwas gegenwärtig zu haben, wird überbewertet,[219] so dass der Anreiz für Anleger für die Zukunft zu sparen niedrig ist.

In Studien wurde festgestellt, dass viele Menschen Strategien anwenden, um ihre Willensschwäche zu überwinden.[220] Allerdings sind sie oft nicht in der Lage in vollem Umfang erfolgreiche Selbstüberwindungsstrategien zu kreieren.[221]

2.3.3.2.2.15 Mental Accounting

Eine weitere Anomalie in der Informationsverarbeitung liegt in der Tendenz von Menschen, „Mental Accounting" anzuwenden.[222] Mental Accounting beschreibt das Verhalten, getrennte mentale Konten für unterschiedliche Positionen zu führen. Dabei werden weder die Auswirkungen der Bewegungen einer Position auf die anderen Konten berücksichtigt noch das Portfolio als Gesamtes betrachtet. Menschen spalten ihre finanziellen Positionen mental auf. Klassisch wurde davon ausgegangen, dass Personen ihre Investitionsentscheidungen auf Basis ihres derzeitigen Vermögensstandes unter Berücksichtigung ihrer zukünftigen Einkommenserwartung treffen.[223] Allerdings häufen sich die Indizien, dass die Entscheidungen auf Basis von verschiedenen mentalen Konten getroffen werden, die für

218 *Kilborn*, Behavioral Economics, Overindebtness and comparative Consumer Bancruptcy: Searching for Causes and Evaluating Solutions, 22 Bankruptcy Developments Journal (2005), 13 (21).

219 *Hanson/Kysar*, Taking Behavioralism seriously: The Problem of Market Manipulation, 74 New York University Law Review (1999), 630 (678 ff.); *Sunstein*, Behavioural Analysis of Law, 64 University of Chicago Law Review (1997), 1175 (1193 f.).

220 *Rabin*, Psychology and Economics, 36 Journal of Economic Literature (1998), 11 (40); *Hanson/Logue*, The Costs of Cigarettes: The Economic Case for Ex Post Incentive-Based Regulation, 107 Yale Law Journal (1998), 1163 (1206 f.); *Jolls/Sunstein/Thaler*, A Behavioural Approach to Law and Economics, 50 Stanford Law Review (1998), 1471 (1479).

221 *Hanson/Kysar*, Taking Behavioralism seriously: The Problem of Market Manipulation, 74 New York University Law Review (1999), 630 (680).

222 Siehe zum Mental Accounting *Thaler*, Mental accounting matters, 12 Journal of Behavioral Decision Making (1999), 183 (184); *Benartzi/Thaler*, Myopic Loss Aversion and the Equity Premium Price Puzzle, 110 Quarterly Journal of Economics (1995), 73 (74); *Baberis/Huang/Santos*, Prospect Theory and Asset Prices, 116 Quarterly Journal of Economics (2001), 1 (48); *Jonas/Maier/Frey* in Frey / von Rosenstiel, Wirtschaftspsychologie, S. 90; vgl. auch *Schäfer/Ott*, Ökonomische Analyse des Zivilrechts, S. 67.

223 Vgl. *Thaler*, Mental Accounting and consumer choice, 4 Marketing Science (1985), 199 (201 ff.).

verschiedene Zwecke mental geführt werden.[224] Verschiedenen Zwecken wie beispielsweise dem Hausbau oder Kauf eines Autos werden mental getrennte Konten zugeordnet und „Einnahmen" sowie „Verluste" getrennt auf diesen Konten verbucht.[225] Der Einkommensfluss ist bedeutender für Budgetentscheidungen als der gegenwärtige Vermögensstand, so dass auf Grund der monatlichen Gehaltszahlungen vorrangig eine monatsweise Finanzplanung erfolgt.[226]

2.3.3.2.2.16 Keine Anpassung der Wahrscheinlichkeitseinschätzung

Eine weitere Anomalie der Informationsverarbeitung ist, dass Menschen nach den Erkenntnissen der Behavioural Economics nicht immer in der Lage sind, Informationen auszuwerten und ihre Wahrscheinlichkeitseinschätzungen den Informationen gemäß anzupassen.[227] Diese Anomalie stellt eine Abweichung von dem *Bayes*-Theorem dar, welches besagt, dass rational handelnde Marktteilnehmer umgehend neue Informationen in ihr Erwartungsbild einbeziehen.

Die Kernthese der Behavioural Economics ist folglich, dass Menschen durch menschliche Eigenschaften wie ihre Vorurteile und eine eingeschränkte Verfügbarkeit und Augenfälligkeit von Informationen nur be-

---

224 Vgl. *Thaler*, Mental Accounting and consumer choice, 4 Marketing Science (1985), 199 (201 ff.); *ders.*, Saving, fungibility and mental accounts, 4 Journal of Economic Perspectives (1990), 193 (194); *ders.*, Mental accounting matters, 12 Journal of Behavioral Decision Making (1999), 183 (185).

225 *Thaler*, Mental Accounting and consumer choice, 4 Marketing Science (1985), 199 (201 ff.); *Thaler/Johnson*, Gambling with the house money and trying to break even: The effects of prior outcomes on risky choice, 36 Management Science (1990), 643 (649).

226 *De Meza/Irlenbusch/Reyniers*, Financial Capability: A behavioural Economics Perspective, S. 42.

227 *Tversky/Kahneman*, Loss Aversion in Riskless Choice: A Reference-Dependent Model, 106 Quarterly Journal of Economics (1991), 1039 (1055); *Rabin*, Inference by Believers in the Law of Small numbers, 117 Quarterly Journal of Economics (2002) 775 (798 f.); *Rabin/Schrag*, First Impressions Matter: A Model of Confirmatory Bias, 114 Quarterly Journal of Economics (1999), 37 (38 f.); *Sunstein*, Behavioural Analysis of Law, 64 University of Chicago Law Review (1997), 1175 (1186); *Langevoort*, Taming the animal spirits of the stock markets: A behavioral approach to Securities Regulation, 97 Northwestern University Law Review (2002) 135 (144); *Schäfer/Ott*, Ökonomische Analyse des Zivilrechts, S. 69; vgl. auch *Binmore/Gale/Samuelson*, Learning to be imperfect: the ultimatum game, 8 Games and Economic Behaviour (1995), 56 (57 ff.).

grenzt rational handeln.[228] Es kann zu einer fehlerhaften Informationsverarbeitung kommen.[229]

2.3.3.2.3 Behavioural Economics und die Markteffizienz-Hypothese

Als Folge daraus wird angeführt, dass auf Grund des begrenzt rationalen Verhaltens keine Markteffizienz besteht.[230] Treten bei einer Vielzahl von Menschen Fehler in der Informationsaufnahme oder -verarbeitung auf, kann der Markt diese Fehler nicht kompensieren.[231] Marktpreise repräsentieren nicht den Konsens von Experten, die über einen langen Zeitraum gesammelte Indizien abwägen. Vielmehr sind sie Ausdruck des undifferenzierten Denkens von Millionen von Menschen. Nur wenige erachten es für notwendig, sorgfältig zu recherchieren und sie sind hauptsächlich durch ihre Emotionen, zufällig wahrgenommenes und konventionelles Wissen motiviert.[232] Diese Ineffizienz wird auch nicht durch Arbitrage ausgeglichen, da Arbitrageure kurzfristig orientiert und risikoadvers handlen, so das Fehlbewertungen beständiger sind als die klassische ökonomische Theorie erwarten lässt.[233] Zudem treten substantielle Transaktions- und Informationskosten auf, welche die Anreize für Arbitrage mindern.[234] Arbitrage ist somit kein ausreichender Kontrollmechanismus für irrationales Handeln,[235] vielmehr ist sie nicht in der Lage, Preise vollständig zum

228 *Chapman*, Rational Choice and categorical reason, 151 University of Pennsylvania Law Review (2003), 1169 (1170).

229 Vgl. *Kelman*, Behavioural Economics as Part of a rethorical duett: A response to Jolls, Sunstein and Thaler, 50 Stanford Law Review (1998), 1577 (1582).

230 Vgl. *Prentice*, Whither Securities Regulation? Some Behavioural observations regarding proposals for its future, 51 Duke Law Journal (2002), 1397 (1409); *Baumol*, The Stock Market and economic efficiency, S. 51; vgl. *Keynes*, The general Theory of employment, interest and money, 153-157; *Tvede*, The psychology of finance, S. 18; *Arrow*, Risk Perception in Psychology and Economics, 20 Economic Inquiry (1982), 1 (7 f.); *Summers*, Does the stock market rationally reflect fundamental values? 41 Journal of Finance (1986), 591 (592).

231 *Haltiwanger/Waldman*, Rational expectations and the limits of rationality: An Analysis of heterogeneity, 75 American Review (1985), 326 (339); *Russel/Thaler*, The relevance of quasi-rationality in competitive markets, 75 American Economic Review (1985), 1071 (1981); *Tversky/Kahneman*, Rational Choice and the Framing of Decisions, 59 Journal of Business (1986), 251 (275).

232 *Shiller*, Irrational Exuberance, S. 202 f.

233 *De Long/Shleifer/Summers/Waldmann*, Noise Trader Risk in Financial Markets, 98 Journal of Political Economy (1990), 703 (705).

234 Vgl. *Montier*, Behavioural Finance, S. 42 ff.

235 *Shleifer*, Inefficient Markets: An introduction to behavioural finance, S. 93; *Stout*, The Mechanisms of Market Inefficiency: An Introduction to new finance, 28 Journal of Corporation Law (2003), 635 (655).

rational zu erwartenden Preisniveau zu leiten.[236] Zudem wird der These, dass irrational handelnde Personen aus dem Markt gedrängt werden, entgegen gehalten, dass Finanzmärkte relativ offen sind.[237] Ständig kommen neue Marktteilnehmen hinzu, die teils mangels Erfahrung noch begrenzter rational handeln, als aus dem Markt ausscheidende Teilnehmer.[238]

Solche Fehler in der Verarbeitung von Informationen können für Vertreter der Behavioural-Theorie als Rechtfertigung für paternalistische Regulierung dienen.[239]

2.3.3.2.3.1 Paternalismus als Konsequenz begrenzter Rationalität

Einige Vertreter der Behavioural Economics-Lehre befürworten daher einen Regulierungsansatz, der oftmals mit Paternalismus assoziiert wird.[240] Paternalismus beschränkt die Souveränität der Konsumenten, indem für sie eine Entscheidung hinsichtlich eines Handelns oder Unterlassens getroffen

---

236 *Langevoort*, Taming the animal spirits of the stock markets: A behavioral approach to Securities Regulation, 97 Northwestern University Law Review (2002), 135 (148); *Shleifer/Vishny*, The Limits of Arbitrage, 52 Journal of Finance (1997), 32 (54); *Daniel/Shleifer/Subrahmanyam*, Overconfidence, Arbitrage and Equilibrium Asset Pricing, 56 Journal of Finance (2001), 921 (925).

237 *Oehler*, „Anomalien", „Irrationalitäten" oder „Biases" der Erwartungsnutzentheorie und ihre Relevanz für die Finanzmärkte, ZBB 1992, 97 (110).

238 *Oehler*, „Anomalien", „Irrationalitäten" oder „Biases" der Erwartungsnutzentheorie und ihre Relevanz für die Finanzmärkte, ZBB 1992, 97 (110).

239 *Camerer/Issacharoff/Loewenstein/O'Donoghue/Rabin*, Regulation for Conservatives: Behavioural Economics and the case for „ Asymmetric Paternalism", 151 University of Pennsylvania Law Review (2003), 1211 (1218); *Sunstein*, Behavioural Analysis of Law, 64 University of Chicago Law Review. (1997), 1175 (1178), der diese Argumente zumindest als die Argumente gegen Paternalismus entkräftend ansieht; *Langevoort*, Taming the animal spirits of the stock markets: A behavioural approach to Securities Regulation, 97 Northwestern University Law Review (2002), 135 (152, 185), der aus der fehlerhaften Informationsverarbeitung folgert, dass Märkte nicht effizient sein; *Gilson/Kraakman*, The Mechanisms of Market Efficiency twenty years later: The Hindsight bias, 28 Journal of Corporation Law (2003), 715 (738 f.); a.A. *Cunningham*, Behavioural Finance and Investor governance, 59 Washington & Lee Law Review (2002), 767 (769- 786), der statt dessen Anlegerbildung präferiert.

240 *Sunstein*, Behavioural Analysis of Law, 64 University of Chicago Law Review (1997), 1175 (1178); *Camerer/Issacharoff/Loewenstein/ O'Donoghue/Rabin*, Regulation for Conservatives: Behavioural Economics and the case for „Asymmetric Paternalism", 151 University of Pennsylvania Law Review (2003), 1211 (1213); *Moloney*, Building a retail investment culture through law: The 2004 Markets in financial instruments directive, 6 EBOR (2005), 341 (370).

wird, die zum Besten der Konsumenten sein soll.[241] Vertreter der Behavioural Economics-Theorie haben festgestellt, dass Individuen nicht immer auf eine Art handeln, die ihren Interessen am Besten gerecht wird.[242] In diesem Fall kann Paternalismus durch Regulierung für sie vorteilhaft sein. Das Handeln der Konsumenten soll mehr an ihren Interessen orientiert werden und so die Nachfrage an dem wahren Nutzen des Verbrauchs ausrichten.[243] Verhindert Regulierung allerdings, dass Individuen in der für sie optimalen Weise handeln, kann Paternalismus hohe Kosten verursachen.[244]

2.3.3.2.3.2 Markteffizienz als Ausgleich fehlender Rationalität

Kritiker der Behavioural Economics-Lehre wenden sich gegen die Schlussfolgerung, dass Anleger durch Regulierung geschützt werden müssen, da es ihnen nicht möglich sei, sich umfassend vor einer Anlageentscheidung zu informieren. Anleger, die nicht über alle Informationen verfügen, handeln nach dieser Auffassung trotzdem rational wenn sie in Kapitalmärkte investieren.[245] Sie müssen nicht alle Informationen selbst sammeln und analysieren, das würden ihnen die effizienten Märkte abnehmen. Dagegen ist jedoch einzuwenden, dass die Kapitalmärkte dafür aber nicht nur informationseffizient sondern auch „fundamental value"[246] effizient sein müssten. Die Marktpreise müssten akkurat die rationalen Erwartungen hinsichtlich der zukünftigen Renditen der Wertpapieren reflektieren.[247]

241 *Camerer/Issacharoff/Loewenstein/O'Donoghue/Rabin*, Regulation for Conservatives: Behavioural Economics and the case for „Asymmetric Paternalism", 151 University of Pennsylvania Law Review (2003), 1211.

242 *Jolls/Sunstein/Thaler*, A Behavioural Approach to Law and Economics, 50 Stanford Law Review (1998), 1471 (1477); *Camerer/Issacharoff/Loewenstein/O'Donoghue/Rabin*, Regulation for Conservatives: Behavioural Economics and the case for „Asymmetric Paternalism", 151 University of Pennsylvania Law Review (2003), 1211.

243 *Camerer/Issacharoff/Loewenstein/O'Donoghue/Rabin*, Regulation for Conservatives: Behavioural Economics and the case for „ Asymmetric Paternalism", 151 University of Pennsylvania Law Review (2003), 1211 (1221).

244 *Camerer/Issacharoff/Loewenstein/O'Donoghue/Rabin*, Regulation for Conservatives: Behavioural Economics and the case for „Asymmetric Paternalism", 151 University of Pennsylvania Law Review (2003), 1211.

245 Vgl. zu diesem Argument *Stout*, The investor confidence game, 68 Brooklyn Law Review (2002), 407 (418).

246 Siehe zur „fundamental value" Effizienz, *Tobin*, On the efficiency of the financial system, 153 Lloyds Bank Review (1984), 1 (2, 5).

247 *Stout*, Are Stock Markets costly casinos? Disagreement, Market failure and securities regulation, 81 Virginia Law Review (1995), 611 (646 ff.); *Wang*, Some Arguments that the stock market is not efficient, 19 UC Davis Law Review (1986), 342 (344 ff.).

Die „fundamental Value" Effizienz von Märkten jedoch wird mehrheitlich bezweifelt.[248]

Herrscht keine „fundamental Value" Effizienz vor, erhalten uninformierte Anleger durch den Kauf von Unternehmens- oder Investmentvermögensanteilen nicht automatisch ein Wertpapier, das eine seinem Preis entsprechende Rendite erwirtschaftet. Es besteht die Gefahr, dass die von ihnen erworbenen Investmentvermögensanteile durch eine negative Entwicklung des Werts des Investmentportfolios im Wert sinken und die Anleger ihr investiertes Kapital verlieren. Zudem sind die Zweifel der Behavioural Economics-Lehre an dem Bestehen einer Markteffizienz zu berücksichtigen.

2.3.3.3 *Stellungnahme zur Erforderlichkeit von Anlegerschutz*

2.3.3.3.1 Diskussion der Theorien über das Entscheidungsverhalten

Generell bezeichnen es Vertreter des Schrifttums als bedenklich, aus bislang nicht gesicherten Erkenntnissen hinsichtlich der Funktionsweise von Märkten Schlüsse für eine Regulierungsstrategie zu ziehen.[249] Dem ist grundsätzlich zuzustimmen. Die Einwände gegen die Annahme von Rationalität, welche die Vertreter der Behavioural Economics-Lehre vorbringen, sind jedoch zu berücksichtigen. Ihre Bedenken lassen die These vom rationalen Handeln ebenfalls als nicht gesichert erscheinen. Daher wäre es bedenklich, sich allein auf die klassischen ökonomischen Theorien zu stützen.

Gegen die Thesen der Behavioural Economics-Lehre wird zudem vorgebracht, dass sie sich auf eine kleine Menge an empirischen Daten stützen und in unzulässiger Weise aus diesen Verallgemeinerungen ableiten.[250] Allerdings sind nun durch Studien Grenzen des rationalen Handelns von

---

248 Vgl. *Keynes*, The general theory of Employment, Interest and Money, S. 153-157, der Abweichungen von konventionellen Bewertungen von Aktien auf Grund der Massenpsychologie einer großen Anzahl ignoranter Individuen feststellt; *Shiller*, Stock Prices and Social Dynamics, Brookings Papers on economic Activity (1984), 457 (497 f.); *Wang*, Some Arguments that the stock market is not efficient, 19 UC Davis Law Review (1986), 342 (376); Beispiele gegen Markteffizienz aufführend, *Stigler*, Imperfections in the Capital Market, 75 Journal of political Economy (1967), 287; vgl. *Summers*, Does the Stock market rationally reflect fundamental values in: Thaler, Advances in Behavioral Finance, S. 153 ff.

249 *Schröder*, Unternehmenspublizität und Kapitalmärkte, S. 102.

250 *Mitchell*, Why Law and Economics' Perfect Rationality Should Not Be Traded for Behavioral Law and Economics' Equal Incompetence, 91 Georgetown Law Journal (2002), 67 (72 ff.).

Marktteilnehmern aufgezeigt worden, die gerade im Zusammenhang mit Investmententscheidungen Relevanz entfalten. Die Vorstellung eines rationalen Handelns entspricht der von den idealen Marktbedingungen. Auch wenn die erhobenen Daten noch einen vergleichbar geringen Umfang haben, können die Indizien nicht vernachlässigt werden, die nahelegen, dass in der Realität die idealen Bedingungen nicht zwingend gegeben sind. So gibt es Anhaltspunkte, dass psychologische Barrieren bestehen, die das rationale Handeln der Marktteilnehmer beschränken. Diese zu vernachlässigen und allein die klassischen ökonomischen Theorien zu berücksichtigen, könnte bewirken, dass eine Regulierung an den tatsächlichen Bedürfnissen der Marktteilnehmer und des Marktes vorbei erfolgt.

Gerade im Bezug auf Privatpersonen wurden Barrieren bei Informationsaufnahme und -verarbeitung festgestellt. Ihre potentiell begrenzte Rationalität erfordert Schutzvorkehrungen, da nicht davon ausgegangen werden kann, dass sie stets die Handlungen vornehmen, welche ihre Bedürfnisse optimal verwirklichen. Die begrenzte Rationalität wird auch nicht durch Markteffizienz kompensiert. Daher sollten diese Erkenntnisse für die Frage ihres Schutzbedürfnisses und der daraus folgenden Anregungen für Anlegerschutzmaßnahmen berücksichtigt werden.

2.3.3.3.2 Umgang mit dem Spannungsverhältnis zwischen klassischer ökonomischer Theorie und Behavioural Economics-Forschung

Das Spannungsverhältnis zwischen den klassischen Theorien und der noch jungen Disziplin der Behavioural Economics-Forschung lässt sich nicht befriedigend auflösen. Deshalb erscheint ein vermittelnder Ansatz sinnvoll, der daran anknüpft, die traditionellen Regelungsmuster, die auf der Annahme des rationalen Handelns der Marktteilnehmer basieren, nicht vorschnell zu verwerfen. Vielmehr sollten sie als Grundlage der Untersuchungen dienen, die dann in Konstellationen, in denen die Behavioural Economics-Forschung Abweichungen der Marktteilnehmer vom rationalen Handeln nahe legt, um Regelungen ergänzt werden können, die den Erkenntnissen der Behavioural Economics-Forschung Rechnung tragen.

So soll im Folgenden in einem ersten Schritt eine Analyse der Anlegerschutzvorschriften des Investmentrechts auf Basis der klassischen ökonomischen Theorie erfolgen. Liegen Indizien vor, dass in einem Bereich die begrenzte Rationalität weitere Maßnahmen erforderlich machen könnte, sollen Anlegerschutzmaßnahmen entwickelt werden, welche die beobachteten Anomalien berücksichtigen.

3 Der Anlegerschutz durch Publizität im Investmentrecht

Für die Analyse der bestehenden Anlegerschutzvorschriften soll zwischen Anlegerschutzinstrumenten bezüglich der Anlageentscheidung und denen differenziert werden, welche die Prinzipal Agenten Beziehung regeln. Die Untersuchung wird mit den Instrumenten zum Schutz der Anleger bei der Anlageentscheidung beginnen. Hierfür ist zwischen Transparenz- und Publizitätsmechanismen einerseits und der Regulierung durch die BaFin andererseits zu unterscheiden.

Der Gang der Untersuchung soll mit einer allgemeinen Darstellung der Anlegerschutzmechanismen im deutschen Recht beginnen, bevor für die Frage des Schutzes der Anleger bei der Anlageentscheidung eine detaillierte Analyse der bestehenden Instrumente erfolgt. Anschließend soll auf den Schutz der Anleger für den Zeitraum nach der Anlageentscheidung eingegangen werden. Hierfür sind die Schutzmechanismen des Sondervermögens, die Aufsicht durch die BaFin, sowie der potentielle Schutz durch die Produktregulierung darzustellen, systematisch einzuordnen und auf potentielle Schutzlücken hin zu analysieren. Insoweit Schutzlücken festgestellt werden, werden parallele Regelungen des englischen Rechts auf ihr Potential für Anregungen für das deutsche Recht hin beleuchtet. Die Corporate Governance-Aspekte sollen abschließend dargestellt werden.

3.1 MASSSTAB FÜR DIE EFFIZIENZ VON ANLEGERSCHUTZMASSNAHMEN

Die Effizienz von Anlegerschutzmaßnahmen kann nur bestimmt werden, wenn der Maßstab zuvor festgelegt wird. Grundsätzlich soll der Maßstab für die Beurteilung des Anlegerschutzes das optimale Anlegerschutzniveau sein. Ein optimales Anlegerschutzniveau besteht, wenn die Anleger möglichst geringe, von ihnen nicht intendierte Risiken eingehen. Anlegerschutzinstrumente sind dann effizient, wenn sie dazu dienen, die Anleger vor dem Verlust ihrer Investition zu schützen und ihre Auswahl eines für ihre Risikostruktur angemessenen Investmentvermögens zu fördern. Dabei sollte die Funktionsfähigkeit von Investmentvermögen, im Sinne einer Flexibilität der Anlagestrategie, nicht beeinträchtigt werden, da ansonsten nicht der maximale Profit für die Anleger erzielt werden kann. Das Ziel von Anlegerschutz soll also eine möglichst profitable und gleichzeitig an unbekannten Risiken arme Investmentvermögensgestaltung sein.

3.2 INVESTMENTRECHTLICHER ANLEGERSCHUTZ IN DEUTSCHLAND

Anknüpfungstatbestand für den investmentrechtlichen Anlegerschutz ist für das Investmentgeschäft inländischer KAGen die risikodiversifizierte kollektive Kapitalanlage in der Organisationsform eines Sondervermögens unter dem Dach einer Kapitalanlagegesellschaft.[1]

Dieser Anknüpfungstatbestand des investmentrechtlichen Anlegerschutzes erklärt sich historisch. Er wurde durch das KAGG verwendet und bei der Einführung des InvG beibehalten. Die Anknüpfung wird jedoch als evident sachwidrig bezeichnet und sei nur mit dem weit zurückliegenden Entstehungszeitpunkt des KAGG sowie mit verbleibenden Steuerprivilegien für InvG-konforme Fonds zu rechtfertigen.[2] Statt sich typischer und rechtsformunabhängiger Anlegerrisiken bei der kollektiven Vermögensanlage anzunehmen, enge dieser Ansatz die Reichweite des Gesetzes durch apriorische begriffliche und organisationsrechtliche Festlegungen ein.[3] Er befreie alle Formen des kollektiven Investmentgeschäfts, die der gesetzlichen Definition nicht unterfallen, von den Regelungen des investmentrechtlichen Anlegerschutzes.[4] Ob diese Kritik gerechtfertigt ist, soll im Folgenden anhand der konkreten Regelungen des InvG erörtert werden.

3.2.1 *Investmentrechtliche Anlegerschutzinstrumente*

Instrumente des investmentrechtlichen Anlegerschutzes sind allgemeine Verhaltens- und Organisationspflichten der KAG, die Staatsaufsicht über die KAGen, insbesondere Melde- und Veröffentlichungspflichten gegenüber der BaFin, die Beschränkung der Gründungs- und Vertragsfreiheit

---

1 § 1 Satz 1 Nr. 1 InvG, § 1 Satz 2 InvG.
2 *Köndgen/Schmies* in Schimansky/Bunte/Lwowski, Bankrechts-Handbuch, § 113 Rn. 34.
3 *Köndgen/Schmies* in Schimansky/Bunte/Lwowski, Bankrechts-Handbuch, § 113 Rn. 34.
4 *Köndgen/Schmies* in Schimansky/Bunte/Lwowski, Bankrechts-Handbuch, § 113 Rn. 34.

durch ein besonderes Organisationsstatut, Typenzwang und institutionelle Trennung von Fondsverwaltung und Fondsverwahrung.[5] Zudem sollen die Reglementierung der Anlagepolitik und die gegenüber anderen Vermögensanlagen erweiterte Vertriebs- und Rechnungslegungspublizität dem Anlegerschutz dienen.

3.2.2 *Anlegerschutz durch Publizität (Anlegerschutz vor Vertragsschluss)*

Der Schwerpunkt der Anlegerschutzmaßnahmen liegt in Deutschland heute auf Publizitäts- und Transparenzmaßnahmen. Publizität und Transparenz sollen die Anleger in die Lage versetzen, eine fundierte Anlageentscheidung zu treffen. Sie sind Mechanismen, die Anlegerschutz unter der Prämisse der Rational Choice Theory gewährleisten sollen. Solche Mechanismen sind Publizitätspflichten, wie sie etwa für den ausführlichen und vereinfachten Prospekt, die Vertragsbedingungen und die Jahresberichte bestehen. Berücksichtigt man die Bedenken, die von der Behavioural Economics-Lehre an den Annahmen der Rational Choice Theory vorgetragen werden, ist es fraglich, inwieweit Mechanismen, die Rationalität voraussetzen, einen effektiven Anlegerschutz gewährleisten können. Allerdings muss berücksichtigt werden, dass die Forschung zum Entscheidungsverhalten von Individuen noch lange nicht abgeschlossen ist. Bedenken gegenüber der Rationalitätsprämisse rechtfertigen allein nicht, Mechanismen komplett aufzugeben, die an Rationalität anknüpfen und paternalistische Maßnahmen einzuführen. Schließlich schränken paternalistische Maßnahmen die Entscheidungsfreiheit des Individuums zu seinem Schutz ein. Vielmehr ist ein mehrschichtiges Anlegerschutzregime zu erwägen. Eine Kombination aus Mechanismen wäre denkbar, die dem Individuum ein rationales Verhalten auf Grund fundierter Entscheidungen erlauben sowie paternalistischen Mechanismen, die für typische Fälle, in denen eine begrenzte Rationalität beobachtet wird, einen zusätzlichen Schutz schaffen.

Zunächst sollen nun die Mechanismen beleuchtet werden, die Anlegern eine fundierte Anlageentscheidung ermöglichen sollen. Für die Frage der konkreten Entscheidung für einen Intermediär soll ermittelt werden, ob und in welcher Form Publizität und Transparenz eine Grundlage für die Anlageentscheidungen bieten könnten. Dabei sind die Vorschläge für eine Reform des vereinfachten Prospektes auf EU-Ebene zu berücksichtigen.

5 *Köndgen/Schmies* in Schimansky/Bunte/Lwowski, Bankrechts-Handbuch, § 113 Rn. 35; *Baur* in Assmann/Schütze, Handbuch des Kapitalanlagerechts, § 20 Rn. 314.

Die bestehenden Publikationsinstrumente, ihre Effizienz hinsichtlich der Information von Anlegern und die durch sie entstehenden Kosten, sollen analysiert werden. Auf Basis der Erkenntnisse soll herausgearbeitet werden, wie Anlegerschutz durch Transparenz auszugestalten ist, damit die Anleger auch im Falle begrenzter Rationalität ein für sie passendes Investmentvermögen auswählen können.

3.2.2.1 *Überindividuelle Schutzmechanismen*

Der Schutz durch Publizität und Transparenz fällt in die Kategorie des überindividuellen Anlegerschutzes. Grundsätzlich wird zwischen zwei Typen von Anlegerschutz differenziert: dem Individualschutz und dem Schutz des gesamten Anlegerpublikums (überindividueller Anlegerschutz).[6] Die Systematik von überindividuellen Schutzmechanismen gliedert sich in speziell investmentrechtliche Schutzinstrumente, sowie die allgemeinen Schutzinstrumente des Kapitalmarktrechts. Letztere bewirken einen indirekten Schutz der Anleger in Investmentvermögen, da Investmentvermögen zu einem großen Anteil in, an Kapitalmärkten gehandelte, Wertpapiere investieren. Der überindividuelle Anlegerschutz im Kapitalmarktrecht bezweckt die Wahrung der Integrität des Kapitalmarktes[7] und somit der freien Preisbildung auf dem Markt.

Der kapitalmarktrechtliche Schutz bewirkt also mittelbar einen Schutz der Anleger vor dem Verlust ihres Vermögens durch eine Fehlinformation der KAG. Dieser kapitalmarktrechtliche Aspekt, der die Information der KAG sicherstellt, so dass sie eine informierte Anlageentscheidung treffen kann, soll nicht Gegenstand dieser Arbeit sein. Der Fokus dieser Arbeit liegt auf den speziellen investmentrechtlichen Schutzvorschriften und den Gefahren, die sich spezifisch aus der Anlage in Investmentvermögen ergeben.

3.2.2.2 *Investmentrechtlicher Anlegerschutz*

Der investmentrechtliche Anlegerschutz wird speziell im InvG geregelt. Er sucht zwei Grundproblemen des Kapitalmarktes zu begegnen: Dem starken Informationsgefälle zwischen den Anlegern und den Kapitalsuchenden,

---

6 *Bruski* in Schimansky/Bunte/Lwowski, Bankrechts-Handbuch, Vor § 104 Rn. 93.

7 Vgl. so z.B. zum Verbot der Marktmanipulation *Mock/Stoll/Eufinger* in Kölner Kommentar zum WpHG, § 20a Rn. 16.

beziehungsweise den Finanzintermediären sowie den gegensätzlichen Interessen zwischen diesen beiden Marktseiten. Aus dem Informationsgefälle sowie der Interessendivergenz resultieren für den Anleger verschiedene Risiken. Für Anleger bestehen das Risiko eines Verlustes der Investition durch einen Unternehmenszusammenbruch („prudential risk"), die Gefahr, Opfer eines Betrugs und einer Täuschung zu werden („bad faith risk"), und das Risiko ein nicht verständliches („complexity risk") oder für die Zwecke des Anleger ungeeignetes Finanzprodukt zu erwerben („unsuitability risk").[8]

3.2.2.3 *Publizität als Ausgleich fehlender Kontrolle*

Die Publizitäts- und Transparenzerfordernisse des InvG schaffen einen Ausgleich für das Fehlen von Kontrollbefugnissen der Anleger, deren einzige Einflussnahmemöglichkeit die Rückgabe ihrer Anteile ist.[9] Die Publizitätspflichten sollen zum einen eine fundierte Anlageentscheidung ermöglichen und zum anderen nach Abschluss des Investmentvertrages eine informierte Deinvestitionsentscheidung erlauben.

3.2.2.4 *Publizitätspflichten vor Abschluss des Investmentvertrages*

Als abstraktes Ziel der Publizitätspflichten wird in der Literatur das ökonomische Postulat der Informationseffizienz genannt.[10] Informationseffizienz verlangt grundsätzlich, dass der Anleger über alle Chancen und Risiken des Fondsproduktes informiert wird. Durch die Veröffentlichungspflichten sinken zudem für die Anleger die Informationskosten, da sie keine eigene extensive Recherche betreiben müssen.[11]

Für eine fundierte Anlageentscheidung besonders relevant sind Informationen über das Anlageziel und die Anlagestrategie, über Nebenentgelte

8 Vgl. *Ekkenga*, Anlegerschutz, Rechnungslegung und Kapitalmarkt, S. 26 f.; *Caspari*, Anlegerschutz in Deutschland im Lichte der Brüsseler Richtlinien, NZG 2005, 98.

9 *Köndgen/Schmies* in Schimansky/Bunte/Lwowski, Bankrechts-Handbuch, § 113 Rn. 76; *Schnyder*, in Münchener Kommentar zum BGB, Internationales Kapitalmarktrecht, Rn. 180.

10 Vgl. *Köndgen/Schmies* in Schimansky/Bunte/Lwowski, Bankrechts-Handbuch, § 113 Rn. 76: siehe *Cahn/Goetz*, Ad-hoc-Publizität und Regelberichterstattung, AG 2007, 221 (223) für die Veröffentlichungspflichten des WpHG.

11 *Healy/Palepu*, Information Asymmetry, Corporate Disclosure, and the Capital Markets: A Review of the Empirical Disclosure Literature, 31 Journal of Accounting and Economics (2001), 405; *Goshen/Parchomovsky*, The Essential Role of Securities Regulation, 55 Duke Law Journal (2006), 711 (716).

und Kosten sowie eine laufende Preisstellung durch die Fondsverwaltung.[12] Eine Verbesserung der Anlegerinformation scheint erforderlich, da sich nach der Grundlagenstudie des BVI nur circa 58 % der Anleger als zumindest gut informiert betrachten.[13]

Die Publizitätsinstrumente, denen für die Information über Investmentvermögen bei Vertragsschluss Relevanz zukommt, sind die Verkaufsprospekte, die Vertragsbedingungen, die Rechnungslegung sowie die Werbung. Alle diese Publikationen können Einfluss auf die Meinungsbildung der Aktionäre haben.

3.2.2.4.1 Prospektpflicht: Ausführlicher Verkaufsprospekt

Die Rechtsgrundlage der Prospektpflicht findet sich in § 42 I InvG. Die Kapitalanlagegesellschaft hat für die von ihr verwalteten Sondervermögen einen vereinfachten und einen ausführlichen Verkaufsprospekt mit den Vertragsbedingungen dem Publikum zugänglich zu machen.[14] Wie im Kapitalmarktrecht[15] sieht auch das Investmentrecht vor, dass dem am Erwerb eines Anteils Interessierten der vereinfachte Verkaufsprospekt der KAG oder ausländischen Investmentgesellschaft in der geltenden Fassung kostenlos und unaufgefordert anzubieten ist.[16] Dieser dient in erster Linie der Information der Anleger.[17] Darüber hinaus ist dem potentiellen Anleger der ausführliche Verkaufsprospekt sowie der letzte veröffentlichte Jahres- und Halbjahresbericht auf Verlangen kostenlos zur Verfügung zu stellen.[18] Soweit ein vereinfachter Verkaufsprospekt nicht erstellt werden darf, sind der ausführliche Verkaufsprospekt sowie der letzte veröffentlichte Jahres- und Halbjahresbericht vor Vertragsschluss kostenlos und unaufgefordert anzubieten.[19]

---

12 *Köndgen/Schmies* in Schimansky/Bunte/Lwowski, Bankrechts-Handbuch, § 113 Rn. 19, 76.

13 *BVI*, Grundlagenstudie Investmentfonds 2009, S. 15.

14 § 42 I S. 1 HS 1 InvG.

15 Siehe § 3, 7 WpPG.

16 § 121 I S. 1 InvG.

17 *Zwissler* in Habersack/Mülbert/Schlitt, Handbuch der Kapitalmarktinformation, § 6 Rn. 3.

18 § 121 I S. 2 InvG. Diese werden als zentrale Informationsinstrumente für die Anleger betrachtet und müssen daher vor Vertragsschluss zur Verfügung gestellt werden, siehe hierzu *Kaperschmidt*, Rechtsfragen des Vertriebs von Investmentfonds im Internet, WM 2002, 1747 (1751).

19 § 121 I S. 3 InvG.

Durch das InvÄndG wurde die Einreichungspflicht des Verkaufsprospekts an die Bundesbank aufgehoben. Die KAGen müssen den Verkaufsprospekt nur bei der BaFin einreichen, so dass die doppelte Einreichungspflicht entfällt.

Der Verkaufsprospekt muss diejenigen Angaben enthalten, die erforderlich sind, damit sich die Anleger über die angebotene Anlage und die mit ihr verbundenen Risiken ein begründetes Urteil bilden können.[20] Zudem soll den Anlegern ein Vergleich verschiedener Investmentvermögen ermöglicht werden.[21] Die Verkaufsprospekte der KAGen benötigen anders als der Börsenzulassungsprospekt keiner aufsichtsbehördlichen Genehmigung. Sie sind jedoch der BaFin unverzüglich nach der ersten Verwendung einzureichen.[22]

Abgesichert wird das Erfordernis, einen Verkaufsprospekt (ausführlich oder vereinfacht) vor Vertragsschluss dem Anleger zugänglich zu machen, durch die Notwendigkeit, auch in der Werbung für Investmentvermögen auf den Verkaufsprospekt hinzuweisen. So muss gemäß § 124 I S. 1 InvG jede Werbung Auskunft darüber geben, wo und auf welche Weise der Verkaufsprospekt erhältlich ist.

§ 42 I S. 3 InvG statuiert einen Katalog mit Mindestanforderungen an den Inhalt des ausführlichen Prospekts. Es soll im Folgenden nur auf die relevantesten Vorgaben für den ausführlichen Prospekt eingegangen werden.

3.2.2.4.1.1 Das Anlegerprofil im ausführlichen Verkaufsprospekt

Im ausführlichen Prospekt ist das Profil des typischen Anlegers darzustellen, für den das Sondervermögen konzipiert ist. Dies soll dazu dienen, leicht verständliche Informationen für die Anleger bereitzustellen.[23] Wie genau das Anlegerprofil dargestellt werden soll, ist nicht festgelegt.

In der internationalen Diskussion ist der Nutzen von Anlegerprofilen in Verkaufsprospekten umstritten.[24] Die Aufführung eines typischen Anlegerprofils, für das Investmentvermögen oder seine Teilfonds, kann dann hilfreich für die Anleger sein, wenn es hinreichend klar beschrieben ist

20 Vgl. § 42 I S. 2 InvG.
21 *EU Kommission*, Initial Orientations for discussion on possible adjustment to the UCITS Directive, Simplified Prospectus- Investor disclosure regime, S. 2.
22 § 42 VI InvG.
23 § 42 I S. 3 Nr. 27 InvG.
24 Vgl. *EU-Kommission*, Simplified Prospectus Workshop vom 17.07.2006, Report, S. 8.

und sie in der Lage sind, sich selbst in ein Anlegerprofil einzuordnen. Sind die Kategorien des Anlegertyps weitgefasst oder unklar, kann das Anlegerprofil irreführend sein. Eine Irreführung kann daraus resultieren, dass die Anleger die Anlegerkategorien falsch verstehen oder etwa durch die Bezeichnung des Anlegertyps als „Kleinanleger" oder „Privatkunde" eine nicht vorhandene Sicherheit der Kapitalanlage suggeriert wird. Zudem ist fraglich, ob die Anleger in der Lage sind, ihre eigenen Bedürfnisse einem Anlegerprofil zuzuordnen. In Studien wurde aufgezeigt, dass es Privatkunden schwerfällt, ihre Anforderungen an Kapitalanlagen zu formulieren.[25] Um sich selbst einem Anlegerprofil zuzuordnen, müssen die Anleger aber ihre eigene Situation reflektieren und ihre Anlagebedürfnisse benennen können. Dies wird nicht allen Anlegern möglich sein.

3.2.2.4.1.2 Beschreibung der Anlageziele

Des Weiteren muss der Verkaufsprospekt die Anlageziele des Sondervermögens einschließlich der finanziellen Ziele und einer Beschreibung der Anlagepolitik an hervorgehobener Stelle enthalten.[26] Die Beschreibung der Anlagepolitik erläutert den Kern der von der KAG offerierten Finanzdienstleistung. Sie muss daher bestimmt und nachvollziehbar sein, so dass jede Abweichung von der gesetzten Anlagepolitik unschwer zu verifizieren ist.[27]

3.2.2.4.1.3 Angaben über Ausgabe und Rücknahme der Anteile

Im Verkaufsprospekt müssen auch die Bedingungen für die Ausgabe und Rücknahme sowie gegebenenfalls den Umtausch der Anteile angeführt[28] und die Berechnungen der Ausgabe- und Rückgabepreise erklärt werden.[29] So werden den Anlegern Informationen darüber zugänglich gemacht, wie und zu welchen Konditionen sie ihre ultimative Schutzoption ausüben können: die Rückgabe oder den Verkauf ihrer Anlage. Die Ausübung der Austrittsoption wird auch durch das Erfordernis unterstützt, Angaben über den Sekundärmarkt in den Prospekt aufzunehmen, sofern die

25 Vgl. *Alfon*, An additional perspective for retail financial production and their regulation, S. 17.
26 § 42 I S. 3 Nr. 14 S. 1 InvG.
27 *Köndgen/Schmies* in Schimansky/Bunte/Lwowski, Bankrechts-Handbuch, § 113 Rn. 79.
28 § 42 I S. 3 Nr. 12 InvG.
29 § 42 I S. 3 Nr. 16 InvG.

Anteile an einem solchen gehandelt werden. So sind gegebenenfalls die Börse oder Märkte, an denen die Anteile notiert oder gehandelt werden, aufzuführen.[30] Die Regeln der Vermögensbewertung sind darzulegen,[31] und die Regeln für die Ermittlung und Verwendung der Erträge müssen beschrieben werden.[32]

3.2.2.4.1.4 Angabe der Wertentwicklung

Soweit eine bisherige Wertentwicklung gegeben ist, ist sie dem Prospekt hinzuzufügen. Sie ist allerdings mit einem Warnhinweis zu versehen, dass sie kein Indikator für die zukünftige Wertentwicklung ist.[33]

3.2.2.4.1.5 Wert- und Ertragsentwicklung („Performance")

Essentiell für die Qualitätsbestimmung eines Investmentanteils sind in erster Linie dessen Rendite- und Risikopotential. Um das Potential zu bestimmen, ist eine detaillierte Kenntnis der bisherigen Wert- und Ertragsentwicklung („performance") des angebotenen Fonds erforderlich.[34] Die Performance stellt bei Investmentanteilen eine bedeutend aussagekräftigere Basis für Zukunftsprognosen dar als etwa bei Aktien oder Obligationen. Der Fondsanleger „kauft" nicht nur Investmentvermögensanteile, sondern zudem auch eine Dienstleistung: eine professionelle Fondsverwaltung.[35] Die Qualität der Fondsverwaltung lässt sich für die Zukunft nur schätzen, wofür die Performance-Daten der Vergangenheit unentbehrlich sind.

3.2.2.4.1.6 Zeitraum der zu veröffentlichenden Performenceentwicklung

§ 42 I S. 3 Nr. 26 InvG bestimmt, dass die bisherige Wertentwicklung, sofern gegeben, im Verkaufsprospekt veröffentlicht werden muss. Die Form der Prospektangaben über die Wertentwicklung gibt § 42 InvG nicht vor. § 44 I Nr. 5 InvG hingegen bestimmt, dass die dem Prospekt inländischer KAGen beizufügenden Jahresberichte die Wertentwicklung nur der letzten drei

---

30 § 42 I S. 3 Nr. 10 InvG.
31 § 42 I S. 3 Nr. 15 InvG.
32 § 42 I S. 3 Nr. 13 InvG.
33 § 42 I S. 3 Nr. 26 InvG.
34 *Köndgen/Schmies* in Schimansky/Bunte/Lwowski, Bankrechts-Handbuch, § 113 Rn. 80.
35 *Köndgen/Schmies* in Schimansky/Bunte/Lwowski, Bankrechts-Handbuch, § 113 Rn. 80; *Llewellyn*, The economic rationale for financial regulation, S. 39; *Alfon*, An additional perspective for retail financial production and their regulation, S. 2.

Jahre anzugeben brauchen. Diese Spanne wird als zu kurz kritisiert, da sie dem Anleger keine fundierten Prognosen erlaube.[36] Die Veröffentlichung der Wertentwicklung über einen Zeitraum von nur drei Jahren ist nicht dazu geeignet, fundierte Ergebnisse aus ihr abzuleiten. Sie spielt zudem der von der Behavioural Economics-Forschung aufgezeigten Tendenz von Anlegern in die Hände, aus einer geringen Anzahl von Informationen unbegründet starke Schlüsse zu ziehen (das sogenannte Gesetz der kleinen Anzahl).[37] Dieses Verhaltensmuster werde durch die oftmals auftretende Selbstüberschätzung der Anleger verstärkt, sowie durch das Phänomen den Status quo zu überschätzen und die Wahrscheinlichkeit zu vernachlässigen, dass sich die Performance in der Zukunft verändern kann.[38] Somit kann die Information über die Wertentwicklung der letzten drei Jahre sogar kontraproduktiv für eine fundierte Entscheidung der Anleger sein, da ihr oftmals eine unangemessen große Bedeutung zugemessen wird. Es wäre daher begrüßenswert einen längeren Zeitraum für die Angabe der Wertentwicklung festzulegen.

3.2.2.4.1.7 Angaben in Werbebroschüren

Angaben zu der langfristigen Wertentwicklung finden sich oftmals in begleitenden Werbebroschüren, welche vor der erstmaligen Verwendung keine Genehmigung der BaFin bedürfen. An sich ist eine solche längerfristige Information sinnvoll. Allerdings ist die Ausgestaltung der Werbebroschüren gesetzlich weniger stark reguliert. Daher hat sich bereits das frühere BAKred zur Intervention veranlasst gesehen und gefordert, dass Performance-Daten nur über die Gesamtzeit seit Fondsgründung, ansonsten über die jeweils letzten Zehn- und Fünfjahreszeiträume mitgeteilt werden dürfen.[39] Diese Regelung sollte verhindern, dass die Performance in ein vorteilhaftes Licht gerückt wurde, indem sie nur für eine willkürlich festgesetzte Erfolgsperiode dargestellt wurde. Für Werbebroschüren wurde ein Mindestzeitraum von fünf Jahren für die Angabe der Performanceentwicklung verlangt, generell aber die gesamte Entwicklung. Dies sollte

36 *Köndgen/Schmies* in Schimansky / Bunte / Lwowski, Bankrechts-Handbuch, § 113 Rn. 80.

37 *Tversky/Kahneman*, Belief in the law of small numbers, in Judgement under uncertainty, Heuristics and biases, S. 24 ff.; *Tversky/Kahneman*, Judgement under Uncertainty: Heuristics and Biases, 185 Science (1974), 1124 (1125 f.); *Rabin*, Inference by Believers in the Law of Small numbers, 117 Quarterly Journal of Economics (2002), 775 (776 ff.).

38 Vgl. *Maginn/Tuttle/McLeavey/Pinto*, Managing Investment Portfolios, S. 144 f.

39 *BAK*, Schreiben vom 20.3.1985; vgl. auch *BAK*, Schreiben vom 18.6.1980.

als Anregung für die Prospektangaben dienen, da der Dreijahreszeitraum keine ausreichende Basis für die Performancebewertung bietet.

3.2.2.4.1.8 Vorschlag zur Verbesserung der Information über die Wertentwicklung

§ 42 I S. 3 Nr. 26 InvG sollte dahingehend geändert werden, eine umfassende Information über die Wertentwicklung der gesamten Laufzeit des Investmentvermögens zu erfordern. Auch im Verkaufsprospekt sollte die gesamte Wertentwicklung seit Gründung des Fonds anzugeben sein, um den Anlegern zu ermöglichen, ihre Schlüsse aufgrund aller vorhandenen Daten zu ziehen.

3.2.2.4.1.9 Anregungen für die Darstellung der Wertentwicklung

Es wäre des Weiteren erwägenswert, allgemein für den Ausweis der historischen Wertentwicklung die Konzepte von CESR zu einem Key Information Document heranzuziehen.[40] CESR schlägt vor, die vergangene Performance durch Säulendiagramme darzustellen und statt Geldsummen Prozente auszuweisen.[41] Komparative Darstellungen können es Anlegern erleichtern, die Information aufzunehmen und sie in ein Verhältnis zu setzen, was die Vergleichbarkeit von Investmentvermögen fördern würde.[42] Auch Tabellen sind einfacher zu verarbeiten als Fließtexte.[43]

3.2.2.4.1.10 Erfolgsprojektionen

Erfolgsprojektionen in die Zukunft sind nicht zulässig.[44] Eine verbreitete Technik im Fondsbereich ist jedoch das „backtesting", eine Simulation, welche die Performance darstellt und in Werbepublikationen verwendet wird.[45] Eine solche Simulation ist nach allgemeinem Lauterkeitsrecht ge-

40 Siehe detaillierter zu den Vorschlägen von CESR für ein KID unter 3.2.3.1
41 *CESR*, Press Release vom 15. Februar 2008, S. 2.
42 Vgl. *Schmolke*, Kostentransparenz im Investmentrecht und Behavioral Law & Economics, ZBB 2007, 454 (463).
43 *Schmolke*, Kostentransparenz im Investmentrecht und Behavioral Law & Economics, ZBB 2007, 454 (463).
44 Vgl. *BAK*, Schreiben vom 20.3.1985; *BAK*, Schreiben vom 18.6.1980; siehe *Baur* in Assmann/Schütze, Handbuch des Kapitalanlagerechts, § 20 Rn. 354.
45 *Zeidler*, Marketing nach MiFiD, WM 2008, 238 (243).

stattet, insofern ihr Charakter als „Simulation" transparent gemacht wird und sie auf korrekten Annahmen basiert.[46]

3.2.2.4.2 Kostentransparenz

Die KAG hat Angaben daher bezüglich verschiedener Kosten zu machen.[47] Die Information über Kosten ist essentiell für die Anlageentscheidung,[48] die Transparenz dient der Vergleichbarkeit konkurrierender Produkte. Die Kosten sind jedoch nicht allesamt im ausführlichen oder vereinfachten Verkaufsprospekt auszuweisen. Die Angaben hinsichtlich unterschiedlicher Kosten finden sich vielmehr teils in den Vertragsbedingungen, teils im vereinfachten und teils im ausführlichen Prospekt sowie im Jahresbericht.

3.2.2.4.2.1 Angaben in den Vertragsbedingungen

In den Vertragsbedingungen hat die KAG anzugeben,[49] nach welcher Methode, in welcher Höhe und auf Grund welcher Berechnung die Vergütung und Aufwendungserstattung aus dem Sondervermögen an sie, die Depotbank und Dritte zu leisten sind. Zudem ist von der KAG in den Vertragsbedingungen die Höhe des Aufschlags bei der Ausgabe der Anteile oder des Abschlags bei der Rücknahme sowie sonstige vom Anleger zu entrichtende Kosten anzugeben, einschließlich deren Berechnung.[50]

3.2.2.4.2.2 Angaben zu Kosten im vereinfachten Prospekt - Gesamtkostenquote

Im vereinfachten Prospekt und Jahresbericht ist eine Gesamtkostenquote, auch Total Expense Ratio (TER) genannt, auszuweisen.[51] Die Gesamtkostenquote stellt das Verhältnis aller bei der Verwaltung zulasten eines Sondervermögens entstandenen Kosten gegenüber dem durchschnittlichen Nettoinventarwert des Sondervermögens innerhalb des vorangegangenen Geschäftsjahres dar.[52] Die Gesamtkostenquote ist als Prozentsatz

46 *Zeidler*, Marketing nach MiFiD, WM 2008, 238 (243).
47 § 41 InvG.
48 *BVI*, Grundlagenstudie Investmentfonds 2009, S. 10, nach der 58 % aller befragten Anleger die Kosten für die Anlageentscheidung berücksichtigen.
49 Vgl. § 41 I S. 1 InvG.
50 § 41 I S. 2 InvG.
51 Vgl. § 41 II InvG.
52 § 41 II S. 2 InvG.

auszuweisen. Der ausführliche Verkaufsprospekt muss angeben, dass eine Gesamtkostenquote zu berechnen ist und die in die Berechnung der Gesamtkostenquote einbezogen Kosten aufzeigen.[53] Nicht in die Gesamtkostenquote einzubeziehen sind die Nebenkosten des Erwerbs und die Kosten der Veräußerung von Vermögensgegenständen (Transaktionskosten).

Wurde eine erfolgsabhängige Verwaltungsvergütung oder eine zusätzliche Verwaltungsvergütung für den Erwerb, die Veräußerung oder die Verwaltung von Vermögensgegenständen nach § 67 I und II, § 68 I sowie § 90b I Nr. 1 und 2 InvG in den Vertragsbedingungen festgelegt, so ist diese darüber hinaus gesondert als Prozentsatz des durchschnittlichen Nettoinventarwertes des Sondervermögens anzugeben.

3.2.2.4.2.3 Bewertung der Gesamtkostenquote

Die Gesamtkostenquote ist grundsätzlich ein hilfreiches Instrument, den Anlegern einen ersten Überblick über die auftretenden Kosten zu verschaffen. Zudem trägt sie zu der Vergleichbarkeit zwischen den Investmentvermögen bei, da eine klare Kennzahl leichter einen direkten Vergleich ermöglicht, als eine Liste einzeln aufgeführter Kosten. Gerade Privatkunden verfügen oftmals über geringe numerische Fähigkeiten und ein mangelndes Verständnis von Finanzinformationen. Daher kann eine einzelne Aufführung der auftretenden Kosten, die nicht direkt in Relation zum Nettoinventarwert des Sondervermögens gesetzt wird, für die Anleger nichtssagend bleiben. Bei dem Ausweis eines prozentualen Anteils aber können Anleger leichter ein Gespür für die Dimension der Verwaltungsgebühren erlangen.

Hinsichtlich der Darstellung sollte berücksichtigt werden, dass in einigen Studien festgestellt wurde, dass der Schlüssel zu einer erfolgreichen Informationsverarbeitung darin liegt, wie leicht sich aus einer Information ihre Bedeutung ableiten lässt.[54] Für die Schwierigkeit der Ableitung einer Bedeutung aus einer Information spielt wiederum die Darstellung eine Rolle. Es wurde gezeigt, dass die Verwendung von Graphiken eine besonders effektive Weise ist, Konsumenten Informationen zugänglich zu

---

53 § 41 II S. 1 InvG.

54 *Viswanathan/Childers*, Processing of Numerical and Verbal Product Information, 5 Journal of Consumer Psychology (1996), 359 (384).

machen, so dass sie leicht die Bedeutung der Fakten erschließen können.[55] Zudem können Graphiken besser als numerische Informationen geeignet sein, Informationen über Risiken zu vermitteln.[56]

Diese Erkenntnis sollte nutzbar gemacht werden, da es wünschenswert ist, Privatkunden das Verständnis der Finanzinformationen zu erleichtern. Es sollte folglich erwogen werden, Graphiken zur Darstellung des Anteils der Gesamtkosten am Investmentvermögen zu verwenden.

3.2.2.4.2.4 Aus TER ausgenommene Kosten

Durch das InvÄndG wurde die Pflicht der KAG eingeführt, im ausführlichen Verkaufsprospekt zu erläutern, dass Transaktionskosten aus dem Fondsvermögen gezahlt werden und nicht Bestandteil der Gesamtkostenquote sind.[57]

Grundsätzlich ist es sinnvoll, eine Pflicht zu etablieren, über Kosten zu informieren, die aus der Gesamtkostenquote ausgenommen sind. Der Wortlaut „Gesamtkostenquote" impliziert nach dem allgemeinen Sprachgebrauch, dass die Quote die gesamten Kosten berücksichtigt. Nun sind aber aus der investmentrechtlichen Gesamtkostenquote mehrere, nicht unerhebliche, Kostenfaktoren ausgenommen. Somit ist der Warnhinweis zur Verdeutlichung des Inhalts der Gesamtkostenquote essentiell.

Die Gesamtkostenquote wird im vereinfachten Prospekt und im Jahresbericht abgedruckt. Der Warnhinweis hinsichtlich der ausgenommenen Kosten ist allein Pflichtbestandteil des ausführlichen Prospekts. Kann für ein Investmentvermögen ein einfacher Prospekt erstellt werden, so ist er dem Anleger unaufgefordert bereit zu stellen.[58] Der ausführliche Prospekt wird in diesem Fall nicht automatisch mit ausgehändigt, sondern muss gesondert angefordert werden.[59] Es ist daher wahrscheinlich, dass Anleger nur den einfachen Prospekt erhalten und nicht darauf hingewiesen werden, welche Kosten Bestandteil der Gesamtkostenquote sind. Das Ergebnis, dass nicht alle Anleger auch den ausführlichen Verkaufsprospekt anfordern, ist

55 Siehe *Bettman/Payne/Staelin*, Cognitive Considerations in Designing Effective Labels for Presenting Risk Information, 5 Journal of Public Policy and Marketing (1986), 1 (25) am Beispiel der Aufklärung über giftige Substanzen.

56 Vgl. *Stone/Yates/Parker*, Effects of Numerical and Graphical Displays on Professed Risk-taking Behaviours, 3 Journal of Experimental Psychology: Applied (1997), 243 (245 ff.)

57 § 41 IIa InvG.

58 § 121 I S. 1 InvG.

59 Vgl. § 121 I S. 2 InvG.

beabsichtigt, da die routinemäßige Aushändigung beider Prospekte zwecks Entbürokratisierung abgeschafft wurde.[60] Die Trennung von Gesamtkostenquote und der Erläuterung der nicht einbezogenen Kosten kann dazu führen, dass Anleger eine falsche Vorstellung von ihrer Natur erhalten.

Es wäre vorteilhaft, die Kosten, welche von der kalkulatorischen Grundlage der Gesamtkostenquote ausgenommen sind, in denselben Dokumenten zu veröffentlichen wie die Gesamtkostenquote. Andernfalls besteht die Gefahr, dass die Gesamtkostenquote nicht wie gewünscht eine bessere, verständlichere Information der Anleger bewirkt, sondern die Kosten geringer erscheinen lässt, als sie tatsächlich sind. Eine zu niedrige Darstellung der Kosten würde die Anleger nicht ordnungsgemäß informieren. Daher sollte der vereinfachte Prospekt einen Hinweis auf die aus der Gesamtkostenquote ausgenommenen Kosten enthalten.

3.2.2.4.2.5 Die Transaktionskostenquote

Erwägenswert wäre auch die Höhe der Kosten offenzulegen, welche nicht in die Gesamtkostenquote einbezogen sind.[61] Einen erheblichen Anteil an den nicht einbezogenen Kosten machen die Transaktionskosten aus. Die durchschnittlichen Transaktionskosten für Investmentvermögen werden auf eine Höhe von 0,7 % des Fondsvermögens geschätzt.[62] Ein gesonderter Ausweis der Kosten wäre sinnvoll, möglicherweise in Form einer Transaktionskostenquote.[63] Im Diskussionsentwurf zum InvÄndG war eine solche noch vorgesehen.[64] Der Vorschlag eine Pflicht zur Veröffentlichung der Transaktionskostenquote zu implementieren, wurde jedoch auf Grund des Widerstands der Investmentfondsbranche zurückgenommen.[65] Die Kritik

---

60 Vgl. *BT*- Drucksache 16/5576, Gesetzentwurf der Bundesregierung zum Investmentänderungsgesetz, S. 92, nachdem nicht mehr beide Prospekte den Anlegern zuzusenden sind.

61 Dieses ebenfalls mit Hinweis auf das Vorbild des österreichischen Rechts vorschlagend, *Veltmann*, Instrumente des Anlegerschutzes im Investmentrecht, S. 170 f.

62 *Zetzsche*, Zwischen Anlegerschutz und Standortwettbewerb: Das Investmentänderungsgesetz, ZBB 2007, 438 (442).

63 Der Diskussionsentwurf definiert Transaktionskosten als die Summer der innerhalb eines Geschäftsjahres angefallenen Nebenkosten des Erwerbs und der Kosten der Veräußerung von Vermögensgegenständen für Rechnung des Sondervermögens. Unter den Nebenkosten des Erwerbs seien die Anschaffungsnebenkosten zu verstehen, Diskussionsentwurf, Änderung des Investmentgesetzes und anderer Gesetze, S. 40.

64 Diskussionsentwurf, Gesetz zur Änderung des Investmentgesetzes und anderer Gesetze, S. 30.

65 *BVI*, Erste Einschätzung zum RegE InvÄndG vom 22.1.2007, Gliederungspunkt II 1; vgl. *Roegele/Görke*, Novelle des Investmentgesetzes, BKR 2007, 393 (396); siehe auch *Schmolke*,

entzündete sich daran, dass eine Transaktionskostenquote international nicht üblich und auch nicht einheitlich definiert sei, so dass der Ausweis einen Wettbewerbsnachteil für deutsche Investmentvermögen zur Folge hätte. Es wurde die Abwanderung von Investmentvermögen ins Ausland befürchtet.[66]

Dem Argument, dass durch den Ausweis einer Transaktionskostenquote ein Wettbewerbsnachteil entstünde, kann entgegengehalten werden, dass der Ausweis der Gesamtkostenquote bereits der internationalen Vergleichbarkeit dient. Der Ausweis der Transaktionskosten ist durchaus in anderen Jurisdiktionen üblich. Im amerikanischen Recht sind die Transaktionskosten verpflichtend nach fixen und variablen Bestandteilen getrennt auszuweisen.[67] Allein die Tatsache, dass nicht in allen anderen Jurisdiktionen eine Pflicht besteht, über die Höhe der Transaktionskosten aufzuklären und eine Transaktionskostenquote auszuweisen, kann nicht rechtfertigen, dass für deutsche Investmentvermögen auf eine derartige Aufklärung verzichtet wird.

Die zusätzliche Offenlegung tatsächlich bestehender Transaktionskosten dient der Transparenz. Sie liefert den Anlegern konkrete Informationen über die sonst abstrakt bleibenden, von der Gesamtkostenquote nicht erfassten Kosten. Die Angabe einer Transaktionskostenquote muss sich nicht nachteilig auswirken. Vielmehr ist es möglich, dass Anleger die Sicherheit bevorzugen, die Höhe der Transaktionskosten einschätzen zu können, anstatt keinerlei Anhaltspunkte über die anfallenden Transaktionskosten zu erhalten. Es wäre somit wünschenswert neben der Pflicht die Gesamtkostenquote zu veröffentlichen auch eine Pflicht zur Veröffentlichung der Transaktionskostenquote verbindlich einzuführen.

3.2.2.4.3 Angaben im ausführlichen und einfachen Prospekt

Im ausführlichen Verkaufsprospekt ist die Art der möglichen Gebühren, Kosten, Steuern, Provisionen und sonstigen Aufwendungen anzugeben, welche mittelbar oder unmittelbar von den Anlegern des Sondervermögens zu tragen sind. Sowohl im vereinfachten als auch im ausführlichen Ver-

---

Kostentransparenz im Investmentrecht und Behavioral Law & Economics, ZBB 2007, 454 (457).

66 Vgl. *Roegele/Görke*, Novelle des Investmentgesetzes, BKR 2007, 393 (396).

67 *Schmolke*, Kostentransparenz im Investmentrecht und Behavioral Law & Economics, ZBB 2007, 454 (457); *Zetzsche*, Zwischen Anlegerschutz und Standortwettbewerb: Das Investmentänderungsgesetz, ZBB 2007, 438 (442).

kaufsprospekt ist darauf hinzuweisen, dass dem Sondervermögen neben der Vergütung zur Verwaltung des Sondervermögens eine Verwaltungsvergütung für die im Sondervermögen gehaltenen Anteile berechnet wird.[68]

Wird eine Pauschalgebühr vereinbart, so müssen die kalkulatorischen Grundlagen dieser Gebühr sowohl in den Vertragsbedingungen als auch im einfachen und ausführlichen Verkaufsprospekt angegeben werden.[69] Die Darstellung der Berechnungsgrundlage dient der besseren Vergleichbarkeit der Gebühr konkurrierender Investmentvermögen, da sonst für die Anleger schwer ersichtlich ist, welche Kosten Gegenstand der Pauschalgebühr sind.[70] Die Kalkulationsgrundlage muss in beiden Dokumenten, in denen die Pauschalgebühr verwendet wird, dargelegt werden. Im Jahresbericht sind zusätzlich die an die Kapitalgesellschaft, die Depotbank und an Dritte geleisteten Vergütungen anzugeben.

3.2.2.4.3.1 Relevanz der Information über Kosten und Gebühren

Durch Gebühren kann das Vermögen des Anlegers substantiell geschmälert werden. Sie können zudem Implikationen für den Zeitrahmen einer Investition und für die Entscheidung über eine Deinvestition haben.[71] Auch können Gebührenstrukturen unerwünschte Anreize für das Verhalten der Fondsverwaltung setzen. Die Möglichkeit zur Generierung von Provisionen oder Gebühren bietet einen Anreiz für Manipulationen,[72] die

68 § 41 IV InvG.

69 § 42 InvG.

70 Ebenso *Köndgen/Schmies* in Schimansky/Bunte/Lwowski, Bankrechts-Handbuch, § 113 Rn. 83.

71 Wird ein substantieller Aufschlag bei der Ausgabe der Anteile fällig, so bewirkt dies, dass das in das Investmentvermögen investierte Kapital in der ersten Zeit nicht Erträge für den Investor generiert, sondern die Erträge dafür verwendet werden müssen, die ursprünglich eingezahlte und dann durch den Ausgabeaufschlag geminderte Summe wiederherzustellen. Für ein kurzfristiges Investment bietet sich dementsprechend ein Investmentvermögen mit hohem Ausgabeaufschlag nicht an, da es möglich ist, dass die Investoren allein durch den Aufschlag einen finanziellen Verlust erleiden, der kurzfristig nicht durch die Erträge ausgeglichen werden kann. Ein hoher Abschlag bei der Rücknahme der Anteile kann ebenfalls einen „Lock-In" Effekt bewirken. Sind die Kosten sehr hoch, setzen sie einen Anreiz für die Anleger, auch bei Unzufriedenheit mit der Fondsverwaltung ihr Kapital nicht aus dem Investmentvermögen abzuziehen, da eine Deinvestition für sie mit erheblichen finanziellen Einbußen verbunden wäre.

72 Die Gebührenstruktur ist relevant hinsichtlich der Anreize für die Fondsverwaltung. So kann es für die Verwaltung attraktiv sein ein Portfolio oftmals umzuwälzen, auch wenn dieses nicht durch die Anlagestrategie geboten ist, wenn dies zu einer Generierung von Spesen für die Verwaltung führt. Daher ist es für die Anleger interessant, Kosten und Gebühren zu kennen, um die Möglichkeit zu haben, potentielle Missbrauchsgefahren

auf Grund des Informationsgefälles zwischen Anlegern und Fondsverwaltung oftmals für die Anleger schwer zu erkennen und zu unterbinden sind. Vor dem In-Kraft-Treten des InvÄndG wurde die Preis- und Kostentransparenz der sich im Markt befindlichen Fonds als oftmals unzureichend kritisiert.[73] Deshalb stellt sich die Frage, ob die Neuerungen des InvÄndG eine Verbesserung der Preis- und Kostentransparenz bewirkt haben.

3.2.2.4.3.2 Kritik an der Gesetzeslage bezüglich der Publikation von Kosten

Grundsätzlich tragen die geltenden gesetzlichen Regelungen der Bedeutung der Kosteninformation Rechnung, indem sie umfangreiche Publikationen vorsehen. Das Manko der Regelung ist auch nach dem In-Kraft-Treten des InvÄndG nicht ein Fehlen an Details, sondern die zersplitterte Darstellung der Kosten und Gebühren. Durch die Aufsplitterung von Informationen besteht Raum für die KAGen, die Darstellung auf eine für sie günstige Weise vorzunehmen, indem potentiell negative Informationen in anderen Dokumenten abgedruckt werden. Diese Möglichkeit widerspricht dem Ziel, den Anlegern eine fundierte Anlageentscheidung zu erleichtern. Es sollte daher erwogen werden, die Investmentvermögen zu verpflichten, alle Kosten in einem Dokument auszuweisen.

3.2.2.4.4 Zwischenfazit zu den Angaben des ausführlichen Prospekts und der Vertragsbedingungen

Aus den vorstehenden Ausführungen lässt sich das Bedürfnis erkennen, die Pflichtangaben im ausführlichen Verkaufsprospekt und den Vertragsbedingungen zu ergänzen. Es ist jedoch zu berücksichtigen, dass generell Argumente gegen eine Ausweitung der Veröffentlichungspflichten sprechen. Ein Mehr an Informationen muss die Information der Anleger nicht verbessern.[74] Vielmehr kann es dazu beitragen, dass Informationen aufgrund der schieren Menge nicht mehr aufgenommen werden.[75] Die Komplexität des ausführlichen Prospekts kann verhindern, dass ihn Anleger verstehen

frühzeitig zu erkennen. Vgl. hierzu *Roggatz*, Informationspflichten von Investmentgesellschaften, S. 91.

73 *Köndgen/Schmies* in Schimansky/Bunte/Lwowski, Bankrechts-Handbuch, § 113 Rn. 7.

74 Vgl. *Aronson*, Sozialpsychologie, S. 144.

75 Vgl. *Schmolke*, Kostentransparenz im Investmentrecht und Behavioral Law & Economics, ZBB 2007, 454 (461).

können. Durch umfangreichere Publizitätspflichten entstehen den Investmentvermögen höhere Kosten. Diese können das Investmentvermögen belasten.

Folglich sind die Vorteile einer umfassenderen Information durch die Ergänzung der Publizitätspflichten mit den entstehenden Nachteilen abzuwägen. Generell ist zu befürworten die Pflicht zu etablieren, ausgewiesene Quoten immer mit ihrer Berechnungsgrundlage gemeinsam zu publizieren. So können Missverständnisse vermieden werden, welche Kosten in Quoten einbezogen sind. Kosten und Gebühren sollten gebündelt darzustellen sein. Durch die Zusammenfassung der Kosteninformation wird die Informationsmenge nicht ausgeweitet. Allein die Darstellung wird geändert. Daher sollte die Kosteninformation den Umfang der Pflichtpublikationen nicht erhöhen. Die gegen die Ausweitung genannten Argumente betreffen die Bündelung der Kosteninformation nicht.

Eine Ausweitung der Pflichtangaben könnte für die Performanceentwicklung erfolgen. Für die Darstellung über einen längeren Zeitraum spricht, dass sie ein repräsentativeres Bild ergibt, als eine Begrenzung auf die Performance der letzten drei Jahre. Die Informationsaufnahme wird durch die zusätzlichen Angaben nicht erschwert. Die Anleger müssen sich auch bei einem Dreijahreszeitraum mit der Art der Angaben und der Ableitung einer Entwicklung aus den Informationen auseinandersetzen. Nehmen sie diese Analyse vor, bewirkt die Angabe der Informationen für einen längeren Zeitraum keine qualitative Veränderung. Das Mehr an Information sollte also kein erhebliches Mehr an Aufwand für die Informationsverarbeitung bedeuten. Zwar ist eine größere Informationsmenge zu berücksichtigen, der Kontext und die Darstellung sollten aber gleich bleiben. So sollte kein Potential für zusätzliche Informationshemmnisse bestehen. Die Darstellung der Wertentwicklung durch Säulendiagramme könnte die Informationsaufnahme erleichtern. Sie würde der Anforderung gerecht, die Publikationen verständlicher zu gestalten und gerade nicht die Informationsaufnahme erschweren.

Der Umfang und die Komplexität des ausführlichen Prospekts sollten kein Argument sein, um eine bruchstückhafte Anlegerinformation zu erlauben. Es ist präferabel eine vollständige Information im ausführlichen Prospekt und den Vertragsbedingungen vorzunehmen und die Anleger, für die diese Dokumente zu komplex sind, durch einen verständlichen, klar strukturierten vereinfachten Prospekt zu informieren.

3.2.2.4.5 Vereinfachter Prospekt

Der vereinfachte Prospekt wurde durch die EU-Verwaltungsgesellschaftsrichtlinie[76] eingeführt und soll anlegerfreundlich sein.[77] Als Ratio für die Einführung des vereinfachten Prospekts wird von der EU-Kommission angegeben, die Anleger mit den grundlegenden Informationen über mögliche Risiken, mit dem Investment verbundene Kosten und die erwartete Wertentwicklung des jeweiligen Investmentvermögens auszustatten.[78] Daher soll der vereinfachte Prospekt ein kurzes, verständliches Dokument sein.[79] Anders als der ausführliche Prospekt soll er keine umfassende Information gewährleisten, sondern den Anlegern einen Überblick über die bedeutendsten Informationen bieten. Der vereinfache Prospekt ergänzt den ausführlichen Prospekt, als Zusammenfassung der wichtigsten Informationen. Er soll zudem die EU-weite Vergleichbarkeit von Investmentvermögen fördern.[80] Die Vergleichbarkeit soll aus standardisierten Schlüsselinformationen resultieren.

Die Notwendigkeit von vereinfachten Finanzinformationen resultiert aus dem oftmals begrenzten Verständnis der Privatkunden hinsichtlich solcher Informationen.[81] Das begrenzte Verständnis folgt zum einen aus einem begrenzten Leseverständnis, zum anderen aus psychologischen Barrieren, die bereits im Rahmen der Darstellung der Erkenntnisse der Behavioural Economics-Forschung aufgezeigt wurden. Psychologische Barrieren sind besonders für Privatkunden relevant, an die sich der vereinfachte Prospekt richten soll. So stellt auch die FSA fest, dass das zur Verfügung stellen von Informationen für eine tatsächliche Information der Anleger allein nicht

76 Richtlinie 2001/107/EG. § 42 II setzt Artikel 33 I der Richtlinie 85/611/EWG um.

77 Richtlinie 2001/107/EG Ziffer (15).

78 *EU Kommission*, Weißbuch für den Ausbau des Binnenmarktrahmens für Investmentfonds, (SEK(2006) 1451), S. 10; Richtlinie 2001/107/EG Ziffer (15).

79 *EU Kommission*, Weißbuch für den Ausbau des Binnenmarktrahmens für Investmentfonds, (SEK(2006) 1451), S. 11.

80 *EU Kommission*, Initial orientations for discussion on possible adjustments to the UCITS Directive, S. 5; *dies.*, Simplified Prospectus – Investor disclosure regime, S. 2.

81 Vgl. für Studien des Leseverständnisses hinsichtlich Finanzinformationen der englischen Bevölkerung *FSA*, Promoting Public Understanding of Financial Services: A Strategy for Consumer Education, Consultation Paper 15, S. 14; ebenso *Alfon*, An additional perspective for retail financial production and their regulation, S. 16; *Johnson*, CAT Standards and Stakeholders, Their role in financial education, FSA Occasional Paper 11, S. 17, der ein generell niedriges Zahlenverständnis feststellt, welches sich entweder in einer Überschätzung oder Unterschätzung des eigenen Verständnisses auswirkt.

ausreicht.[82] Vielmehr sollte die effektive Nutzbarkeit von Informationen im Mittelpunkt stehen.[83] Informationsasymmetrien bestehen gerade zwischen Privatkunden und professionellen Marktteilnehmern, welche die Finanzinformationen bereitstellen. Anlegern fällt ein Vergleich zwischen verschiedenen Finanzprodukten, aber auch Produkten eines Typs in der Regel schwer, da die Schlüsselinformationen selten direkt vergleichbar sind.[84] Die Schwierigkeit besteht auch, wenn sie in der Lage sind, die Informationen zu verstehen.

Die Verständnisschwierigkeiten verwundern bereits bei oberflächlicher Betrachtung nicht, da Investmentvermögen gerade die Informationsmängel von Kleinaktionären durch die Einschaltung eines Intermediärs ausgleichen sollen. Sollen die Anleger über das Investmentvermögen so informiert werden, dass sie eine fundierte Anlageentscheidung treffen können, muss die Information auf ihren Empfängerhorizont ausgerichtet sein.

Die Erforderlichkeit für die Einführung des vereinfachten Prospektes resultiert zudem aus der Gestaltung des ausführlichen Prospekts. Dieser beinhaltet detaillierte, komplexe Informationen. Deshalb soll der vereinfachte Prospekt nur die wichtigsten Kennzahlen enthalten und die wichtigsten Informationen verständlich darlegen.[85] Zudem ist der ausführliche Prospekt in der Regel äußerst umfangreich. Die schiere Seitenzahl und Ausführlichkeit der Informationen stellt ein Hindernis für das Verständnis der Anleger dar.[86] Menschen haben nur eine eingeschränkte Aufmerksamkeitsspanne und die Verarbeitungsfähigkeit von Informationen ist begrenzt.[87] Zusätzliche akkurate Informationen führen daher nicht zu einer verbesserten Information, sondern bewirken, dass die relevanten Informationen weniger stark berücksichtigt werden.[88]

Die Kosten der Informationsbereitstellung schlagen sich anteilig auf das in Investmentvermögen investierte Kapital nieder. Bewirkt die Informa-

---

82 Vgl. hierzu *Schmolke*, Kostentransparenz im Investmentrecht und Behavioral Law & Economics, ZBB 2007, 454 (460).

83 Vgl. *Schmolke*, Kostentransparenz im Investmentrecht und Behavioral Law & Economics, ZBB 2007, 454 (460).

84 *FSA*, Promoting Public Understanding of Financial Services: A Strategy for Consumer Education, Consultation Paper 15, S. 13.

85 So OGAW III Nr. 5.3. im Bezug auf die wesentlichen Anlegerinformationen.

86 Vgl. zum „Information overload", dem Überschreiten der kritischen Menge an Informationen, *Schmolke*, Kostentransparenz im Investmentrecht und Behavioral Law & Economics, ZBB 2007, 454 (461).

87 *De Meza/Irlenbusch/Reyniers*, Financial Capability: A behavioural Economics Perspective, S. 49.

88 Vgl. *Aronson*, Sozialpsychologie, S. 144.

tionsbereitstellung keinen zusätzlichen Schutz, so ist sie auf Grund der anfallenden Kosten für die Anleger nachteilig. Es ist zu untersuchen, ob Informationen überhaupt den Schutz der Privatkunden verbessern können. Zudem ist zu analysieren, welche Charakteristika ein Dokument aufweisen muss, um die Information der Privatkunden zu verbessern. Auf Grund der Erkenntnisse ist anschließend zu hinterfragen, ob die Publizitätsinstrumente, welche besonders auf Privatkunden ausgerichtet sind, effektiv sind und insbesondere, ob der vereinfachte Prospekt dem Schutz der Privatkunden dienlich ist. Denn nur wenn ein vereinfachter Prospekt das Informationsniveau der Privatkunden zu verbessern mag, sollten die KAGen gesetzlich verpflichtet werden, einen solchen Prospekt bereitzustellen.

3.2.2.4.5.1 Die deutsche Regelung des vereinfachten Prospekts

Nicht für alle Investmentvermögen ist es zulässig, einen vereinfachten Prospekt zu erstellen. Für Immobiliensondervermögen,[89] Infrastruktursondervermögen,[90] sonstige Sondervermögen,[91] Sondervermögen mit zusätzlichen Risiken[92] sowie Dachsondervermögen mit zusätzlichen Risiken darf kein vereinfachter Prospekt erstellt werden. Als Grund für die Unzulässigkeit des vereinfachten Prospektes für Immobiliensondervermögen sowie Dachsondervermögen mit zusätzlichen Risiken wird in der Begründung zum Investmentmodernisierungsgesetz angeführt, dass die Kriterien des vereinfachten Prospektes diesen Sondervermögen auf Grund der Vermögensgegenstände oder Anlagestruktur nicht entsprächen.[93] Die Komplexität der Dachsondervermögen mit zusätzlichen Risiken erfordere einen ausführlichen Prospekt.[94]

Der vereinfachte Prospekt soll in zusammengefasster und für den Durchschnittsanleger leicht verständlicher Form eine Kurzdarstellung des Sondervermögens, Anlageinformationen, Informationen über den Erwerb und die Veräußerung der Anteile sowie wirtschaftliche Informationen und einige technische Informationen enthalten. Die Aufzählung der zulässigen Informationen ist im Gegensatz zum ausführlichen Verkaufsprospekt abschließend und es dürfen nur dann zusätzliche Informationen in den Pro-

89 §§ 66 ff InvG.
90 §§ 90a ff. InvG.
91 § 90g InvG.
92 § 112 InvG.
93 *BT*-Drs. 15/1553, Regierungsentwurf zum Investmentmodernisierungsgesetz, S. 52.
94 *BT*-Drs. 15/1553, Regierungsentwurf zum Investmentmodernisierungsgesetz, S. 110.

spekt integriert werden, wenn dies ausdrücklich bestimmt ist.[95] Allerdings sind die in den vereinfachten Prospekt aufzunehmenden Informationen allein schon recht umfangreich. Die Anlageinformation umfasst eine kurze Definition der Anlageziele des Sondervermögens, eine kurze Beschreibung der Anlagestrategie und eine kurze Beurteilung des Risikoprofils. Gegebenenfalls enthält es die bisherige Wertentwicklung des Sondervermögens mit dem Hinweis, dass sie kein Indikator für die zukünftige Entwicklung ist sowie ein Profil des typischen Anlegers. Welchen Umfang eine *kurze* Definition haben soll, wird nicht definiert. Format oder Höchstumfang werden für den vereinfachten Prospekt nicht vorgegeben.

3.2.2.4.5.2 Vorschläge der EU Kommission

Im Juli 2005 stellte die EU Kommission[96] fest, dass der vereinfachte Prospekt den Anlegerschutz noch nicht verbessert habe. Er sei in der Praxis oftmals zu lang und werde von den Anlegern nicht verstanden.[97] Der vereinfachte Prospekt verfehle nicht nur seinen Zweck, die Anleger zu informieren, sondern bereite der Investmentindustrie erhebliche Kosten.[98]

Daher wird im Rahmen der Änderungen an der OGAW-Richtlinie (auf Ebene 1 des Lamfalussy-Prozesses) nun vorgeschlagen, den einfachen Prospekt durch das Konzept der „wesentlichen Informationen für den Anleger" oder „Key Information Document" zu ersetzen.[99] Die wesentlichen Informationen für Anleger sollen unverändert im ganzen Binnenmarkt verwendet werden können.

Auf Ebene 1 des Lamfalussy-Prozesses werden allein die „High Level Principles" festgelegt, während die detaillierte Ausgestaltung auf Ebene 2 erfolgt. Dem gemäß statuiert der Vorschlag zur Änderung der OGAW-Richtlinie vom Juli 2008 nur in groben Zügen die Anforderungen an die wesentlichen Informationen für den Anleger.

---

95 § 42 II S. 2 InvG.

96 *EU Kommission*, Weißbuch für den Ausbau des Binnenmarktrahmens für Investmentfonds, (SEK(2006) 1451), S. 6

97 *EU Kommission*, Initial Orientations for discussion on possible adjustment to the UCITS Directive, S. 5; *dies*. Simplified Prospectus – Investor disclosure regime, S. 2.

98 *EU Kommission*, Weißbuch für den Ausbau des Binnenmarktrahmens für Investmentfonds, (SEK(2006) 1451), S. 11.

99 *EU Kommission*, Vorschlag für eine Richtlinie des europäischen Parlaments und des Rates zur Koordinierung der Rechts- und Verwaltungsvorschriften betreffend bestimmte Organismen für gemeinsame Anlagen in Wertpapieren (OGAW) vom 16.07.2008, Rn. 5.3. (Vorschlag zur Änderung der OGAW Richtlinie, 07.2008); *CESR*, Press Release vom 15. Februar 2008, S. 1 ff.

Die in den wesentlichen Informationen zu veröffentlichenden Angaben sollen die für eine fundierte Investmententscheidung erforderlichen Informationen über das Investmentvermögen enthalten, sowie praktische Informationen, die den Anlegern ermöglichen, ihre Rechte auszuüben.[100]

Die wesentlichen Anlegerinformationen sollen vorvertragliche Informationen darstellen und keine Haftung begründen, es sei denn sie sind irreführend, ungenau oder stimmen nicht mit dem Prospekt überein.[101] Ziel der wesentlichen Informationen ist es, die Privatkunden bei ihrer Entscheidung effektiv zu unterstützen. Es sollen die wesentlichen Informationen „kurz und knapp, in klaren und verständlichen Worten und in einem eingängigen Format gehalten sein."[102] Zudem sollen sie „redlich, eindeutig und nicht irreführend sein und inhaltlich den maßgeblichen Prospektangaben entsprechen."[103]

3.2.3 *Eingeschränkte Anlegerschutzeffizienz von Informationen*

Grundsätzlich ist zu berücksichtigen, dass Informationen und Transparenz nur dann dem Anlegerschutz dienen können, wenn die Anleger die Informationen verstehen. Somit ist es erforderlich, auf die wahrnehmungspsychologischen Erkenntnisse zu rekurrieren, um zu analysieren in welcher Form Informationen präsentiert werden müssen, damit sie von den Empfängern verstanden werden.

Nicht nur bei der Verarbeitung von Informationen können „Fehler" auftreten, die bei den Marktteilnehmern einen von dem Inhalt der Informationen abweichenden Eindruck hervorrufen. Auch schon auf Ebene der Informationsaufnahme kann es dazu kommen, dass Informationen nicht der Darstellung entsprechend aufgenommen werden. Eine Vielzahl von wahrnehmungsbezogenen Phänomenen existiert, welche die Verarbeitung der in den Prospekten bereitgestellten Informationen erschweren können.

Die selektive Wahrnehmung und Verfügbarkeitsheuristik können dazu führen, dass Personen Informationen ignorieren, die entweder nicht zu ihren Vorkenntnissen oder der Mehrheit der verfügbaren Informationen passen. Gerade im Bereich der Finanzinformationen verfügt eine Vielzahl der Privatkunden über geringe, beziehungsweise sehr begrenzte Vorkennt-

100 *EU Kommission*, Vorschlag zur Änderung der OGAW Richtlinie, 07.2008, Rn. 4.4.1.
101 *EU Kommission*, Vorschlag zur Änderung der OGAW Richtlinie, 07.2008, Art. 74.
102 *EU Kommission*, Vorschlag zur Änderung der OGAW Richtlinie, 07.2008, Rn. 5.3.
103 *EU Kommission*, Vorschlag zur Änderung der OGAW Richtlinie, 07.2008, Art. 74.

nisse. Die Gefahr besteht, dass nur die Informationen aufgenommen werden, welche die möglicherweise auf Grund des begrenzten Umfangs der Kenntnisse falschen Erwartungen der Anleger bestätigen. Entscheidungen werden zu stark auf Basis der Erinnerungen der Person getroffen, auch wenn diese sich um eine umfassende Information vor ihrer Entscheidung bemüht. Insbesondere aktuelle, besonders auffällige, mehrfach wiederholte und leicht verständliche Informationen werden zu stark gewichtet.[104]

Des Weiteren wurde aufgezeigt, dass Informationen nicht absolut, sondern abhängig von der Art und Reihenfolge ihrer Präsentation wahrgenommen werden.[105] Die Präsentation beeinflusst die Präferenzen der Anleger,[106] wobei dieses auch beobachtet wurde, wenn vorher ein Hinweis auf das Verhalten erfolgte. Der Abdruck eines Warnhinweises kann dem Phänomen nicht entgegen wirken. Deshalb sollte die Regulierung des Prospektes die Präsentation der Informationen umfassen. Aus den psychologischen Erkenntnissen über die Wahrnehmung von Informationen lassen sich Schlüsse für die Darstellung von Informationen über Investmentvermögen ableiten. Die Wahrnehmungsweisen, die auf der Reihenfolge der Information basieren, können verwendet werden, um entweder Informationen so zu strukturieren, dass Anleger sie leicht aufnehmen können oder aber um Informationen zu verschleiern. Letzteres kann durch die schiere Datenmenge erfolgen oder aber durch die Darstellung problematischer Informationen gegen Ende einer Publikation. Damit im Kontext von Verkaufsprospekten eine solche Taktik nicht von den KAGen verwendet werden kann, sollten eine Regelung des genauen Inhalts der Prospekte, sowie eine Regelung der Prospektstruktur und Darstellungsweise erfolgen. Regeln für die Formatierung von Prospekten wären sinnvoll.[107] In diese Richtung geht der Vorschlag vom CESR.

104 *Kowalewski*, Das Vorerwerbsrecht der Mutteraktionäre beim Börsengang einer Tochtergesellschaft, S. 99.

105 *Tversky/Kahnemann*, Judgement under Uncertainty: Heuristics and Biases, 185 Science (1974), 1124 (1128); *dies.* The Framing of Decisions and the Psychology of Choice, 211 Science (1981), 453.

106 *Willis*, Against consumer financial literacy education, 94 Iowa Law Review (2008), 197 (245); *Oehler*, „Anomalien", „Irrationalitäten" oder „Biases" der Erwartungsnutzentheorie und ihre Relevanz für die Finanzmärkte, ZBB 1992, 97 (110).

107 So auch *Schmolke*, Kostentransparenz im Investmentrecht und Behavioral Law & Economics, ZBB 2007, 454 (461) für die Präsentation von Kosten.

3.2.3.1 *Key Information Document*

CESR schlägt vor, ein Key Information Document (KID) einzuführen, welches höchstens eine Länge von zwei Din-A4 Seiten aufweisen darf und eine standardisierte Liste von Informationen enthalten soll, deren Reihenfolge und Hierarchie festgelegt sein sollen.[108] CESR spricht sich zudem für die Einführung eines synthetischen Risk-Reward-Indikators (SRI) aus, welcher durch einen erklärenden Text ergänzt werden soll oder aber eine verbesserte ausführliche Aufklärung. Ein SRI könnte wie die Gesamtkosten- und Transaktionskostenquote die Anlageentscheidung vereinfachen. Allerdings sollte sichergestellt werden, dass Anleger darauf hingewiesen werden, dass sich der SRI ändern kann und eine Risikobeurteilung nicht bedeutet, dass keine Verluste auftreten können. Dafür wäre es sinnvoll, die in adversen Marktsituationen möglichen Verluste darzustellen. Das Aufzeigen möglicher Verluste würde die Risiken für die Anleger greifbarer machen und könnte ihre Risikoeinschätzung verbessern.

Der Vorschlag von CESR für das KID ähnelt dem bereits in Schweden verbindlichen vereinfachten Verkaufsprospekt. Die Vorgabe eines Formates mit einer festgelegten Hierarchie und Reihenfolge der Informationen ist sinnvoll, da auf Grund der Verfügbarkeitsheuristiken Informationen unbewusst nach Ähnlichkeiten mit bekannten Informationen gesichtet werden. Bekannte Informationen werden schneller aufgenommen als unbekannte. Eine Standardisierung kann die Kriterien verdeutlichen, die für die Bewertung eines Investmentvermögens relevant sind, was die Informationsverarbeitung erleichtern könnte. Werden verschiedene KID verglichen, so sollte aufgrund der Wiederholung der Informationen ein Wiedererkennungseffekt auftreten. Der Wiedererkennungseffekt könnte zum einen die Vergleichbarkeit, zum anderen aber auch die subjektive Verfügbarkeit der Kriterien erhöhen.[109]

---

108 *CESR*, Press Release vom 15. Februar 2008, S. 2.

109 Vgl. zum Verhältnis von subjektiver Verfügbarkeit und der Deutlichkeit der Wahrnehmung, *Tversky/Kahnemann*, Judgement under Uncertainty: Heuristics and Biases, 185 Science (1974), 1124 (1127); siehe auch *Anderson*, Kognitive Psychologie, S. 392 ff.; *Vaterrodt-Plünnecke/Bredenkamp* in Funke/Frensch, Handbuch der Psychologie Bd. 5, S. 305.

3.2.3.2 *Folgerungen für Verkaufsprospekte aus der Behavioural Economics-Forschung*

Die Informationsaufnahme wird in hohem Maße durch die subjektive Verfügbarkeit von Informationen und somit durch die Vorkenntnisse einer Person bestimmt. Aus dieser Tatsache lassen sich für die Information über Finanzprodukte zwei Schlüsse ziehen, wenn man generell von einem niedrigen Kenntnisstand bei Privatkunden ausgeht. Zum einen kann das Verständnis von Finanzinformationen gehoben werden, wenn die Vorkenntnisse erhöht werden, also Anlegerbildungsmaßnahmen erfolgreich vorgenommen werden. Ob Anlegerbildungsmaßnahmen ein erfolgversprechender Weg sind, ist jedoch aufgrund des erforderlichen Umfangs der Maßnahmen, Bedenken an der praktischen Durchführbarkeit sowie des potentiell geringen Interesses der Anleger an ihnen fraglich. Zum anderen kann gefolgert werden, dass Anleger Finanzinformationen besser aufnehmen können, wenn die Informationen an ihren Vorkenntnissen ansetzen. Die Anleger müssen dort abgeholt werden, wo sie stehen.[110] Die Finanzinformationen für Privatkunden müssen folglich leicht verständlich sein und ein geringes Niveau an Vorkenntnissen voraussetzen. Sie sollten an die Sprache der Privatkunden anknüpfen, möglichst keine für den Durchschnittsanleger unbekannten Fremdworte beinhalten und Darstellungsformen verwenden, mit denen der Privatkunde vertraut ist. Ein Frage-Antwort-Schema könnte die Verständlichkeit verbessern,[111] da Informationen so in einen Kontext gesetzt werden, der an die Bedürfnisse der Anleger anknüpft.

3.2.3.2.1 **Beeinflussung durch Werbung**

Werbung kann durch Ausnutzung der kognitiven Beschränkungen die Wirkung von Pflichtpublikationen verringern. Vertreiben Unternehmen neben den Pflichtveröffentlichungen ihr Werbematerial, welches Botschaften in einprägsamerer Form enthält als die Fakten, welche das Gesetz in den Pflichtpublikationen verlangt, können die leichter zugänglichen

110 *Schmolke*, Kostentransparenz im Investmentrecht und Behavioral Law & Economics, ZBB 2007, 454 (461).

111 Solche Frage-Antwort-Schema schreiben die Regeln der FSA zum vereinfachten Prospekt vor, *FSA*, Implementation of the Simplified Prospectus Requirement in the UCITS Managmeent Company Directive, Consultation Paper 04/18, S. 5; vgl. *Schmolke*, Kostentransparenz im Investmentrecht und Behavioral Law & Economics, ZBB 2007, 454 (463).

Werbebotschaften auf Grund des Anchoring Effekts die Informationen der Pflichtpublikationen überlagern.[112] Eine effektive Anlegerinformation setzt neben klaren Regelungen für die Struktur der Pflichtveröffentlichungen eine Regelung für den Vertrieb von Werbematerialien voraus. Werbung kann sonst den Informationseffekt der Pflichtpublikationen aufheben.

3.2.3.2.2 Handlungshemmnisse

Die Publizitätsvorschriften sollen eine fundierte Anlageentscheidung ermöglichen. Sie bewirken, dass dem Anleger unter anderem die grundlegenden Informationen zugänglich gemacht werden. Trotzdem ist fraglich, ob die Information ausreicht, damit der Anleger eine, seinen Interessen gerechte, Anlageentscheidung treffen kann. Im Investmentbereich treten typische Handlungshemmnisse auf, also psychologische Barrieren, welche die Verarbeitung von Informationen beeinflussen. Solche Handlungshemmnisse sind eine überhöhte Furcht vor finanziellen Verlusten[113] sowie vor Enttäuschungen,[114] ein impulsives Anlageverhalten und ein fehlenden Wille für die Zukunft zu planen.[115] Die Barrieren bewirken tendenziell im Verhältnis zu Einkommen und Renditeerwartungen zu niedrige Investitionen und eine geringe Bereitschaft, Risiken einzugehen.

3.2.3.2.3 Auswirkungen der Verlustangst

Die Verlustangst bewirkt, dass Menschen Risiken isoliert wahrnehmen. Daraus resultiert die Gefahr, dass Anleger kleine Risiken, die sich auf kurze Zeiträume beziehen, einzeln wahrnehmen, anstatt sie als kleine Risiken auf das gesamte Leben bezogen anzusehen.[116] Für eine langfristige Finanz-

---

112 Vgl. *Willis*, Against consumer financial literacy education, 94 Iowa Law Review (2008), 197 (245).

113 *Camerer/Issacharoff/Loweenstein/O'Donoghue/Rabin*, Regulation for Conservatives: Behavioural Economics and the case for „Asymmetric Paternalism", 151 University of Pennsylvania Law Review (2003), 1211 (1216).

114 Siehe zur Regret Aversion, *Bell*, Regret in Decision Making under Uncertainty, 30 Operations Research (1982), 961; *Gul*, A Theory of Disappointment Aversion, 59 Econometrica (1991), 667.

115 *Thaler*, Psychology and Saving Policies, 84 American Eonomic Review (1994), 186; *Joles/Sunstein/Thaler*, A Behavioural Approach to Law and Economics, 50 Stanford Law Review (1998), 1471 (1476) die die Unterschiede zwischen „echten Menschen" und dem Homo Oeconomicus mit begrenzter Rationalität, begrenzter Willsenstärke und begrenztem Eigeninteresse beschreiben.

116 *De Meza/Irlenbusch/Reyniers*, Financial Capability: A behavioural Economics Perspective, S. 37.

planung ist es wichtig, die einzelnen Investmententscheidungen an ihrem endgültigen Ergebnis zu messen und nicht jede einzelne Entscheidung zu bewerten. Da aber Anleger jeden Verlust als bedeutend ansehen und nicht das große Ganze betrachten, tendieren sie dazu, beispielsweise nicht in Aktien zu investieren, da jeder Wertverlust stärker gefühlt wird als anschließende Wertsteigerungen.[117] Dieses Verhalten wurde von *Fellner* und *Sutter* in einem Experiment untersucht,[118] in dem der Zeithorizont von Investments sowie die Frequenz von Feedback variiert wurden. Sie kamen dabei zu dem Ergebnis, dass längere Zeithorizonte und längere Abstände zwischen den Feedbacks zu höheren Investments führten. Daraus lässt sich ableiten, dass Investmententscheidungen durch die Art und Weise der Präsentation von Risiken und Chancen eines Investments beeinflusst werden.[119] Es wäre vorteilhaft, einen Schwerpunkt auf die Information über die langfristigen Auswirkungen von Investitionen zu legen, um Anleger zu mehr Investmentsparen zu animieren.

3.2.3.2.4 Auswirkungen des Dispositionseffekts

Empirische Vergleiche zwischen dem Verhalten von Privatanlegern und institutionellen Investoren zeigen, dass der Dispositionseffekt bei institutionellen Anlegern weniger stark ausgeprägt ist als bei den Privatanlegern.[120] Der Dispositionseffekt ist generell für Anleger nachteilig. Er bewirkt, dass in Zeiten eines längeren Börsenabschwungs insbesondere Privatkunden mit dem Verkaufsentschluss zu lange warten, so dass sie oftmals erhebliche Verluste erleiden. Da institutionelle Anleger den Dispositionseffekt in einem geringeren Maße aufzuweisen scheinen, kann gefolgert werden, dass er durch größere Erfahrung im Wertpapierhandel oder durch größeres Fachwissen vermindert werden kann.[121] Es wurde zudem festgestellt, dass der Dispositionseffekt bei bestimmten sozio-ökonomischen Gesellschaftsteilen besonders ausgeprägt ist. Das Leseverständnis hinsichtlich

---

117 *De Meza/Irlenbusch/Reyniers*, Financial Capability: A behavioural Economics Perspective, S. 37.

118 *Fellner/Sutter*, Causes, consequences and cures of myopic loss aversion – an experimental investigation, S. 17.

119 So auch *De Meza/Irlenbusch/Reyniers*, Financial Capability: A behavioural Economics Perspective, S. 37.

120 *Shapira/Venezia*, Patterns of behavior of professionally managed and independent investors, 25 Journal of Banking and Finance (2001), 1573 (1577).

121 Vgl. *Dhar/Zhu*, Up Close and Personal: Investor Sophistication and the Disposition Effect, 52 Management Science (2006), 726 (736).

Finanzinformationen korrespondiert mit Einkommen und Beruf, wobei Personen mit höherem Einkommen tendenziell ein höheres Leseverständnis aufweisen.[122]

Gerade der Dispositionseffekt könnte durch Anlegerbildung eingedämmt werden. Anleger, die noch keine Erfahrung mit der Anlage in Investmentvermögen haben, sollten zu Beginn ihrer Anlagetätigkeit[123] oder idealer Weise bei der Anlageentscheidung auf den Dispositionseffekt hingewiesen werden. Der Hinweis kann durch einen Anlageberater erfolgen. Alternativ könnte in einer Publikation, wie z.B. einem Anlegerleitfaden, auf die Anomalien hingewiesen werden. Allerdings bewirkt die Bereitstellung einer Publikation, dass Anleger sich mit noch mehr Broschüren konfrontiert sehen, so dass die Menge der relevanten Informationen ihre Aufnahme behindern könnte.

3.2.3.2.5 Auswirkungen von Überoptimismus und Selbstüberschätzung

Ein weiteres Phänomen im Kontext der Informationsverarbeitung ist der Überoptimismus.[124] Es wurde bereits erläutert, dass Menschen die Tendenz aufweisen, ihre eigenen Fähigkeiten und die Präzision ihres Wissens[125] zu überschätzen. Die Selbstüberschätzung wirkt sich negativ auf die Ergebnisse der Risikoaufklärung aus, da statistisches Wissen im Lichte von Irrationalität und Optimismus nicht notwendigerweise eine adäquate Information bewirken kann.[126] Wird davon ausgegangen, dass Risiken nur

---

122 *Dhar/Zhu*, Up Close and Personal: Investor Sophistication and the Disposition Effect, 52 Management Science (2006), 726 (727).

123 Dieses vorschlagend *Dhar/Zhu*, Up Close and Personal: Investor Sophistication and the Disposition Effect, 52 Management Science (2006), 726 (727), die eine Aufklärung durch Anlegerschutzorganisationen oder Brokerage Firmen für nützlich halten, um den Dispositionseffekt einzudämmen.

124 Vgl. hierzu *Daniel/Hirshleifer/Subrahmanyam*, Investor Psychology and Security Market Under- and Overreactions, 53 Journal of Finance (1998), 1839 (1842); *Daniel/Hirshleifer/-Subrahmanyam*, Overconfidence, Arbitrage and Equilibrium Asset Pricing, 56 Journal of Finance (2001), 921 (923); *Rabin*, Inference by Believers in the Law of Small numbers, 117 Quarterly Journal of Economics (2002), 775 (799); so *Langevoort*, Taming the animal spirits of the stock markets: A behavioral approach to Securities Regulation, 97 Northwestern University Law Review (2002), 135 (146).

125 *Lichtenstein/Fischhoff*, Do those who know more also know more about how much they know?, 20 Organisational Behavior & Human Performance (1977), 159 ff.; *Alpert/Raiffa* in Kahneman/Slovic/Tversky, Judgement under Uncertainty, Heuristics and Biases, S. 294.

126 *Sunstein*, Behavioural Analysis of Law, 64 University of Chicago Law Review (1997), 1175 (1184); *Choi*, Regulation Issuers not Investors: A market based proposal, 88 California Law Review (2000), 279 (318).

für andere Menschen gelten, nicht aber für einen selbst, werden sie nicht ausreichend in Entscheidungsprozesse einbezogen. Insbesondere im Kontext des Sparens für die Altersvorsorge ist der Überoptimismus hinderlich. Noch in der Ferne liegende Risiken, für die vorgesorgt werden soll, werden oftmals nicht adäquat berücksichtigt, ebenso Risiken der Kapitalanlage, welche zu einem Verlust des Ersparten führen können. Der Überoptimismus wirkt sich im Kontext des Investmentsparens also in zweifacher Weise hemmend aus.

Regelmäßig tritt neben Überoptimismus auch eine Selbstüberschätzung bei Anlegern auf,[127] so dass Warnungen vor Risiken nicht ernst genommen werden. Information allein bewirkt nicht notwendigerweise einen Schutz der Anleger. Zudem können Anleger das Ausmaß an Schutz überschätzen, den die staatliche Investmentregulierung bietet.[128]

3.2.3.3 *Schlussfolgerungen zum Anlegerschutz durch Publizität*

Schlussfolgerungen für Anlegerschutz aus den verhaltenspsychologischen Erkenntnissen zu ziehen ist ein komplexes Unterfangen. Die möglichen Schlussfolgerungen sind abhängig von dem Grad an Paternalismus, den man bereit ist zu akzeptieren, um Anleger zu schützen.

Als ersten Schluss kann man aus den verhaltenspsychologischen Erkenntnissen ableiten, dass Privatkunden oftmals nicht in der Lage sein werden, abstrakte, komplexe Finanzinformationen aufzunehmen und zu verarbeiten. Komplexe Publizitätsinstrumente bewirken nicht unbedingt eine fundierte Information von Privatkunden und auch keinen Schutz vor Fehlinvestitionen. Die grundlegende Frage ist, ob Privatkunden Finanzinformationen verstehen und in Handlungen umsetzen können. Die verhaltenspsychologischen Studien lassen erhebliche Zweifel daran aufkommen, dass alle Privatkunden in der Lage sind, die in Finanzinformationen enthaltenen Fakten in ihrer Gesamtheit zu würdigen.

Eine grundsätzliche Anlegerinformation durch Publizitätserfordernisse erscheint trotzdem sinnvoll. Die Pauschalierung, dass alle Anleger die Informationen nicht verarbeiten können, ist unzulässig. Es wird immer auch Privatkunden geben, welche die Informationen auswerten können.

---

127 *Griffin/Tversky*, The Weighting of Evidence and the Determinants of Confidence, 24 Cognitive Psychology (1992), 411 (412); *Hanson/Kysar*, Taking Behaviouralism seriously: The Problem of Market Manipulation, 47 New York University Law Review (1999), 630 (660).

128 *Choi*, Regulation Issuers not Investors: A market based proposal, 88 California Law Review (2000), 279 (318).

Ihnen soll es möglich sein, sich umfassend zu informieren. Dabei erscheint die bestehende Abstufung zwischen den Prospektarten sinnvoll: ein ausführlicher Prospekt und ein vereinfachtes Dokument, das sich auf die Kerninformationen konzentriert. Für die Information von Privatkunden ist es wünschenswert den Schwerpunkt auf den vereinfachten Prospekt zu legen. Für ihn sollten nach dem Vorbild des Key Information Documents Formatvorgaben gelten und er sollte durch gestalterische Mittel die Aufnahme der Informationen erleichtern. Die sprachliche Darstellung sollte dem Horizont des typischen Kleinanlegers angepasst, die Verwendung von Fremdwörtern vermieden werden. Die Reihenfolge der auszuweisenden Informationen sollte vorgegeben werden, ebenso wie ihre Präsentation. Kennzahlen sollten durch den Ausweis als Quoten in Bezug zum Fondsvermögen gesetzt werden. Kostenpauschalen sollten immer mit dem Hinweis auf ihre Berechnungsgrundlage abgedruckt werden. Für die Risikodarstellung ist eine Nennung möglicher Verluste in adversen Marktsituationen hilfreich. Besteht das Risiko das gesamte investierte Kapital zu verlieren, sollte dieses Risiko den Anlegern durch den Hinweis auf die Möglichkeit eines Totalverlusts bewusst gemacht werden.

Für Werbung über Investmentvermögen sollten ebenfalls Formatierungs- und Hinweisregeln aufgestellt werden. Insbesondere sollten die Werbenden verpflichtet werden, die Performance für die gesamte Bestehensdauer des Sondervermögens darzustellen.

Im Rahmen der Anlageberatung sollte auf die psychologischen Barrieren hingewiesen werden. Den Anlegern sollten konkrete Verhaltensratschläge gegeben werden, um zumindest die Auswirkungen einfach zu unterbindender Phänomene, wie beispielsweise den Dispositionseffekt, einzudämmen.

3.2.4 *Publizität ergänzende Maßnahmen*

Beachtet man darüber hinaus die Literatur zur Behavioural Economics, muss man davon ausgehen, dass auf Grund der begrenzten Rationalität für viele Anleger die Gefahr besteht, dass sie auch bei optimaler Transparenz nicht in der Lage sind, sich selbst zu schützen.[129] Es erscheint also ratsam, weitere Schritte zu ergreifen, welche die Publikation von Informationen ergänzen. Als Konsequenz wird im angloamerikanischen Raum vorgeschlagen, eine Bildung von Anlegern vorzunehmen. Ihnen sollen Instrumente an

---

129 *Prentice*, Whither Securities Regulation? Some Behavioural observations regarding proposals for its future, 51 Duke Law Journal (2002), 1397 (1450).

die Hand zu geben werden, ihre begrenzte Rationalität bei Anlageentscheidungen zu überwinden. Die Anlegerbildungsmaßnahmen sollen an dieser Stelle nicht weiter analysiert werden. Sie würden einen großen finanziellen Aufwand durch den Staat erfordern, wobei fraglich ist, ob rein praktisch alle Anleger zu Finanzfachleuten ausgebildet werden können. Zudem ist zweifelhaft, ob eine derartige Ausbildung sinnvoll ist. Sie hebt die Vorzüge einer Arbeitsteilung durch die Einschaltung von Intermediären auf.

Es kann festgehalten werden, dass Bedenken hinsichtlich der Fähigkeit der Anleger bestehen, Finanzinformationen aufzunehmen und zu verarbeiten. Sind die Anleger dazu nicht vollständig in der Lage, so können sie keine Entscheidungen auf einer informierten Grundlage treffen. Daher bedarf es ergänzender Anlegerschutzmaßnahmen durch staatliche Regulierung, welche die Risiken der Anleger begrenzen.

3.2.4.1 *Rechnungslegung*

Laufende Berichtspflichten, die Veröffentlichung von Ausgabe- und Rücknahmepreisen sowie Pflichten zur periodischen Rechnungslegung sind wesentliche Voraussetzungen, damit der Anleger von seinem Rückgaberecht Gebrauch machen kann.[130]

Regelmäßige Rechnungslegung ermöglicht den Anlegern, kontinuierlich die Wertentwicklung ihrer Investition zu überwachen und bei einer negativen Entwicklung ihr Kapital in ein anderes Investmentvermögen zu investieren. Einen umfassenden Schutz kann die Deinvestition aber nicht begründen. Wenn den Anlegern eine nachteilige Wertentwicklung auffällt, ist es bereits zu einem Wertverlust gekommen. Auch kann es eine ganze Weile dauern, bis ein schädigendes Verhalten der Fondsverwaltung bemerkt wird.[131] Bei langfristigen Verträgen ist die Deinvestition mit erheblichen Kosten verbunden, wenn eine Kündigung vor dem Fälligkeitszeitpunkt erfolgt oder Gebühren in Form eines Rückgabeaufschlags erhoben werden.

3.2.4.2 *Alternativen zu Publizitätsmaßnahmen*

Im letzten Abschnitt ist aufgezeigt worden, dass Publizität und Transparenz nicht immer den Schutz von Privatkunden bewirken können. Anlegerbildungsmaßnahmen können an dieser Tatsache nicht in ausreichendem Um-

130 *Schnyder*, in Münchener Kommentar zum BGB, Bd. 11, Rn. 180.
131 *Llewellyn*, The economic rationale for financial regulation, S. 43.

fang etwas ändern. Da aber eine Notwendigkeit für Anlegerschutz besteht, muss eine Alternative zu den bereits diskutierten Methoden gefunden werden. Als Alternative kommt die Regulierung von Investmentvermögen, der KAGen und Depotbanken sowie des Marketings und Vertriebs von Investmentvermögen in Frage.

3.2.4.3 *Anlageberatung*

An dieser Stelle soll vervollständigend angemerkt werden, dass ein weiterer für den Anlegerschutz relevanter Aspekt die Anlageberatung ist. Sie kann die Anlageentscheidung erleichtern, da sie die Information der Verkaufsprospekte komplementiert[132] und bezweckt, die komplexen Angaben des Verkaufsprospekts für die Anleger verständlich zu erläutern. Anlageberatung kann die Prospektinformation durch den persönlichen Kontakt mit dem Kunden ergänzen und so gewährleisten, dass die Anlage den Bedürfnissen des Anlegers entspricht.[133]

---

132 Vgl. zu den Aufklärungspflichten bei der Anlageberatung, *Hofmann*, Aufklärung und Anlageberatung: Pflichtenmaßstab und Kausalität, S. 16 ff.

133 *Köndgen/Schmies* in Schimansky/Bunte/Lwowski, Bankrechts-Handbuch, § 113 Rn. 91; vgl. zur fachgerechten Beratung, *Puszkajler/Weber*, Wann haftet ein Bankberater für seine Empfehlungen an einen Depotkunden? ZIP 2007, 401 (402).

4 Anlegerschutz durch Regulierung

Im nächsten Abschnitt soll analysiert werden, in welcher Form Anlegerschutz durch Regulierung von Investmentvermögen erfolgen kann. Hierfür sind verschiedene Regulierungsansätze zu betrachten, wobei die Darstellung mit dem Regulierungsansatz des deutschen Rechts beginnen soll, der Produktregulierung. Die Produktregulierung soll auf ihre Schwachstellen hinsichtlich des Anlegerschutzes untersucht werden, um dann Alternativen zu ihr zu diskutieren. Anschließend soll das prinzipien-basierte Regulierungsmodell der englischen Financial Services Authority (FSA) dargestellt werden. Der Schwerpunkt soll dann auf der Erörterung einer vertriebsbasierten Regulierung liegen, welche an Anlegertypen anstatt an Produkte anknüpft.

4.1 DAS DEUTSCHE REGULIERUNGSMODELL

Im folgenden Abschnitt sollen die Grundlagen der Investmentfondsregulierung im deutschen Recht aufgezeigt werden. Dafür soll eine Darstellung der Regulierungsinstrumente der BaFin erfolgen, die Struktur der BaFin erläutert und ein Vergleich mit dem englischen Aufsichtsrecht gezogen werden.

Vorab ist zu bemerken, dass die Aufsicht über Finanzdienstleistungsunternehmen durch europarechtliche Vorgaben geprägt ist. Das Unionsrecht kann allerdings nur Mindestvoraussetzungen für eine wirksame Aufsicht und die Zusammenarbeit der Behörden statuieren.[1] Die europäische Union hat keine Kompetenz bezüglich des Staatsorganisationsrechts der Mitgliedsstaaten. Beim indirekten Vollzug des Unionsrechts gilt der Grundsatz der institutionellen und verfahrensmäßigen Autonomie, die Mitgliedstaaten bestimmen selbstständig die zuständigen Behörden und das anzuwendende

1 *Kammig/Gramlich*, WM 2004, 1657; *Kümpel*, Bank- und Kapitalmarktrecht, Rn. 18.14.

Verfahren.[2] Art. 50 I MiFiD legt fest, dass die Aufsichtsbehörden mit allen für die Wahrnehmung ihrer Aufgaben notwendigen Überwachungs- und Ermittlungsbefugnissen auszustatten sind. Die Rechtssetzungsbefugnis wird vom Wortlaut des Art. 50 I MiFiD nicht umfasst. Allerdings macht MiFiD nur Mindestvorgaben, so dass MiFiD der Übertragung von Rechtssetzungsbefugnissen auch nicht entgegensteht.[3] Die Mindestbefugnisse der Behörden müssen Akteneinsichts-,[4] Auskunfts-[5] und Ermittlungsrechte,[6] Eingriffsrechte, wie z.B. das Verbot von rechtswidrigen Praktiken,[7] vorübergehende Berufsausübungsverbote,[8] Beschlagnahmebefugnisse[9] und das Recht den Ausschluss eines Finanzinstruments vom Handel zu verlangen sein.[10]

4.1.1 *Aufsicht durch die BaFin*

Ein Instrument, die fehlende Kontrolle der Anleger über die Fondsverwaltung auszugleichen, ist die Aufsicht durch die BaFin.

4.1.1.1 *Die BaFin*

Die BaFin ist eine bundesunmittelbare, rechtsfähige Anstalt des öffentlichen Rechts und eine selbstständige oberste Bundesbehörde, welche dem Geschäftsbereich des Bundesministeriums der Finanzen zugeordnet ist.[11] Allerdings ist die Qualifizierung als „selbstständig" allein im Sinne organisatorischer Selbstständigkeit zu verstehen.[12] Die BaFin ist unmittelbares Zuordnungssubjekt von Rechten und Pflichten und haftet selbst für ihre Verbindlichkeiten. Auf Grund ihres Anstaltsstatus hat sie weitreichende budgetäre und organisationsrechtliche Freiheiten, sowie eine weitgehende Unabhängigkeit hinsichtlich der Personalauswahl.[13] Die BaFin untersteht

2 *Bieber/Epiney/Haag*, Die Europaeische Union, § 8 Rn. 11.
3 *Schädle*, Exekutive Normsetzung in der Finanzmarktaufsicht, S. 46.
4 Art. 50 II lit a MiFiD.
5 Art. 50 II lit b MiFiD, sowie Art. 50 II lit h MiFiD für Auskünfte von Wirtschaftsprüfern.
6 Art. 50 II lit c MiFiD.
7 Art. 50 II lit e MiFiD.
8 Art. 50 II lit g MiFiD.
9 Art. 50 II lit f MiFiD.
10 Art. 50 II lit j, h MiFiD.
11 § 1 I FinDAG.
12 *Schädle*, Exekutive Normsetzung in der Finanzmarktaufsicht, S. 56.
13 *Dreyling* in Assmann/Schneider, WpHG, § 3 Rn. 2; *Schäfer* in Park, Kapitalmarktstrafrecht, Teil 2 Rn. 4.

der Rechts- und Fachaufsicht des Bundesministeriums der Finanzen.[14] Einzelne Entscheidungen kann das Bundesministerium im Sinne eines Selbsteintritts aber nicht an sich ziehen; dies lässt die Fach- und Rechtsaufsicht nicht zu. Sie umfasst nur eine nachträgliche Kontrolle der durch die BaFin getroffenen Entscheidungen.[15] Zudem ist der Bundesminister der Finanzen der Dienstvorgesetzte des Präsidenten der BaFin[16] und hat ihm gegenüber ein allgemeines Weisungsrecht.[17]

4.1.1.2 *Handlungs- und Regelungsbefugnisse der BaFin*

Die BaFin hat auf Grund verschiedener Rechtsverordnungsermächtigungen exekutive Normsetzungsbefugnisse.[18] Rechtsverordnungen sind allgemeinverbindliche, abstrakt generelle Regelungen für eine unbestimmte Anzahl von Fällen und Personen.[19] Die Rechtsverordnungskompetenzen leiten sich aus einer Delegation von Normsetzungsbefugnissen ab.[20] Gemäß Art. 80 I S. 1 GG kommen als Ermächtigungsadressaten für Rechtsverordnungen die Bundesregierung als Kollegium, Bundesminister und Landesregierungen in Betracht.[21] Eine Delegation ist nur an Stellen zulässig, welche direkt dem Parlament verantwortlich sind.[22] Eine weitere Delegation der Befugnis zur Normsetzung an nachgeordnete Behörden ist diesen Stellen mittels einer Rechtsverordnung erlaubt.[23] In vielen Bereichen der Finanzdienstleistungsaufsicht ist eine Delegation der Normsetzungsbefugnis erfolgt. Für die Regulierung von Investmentvermögen hat eine Delegation an die

---

14 § 2 FinDAG.

15 Vgl. zur instanziellen Zuständigkeit bei einem mehrstufigen Behördenaufbau, *Maurer*, Allgemeines Verwaltungsrecht, § 21 Rn. 49.

16 Dieses folgt aus dem Grundsatz des § 3 BBG.

17 *Schädle*, Exekutive Normsetzung in der Finanzmarktaufsicht, S. 56.

18 Siehe hierzu *Schädle*, Exekutive Normsetzung in der Finanzmarktaufsicht, S. 78 ff.; *Halfpap*, Kapitalmarktaufsicht in Europa und den USA, S. 47 f.; *ders.*, Normsetzungsbefugnisse von Kapitalmarktaufsichtsbehörden, BKR 2009, 65 (66).

19 *Pünder*, Exekutive Normsetzung in den vereinigten Staaten von Amerika und in der Bundesrepublik Deutschland, S. 30.

20 Siehe nur, *Danwitz*, Die Gestaltungsfreiheit des Verorordnungsgebers, S. 28; *Pegatzky*, Parlament und Verordnungsgeber, S. 20; *Hill* in Hoffmann-Riem/Schmidt-Aßmann/Vosskuhle, Grundlagen des Verwaltungsrechts II, § 34 Rn. 13 f.; *Maurer*, Allgemeines Verwaltungsrecht, § 13 Rn. 4.

21 *Bryde* in Münch/Kunig, GG, Art. 80 Rn. 11; *Pieroth* in Jarass/Pieroth, GG, Art. 80 Rn. 7.

22 *Schädle*, Exekutive Normsetzung in der Finanzmarktaufsicht, S. 55. So soll das Parlament daran gehindert werden, sich seiner Verantwortung zu entziehen, *BVerfGE* 78, 249 (272); siehe auch *Bauer* in Dreier, GG, Art. 80 Rn. 5; *Sannwald* in Schmidt-Bleibtreu/Hofmann/Hopfauf, GG, Art. 80 Rn. 6.

23 Art. 80 I S. 4 GG.

BaFin stattgefunden, so dass diese als Subdelegat über Normsetzungsbefugnisse verfügt. Kapitalmarktrelevante Verordnungskompetenzen bestehen insbesondere bezüglich der Durchführung von Meldepflichten[24] und Aufzeichnungs- und Aufbewahrungspflichten,[25] der Einhaltung von Melde- und Verhaltenspflichten[26] sowie der Einlagensicherung.[27] Im InvG finden sich Ermächtigungen für den Erlass von Rechtsverordnungen in den §§ 12 VI, 14, 20 IV, 41 III, 44 VII, 51 III und 119 InvG. Von besonderer Bedeutung ist dabei die Derivateverordnung.[28]

Charakteristisch für das deutsche Institut der Rechtsverordnung sind das Prinzip der Einzelermächtigung sowie das Erfordernis einer formellgesetzlichen Ermächtigungsgrundlage, welche Inhalt, Zweck und Ausmaß bestimmt (sog. Bestimmtheitstrias).[29] Nach der Selbstentscheidungsformel muss der Gesetzgeber selbst die wesentlichen Entscheidungen hinsichtlich des Inhalts der Rechtsverordnung treffen.[30] Gemäß der sogenannten Programmformel muss sich aus dem Gesetz ergeben, welches vom Gesetzgeber vorgeschriebene Programm von der Exekutive umgesetzt werden soll und welchen Grenzen die Ermächtigung unterliegt.[31] Zudem ist die Vorhersehbarkeitsformel zu berücksichtigen.[32] Sie besagt, dass für den einzelnen Bürgern bereits aus der Ermächtigungsgrundlage erkennbar sein

---

24 § 9 III und IV WpHG. Auf Grund dieser Verordnungskompetenz hat die BaFin die Wertpapier-Meldeverordnung erlassen.

25 § 34 IV WpHG.

26 § 36 V WpHG. Diese Verordnungskompetenz ist Grundlage des Erlasses der Wertpapier-Prüfungsverordnung.

27 § 34a V WpHG.

28 Die Ermächtigungsgrundlage für den Erlass von Rechtsverordnungen zur Regelung des Einsatzes von Derivaten findet sich in § 51 III InvG. Vgl. hierzu *Gondesen*, Rechtssetzung durch die Exekutive im Investmentrecht, WM 2005, 116 ff.

29 Diese findet ihre verfassungsrechtliche Verankerung in Art. 20 II S. 2 GG sowie Art. 80 I S. 2 GG.; siehe zu der Funktion der Bestimmtheitstrias als dreifachen Delegationsfilter *Lücke* in Sachs, GG, Art. 80 Rn. 22; *Brand*, die Vereinbarkeit der Rechtsverordnungsermächtigung des Bundes zur Durchführung von EG-Rechtsakten und völkerrechtlichen Verträgen auf dem Gebiet des Umweltschutzes mit Art. 80 I S. 2 Grundgesetz, S. 75.

30 *BVerfGE* 2, 307 (334); 20, 150 (158); 23, 62 (72); 38, 61 (83); 80, 1 (2); *Hasskarl*, Rechtsprechung des Bundesverfassungsgerichts zu Art. 80 Abs. 1 Satz 2 GG, AöR 94 (1969), 89 (102); vgl. *Pieroth* in Jarass/Pieroth, GG, Art. 80 Rn. 11; *Bauer* in Dreier, GG, Art. 80 Rn. 29; siehe auch *Staupe*, Parlamentsvorbehalt und Delegationsbefugnis, S. 107; *Ramsauer* in Denninger/Hoffmann-Riem/Schneider/Stein, GG, Art. 80 Rn. 16.

31 *BVerfGE*, 7, 71 (77); 20, 283 (291); 58, 257 (277); 65, 248 (259); 79, 249 (272); vgl. *Bauer* in Dreier, GG, Art. 80 Rn. 29; siehe auch *Pieroth* in Jarass/Pieroth, GG, Art. 80 Rn. 11; *Maurer*, Allgemeines Verwaltungsrecht, § 13 Rn. 6; *Möstl* in Erichsen/Ehlers, Allgemeines Verwaltungsrecht, § 19 Rn. 3.

32 Vgl. hierzu *Mößle*, Inhalt, Zweck und Ausmaß, S. 33 ff.

muss, welchen Inhalt die Verordnung aufweisen und in welchen Fällen und mit welcher Tendenz von der Ermächtigung Gebrauch gemacht werden kann.[33] Die allgemeinen Auslegungsregeln sind für die Ermittlung der gesetzlichen Vorgaben heranzuziehen.[34] Die deutsche Rechtsordnung versucht durch die Anforderungen an die rechtliche Stellung der handelnden Behörden sowie das Erfordernis einer Ermächtigungsgrundlage die im Verhältnis zu Parlamentsgesetzen geringere demokratische Legitimation der exekutiven Rechtssetzung auszugleichen.[35] Dabei ist zu berücksichtigen, dass den Eigenheiten des Sachgebiets für die Ausgestaltung der Bestimmtheitsanforderungen Rechnung zu tragen ist.[36] Die Anforderungen an die Bestimmtheit der Verordnungsermächtigung bemessen sich nach der Bedeutung der normativen Regelungen, zu denen die Exekutive ermächtigt wird.[37] In der Literatur wird festgestellt, dass sich allgemein in der Rechtsprechung des BVerfG eine Abschwächung des Bestimmtheitsgebotes abzeichnet.[38]

Neben Rechtsverordnungen stehen der BaFin verschiedene weitere Instrumente zur Verfügung.[39] Solche sind Bekanntmachungen, Rundschreiben und Mitteilungen. Verlautbarungen verwendet die BaFin nicht mehr. Diese Instrumente unterfallen nicht den herkömmlichen Kategorien des Verwaltungshandelns.[40] Richtlinien sind quasi-legislatorische Instrumente,[41] die von der herrschenden Meinung als norminterpretierende Verwaltungsvorschriften angesehen werden.[42] Sie haben keine Bindungswirkung im Außenverhältnis und geben nur Anhaltspunkte, wie die BaFin im Falle von Auslegungsspielräumen zu handeln plant.[43] Bei einem Verstoß gegen

---

33 Ständige Rechtsprechung seit *BVerfGE* 1, 14 (60); 2, 307 (334); 7, 282 (302); 15, 153 (160); 23, 62 (73); 42, 191 (200); sich darauf beziehend *BVerfGE* 55, 207 (225 f.); 58, 257 (277); vgl. auch *BVerwGE* 69, 162 (168); 71, 57 (62); *Bauer* in Dreier, GG, Art. 80 Rn. 29.

34 *BVerfGE*, 58, 257 (277); 62, 203 (210); 85, 97 (105); *BVerwGE*, 89, 121 (131); *BFHE* 174, 264 (267); 176, 175 (177); vgl. *Bryde* in Münch/Kunig, GG, Art. 80 Rn. 22; *Pieroth* in Jarass/Pieroth, GG, Art. 80 Rn. 11; *Sannwald* in Schmidt-Bleibtreu/Hofmann/Hopauf, GG, Art. 80 Rn. 59.

35 *Schädle*, Exekutive Normsetzung in der Finanzmarktaufsicht, S. 59; vgl. *Sannwald* in Schmidt-Bleibtreu/Hofmann/Hopauf, GG, Art. 80 Rn. 59.

36 *Möstl* in Erichsen/Ehlers, Allgemeines Verwaltungsrecht, § 19 Rn. 3.

37 *Lücke* in Sachs, GG, Art. 80 Rn. 27; vgl. *Bauer* in Dreier, GG, Art. 80 Rn. 30 f.

38 Vgl. für viele *Pieroth* in Jarass/Pieroth, GG, Art. 80 Rn. 11.

39 *Halfpap*, Kapitalmarktaufsicht in Europa und den USA, S. 36.

40 *Halfpap*, Kapitalmarktaufsicht in Europa und den USA, S. 34.

41 *Halfpap*, Kapitalmarktaufsicht in Europa und den USA, S. 30.

42 Vgl. *BGHZ* 147, 343 (350); *Koller* in Assman/Schneider, WpHG, § 35 Rn. 6.

43 *Halfpap*, Kapitalmarktaufsicht in Europa und den USA, S. 36; *Kümpel*, Bank- und Kapitalmarktrecht, Rn. 18.93.

eine Richtlinie wird eine Rechtsverletzung vermutet.[44] Durch die Verwendung von Richtlinien besteht nur eine geringe Rechtssicherheit, da die BaFin im Einzelfall von den Richtlinien abweichen und sie ändern kann.[45]

Rundschreiben, Mitteilungen und Bekanntmachungen sind informelle Formen des Verwaltungshandelns, die der BaFin zur Verfügung stehen.[46] Sie werden ebenfalls zur Normkonkretisierung oder -interpretation verwendet[47] und dienen der Information über die Verwaltungspraxis der BaFin. Zur Sanktionierung oder Verhinderung von Missständen stehen der BaFin die Instrumente der Eingriffsverwaltung zur Verfügung.[48]

4.1.1.3 *Schutzzweck der Aufsicht durch die BaFin*

Besonders relevant aus der Perspektive des Anlegerschutzes ist, dass die BaFin keine individuellen Anlegerinteressen wahrnimmt,[49] sie handelt allein im öffentlichen Interesse.[50] Der Schutz der einzelnen Anleger ist nur ein Rechtsreflex des Handelns der BaFin.[51] Ein Anleger oder ein Wertpapierdienstleistungsunternehmen hat daher keinen Anspruch auf ein Tätigwerden der BaFin.[52] Vielmehr entscheidet die BaFin nach pflichtgemäßem Ermessen darüber, ob und wie sie eingreift.

4.1.1.4 *Regulierungstechniken bezüglich Investmentvermögen*

Die Kompetenzen der BaFin können grob in Kategorien eingeordnet werden: Die Aufsicht über die für Investmentvermögen relevanten Gesellschaften und Institute, welche sowohl eine Zugangskontrolle als auch eine fortlaufende Aufsicht umfasst, und die Aufsicht über die Vertragsbedingungen des Investmentvermögens durch das Genehmigungserfordernis. Ein weiterer Aspekt der Regulierung von Investmentvermögen sind die

---

44 *Kümpel*, Bank- und Kapitalmarktrecht, Rn. 18.93.

45 *Bliesener*, Aufsichtsrechtliche Verhaltenspflichten, S. 127; *Halfpap*, Kapitalmarktaufsicht in Europa und den USA, S. 36.

46 Vgl. *Beck* in Schwark, Kapitalmarktrechts-Kommentar, § 4 WpHG, Rn. 14.

47 Vgl. *Assmann* in Assmann/Schneider, WpHG, Einleitung, Rn. 60 ff.

48 *Holzborn/Israel*, Das Anlegerschutzverbesserungsgesetz, WM 2004, 1948 (1949).

49 *BT*-Drs. 16/12814, Gesetzesentwurf der Bundesregierung zum Gesetz zur Neuregelung der Rechtsverhältnisse bei Schuldverschreibungen aus Gesamtemissionen und zur verbesserten Durchsetzbarkeit von Ansprüchen von Anlegern aus Falschberatung, S. 42.

50 § 4 IV FinDAG.

51 Siehe die Beschlussempfehlung und Bericht des Finanzausschusses zum 2. Finanzmarktförderungsgesetz, *BT*-Drucks. 12/7918, S. 100; vgl. *Beck* in Schwark, Kapitalmarktrechts-Kommentar, § 4 WpHG, Rn. 17.

52 *Schäfer* in Park, Kapitalmarktstrafrecht, Teil 2 Rn. 22.

vom Gesetzgeber vorgegebenen Anlagegrenzen und Anlagegegenstände, welche durch Verordnungen der BaFin ergänzt werden.

4.1.1.4.1 Aufsicht der BaFin über KAG und Depotbank

Die BaFin übt die Aufsicht über die KAG nach den Vorschriften des InvG aus. Die Aufsicht über die Depotbank obliegt ebenfalls der BaFin und ist im KWG[53] geregelt.[54] Die BaFin ist befugt, alle im Rahmen der Aufsicht erforderlichen und geeigneten Anordnungen zu treffen, welche dazu dienen, den Geschäftsbetrieb einer KAG oder einer Depotbank mit den auf Grund des InvG erlassenen Bestimmungen sowie den Vertragsbedingungen und der Satzung in Einklang zu bringen.

Die bedeutendsten Aufgaben der BaFin hinsichtlich der Aufsicht über KAG und Depotbank sind die Erteilung der Erlaubnis, das Investmentgeschäft zu betreiben,[55] die Erteilung der Genehmigung der Vertragsbedingungen von Publikums-Investmentfonds,[56] die Entgegennahme und Prüfung der periodischen Finanzberichte sowie der Auflösungsberichte der Sondervermögen[57] und die Entgegennahme von festgelegten Anzeigen über wesentliche Vorgänge bei den Sondervermögen. Des Weiteren kann die BaFin Auskünfte anfordern und gegebenenfalls Sonderprüfungen veranlassen.[58] Sie darf bestimmte Arten von Werbungen untersagen.[59] Im Folgenden soll der Fokus der Arbeit zunächst auf die Kompetenzen der BaFin gelegt werden, welche eine besondere Bedeutung für die Anlageentscheidung der Anleger haben. Grundsätzlich hat auch die fortlaufende Aufsicht über KAG und Depotbank eine Bedeutung für die Anlageentscheidung, da Anleger nicht nur in neu gegründete KAGen investieren. An dieser Stelle soll der Schwerpunkt der Ausführungen aber auf der Genehmigung des Investmentgeschäfts und der Geschäftsbedingungen liegen.

---

53 § 6 I KWG, wobei bei im Zentrum der Institutsausfsicht das einzelne Finanzinstitut steht, und die Aufsicht dem Schutz der Institutsgläubiger in ihrer Allgemeinheit vor Verlusten dienen soll, um so das dem Vertrauens der Öffentlichkeit in die Funktionsfähigkeit der Kreditwirtschaft zu schützen, vgl. hierzu *BVerfGE* 14, 197 ff.; *Hammen*, KWG-rechtlichte und EG-rechtliche Aspekte des Kreditgeschäfts in § 1 Ab. 1 Satz 2 Nr. 2 KWG, WM 1998, 741 (745); *Fülbier* in Boos/Fischer/Schulte-Mattler, Kreditwesengesetz, § 6 Rn. 2.

54 § 5 I S. 1 InvG.

55 § 7 InvG.

56 § 42 II S. 1 InvG.

57 § 44, 45 InvG.

58 § 19g S. 1, 2 InvG.

59 §§ 19a InvG i.Vm. 23 KWG.

4.1.1.4.2 Konstruktion des Sondervermögens

In Deutschland wurde für die vertragliche Investmentfondsgestaltung eine Treuhandkonstruktion gewählt, deren dingliche und insolvenzrechtliche Grundlage das Sondervermögen bildet.[60]

Der Anleger erhält durch die Ausstellung eines Anteilsscheins gegen Zahlung des Ausgabepreises uno actu eine Mitberechtigung am Sondervermögen.[61] Die Mitberechtigung kann grundsätzlich nach Maßgabe der Vertragsbedingungen entweder Miteigentum sein,[62] (beziehungsweise eine schlichte Rechtsgemeinschaft an den nicht eigentumsfähigen Vermögenswerten gemäß §§ 741 ff. BGB) oder, falls das Sondervermögens im Eigentum der KAG steht, einen schuldrechtlichen Beteiligungsanspruch an Erträgen und Liquidationserlösen darstellen. Letztere Variante wird als Treuhandlösung bezeichnet.[63] In der Praxis hat sich die Miteigentumslösung gegenüber der Treuhandlösung durchgesetzt.[64]

Nach Ansicht des Schrifttums ist hinsichtlich der Eigentumsverhältnisse zwischen verschiedenen Vermögensgegenständen zu differenzieren. Die Bezeichnung als „Miteigentum" stehe nämlich sowohl für Mitberechtigung als auch Mitgläubigerschaft.[65] Bezüglich Sachen liege ein genuines Miteigentum i.S.d. § 1008 BGB vor.[66] Bei Rechten und Forderungen hingegen wird herrschend eine Bruchteilsgemeinschaft nach § 741 BGB angenom-

---

60 *Roth*, Treuhandmodell des Investmentrechts, S. 129 ff.; *Köndgen/Schmies* in Schimansky/-Bunte/Lwowski, Bankrechts-Handbuch, § 113 Rn. 57.

61 Vgl. *Albrecht/Maurer*, Investment- und Risikomanagement, S. 29.

62 § 30 I S. 1 InvG.

63 *Köndgen/Schmies* in Schimansky/Bunte/Lwowski, Bankrechts-Handbuch, § 113 Rn. 119; vgl. zur Treuhandlösung, *Ohl*, Die Rechtsbeziehungen innerhalb des Investment-Dreiecks, S. 28.

64 Vgl. statt vieler *Lwowski/Peters*, in Münchener Kommentar zur Insolvenzordnung, § 35 Rn. 271; ebenso *Kümpel*, Bank- und Kapitalmarktrecht, Rn. 12.71. Es ist jedoch zu beachten, dass die Treuhandlösung, bei der das Eigentum an den Gegenständen des Sondervermögens bei der Kapitalanlagegesellschaft liegt, auf speziellen Gebieten Anwendung findet. § 75 InvG ordnet für Vermögensgegenstände von Immobiliensondervermögen an, dass sie nur im Eigentum der KAG stehen können, was wegen der formellen Eigentumszuordnung bei Grundstücken durch Eintragung in das Grundbuch als folgerichtig angesehen wird, vgl. *Lwowski/Peters*, in Münchener Kommentar zur Insolvenzordnung, § 35 Rn. 274. Zudem könne die Treuhandlösung aus steuerlichen und aktienrechtlichen Gründen vorteilhaft sein, wenn die Aktionärsstellung der KAG besser geeignet ist, die Rechte der Aktionäre zu wahren, vgl. *Klenk*, Die rechtliche Behandlung des Investmentanteils, S. 8.

65 *Caemmerer*, Kapitalanlage und Investmentgesellschaften, JZ 1958, 41 (46).

66 *Lwowski/Peters*, in Münchener Kommentar zur Insolvenzordnung, § 35 Rn. 272.

men.[67] Diese Differenzierung wird mit einem Verweis auf den Wortlaut zahlreicher Vorschriften[68] sowie der Vorgeschichte des Gesetzes begründet.[69]

Die Kapitalanlagegesellschaft erhält bei Anwendung der Miteigentumslösung nach § 31 I InvG die grundsätzliche Verfügungsmacht über das Sondervermögen. Den Anteilsinhabern ist nach § 33 II InvG mit Ausnahme der Befugnis zur Übertragung der in dem Anteilsschein verbrieften Ansprüche jegliche Verfügungsmacht entzogen.[70] Der Entzug der Verfügungsmacht bewirkt im Ergebnis die dogmatische Besonderheit einer verdrängenden Verfügungsmacht der Kapitalanlagegesellschaft.[71]

4.1.1.4.2.1 Anlegerschutz durch Isolierung des Vermögens

Eine Form des Anlegerschutzes erfolgt durch die Konstruktion des Sondervermögens. Die von den Anteilsinhabern eingebrachten Mittel und die daraus angeschafften Vermögenswerte werden obligatorisch in ein Sondervermögen eingestellt. Die Einstellung bezweckt, die dinglichen[72] und die insolvenzrechtlichen Voraussetzungen für das vom Gesetz gewählte Modell einer treuhänderischen Verwaltung[73] des Anlage-Portfolios durch die KAG zu schaffen.[74] Sondervermögen weisen, wie bereits dargestellt,

---

67 Eine Rechtsgemeinschaft ist nach herrschender Auffassung auch an Forderungen möglich, vgl. *Schmidt,* in Münchener Kommentar zum BGB, § 741 Rn. 11. Gegen die Annahme einer Bruchteilsgemeinschaft wird allerdings eingewandt, dass es hier an der für eine Bruchteilsgemeinschaft charakteristischen Möglichkeit der Anteilsinhaber fehle, über ihren Anteil an den einzelnen Gegenständen des Sondervermögens verfügen zu können. Ein derartiger Ausschluss des Verfügungsrechts sei das wesentliche Merkmal einer Gesamthandsgemeinschaft, so dass eine solche an den Gegenständen des Sondervermögens anzunehmen sei, vgl. *Canaris*, Bankvertragsrecht, Rn. 2397. Diesem Argument wird der Wortlaut des § 33 II InvG entgegen gehalten, der die Verfügung der Anteilsinhaber über ihre Anteile an den zum Sondervermögen gehörenden Gegenständen regelt. Beim Gesamthandseigentum könne es aber gerade keine Anteile der Eigentümer an einzelnen Vermögensgegenständen geben, so dass eine Bruchteilsgemeinschaft vorliege, *Lwowski/Peters,* in Münchener Kommentar zur Insolvenzordnung, § 35 Rn. 272.

68 Vgl. § 33 II S. 1 InvG sowie §§ 6 I, 11 I, 14 I KAGG aF.

69 Vgl. dazu *Baur,* Investmentgesetze, § 6 KAGG Rn. 12 m.w.N.

70 Zur Wirkung einer derartigen Verfügung (Durchbrechung des sachenrechtlichen Spezialitätsgrundsatzes) siehe, *Schmidt,* in Münchener Kommentar zum BGB § 741 Rn. 52.

71 *Canaris*, Bankvertragsrecht, Rn. 2405.

72 Präziser wäre es von „verfügungsrechtlichen" Voraussetzungen zu sprechen, vgl. *Roth,* Treuhandmodell des Investmentrechts, S. 129 ff.

73 Grundlegend hierzu *Roth,* Treuhandmodell des Investmentrechts, S. 129 ff.

74 *Köndgen/Schmies* in Schimansky/Bunte/Lwowski, Bankrechts-Handbuch, § 113 Rn. 57.

drei Strukturmerkmale auf,[75] die Trennung des Sondervermögens vom Allgemeinvermögen, die Bestandserhaltung des Sondervermögens, sowie eine Haftungssonderung.[76] Das Sondervermögen gewährleistet, dass das Ergebnis der Portfolio-Fremdverwaltung jederzeit und unmittelbar auf die Anteilsinhaber durchschlägt (Durchlaufeffekt).

Über die allgemeinen Strukturmerkmale hinaus weisen die investmentrechtlichen Sondervermögen einige Spezifika auf. Ihre Besonderheit liegt in einer zweiseitigen Vermögenstrennung, nämlich sowohl gegenüber der KAG als auch den Anteilseignern.[77] Die Konstruktion erlaubt, die Regeln über die Vermögenssonderung unabhängig von einer dinglichen Zuordnung der im Sondervermögen enthaltenen Vermögenstitel anzuwenden.[78] Eine dingliche Berechtigung, welche je nach der Ausgestaltung der Vertragsbedingungen entweder der KAG oder unmittelbar den Anteilseignern zugewiesen sein kann,[79] verliert durch die Sondervermögenskonstruktion weitgehend ihre Bedeutung.[80]

4.1.1.4.2.2 Grundsatz der Vermögenssonderung

Die Vermögenssonderung ist grundlegend für das Investmentrecht. Sie wird daher bei den investmentrechtlichen Sondervermögen besonders strikt durchgehalten. Die Vermögenssonderung bewirkt nicht nur eine rechtliche, sondern auch eine physische Sonderung des Portfolios vom Eigenvermögen der KAG.[81] Die rechtliche Sonderung geschieht durch Verfügungsbeschränkungen, die das InvG für die Anteilsinhaber, aber auch die KAG etabliert. Die Anteilsinhaber können[82] einzig über das Sondervermögen verfügen, indem sie ihren Anteilsschein mit den darin

---

75 Zur Dogmatik der Sondervermögen grundsätzlich *Enneccerus/Nipperdey*, Allgemeiner Teil des Bürgerlichen Rechts, 1. Halbbd., § 132.

76 Diese als Hauptfunktion der Miteigentumslösung bezeichnend, *Caemmerer*, Kapitalanlage und Investmentgesellschaften, JZ 1958, 41 (46).

77 *Köndgen/Schmies* in Schimansky/Bunte/Lwowski, Bankrechts-Handbuch, § 113 Rn. 57.

78 *Köndgen/Schmies* in Schimansky/Bunte/Lwowski, Bankrechts-Handbuch, § 113 Rn. 57.

79 § 30 I S. 1 InvG.

80 *Köndgen/Schmies* in Schimansky/Bunte/Lwowski, Bankrechts-Handbuch, § 113 Rn. 57.

81 Vgl. § 30 I S. 2 InvG; *Köndgen/Schmies* in Schimansky/Bunte/Lwowski, Bankrechts-Handbuch, § 113 Rn. 58.

82 Dies ist selbst dann der Fall, wenn sie nach dem Miteigentumsmodell eine dingliche (Mit-)Berechtigung an Gegenständen des Sondervermögens erworben haben.

verbrieften Rechten auf Dritte übertragen[83] oder den Anteilsschein an die KAG zurückgeben.[84]

Eine physische Sonderung wird primär durch die Verwahrung des Sondervermögens von einem anderen, rechtlich wie personell unabhängigem Kreditinstitut erreicht: der Depotbank.[85] Die getrennte Verwahrung soll insbesondere ausschließen, dass die KAG Mittel aus dem Sondervermögen entnimmt.[86]

Neben der physischen Sonderung dient das Surrogationsprinzip[87] der Bestandserhaltung des Sondervermögens.[88] Surrogation bezweckt die „selbsttätige Fortsetzung einer Güterzuweisung nach Güterverlusten".[89] § 30 II InvG nennt zwei Alternativen der Surrogation: zum einen den Folgeerwerb „auf Grund" eines zum Sondervermögen gehörenden Rechts,[90] zum anderen den rechtsgeschäftlichen Erwerb, „der sich auf das Sondervermögen bezieht". Die zweite Alternative des § 30 II InvG wird als missverständlich formuliert bezeichnet.[91] Es sei davon auszugehen, dass sie nicht nur den sogenannten Bezugserwerb erfasse, der eine entsprechende Willensrichtung der KAG beziehungsweise ihrer handelnden Vertreter voraussetze.[92] Vielmehr beziehe sie sich auch auf die sogenannte Mittelsurrogation und damit im Ergebnis auf alle Erwerbs- und Veräußerungsgeschäfte für Rechnung des Sondervermögens.[93]

4.1.1.4.2.3 Haftungssonderung

Haftungssonderung strebt das Gesetz sowohl gegenüber der KAG als auch gegenüber den einzelnen Anteilsinhabern an. Die Haftungssonderung soll erreichen, dass das Sondervermögen nicht mit Verbindlichkeiten der KAG belastet wird.[94] Die Isolierung des Sondervermögens ist sehr weitgehend.

83 § 33 II Satz 1 und 3 InvG.
84 § 37 I InvG.
85 §§ 20 ff. InvG.
86 Vgl. § 24 InvG; siehe hierzu *Köndgen/Schmies* in Schimansky/Bunte/Lwowski, Bankrechts-Handbuch, § 113 Rn. 58.
87 Das Surrogationsprinzip hat seine Grundlage in § 30 II InvG.
88 *Köndgen/Schmies* in Schimansky/Bunte/Lwowski, Bankrechts-Handbuch, § 113 Rn. 59.
89 Vgl. statt aller *Grunewald,* Bürgerliches Recht, § 49 I 3.
90 Hierunter fallen insbesondere Dividenden, Aktionärsbezugsrechte und Zinsen sowie bei Grundstücksrechten die Sach- und Rechtsfrüchte gemäß § 99 BGB.
91 Vgl. *Köndgen/Schmies* in Schimansky/Bunte/Lwowski, Bankrechts-Handbuch, § 113 Rn. 60.
92 *Köndgen/Schmies* in Schimansky/Bunte/Lwowski, Bankrechts-Handbuch, § 113 Rn. 59.
93 *Köndgen/Schmies* in Schimansky/Bunte/Lwowski, Bankrechts-Handbuch, § 113 Rn. 59.
94 § 31 II S. 1 InvG.

Das Sondervermögen haftet nicht für Schulden, welche die KAG für Rechnung der Anteilsinhaber eingeht.[95] Die Haftungssonderung besteht auch in der Insolvenz der KAG fort,[96] indem das Sondervermögen nicht in die Insolvenzmasse der KAG fällt, sondern auf die Depotbank übergeht.[97]

4.1.1.4.3 Verwaltung des Sondervermögens durch die KAG

KAGen sind darauf ausgerichtet, Sondervermögen zu verwalten und Dienstleistungen oder Nebendienstleistungen[98] zu erbringen.[99]

4.1.1.4.3.1 Erlaubnis zum Geschäftsbetrieb der KAG

Der Geschäftsbetrieb der KAG bedarf gemäß § 7 I InvG der schriftlichen Genehmigung durch die BaFin. KAGen sind Institute eigener Art.[100] Die Erteilung einer Genehmigung setzt voraus, dass die Zuverlässigkeit der Geschäftsleiter nachgewiesen wird. Dafür ist ein geeigneter Nachweis der zum Geschäftsbetrieb erforderlichen Mittel vorzulegen sowie ein Geschäftsplan, aus dem die Art der angestrebten Geschäfte, die internen Kontrollverfahren sowie die interne Organisation der KAG hervorgehen. Zudem sind Angaben zu gegebenenfalls bestehenden Beteiligungen und Konzernverhältnissen zu machen.

4.1.1.4.3.2 Rechtsform der KAG

Die KAG ist zwingend entweder als Aktiengesellschaft (AG) oder als Gesellschaft mit beschränkter Haftung (GmbH) zu organisieren.[101] In der Praxis hat die Mehrheit der deutschen Investmentgesellschaften die Rechtsform der GmbH.[102] Dies ist historisch begründet, da die KAGen früher

95 § 31 II S. 1 2. Hs. InvG. Im Falle derartiger Verbindlichkeiten hat die KAG nur ein Rückgriffsrecht gegenüber dem Sondervermögen nach § 31 III InvG. Dieses bewirkt, dass ein Ersatz der Aufwendungen der KAG nur in den Grenzen des § 670 BGB erfolgen kann. Auch können Gläubiger der KAG den Rückgriffsanspruch nur in diesen Grenzen pfänden und sich überweisen lassen. Vgl. hierzu *Köndgen/Schmies* in Schimansky/Bunte/Lwowski, Bankrechts-Handbuch, § 113 Rn. 60.

96 Siehe *Lwowski/Peters*, in Münchener Kommentar zur Insolvenzordnung, § 35 Rn. 275.

97 §§ 38 III, 39 I InvG; vgl. hierzu *Haas* in Gottwald, Insolvenzrechts-Handbuch, § 93 Rn. 147.

98 Gemäß § 7 II InvG.

99 Vgl. § 6 I S. 1 InvG

100 *Bauer/Ziegler* in BuB Rn. 9/27.

101 § 6 I S. 2 InvG.

102 *BVI*, Investment 2006, Daten, Fakten, Entwicklungen, S. 117; vgl. *Köndgen/Schmies* in Schimansky/Bunte/Lwowski, Bankrechts-Handbuch, § 113 Rn. 50.

normalerweise von Kreditinstituten und später auch von Versicherungsunternehmen gegründet wurden.[103] Die Gründungsgesellschafter wählten die GmbH als Rechtsform, da eine Beteiligung von weiteren Gesellschaftern über den Kreis der Gründungsgesellschafter hinaus nicht beabsichtigt war.[104] Auch heute werden die Anteile regelmäßig nicht dem Publikum angeboten.[105]

Bei der Ausgestaltung des Gesellschaftsvertrages (GmbH) oder der Satzung (AG) sind zunächst die allgemeinen Regeln des GmbHG oder des AktG zu beachten.

4.1.1.4.3.3 Anfangskapital

Das Anfangskapital muss mindestens 300.000 € umfassen. Die Eigenmittelanforderungen können mit der Zeit jedoch steigen, nachdem der Geschäftsbetrieb aufgenommen worden ist. Sie sind abhängig vom Volumen der verwalteten Sondervermögen[106] sowie den in der Gewinn- und Verlustrechnung der KAG ermittelten Kosten.[107] Eine Erhöhung des Eigenkapitals kann entbehrlich sein, wenn die KAG eine Garantie eines Kreditinstituts oder eines Versicherungsunternehmens beibringt.[108] Die Funktion des Eigenkapitals ist die Sicherung der Anleger, sowie der Gläubiger der KAG.[109]

4.1.1.4.3.4 Zulässige Geschäfte

Die KAG erhält die Genehmigung zum Geschäftsbetrieb, wenn ihre Satzung oder ihr Gesellschaftsvertrag gemäß § 7 IV InvG eine Beschränkung der Geschäftstätigkeit auf das Investmentgeschäft und die in § 7 II InvG aufgelisteten Haupt- und Nebendienstleistungen beinhalten. Andere Geschäfte sind allein zulässig, wenn sie für die Anlage des eigenen Vermögens der KAG erforderlich sind.[110] Die KAG darf bei Eigengeschäften grundsätzlich dieselben Geschäftshandlungen vollziehen, welche auch für das

103 Vgl. *Köndgen/Schmies* in Schimansky / Bunte / Lwowski, Bankrechts-Handbuch, § 113 Rn. 51.
104 Vgl. *Köndgen/Schmies* in Schimansky / Bunte / Lwowski, Bankrechts-Handbuch, § 113 Rn. 51.
105 Vgl. *Köndgen/Schmies* in Schimansky / Bunte / Lwowski, Bankrechts-Handbuch, § 113 Rn. 50.
106 § 11 II Nr. 2 InvG.
107 § 11 III InvG.
108 *Bauer/Ziegler* in BuB, Rn. 9/80.
109 *Bauer/Ziegler* in BuB Rn. 9/82.
110 § 7 IV InvG.

Sondervermögen zulässig sind. Allerdings ist für Eigengeschäfte die Garantiefunktion des Eigenkapitals zu berücksichtigen. Das vorrangige Ziel der Anlagetätigkeit muss die Sicherung der Vermögenssubstanz sein.

4.1.1.4.3.5 Zuverlässigkeit und fachliche Eignung der Geschäftsleiter

Ein weiteres Kriterium für die Erlaubnis zum Geschäftsbetrieb, ist die Zuverlässigkeit und fachliche Eignung der Geschäftsleiter.[111] Hinsichtlich der fachlichen Eignung verweist § 7b Nr. 3 InvG auf § 33 II KWG. § 33 II KWG besagt, dass die Genehmigung zu versagen ist, wenn Tatsachen vorliegen, aus denen sich ergibt, dass der Antragsteller nicht zuverlässig ist. Die Zuverlässigkeit ist essentiell für die Zulassung zur Tätigkeit als Geschäftsleiter.

4.1.1.4.4 Genehmigung der Vertragsbedingungen

4.1.1.4.4.1 Vertragsbedingungen als allgemeine Geschäftsbedingungen

Die Vertragsbedingungen des Investmentvertrags sind allgemeine Geschäftsbedingungen im Sinne des § 305 I S. 1 BGB.[112] Die KAG stellt die, wegen des Prinzips der kollektiven Kapitalanlage für eine Vielzahl von Investmentverträgen vorformulierten, Vertragsbedingungen bei Abschluss des Investmentvertrages mit einem Anleger.[113] Die Vertragsbedingungen müssen in den Investmentvertrag einbezogen werden,[114] es sei denn, der Anleger ist ein Unternehmer, eine juristische Person des öffentlichen Rechts oder ein öffentlich-rechtliches Sondervermögen.[115] Damit eine Einbeziehung erfolgt, muss die KAG die Anleger bei Vertragsschluss ausdrücklich auf die Vertragsbedingungen hinweisen. Der Anleger muss die Möglichkeit haben, in angemessener Weise von den Vertragsbedingungen Kenntnis zu nehmen. Hierfür genügt es, die Vertragsbedingungen entsprechend § 121 I S. 2-4 InvG dem ausführlichen Verkaufsprospekt beizufügen und beides dem Anleger anzubieten.

---

111 §§ 7a I Nr. 3, 4 i.V.m. 7b Nr. 3 InvG.

112 *Reich,* in Derleder/Knops/Bamberger, Handbuch zum deutschen und europäischen Bankrecht,§ 59 Rn. 27.

113 *Reich,* in Derleder/Knops/Bamberger, Handbuch zum deutschen und europäischen Bankrecht, § 59 Rn. 27.

114 § 305 II BGB.

115 § 310 I S. 1 BGB.

Die Vertragsbedingungen von Publikums-Sondervermögen bedürfen der Genehmigung der BaFin.[116] Sie haben einen sehr weiten Einfluss auf die Ausgestaltung des Geschäftsverhältnisses.[117] Der Vertrag ist ein Treuhandvertrag, genauer gesagt eine Verwaltungstreuhand, da die KAG das Sondervermögen ausschließlich zur Verwaltung fremden Vermögens auflegt.

Die BaFin hat über den Antrag auf Genehmigung der Vertragsbedingungen innerhalb einer Frist von vier Wochen nach Eingang des Antrages zu entscheiden.[118] Erfolgt keine Entscheidung, so wird die Genehmigung als erteilt betrachtet.[119] Die Genehmigung ist ein Verwaltungsakt, der von der BaFin erlassen wird. Das Tätigwerden der BaFin erfolgt entsprechend § 4 IV Finanzdienstleistungsaufsichtsgesetz. Die BaFin ist Sachwalter des öffentliches Interesses bezüglich der Einhaltung der in jenem Gesetz festgelegten Anlagegrundsätze, ohne dass Anleger daraus ein subjektives Recht herleiten können.[120]

Die Ratio des Genehmigungserfordernisses ist die Kontrolle, dass die Vertragsbedingungen den gesetzlichen Anforderungen genügen.[121] Die gesetzlichen Anforderungen sind eingehalten, wenn die Vertragsbedingungen die nach § 43 IV InvG erforderlichen Mindestangaben umfassen.[122] Die Angaben in den Vertragsbedingungen zur Methode, Höhe und Berechnung der Vergütung und Aufwandserstattung an die KAG, die Depotbank und Dritte, unterliegen nicht der Genehmigungspflicht.[123] Die Vertragsbedingungen sind durch die Geschäftsleiter zu unterschreiben.[124]

4.1.1.4.4.2 Prüfung der Wahrung der Anlegerinteressen durch die Vertragsbedingungen

Bei einer historischen Betrachtung fällt auf, dass der Prüfungsumfang bei der Genehmigung der Vertragsbedingungen reduziert worden ist. Die Ba-

116 § 43 II InvG.
117 *Baur* in Assmann/Schütze, Handbuch des Kapitalanlagerechts, § 20 Rn. 213.
118 § 43 II S. 2 InvG.
119 § 43 II S. 5 InvG.
120 *BT*-Drucksache 15/1553, Regierungsentwurf zum Investmentmodernisierungsgesetz, S. 91.
121 *Reich,* in Derleder/Knops/Bamberger, Handbuch zum deutschen und europäischen Bankrecht, § 59 Rn. 28.
122 *Reich,* in Derleder/Knops/Bamberger, Handbuch zum deutschen und europäischen Bankrecht, § 59 Rn. 28.
123 § 43 II S. 1 i.V.m. § 41 I S. 1 InvG.
124 § 43 II S. 7 InvG.

Fin durfte die Vertragsbedingungen während der Geltung des KAGG nur dann genehmigen, wenn sie die Anlegerinteressen ausreichend wahrten.[125] Dieses Erfordernis wurde bei der Einführung des InvG bewusst vom Gesetzgeber nicht in § 43 II InvG übernommen.[126] In der Gesetzesbegründung zum Investmentmodernisierungsgesetz wurde dies damit gerechtfertigt, dass das Kriterium der Wahrung der Anlegerinteressen überflüssig sei. Eine solche Verpflichtung resultiere bereits aus dem Treuhandverhältnis und habe zu zeitaufwendigen Abgrenzungsfragen geführt. Dem Anleger stünden im Fall einer mangelnden Berücksichtigung seiner Interessen unabhängig von der Rechtmäßigkeit der Genehmigung durch die BaFin zivilrechtliche Ansprüche zu.[127]

4.1.1.4.4.3 Bewertung des Kriteriums der Wahrung der Anlegerinteressen

Das Kriterium der Wahrung der Anlegerinteressen könnte eine präventive Kontrolle der Vertragsbedingungen auf ihren Anlegerschutzumfang hin bewirken und so zu einem höheren Schutzniveau führen. Für eine Prüfung des Anlegerschutzniveaus der Vertragsbedingungen spricht, dass so eine Eingangskontrolle durch die BaFin erfolgen könnte, ob ein Investmentvermögen für Privatkunden geeignet ist.

Allerdings ist dagegen das Argument für die Abschaffung, der Zeitaufwand der Prüfung, zu berücksichtigen. Es wird oftmals schwierig sein, im Einzelfall die Anlegerfreundlichkeit zu bestimmen. Nicht allein die Vertragsbedingungen, sondern das tatsächliche Handeln der KAG beeinflusst, ob die Anlegerinteressen gewahrt werden. Für den Schutz der Anleger ist die Kontrolle des tatsächlichen Handelns der Fondsverwaltung relevanter, da dieses essentiell für die Wertentwicklung des Fondsvermögens ist. Es erscheint bedeutender, die Geschäftsleiter auf ihre Zuverlässigkeit hin zu überprüfen, so dass der Fokus auf der Erlaubnis für die KAG tätigzuwerden liegen sollte. Des Weiteren ist zu berücksichtigen, dass die Vorschriften des BGB über AGB einschlägig sind, soweit die Vertragsbedingungen solche darstellen. Die Anleger werden durch das AGB-Recht in gewissem Maße gegen Benachteiligung durch die Vertragsbedingungen abgesichert.

125 § 15 II S. 2 KAGG.
126 Vgl. *BT*-Drucksache 15/1553, S. 91.
127 *BT*-Drucksache 15/1553, S. 91.

4.1.1.4.5 Schnittstellen zwischen aufsichtsrechtlichen und zivilrechtlichen Anforderungen

Zwischen der Ebene der allgemeinen Geschäftsbedingungen und der des Aufsichtsrechts bestehen Schnittstellen, an denen sich Unklarheiten ergeben. Aufsichtsrechtlich ist es ausreichend, dass der Verkaufsprospekt einen Hinweis enthält, an welcher Stelle der Anleger kostenlos die Vertragsbedingungen erhalten kann. Allein ein Hinweis im Prospekt erfüllt jedoch nach einer Ansicht im Schrifttum nicht die Anforderungen an eine ausdrückliche Einbeziehung vor Vertragsschluss nach § 305 II Nr. 1 BGB.[128]

Eine vollständige Trennung der Ebenen von aufsichtsrechtlicher und AGB-rechtlicher Kontrolle findet nach Ansicht des Schrifttums nicht statt. Die BaFin habe bei der Genehmigung zumindest höchstrichterlich entschiedene oder in der Rechtsprechung ganz überwiegend in einem Sinn beantwortete Fragen der Inhaltskontrolle[129] zu berücksichtigen.[130] Eine solche Betrachtung ist sinnvoll. Die Bündelung der Prüfung von aufsichtsrechtlichen und akzeptierten zivilrechtlichen Aspekten bei der Genehmigungsentscheidung kann die Notwendigkeit einer gerichtlichen Kontrolle etablierter Aspekte der AGB-Kontrolle vermeiden. Fraglich ist jedoch, ob die Kompetenzen der BaFin eine solche zivilrechtliche Kontrolle umfassen. § 5 I InvG besagt, dass die BaFin die Aufsicht nach den Vorschriften des InvG ausübt, worunter die Normen des BGB über die AGB-Kontrolle nicht fallen. Allerdings wird die Prüfung vor der Genehmigungserteilung als eine generelle Prüfung der Gesetzmäßigkeit der Vertragsbedingungen verstanden.[131] Die Ausdehnung der Prüfungskompetenz auf höchstrichterlich geklärte Fragen des AGB-Rechts ist nicht mit der Gefahr einer Willkür durch die BaFin verbunden. Sie birgt auch nicht die Gefahr die Grenzen zwischen den Gewalten zu verwischen. Eine gebündelte Prüfung ist sowohl für die Anleger als auch die Investmentvermögen vorteilhaft. Die Wahrscheinlichkeit gerichtlicher Auseinandersetzung wegen Verstößen gegen geklärte Aspekte der AGB-Vorschriften verringert sich und die Ge-

128 *Reich,* in Derleder/Knops/Bamberger, Handbuch zum deutschen und europäischen Bankrecht, § 59 Rn. 27.

129 Gemäß §§ 307 ff. BGB.

130 *Reich,* in Derleder/Knops/Bamberger, Handbuch zum deutschen und europäischen Bankrecht, § 59 Rn. 27 f.; vgl. *Beckmann* in Beckmann/Scholtz, Investment, 410 § 1 Rn. 134, der annimmt, dass die AGB-Inhaltskontrolle generell Teil der Prüfung vor der Genehmigungserteilung ist.

131 *Beckmann* in Beckmann/Scholtz, Investment, 410 § 1 Rn. 134.

nehmigung der Vertragsbedingungen unter Einbeziehung des AGB-Rechts schafft eine höhere Rechtssicherheit.

4.1.2 *Der investmentrechtliche Typenzwang*

Die Regulierung von Investmentvermögen erfolgt in Deutschland schwerpunktmäßig durch die Regulierung der verschiedenen Investmentvehikel. Das InvG regelt verschiedene Investmentvermögenstypen und beschränkt ihre möglichen rechtlichen Organisationsformen, sollen sie als Investmentvermögen bezeichnet werden. Die Enummeration der Organisationsformen, die als Investmentvermögen bezeichnet werden dürfen, wird als investmentrechtlicher Typenzwang bezeichnet.

Eine kollektive und nach dem Grundsatz der Risikomischung betriebene Vermögensverwaltung ist allerdings auch dann zulässig, wenn sie in einer anderen als durch den Typenzwang vorgegebenen Rechtsform erfolgt.[132] Sie darf nur nicht als Investmentvermögen bezeichnet werden.[133] Die Begriffe „Investment-" und „Kapitalanlagegesellschaft" sowie „Investmentfonds"[134] für die unter dem InvG gegründeten KAGen unterliegen auch einem strengen Bezeichnungsschutz.[135] Er bewirkt ihre Monopolisierung und dient dem Anlegerschutz.[136] Anleger können sicher sein, dass die

132 *Köndgen/Schmies* in Schimansky/Bunte/Lwowski, Bankrechts-Handbuch, § 113 Rn. 55.

133 Beispiele für nicht InvG-konforme Vehikel kollektiver Vermögensanlage sind die Investmentclubs in der Rechtsform des nicht rechtsfähigen Vereins oder der Gesellschaft bürgerlichen Rechts. In diesen Fällen ist das in Finanzinstrumenten angelegte Vermögen der Gesellschafter gesamthänderisch gebunden, § 718 BGB, und ist daher ein Sondervermögen. Allerdings besteht ein erheblicher Unterschied zum Sondervermögen bei einem Investmentvermögen, da bei einer GbR oder einem nicht rechtsfähigen Verein das Sondervermögen nicht vom übrigen Vermögen der Gesellschaft gesondert ist, sondern mit diesem identisch und so z.B. den Haftungsrisiken unterworfen ist, die bei Personengesellschaften auftreten. Daher ist eine Anlage in kollektive Vermögen, die in Form einer Personengesellschaft organisiert sind für die Anleger mit erheblich höheren Risiken verbunden als die Kapitalanlage in unter dem InvG regulierten Investmentvermögen. Vgl. hierzu *Köndgen/Schmies* in Schimansky/Bunte/Lwowski, Bankrechts-Handbuch, § 113 Rn. 56.

134 Allerdings darf die Bezeichnung „Investmentfonds" auch von sonstigen Vertriebsgesellschaften geführt werden, die Anteile an Sondervermögen im Sinne des § 2 II InvG, Aktien einer Investmentaktiengesellschaft im Sinne des § 2 V InvG oder ausländische Investmentanteile vertreiben, die nach Maßgabe des InvG öffentlich vertrieben werden dürfen und bezieht sich daher nicht allein auf KAGen, § 3 I S. 2 InvG.

135 § 3 InvG.

136 *Köndgen/Schmies* in Schimansky/Bunte/Lwowski, Bankrechts-Handbuch, § 113 Rn. 55.

Investmentfonds der Regulierung durch das InvG und durch die BaFin unterliegen, wenn sie in derart bezeichnete Produkte investieren.

Der Bezeichnungsschutz und die steuerlichen Privilegierung der InvG-konformen Fonds stellen eine erhebliche Marktzutrittsschranke für Unternehmen dar, welche die kollektive Vermögensanlage nicht dem investmentrechtlichen Typenzwang gemäß organisieren wollen. Um den Anlegerschutz zu gewährleisten, nimmt das InvG diese Marktzutrittsschranke in Kauf.[137]

4.1.2.1 *Fondstypenregulierung*

Die Regulierung der Investmentvermögen erfolgt durch die Festlegung ihrer möglichen Anlagegegenstände und Anlagegrenzen, Transparenzvorschriften sowie Ausgabe- und Rücknahmeregeln. Diese Form der Regulierung ist eine Form der Produktregulierung, da sie die Details der Regulierung an das jeweilige Investmentprodukt knüpft.

Das InvG sieht verschiedene Typen von Investmentvermögen vor, etwa Richtlinienkonforme-Sondervermögen,[138] Immobilien-Sondervermögen,[139] Gemischte Sondervermögen,[140] Altersvorsorge-Sondervermögen,[141] Infrastruktur-Sondervermögen,[142] Sonstige Sondervermögen,[143] Spezial Sondervermögen[144] und die Investmentaktiengesellschaft.[145] Alle diese Investmentvermögen weisen eigene Regelungen hinsichtlich zulässiger Vermögensgegenstände und Anlagegrenzen auf und besitzen teilweise Regelungen über die Risikomischung und Ausstellergrenzen sowie Rücknahmeregelungen.

Im Folgenden soll die Regulierung einiger Sondervermögenstypen detaillierter aufgezeigt werden, um die Funktionsweise der Produktregulierung darzustellen. Im Anschluss an die Darstellung soll die Kritik an dieser Regulierung erläutert werden, um dann zu erörtern, ob die Produktregulierung einen angemessenen Anlegerschutz bewerkstelligen kann.

---

137 *Köndgen/Schmies* in Schimansky/Bunte/Lwowski, Bankrechts-Handbuch, § 113 Rn. 55.
138 §§ 46 ff. InvG.
139 §§ 66 ff. InvG.
140 §§ 83 ff InvG.
141 §§ 87 ff. InvG.
142 §§ 90a ff. InvG.
143 §§ 90g ff. InvG.
144 §§ 91 ff. InvG.
145 §§ 96 ff. InvG.

4.1.2.1.1 Richtlinienkonforme-Sondervermögen

Die Vorgaben für die Richtlinienkonformen-Sondervermögen sind äußerst detailliert. Sie bilden die Grundregelung, auf welche die anderen Typen von Sondervermögen mit Ausnahme der Sondervermögen mit zusätzlichen Risiken verweisen, sofern keine Spezialregelungen einschlägig sind. Generell können Richtlinienkonforme-Sondervermögen unter den im InvG spezifizierten Voraussetzungen in Wertpapiere,[146] Geldmarktinstrumente,[147] Bankguthaben,[148] Investmentanteile,[149] sowie Derivate,[150] nicht aber in Immobilien investieren.[151] Maximal 10 % des Wertes des Sondervermögens kann in sonstige Anlageinstrumente[152] investiert werden. Zur Bestimmung der zulässigen Vermögensgegenstände sind die Durchführungsrichtlinie zur OGAW-Richtlinie[153] sowie die „CESR's guidelines concerning eligible assets for investment by UCITS" heranzuziehen.[154]

Zulässige Wertpapiere sind vor allem solche, die an einem organisierten Markt zugelassen sind. Der Kauf von Wertpapieren,[155] welche außerhalb der EU/EWR gehandelt werden, muss ausdrücklich in den Vertragsbedingungen des Sondervermögens vorgesehen sein.[156] Außerdem können nicht-notierte Wertpapiere und Aktien aus Neuemissionen erworben werden, wobei diese nicht einen Wert überschreiten dürfen, der 10 % des gesamten Werts des Sondervermögens entspricht.[157] Geldmarktinstrumente werden als Instrumente definiert, welche auf dem Geldmarkt gehandelt werden. Zudem fallen unter Geldmarktinstrumente verzinsliche Wertpapiere mit einer Restlaufzeit von maximal 397 Tagen oder Wertpapiere, bei denen innerhalb dieses Zeitraums regelmäßig, aber mindestens einmal,

---

146 § 47 S. 2 InvG.

147 § 48 InvG.

148 § 49 InvG. Für Bankguthaben gilt, dass nicht mehr als 20 % des Wertes des Sondervermögens in Bankguthaben eines Kreditinstituts angelegt werden dürfen, § 60 III InvG.

149 § 50 InvG.

150 § 51 InvG.

151 Vgl. hierzu *Ekkenga* in Claussen, Bank- und Börsenrecht, S. 426.

152 Die sonstigen Anlageinstrumente werden in § 52 InvG spezifiziert.

153 Richtlinie 2007/16/EG vom 19.März 2007 zur Durchführung der Richtlinie 85/611/EWG des Rates zur Koodinierung der Rechts- und Verwaltungsvorschriften betreffend bestimmte Organismen für gemeinsame Anlagen in Wertpapieren (OGAW) im Hinblick auf die Erläuterung gewisser Definitionen, Abl. EU Nr. L 79, 11 (Durchführungsrichtlinie).

154 CESR's guidelines concerning eligible assets for investment by UCITS, March 2007, Ref: CESR/07-044.

155 § 47 I S. 1 Nr. 1, 2 InvG.

156 Vgl. *Baur/Ziegler*, BuB, 9/199a.

157 § 52 InvG.

eine marktgerechte Zinsanpassung vorgenommen wird oder deren Risikoprofil dem Risikoprofil solcher Wertpapiere entspricht.[158] Der Erwerb von Geldmarktpapieren ist nur dann zulässig, wenn sie börsenzugelassen oder an einem organisierten Markt notiert sind oder der Emittent bei typisierender Betrachtung eine ausreichende Bonität aufweist.[159]

Gemäß § 50 InvG kann ein Richtlinienkonformes-Sondervermögen als Dachfonds organisiert sein und aus Anteilen an anderen in- oder ausländischen Sondervermögen bestehen. Anteile an Investmentvermögen können grundsätzlich dann erworben werden, wenn sie Anteile an in- oder ausländischen Richtlinienkonformen-Sondervermögen oder Richtlinienkonformen-Investmentgesellschaften sind.[160] Zusätzlich können Anteile an sonstigen Zielfonds erworben werden, wenn diese ein Mindestmaß an Transparenz und Anlegerschutz aufweisen.[161] Das Schrifttum befürwortet eine richtlinienkonforme Auslegung von § 50 I S. 2 InvG:[162] Allein solche Zielfonds könnten erworben werden, die für ein richtlinienkonformes Sondervermögen zulässige Vermögensgegenstände aufweisen.[163] Für die richtlinienkonforme Auslegung spricht, dass eine Umgehung der Anlagegegenstandsvorschriften möglich wäre, wenn Richtlinienkonforme-Sondervermögen in jegliche Art von Zielfonds investieren könnten. Eine derartige Ausdehnung der zulässigen Anlagegegenstände widerspräche dem Telos der Anlagevorschriften.

Bei einer Anlage in Investmentvermögensanteilen muss das Sondervermögen in mindestens fünf Zielfonds investiert sein.[164] Ihr Erwerbsanteil darf 25 % nicht übersteigen,[165] um eine ausreichende Risikostreuung sicherzustellen.[166] Um dem Entstehen von Kaskadenfonds vorzubeugen, ist es untersagt, Zielfonds zu erwerben, welche einen Anteil von mehr als 10 % in Investmentanteile investieren.[167]

---

158 § 48 I InvG.
159 § 48 I InvG; siehe hierzu *Baur/Ziegler*, BuB, 9/199b.
160 § 50 I S. 1 InvG.
161 Die genauen Voraussetzungen für die Zulässigkeit eines solchen Investments werden in § 50 I S. 2 InvG dargelegt.
162 *Baur/Ziegler*, BuB, 9/199c.
163 Baur/*Ziegler*, BuB, 9/199c; die Auslegung ergibt sich aus Art. 19 I lit e, I II OWAG Richtlinie.
164 § 61 InvG.
165 § 64 III InvG.
166 *Ekkenga* in Claussen, Bank- und Börsenrecht, S. 426.
167 Vgl. § 50 I S. 3 InvG.

Derivate und Finanzinstrumente mit einer derivativen Komponente dürfen von Richtlinienkonformen-Sondervermögen auch zu Investitionszwecken, also nicht nur zu Absicherungszwecken, erworben werden.[168] Sie müssen sich allerdings auf Wertpapiere, Geldmarktinstrumente, Investmentanteile, Finanzindizes,[169] Zinssätze, Wechselkurse oder Währungen beziehen.[170] Beziehen sich Derivate auf Finanzindizes, so ist es auch zulässig, dass Finanzindizes als Referenzpunkt gewählt werden, welche sich aus Vermögensgegenständen zusammensetzen, in die das Richtlinienkonforme-Sondervermögen nicht direkt investieren dürfte, z.B. Hedgefonds[171] oder Edelmetalle.[172] Das Marktrisikopotential[173] eines Investmentvermögens darf sich aber durch den Einsatz von Derivaten und Finanzinstrumenten höchstens verdoppeln.[174]

Nicht erworben werden dürfen Edelmetalle sowie Zertifikate über Edelmetalle.[175]

Erleichterungen hinsichtlich der Anlagegrenzen gelten für Indexfonds.[176] Indexfonds bilden in ihrer Struktur und Gewichtung einen Aktienindex nach. Daher stellt sich bei ihnen das Problem, dass in einem Aktienindex oftmals einzelne Aktien ein Gewicht aufweisen, welches den Risikostreuungsvorschriften des InvG widerspricht.[177] Demgemäß lässt das InvG Erleichterungen für sie zu, wenn unter Wahrung der Risikomischung ein von der BaFin anerkannter Wertpapierindex nachgebildet wird. Die Anlagegrenzen dürfen dann überschritten und bis zu 20 % des Sondervermögens kann in Wertpapiere eines Ausstellers investiert werden.[178] Bei einer Überschreitung der Anlagegrenzen hat die KAG mit Verkäufen die Wiedereinhaltung der Grenzen anzustreben.[179] Die Ausstellergrenze

---

168 *BaFin*, Erläuterungen der BaFin zur Derivateverordnung, § 3; vgl. *Baur/Ziegler*, BuB, 9/199d.

169 Es muss sich um Finanzindizes i.S.d. Art. 9 I der Durchführungsrichtlinie handeln.

170 Art. 51 I InvG.

171 Vgl. CESR's guidelines concerning eligible assets for investment by UCITS – The classification of Hedge Fund Indices as Financial Indices, July 2007, Ref: CESR/07-434.

172 Art. 9 Durchführungsrichtlinie.

173 Das Marktrisikopotential konkretisiert der zweite Abschnitt der Derivateverordnung, § 6 ff. Derivateverordnung.

174 § 51 II InvG.

175 § 46 InvG.

176 Vgl. § 63 InvG.

177 Vgl. die Begründung zum 3 FMFG, *BT*-Drucksache 13/8933, S. 101.

178 § 63 I S. 1 InvG.

179 § 65 S. 2 InvG. Eine Ausnahme gilt für die Überschreitung der Anlagegrenzen, wenn dem Sondervermögen Aktien bei einer Kapitalerhöhung als Gesellschaftsmitteln zustehen,

bewirkt, dass die KAG Wertpapiere oder Finanzinstrumente nur bis zur Höhe von 5 % des Sondervermögens von demselben Aussteller erwerben darf. Ist in den Vertragsbedingungen ein höherer Prozentsatz vorgesehen, kann die Ausstellergrenze auf 10 % erhöht werden.[180]

Die Kreditaufnahme auf gemeinschaftliche Rechnung der Anleger ist beschränkt. Die KAG darf kurzfristige Kredite nur in Höhe von bis zu 10 % des Sondervermögens aufnehmen, wobei die Kredite marktüblich sein und die Vertragsbedingungen eine Ermächtigung zur Kreditaufnahme vorsehen müssen.[181] Den Richtlinienkonformen-Sondervermögen sind Leerverkäufe untersagt.[182]

Grundsätzlich wurden die OGAW-Sondervermögen als Investmentvermögen für Privatkunden konzipiert. Allerdings wurde mit OGAW III die Liste der für Richtlinienkonforme-Sondervermögen zulässigen Vermögensgegenstände bedeutend erweitert.[183] Deshalb stellt die Anlagegegenstandsbeschränkung nicht mehr sicher, dass ein Richtlinienkonformes-Sondervermögen auch für risikoadverse Privatkunden geeignet ist. In der Literatur wird das Anlagespektrum der Richtlinienkonformen-Sondervermögen als ungewöhnlich breit bezeichnet. Faktisch können verschiedenste Arten von Richtlinienkonformen-Sondervermögen bestehen, z.B. Wertpapierfonds, Geldmarktfonds, Dachfonds und Derivatefonds.[184] Möglich sind auch Mischfonds, die in verschiedene Anlagegegenstände investieren. Eine bedeutende Neuerung von OGAW III war die Neueinführung der Erlaubnis, dass auch Richtlinienkonforme-Sondervermögen zu Investmentzwecken in Derivate investieren dürfen.[185] Damit wurde das Risikopotential der Richtlinienkonformen-Sondervermögen bedeutend erhöht. Sie können nicht mehr pauschal als für Privatkunden geeignete

oder wenn neuen Aktien unter Ausübung eines Bezugsrechts aus Wertpapieren erworben werden, welche dem Sondervermögen gehören, vgl. § 65 S. 1 InvG.

180 § 60 I S. 1 Hs. 2 InvG.

181 § 53 InvG.

182 § 59 InvG.

183 Vgl. Art. 1 Nr. 5 lit g OGAW III (Richtlinie 2001/108/EG des Europäischen Parlaments und des Rates vom 21. Januar 2002 zur Änderung der Richtlinie 85/611/EWF des Rates zur Koordinierung der Rechts- und Verwaltungsvorschriften betreffend bestimmte Organismen für gemeinsame Anlagen in Wertpapieren (OGAW) hinsichtlich der Anlagen der OGAW.

184 *Baur/Ziegler*, BuB, 9/199.

185 § 51 I InvG.

Sondervermögen qualifiziert werden. Die Details zur Verwendung von Derivaten hat die BaFin in der Derivateverordnung[186] festgelegt.

4.1.2.1.2 Immobilien-Sondervermögen

Immobilien-Sondervermögen können die in § 67 InvG genannten Grundstücke und grundstücksgleichen Rechte erwerben. Grundsätzlich gilt eine Anlagegrenze von jeweils 20 % für Grundstücke im Zustand der Bebauung[187] und unbebaute Grundstücke.[188] Generell können Grundstücke und grundstücksgleiche Rechte im Bereich der Vertragsstaaten des europäischen Wirtschaftsraums erworben werden. Ein Erwerb in Drittstaaten ist zulässig, wenn ihn die Vertragsbedingungen vorsehen und eine angemessene regionale Streuung sichergestellt ist.[189] Dafür sind in den Vertragsbedingungen die Drittstaaten sowie der Maximalprozentsatz, der in diesen Staaten angelegt werden darf, festzugelegen. Des Weiteren muss die Übertragbarkeit der Vermögensgegenstände sowie der freie Kapitalverkehr gewährleistet sein und die Depotbank ihre Aufgaben in dem Drittstaat ordnungsgemäß wahrnehmen können.[190]

Für die Risikostreuung bestehen weitere Vorschriften:[191] Kein Grundstück darf im Erwerbszeitpunkt mehr als 15 % des Wertes des Sondervermögens ausmachen. Der Gesamtwert aller Immobilien, die für sich gesehen mehr als 10 % des Wertes des Sondervermögens betragen, darf 50 % nicht überschreiten. Es gelten spezielle Liquiditätsanforderungen.[192] Die Immobilien-Sondervermögen (die auch offene Immobilienfonds genannt werden)[193] befinden sich in dem Spannungsverhältnis, trotz der langfristigen Kapitalbindung durch die Wahl der Anlagegegenstände dem Bedürfnis nach einer kurzfristigen Rücknahme der Anteile Rechnung zu tragen. Die grundsätzlich niedrige Liquidität kann bei einer Investition in Grundstücke zu einem Mangel an Liquidität führen, wenn ein Anleger

---

186 *BaFin*, Verordnung über Risikomanagement und Risikomessung beim Einsatz von Derivaten in Sondervermögen nach dem Investmentgesetz (DerivateV), vom 6. Februar 2004, BGBl. I S. 153.

187 § 67 I Nr. 2 InvG.

188 § 67 I Nr. 3 InvG.

189 § 67 III InvG.

190 § 67 III InvG.

191 § 73 InvG.

192 § 80 InvG.

193 In Abgrenzung hierzu gibt es geschlossene Immobilienfonds, die in der Regel die Rechtsform der KG oder OHG haben, vgl. *Loritz/Pfnür*, Der geschlossene Immobilienfonds in Deutschland, S. 7.

seine Anteile an das Investmentvermögen zurück gibt. Gerade bei gehäuft auftretenden Anteilsrückgaben entstanden in der Vergangenheit Liquiditätsengpässe, die in der zeitweisen Aussetzung der Anteilsrücknahme gipfelten. Demgemäß hat ein Immobilien-Sondervermögen einen Anteil von 49 % des Sondervermögens in liquide Anlagegegenstände wie Bankguthaben, Geldmarktinstrumente, Anteile an Investmentvermögen oder Wertpapiere zu investieren.[194]

Die Kreditaufnahmeregeln sind ebenfalls Folge der Divergenz zwischen dem langfristigen Charakter der Anlagegegenstände und der Erforderlichkeit einer kurzfristigen Rücknahme. Grundsätzlich dürfen Kredite nur bis zur Höhe von 50 % des Verkehrswertes der sich im Sondervermögen befindlichen Immobilien aufgenommen werden.[195] Eine Kreditaufnahme zur Finanzierung der Anteilsrücknahme ist bis zu einer Höhe von 10 % des Sondervermögens möglich.[196] Die KAG muss besondere Risikomanagementsysteme einrichten.[197]

Die Rücknahme der Anteile kann vorübergehend ausgesetzt werden, wenn eine Verletzung der Anlagegrenzen nach den Liquiditätsvorschriften oder den Vertragsbedingungen droht.[198] Zudem ist eine Begrenzung der regulären Rücknahme von Anteilen auf einen Rücknahmetermin pro Monat möglich, wenn die Summe der Werte der zurückgegebenen Anteile eine in den Vertragsbestimmungen vorgesehene Höhe überschreitet.[199]

Besondere Überwachungspflichten gelten für die Depotbank hinsichtlich der Grundstücksanlagen, die auch Beteiligungen an Grundstücksgesellschaften umfassen.[200]

Für die Bewertung der Grundstücke und die Anforderungen an Prüfungen durch Sachverständige gelten differenzierte Regelungen.[201] Die Regelungen resultieren aus den Schwierigkeiten, Grundstücke zu bewerten, sowie ihrer niedrigen Liquidität. Die Anlagegegenstandsregeln der Immobilien-Sondervermögen legen grundsätzliche Anlagegegenstände so-

194 § 80 I InvG.

195 § 80a S. 1 InvG, wobei die Beschränkung gilt, dass die Kreditaufnahme in den Vertragsbedingungen vorgesehen ist, sie mit einer ordnungsgemäßen Wirtschaftsführung vereinbar ist, die Kredite marktüblich sind und die Regeln über die Belastung der im Sondervermögen stehenden Immobilien (§ 82 III S. 2 InvG) eingehalten werden.

196 §§ 80a S. 2 i.V.m. 53 InvG.

197 § 80b InvG.

198 § 80c I InvG.

199 § 80c II InvG.

200 §§ 24 III, 26 I Nr. 3-5, II, III InvG.

201 § 68 InvG.

wie Anlagegrenzen fest, von denen unter Einhaltung der Risikostreuung durch abweichende Bestimmungen in Vertragsbedingungen abgesehen werden kann.

4.1.2.1.3 Gemischte Sondervermögen

Auf Gemischte Sondervermögen sind die Vorschriften für Richtlinienkonforme-Sondervermögen entsprechend anwendbar. Grundsätzlich gelten dieselben Anlagegegenstände und Anlagegrenzen.[202] Gemischte Sondervermögen dürfen aber über die für Richtlinienkonforme-Sondervermögen zulässigen Anlagegegenstände hinaus unbeschränkt in Anteile an Immobilien-Sondervermögen,[203] bis zu 10 % des Sondervermögens in Anteile an Sonstigen Sondervermögen[204] sowie in Anteile an Sondervermögen mit zusätzlichen Risiken[205] investieren. Sie können auch Anteile an InvAGs mit vergleichbarer Anlagestrategie[206] sowie Anteile von ausländischen Investmentvermögen erwerben. Bei Gemischten Sondervermögen gelten ebenfalls Erleichterungen hinsichtlich der Anlagegrenzen, wenn das Sondervermögen als Indexfonds ausgestaltet ist.[207]

4.1.2.1.4 Altersvorsorge-Sondervermögen

Eine besondere Form eines Sondervermögens ist das Altersvorsorge-Sondervermögen, welches überwiegend in Substanzwerte investiert.[208] Die Vorschriften über Richtlinienkonforme-Sondervermögen gelten entsprechend.[209] Dieser Sondervermögenstyp hat den Zweck, den Anlegern neben dem Wertpapiersparen, den Kapitallebensversicherungen und der Anlage in Immobilien eine Alternative zum Sparen für die Altersvorsorge zu bieten.[210] Altersvorsorge-Sondervermögen werden im Schrifttum als „Zielfonds" qualifiziert, da sie als Ziel die Altersvorsorge mittels eines regelmäßigen Sparvorgangs haben.[211]

---

202 § 84 I Nr. 1 InvG.
203 § 84 I Nr. 2 lit a InvG.
204 § 84 I Nr. 2 lit b InvG.
205 § 84 I Nr. 2 lit c InvG.
206 § 84 I Nr. 3 InvG.
207 § 86 InvG.
208 *Baur/Ziegler*, BuB, 9/17.
209 §§ 87 I i.V.m. 46 ff. InvG.
210 *Baur/Ziegler*, BuB, 9/17.
211 Vgl. *Beckmann* in Beckmann/Scholtz, Investment, 410 § 1 Rn. 116.

Legen KAGen Altersvorsorge-Sondervermögen auf, sind sie verpflichtet, auch Altersvorsorge-Sparpläne und Auszahlpläne anzubieten.[212] Altersvorsorge-Sondervermögen müssen thesaurierende Fonds sein,[213] um das Ziel der langfristigen Anlage zu verwirklichen.[214] Es ist nicht zulässig, Altersvorsorge-Sondervermögen zeitlich begrenzt aufzulegen.[215]

Zulässige Anlagegegenstände sind Wertpapiere, Anteile an Immobilien-Sondervermögen,[216] Bankguthaben, bestimmte Geldmarktinstrumente und Einlagenzertifikate von Kreditinstituten[217] sowie Derivate, die allerdings nur zu Absicherungszwecken verwendet werden dürfen.[218] Der Anteil von Aktien darf nicht 75 % des Sondervermögens übersteigen.[219] Der Maximalumfang von Investitionen in Anteile an Immobilien-Sondervermögen liegt bei 20 %.[220] Zudem gibt es eine Mindestgrenze von 30 % für Substanzwerte, welche Aktien und Anteile an Immobilien-Sondervermögen umfassen.[221]

Bei Altersvorsorge-Sparplänen bestehen besondere Informationspflichten. Die KAG muss Anleger auf die Besonderheiten einer investmentvermögensbasierten Altersvorsorge im Vergleich zu anderen Modellen hinweisen. So sollen bei den Anlegern unzutreffende Erwartungen vermieden werden.[222] Dabei hat insbesondere der Hinweis zu erfolgen, dass nicht die Auszahlung einer bestimmten Summe garantiert wird.[223] Investiert das Altersvorsorge-Sondervermögen hauptsächlich in Aktien, haben die Anleger nach Ablauf von drei Viertel der Laufzeit des Altersvorsorge-Sparplans einen Anspruch auf kostenfreien Umtausch der Anteilsscheine in die eines anderen Sondervermögens der KAG,[224] sollten sie eine Anlageform mit geringeren Risiken wünschen.[225] Die KAG hat den Anlegern in den Vertragsbedingungen einen Auszahlungsplan anzubieten. Der Auszahlungsplan muss nach Ende der Laufzeit des Altersvorsorge-Sparplans die ratenweise Rückzahlung von Teilbeträgen gegen die Rückgabe von Anteils-

212 Vgl. *BT*-Drucksache 13/8933, Regierungsbegründung zum 3. FMFG, S. 61.
213 § 87 II InvG.
214 *Baur/Ziegler*, BuB, 9/17.
215 § 89 InvG.
216 § 88 I InvG.
217 § 88 V InvG.
218 § 88 VI InvG.
219 § 88 III InvG.
220 § 88 II InvG.
221 Vgl. § 88 V InvG.
222 *Baur/Ziegler*, BuB, 9/17.
223 § 90 I s. 2 InvG.
224 § 90 II InvG.
225 *Baur/Ziegler*, BuB, 9/17.

scheinen vorsehen.[226] Die Pflicht zum Angebot eines Auszahlungsplans ist eine sinnvolle Regelung, berücksichtigt man die beobachtete Schwäche vieler Personen, finanziell zu planen. Werden Auszahlungspläne erstellt, so wird den Individuen die Aufgabe abgenommen, sich die Erträge der Altersvorsorge einzuteilen und sinnvoll zu verwahren.

4.1.2.1.5 Infrastruktur-Sondervermögen

Ein Beispiel für einen hoch spezialisierten Typ von Sondervermögen ist das Infrastruktur-Sondervermögen, das durch das InvÄndG eingeführt wurde. Bei diesen Sondervermögen müssen Beteiligungen an ÖPP-Projektgesellschaften sowie zur Erfüllung öffentlicher Aufgaben dienende Immobilien und entsprechende Nießbrauchrechte mindestens 60 % des Vermögenswertes betragen.[227] Immobilien und Nießbrauchrechte dürfen jedoch einen Anteil von 30 % nicht übersteigen.[228] Die Anteile an ÖPP-Projektgesellschaften dürfen nicht mehr als 80 % des Sondervermögens ausmachen und nicht mehr als 10 % des Vermögens darf in eine einzelne Projektgesellschaft investiert werden.[229] Anteile an ÖPP-Projektgesellschaften dürfen erst in der Betreiberphase erworben und ihr Wert muss von einem Abschlussprüfer ermittelt werden.[230]

Neben Investitionen in Vermögensgegenstände mit ÖPP-Bezug kann das Sondervermögen auch Wertpapiere bis maximal 20 %[231] sowie Geldmarktinstrumente, Bankguthaben und Geldmarktfonds mit einem gemeinsamen Mindestanteil von 10 %[232] halten.

Die Anteilsrücknahme ist noch weiter eingeschränkt als bei Immobilien-Sondervermögen. Sie findet nur ein bis zwei Mal pro Jahr statt,[233] was aus der eingeschränkten Liquidität der Anlagegegenstände resultiert.[234] Daher ist in den Vertragsbedingungen über die Rücknahmeregelungen zu informieren und diese Information drucktechnisch hervorzuheben.[235]

---

226 § 90 V InvG.
227 § 90b V InvG.
228 § 90b IV InvG.
229 § 90b III InvG.
230 § 90b II InvG.
231 § 90b VI InvG.
232 § 90b VII InvG.
233 § 90d II InvG.
234 *BT*-Drs. 16/5576, Regierungsbegründung zum InvÄndG, S. 79; vgl. *Volhard/Wilkens*, Änderungen im Investmentrecht, DB 2008, 1195.
235 § 90e II InvG.

4.1.2.1.6 Sonstige Sondervermögen

Das Vehikel der Sonstigen Sondervermögen wurde durch das InvÄndG eingeführt und soll als Investmentvermögen für innovative Finanzprodukte dienen. Bei den Sonstigen Sondervermögen sind die zulässigen Anlagegegenstände deutlich breiter gefächert als bei „traditionellen" Investmentvermögen.[236] Die Anlagegegenstände, welche für Richtlinienkonforme-Sondervermögen zulässig sind, sind für Sonstige Sondervermögen um Unternehmensbeteiligungen,[237] Edelmetalle,[238] unverbriefte Darlehensforderungen[239] sowie Finanzinstrumente und Derivate ergänzt, ohne dass diese den Anlagebeschränkungen unterworfen sind, welche für Richtlinienkonforme-Sondervermögen gelten.[240] Investitionen in verschiedenste Zielfonds sind möglich.[241]

Unternehmensbeteiligungen dürfen nicht mehr als 20 % des Sondervermögens umfassen, wobei einzelne Unternehmensbeteiligungen nicht 5 % übersteigen dürfen.[242] Ebenfalls bestehen Anlagegrenzen für Anteile an Sonstigen Sondervermögen und Single-Hedgefonds, welche bei maximal 30 % liegen.[243] Dieselbe Grenze gilt für Edelmetalle, bestimmte Arten von Derivaten sowie unverbriefte Darlehensforderungen.[244] Bei unverbrieften Darlehensforderungen gilt jedoch eine Ausnahme von der Schwelle für Forderungen von Mikrofinanz-Instituten. In die darf bis zu 75 % des Sondervermögens investiert werden. Allerdings dürfen einzelne Darlehensforderungen 10 % des Vermögens nicht überschreiten.[245] Die Kreditaufnahme ist auf 20 % des Verkehrswertes des Sondervermögens begrenzt.[246]

---

236 *BT*-Drs. 16/5576, Regierungsbegründung zum InvÄndG, S. 80.
237 § 90h I Nr. 3 InvG. Bedingung für die Zulässigkeit von Unternehmensbeteiligungen ist, dass der Verkehrswert ermittelt werden kann.
238 § 90h I Nr. 4 InvG.
239 § 90h I Nr. 5 InvG.
240 § 90h I InvG.
241 § 90h I Nr. 2 InvG.
242 § 90h IV InvG.
243 § 90h III InvG.
244 § 90h V InvG.
245 § 90h VII InvG. Die KAG muss allerdings besondere Kenntnisse über Mikrofinanz-Institute aufweisen und die Finanzinstitute müssen in ihrem Sitzstaat nach international anerkannten Grundsätzen beaufsichtigt werden. Zudem muss die Haupttätigkeit der Mikrofinanz-Institute die Vergabe von Gelddarlehen an Klein- und Kleinstunternehmer sein, wobei die Darlehenssumme bei mindestens 60 % der Darlehen nicht mehr als 5000 € betragen darf. Die Gesamtsumme aller vergebenen Darlehen muss über 10 Mio € liegen.
246 § 90h VI InvG.

Auch hinsichtlich der Anteilsrückgabe hat der Gesetzgeber den Sonstigen Sondervermögen eine erhöhte Flexibilität eingeräumt. Die Anteilsrückgabe kann auf einen Termin pro Kalenderjahr beschränkt werden.[247] Dementsprechend müssen die Vertragsbedingungen sowie der Verkaufsprospekt einen Hinweis auf die Rücknahmeregelungen sowie die zulässigen Anlagegegenstände enthalten.[248]

4.1.2.1.7 Spezial Sondervermögen

Die Spezial Sondervermögen sind auf institutionelle Anleger zugeschnitten. Ihre Anteile können nur von Anlegern gehalten werden, die keine natürlichen Personen sind. Spezial Sondervermögen sind daher keine Publikumssondervermögen.[249] Für Spezial Sondervermögen gelten eine ganze Reihe von Erleichterungen: Es ist weder ein Verkaufsprospekt zu erstellen,[250] noch bedürfen die Vertragsbedingungen, sowie deren Änderung der Zustimmung der BaFin.[251] Die Finanzberichterstattung ist erleichtert.[252] Von den meisten gesetzlichen Portfoliodiversifizierungserfordernissen und den Anlagegrenzen kann mit der Zustimmung der Anleger abgewichen werden.[253] Die Obergrenze für kurzfristige Kredite kann bei Zustimmung der Anleger auf 30 % angehoben werden.[254] Auch bei der Auswahl der Depotbank gelten Erleichterungen. Die BaFin kann die Depotbank „allgemein" genehmigen.[255] Das heißt, es ist nicht erforderlich eine konkrete Depotbank zu benennen, und ein Wechsel der Depotbank unterliegt keinem Genehmigungserfordernis. Eine Art Vorratsgenehmigung ist möglich. Die Übertragung der Verwaltung eines Spezial Sondervermögens auf eine KAG bedarf ebenfalls keiner Genehmigung durch die BaFin.[256]

---

247 § 90i I S. 1 InvG.
248 § 90j InvG.
249 § 2 III InvG. Das Beteiligungsverbot für natürliche Personen wird durch § 92 InvG abgesichert, der verlangt, dass die KAG in einer schriftlichen Vereinbarung mit den Anlegern sicherzustellen hat, dass die Anteile nur mit Zustimmung der KAG übertragen werden dürfen. Die Begrenzung auf nicht natürliche Personen muss in die Vereinbarung einbezogen werden.
250 § 93 III InvG.
251 § 93 I InvG.
252 § § 94 InvG.
253 § 91 III InvG.
254 § 91 IV InvG.
255 § 95 I S. 1 InvG.
256 § 95 III InvG.

In der Regel wird ein Spezial-Sondervermögen für einen einzelnen Anleger aufgelegt und auf seine individuellen Bedürfnisse und Zielsetzungen ausgerichtet. Daher ist es charakteristisch für Spezial-Sondervermögen, dass eine enge Zusammenarbeit zwischen KAG und den Anlagern vertraglich vereinbart wird.[257] Üblich ist zudem die Bildung eines regelmäßig tagenden Anlageausschusses, der an der Bestimmung der Ausschüttungs- und Anlagepolitik mitwirkt und an dem der Anleger aktiv beteiligt ist.[258]

4.1.2.1.8 Analyse der Typenregulierung

Die verschiedenen Arten von Investmentvermögen bauen systematisch auf dem Richtlinienkonformen-Sondervermögen als Grundvehikel auf, auf dessen Regeln sich die Spezialregeln für die anderen Sondervermögen beziehen.

Generell erfolgt die Klassifizierung und Ausgestaltung der verschiedenen Sondervermögen nach Zweck, Anlagegegenständen sowie Anlegerkategorie. Dieser Regelungsansatz unterscheidet sich von dem Ansatz, den das KAGG verfolgte, welches bis auf Altersvorsorge-Sondervermögen die Sondervermögensarten grundsätzlich nach den Anlagegegenständen typisierte.[259] Der Anlageschwerpunkt spielt heute weiterhin eine Rolle, nämlich für die von der KAG gewählte Bezeichnung des Investmentvermögens, da die Pflicht zur Produktwahrheit besteht.[260]

Der Zweck der Richtlinienkonformen-Sondervermögen ist schwer zu bestimmen. Sie gehen auf den Gedanken zurück, dass es EU-weit frei zu vertreibende Investmentvermögen geben soll, die als relativ standardisierte Produkte auch für Privatkunden tauglich sind. Die für sie zulässigen Vermögensgegenstände sind jedoch so breit gefächert, dass weder allein

257 *Beckmann* in Beckmann/Scholtz, Investment, 410 § 2 Rn. 24.

258 *Beckmann* in Beckmann/Scholtz, Investment, 410 § 2 Rn. 24.

259 So gab es beispielsweise Wertpapierfonds, §§ 8 ff. KAGG, Geldmarktfonds, § 7a I KAGG, Grundstücksfonds, §§ 26 ff. KAGG, Beteiligungsfonds, § 37b KAGG. Vgl. zu den Fondstypen des KAGG, *Lenenbach*, Kapitalmarkt- und Börsenrecht, S. 539 ff.; siehe auch *Beckmann*, in Beckmann/Scholtz, Investment, 410 § 1 Rn. 93, der den Anlageschwerpunkt als kennzeichnendes Merkmal der Typisierung im KAGG benennt, welcher sich in der Bezeichnung des Sondervermögens niederschlage; vgl. *Päsler*, Handbuch des Investmentsparens, S. 14 ff.

260 Es wird die Pflicht bejaht, dass die Fondsbezeichnung mit der Anlage des überwiegenden Teils des Vermögens übereinstimmen muss, vgl. hierzu *Beckmann*, in Beckmann/Scholtz, Investment, 410 § 1 Rn. 94. Wenn sich ein Sondervermögen, z.B. ein Richtlinienkonformes-Sondervermögen als Wertpapierfonds bezeichne, dann müsse die überwiegende Anlagestrategie auch mit der Bezeichnung übereinstimmen.

von einer Ausrichtung auf Privatkunden gesprochen werden kann, noch von einer Ausrichtung auf eine schwerpunktmäßige Anlage in bestimmte Anlagegegenstände. Der Zweck ist also weder anleger- noch anlagegegenstandsbezogen. Vielmehr sollte einen „Basisfonds" geschaffen werden, welcher in der gesamten EU ohne weitere Genehmigungserfordernisse grenzüberschreitet vermarktet werden kann.

Gemischte Sondervermögen unterliegen denselben Transparenz-, Informations-, Rückgabe-, und Aufsichtsregeln wie Richtlinienkonforme-Sondervermögen. Ihr einziger wesentlicher Unterschied zu den Richtlinienkonformen-Sondervermögen ist, dass sie in eine größere Anzahl an Anlagegegenständen investieren dürfen. Ihre Einrichtung verfolgt also allein den Zweck, ein Investmentvehikel zu etablieren, welches ein etwas breiteres Portfolio als ein Richtlinienkonformes-Sondervermögen aufweisen kann. Der Fokus der Regelung von Gemischten Sondervermögen liegt somit auf den zulässigen Anlagegegenständen und ist als anlagegegenstandsbezogen zu klassifizieren.

Die Altersvorsorge-Sondervermögen haben das Ziel, die Alterssicherung von Privatpersonen zu ermöglichen. Die zulässigen Anlagegegenstände sind so gewählt, dass sie für die Erreichung des Ziels der Altersvorsorge zweckdienlich sind. Altersvorsorgefonds sind Sondervermögen, deren Ziel über die generelle Mehrung des Vermögens hinausgeht. Die Spezialregelungen, denen dieses Sondervermögen unterliegt, wie die Regelungen über Altersspar- und Auszahlungspläne sowie die Möglichkeit, nach drei Viertel der Laufzeit die Anteile gegen die eines risikoärmeren Sondervermögens zu tauschen, dienen der Verwirklichung dieses Zwecks. Die Altersvorsorge-Sondervermögen sind somit als Zielfonds zu qualifizieren, deren Ziel die Sicherung der Altersvorsorge ist.

Die Immobilien-Sondervermögen haben als Schwerpunkt die Anlage in Immobilien, so dass die für sie geltenden Spezialregelungen den Besonderheiten einer Anlage in illiquide Vermögensgegenstände geschuldet sind. Sie sind daher auch anlagegegenstandsbezogen.

Die ÖPP-Sondervermögen sind eine Mischform zwischen einem Zielfonds und einem anlagegegenstandsbezogenen Fonds. Zum einen dienen sie dem Ziel, ÖPP-Projekte zu fördern, indem die Investition in solche Projekte erleichtert wird.[261] Sie verfolgen wie die Altersvorsorge-Sondervermögen einen über die reine Vermögensanlage hinausgehenden

261 Vgl. *Zetzsche*, Zwischen Anlegerschutz und Standortwettbewerb: Das Investmentänderungsgesetz, ZBB 2007, 438 (445).

Zweck. Zum anderen finden sich Regelungen, die den Besonderheiten der Anlage in ÖPP-Projektgesellschaften und Immobilien Rechnung tragen, da auch diese eine geringe Liquidität aufweisen. Ein Schwerpunkt der Regelungen liegt somit neben der Zielerreichung auf der Absicherung vor anlagegegenstandsspezifischen Risiken.

Die Sonstigen Sondervermögen und die Spezial Sondervermögen weisen beide Erleichterungen für die Führung des Investmentvermögens und für Dokumentation und Information auf. Sie bieten einen weiteren Spielraum hinsichtlich der Anlagegegenstände. Allerdings unterscheiden sich diese beiden Sondervermögenstypen wesentlich in ihrem Fokus: Während der Fokus der Sonstigen Sondervermögen auf der Möglichkeit innovative Finanzinstrumente zu nutzen und somit auf den Anlagegegenständen liegt, steht bei den Spezial Sondervermögen die Anlegergruppe im Mittelpunkt.

Da Spezial Sondervermögen auf institutionelle Anleger ausgerichtet sind, sind nicht nur die Anlagegegenstände erweitert. Vielmehr sind die Zustimmung und die Beteiligung der Anleger an der Anlagestrategie und den Ausschüttungsentscheidungen das zentrale Element der Gestaltung des Spezial-Sondervermögens. Mit Zustimmung der Anleger können die zulässigen Anlagegegenstände erweitert, von den Anlagegrenzen abgewichen und die Fremdkapitalquote erhöht werden. Die Informationspflichten sind abbedungen, da institutionelle Anleger nicht dem Schutz durch einen Verkaufsprospekt bedürfen. Auch wird das Genehmigungserfordernis der Depotbank durch die BaFin auf eine allgemeine Genehmigung beschränkt. Die Ratio dieser Regelung ist, dass institutionelle Anleger keines Schutzes durch die Genehmigung einer spezifischen Depotbank durch die BaFin bedürfen.[262] Die Regelung der Spezial Sondervermögen ist anlegerbezogen.

Es kann festgehalten werden, dass die Produktregulierung anlagegegenstandsbezogene und anlegerbezogene Sondervermögen sowie Zielfonds etabliert. Die Implementierung der verschiedenen Typen von Sondervermögen sucht verschiedenen Anliegen durch Einrichtung spezifischer Sondervermögen gerecht zu werden.

4.1.2.1.9 Kritik an der Produktregulierung

In der Literatur wird die Produktregulierung kritisiert, da sie an die Rechtsform des Investmentvermögens anknüpft und daher „evident sachwid-

262 Siehe zu dem geringeren Schutzbedürfnis der Anleger in Spezial-Sondervermögen, *Beckmann*, in Beckmann/Scholtz, Investment, 410 § 2 Rn. 34.

rig"[263] sei. Nach dem heute erreichten Stand des Kapitalmarktrechts könne effektiver Anlegerschutz nur am öffentlichen Vertrieb von Kapitalanlagen ansetzen und dann höchstens nach unterschiedlich schutzbedürftigen Anlegersegmenten intern differenziert werden.[264]

Die bestehende Form der Produktregulierung führt zu einem uneinheitlichen Ansatz, der wenig übersichtlich ist und Schutzlücken lässt. So gibt es Sondervermögen, die auf die spezifischen Bedürfnisse institutioneller Anleger zugeschnitten sind. Die Bedürfnisse anderer Anlegergruppen werden jedoch nicht durch eigene Fondstypen berücksichtigt.

Auch anlagegegenstandsbezogene Sondervermögen gibt es in verschiedenen Ausgestaltungen. Eine Ausgestaltung, unter die beispielsweise Gemischte Sondervermögen fallen, weist eine großen Bandbreite zulässiger Anlagegegenstände auf. Eine andere hat einen Fokus auf speziellen Anlagegegenständen, wie etwa Immobilien Sondervermögen und Infrastruktur Sondervermögen. Die speziellen Anlagegegenstände, denen eigene Sondervermögenstypen gewidmet sind, also Immobilien und ÖPP-Projekte, sind illiquide. Es fällt jedoch auf, dass Immobilien-Sondervermögen sich aus der historischen Entwicklung des Investmentwesens, in dem traditionell das Investment in Grundeigentum eine bedeutende Rolle spielte, entwickelt hat. Die Einführung von ÖPP-Sondervermögen ist eine neuere politische Entscheidung, die nicht besonderen Bedürfnissen, sondern dem politischen Willen, ÖPP-Projekte zu fördern geschuldet ist. Aus der willkürlich anmutenden Auswahl an Anlagegegenständen, für die es spezielle Investmentvermögen gibt, resultiert die Frage, warum nicht für weitere Anlagegegenstände spezielle Fonds eingeführt wurden.

Dieselbe Frage stellt sich für die Zielfonds, da argumentiert werden kann, dass es weitere gesellschaftliche Anliegen gibt, die durch die Einrichtung eines speziell auf sie zugeschnittenen Sondervermögens besser gefördert werden könnten. Denkt man diesen Ansatz weiter, so ergibt sich ein Bedürfnis für eine schier endlose Anzahl spezifischer Sondervermögen. Eine Ausweitung der Sondervermögenstypen würde zu einer großen Anzahl an Regelungen, einer geringeren Transparenz der gesetzlichen Regelungen sowie einem größeren Aufwand der Aufsicht über die Spezialvehikel führen. Die Produktregulierung scheint einen recht willkürlichen Ansatz hinsichtlich der Auswahl der Anlagegegenstände und zu fördernden Zwecke zu

263 *Köndgen/Schmies* in Schimansky/Bunte/Lwowski, Bankrechts-Handbuch, § 113 Rn. 34.
264 *Hopt*, Inwieweit empfiehlt sich eine allgemeine gesetzliche Regelung des Anlegerschutzes?, Gutachten G zum 51. Deutschen Juristentag, 1976, G, S. 86 ff.

verfolgen. Ein Ansatz der Produktregulierung kann keine umfassende Regelung aller Fälle bieten, in denen ein Bedürfnis für einen speziellen Sondervermögenstyp besteht.

Des Weiteren stellt sich generell die Frage, ob der Gesetzgeber taugliche Anknüpfungspunkte für die Regelung der verschiedenen Typen von Sondervermögen gewählt hat. Diese Frage ist besonders aus der Perspektive des Anlegerschutzes bedeutend, da sich ob der Lückenhaftigkeit der Produktregulierung die Frage ergibt, ob die Regulierung einiger spezifischer Sondervermögenstypen ein für die Allgemeinheit der Anleger angemessenes Schutzniveau schaffen kann.

4.1.2.2 *Mögliche Anknüpfungen für eine Regulierung von Investmentvermögen*

4.1.2.2.1 Anlagegegenstände als Anknüpfung

Die Regulierung spezifischer Sondervermögenstypen bietet die Möglichkeit, einen Schutz vor den dem jeweiligen Sondervermögen inhärenten Risiken im Rahmen der Ausgestaltung der Regelungen für die einzelnen Sondervermögen zu etablieren. Eine Anknüpfung an die Anlagegegenstände hat den Vorteil, dass den spezifischen Risiken dieser Vermögensgegenstände vorgebeugt werden kann. Wie bei Immobilien-Sondervermögen können z.B. spezielle Liquiditätsregeln und Risikomanagementsysteme vorgegeben werden können.

Eine Anknüpfung an den Schwerpunkt der Anlagegegenstände trägt allerdings nicht den realen Gegebenheiten der Finanzbranche Rechnung. Inzwischen besteht eine funktionelle Konvergenz[265] zwischen verschiedenen Finanzinstrumenten, Wertpapieren und sogar Versicherungen. Es erscheint sachwidrig, die Fondsregulierung typisierend an der Kategorie des Anlagegegenstands festzumachen, da die ökonomisch gleichen Ziele auch mit anderen Vermögensgegenständen erreicht werden können. Durch die funktionelle Konvergenz können auch Risiken auftreten, welche nicht unbedingt auf einen Anlagegegenstandstyp beschränkt bleiben. Risiken können sich in Wechselwirkung mit anderen Anlagegegenständen erhöhen und es können systemische Risiken auftreten, welchen nicht anlagegegenstandsspezifisch begegnet werden kann.

Eine Beschränkung auf bestimmte Anlagegegenstände, die mit einer Fokussierung eines Fondsvehikel auf einen Schwerpunkt einhergehen, kann zudem die Anlagestrategie des Investmentvermögens einschränken und

265 *Benjamin*, Financial Law, Rn. 28.02 ff.

behindern, ohne dass dies durch einen erhöhten Anlegerschutz oder Kostenersparnisse gerechtfertigt wäre. Eine fixe Anlagegrenze kann nicht immer den Bedürfnissen des Einzelfalls Rechnung tragen. Vielmehr kann sie dazu führen, dass in einem spezifischen Fall die Spielräume zu weit sind und unangemessene Risiken eingegangen werden, in anderen Fällen aber sinnvolle Anlagestrategien verhindert werden. Selbiges gilt für die Grenzen der Fremdkapitalaufnahme. Die Schutzdefizite bei gleichzeitiger Einschränkung der Flexibilität sind besonders evident, wenn berücksichtigt wird, dass die Anlegerschaft bei Sondervermögenstypen unterschiedlich zusammengesetzt sein kann. Anleger mit unterschiedlichen Intentionen und unterschiedlichem Finanzwissen können gerade in die Sondervermögen investieren, die eine breite Palette an zulässigen Anlagegegenständen aufweisen. Ein Gemischtes Sondervermögen kann auf professionelle Anleger ausgerichtet sein, jedoch auch auf Privatkunden. Fixe Anlagegegenstandsgrenzen und Grenzen für die Fremdkapitalaufnahme können nicht den Bedürfnissen aller Anlegergruppen gleichzeitig Rechnung tragen.

Nun werden sich auf den durch Innovation geprägten Finanzmärkten ständig neue Finanzinstrumente entwickeln, welche von einer detaillierten Anlagegegenstandsregulierung nicht erfasst sein können. Es ist praktisch nicht möglich, ausreichend schnell Gesetzesreformen durchzuführen, die mit der Dynamik des Kapitalmarktes Schritt halten. Werden die sich neu entwickelnden Finanzinstrumente nicht vom Gesetz erfasst, stellt sich dann die Frage, ob ihre Verwendung allgemein untersagt sein soll. Ein generelles Verbot könnte den Finanzplatz Deutschland im internationalen Wettbewerb um Investmentvermögen behindern. Sollen diese neuen Finanzinstrumente zulässig sein, besteht aber die Gefahr, dass sie durch eine funktionelle Konvergenz eine Umgehung der bestehenden Anlagegegenstands- und Anlagegrenzenregulierung ermöglichen oder auch ganz neue Risiken mit sich bringen. Folglich ist festzuhalten, dass eine Investmentvermögensregulierung, die an Anlagegegenstände anknüpft, nicht alle Neuerungen berücksichtigen kann. Es ist ihr nicht möglich, die erforderliche Flexibilität von Investmentvermögen bei einer ausreichenden Risikokontrolle zu gewährleisten. Sie ist nicht sachgerecht.

4.1.2.2.2 Anknüpfung an die Ziele

Bei einer Anknüpfung an die Ziele, welche Investmentvermögen erreichen sollen, besteht wie bei einer Anknüpfung an die Anlagegegenstände das Problem, dass es kaum möglich ist, für jedes erdenkliche Ziel des Investmentsparens eine eigene Fondskategorie zu implementieren. Jede Beschränkung der Anzahl von Zielfondstypen muss willkürlich sein. Es wäre möglich, eine Kategorisierung der Ziele vorzunehmen. Allerdings wäre es auch dann praktisch schwer zu gewährleisten, alle potentiell vorhandenen Ziele zu erfassen. Daher scheint dieser Ansatz nicht geeignet, eine systematische Investmentvermögensregulierung zu bewirken.

4.1.2.2.3 Anknüpfung an die Anlegergruppen

Eine Anknüpfung an die Anlegergruppen bedürfte einer Kategorisierung der möglichen Anleger, da diese wie ihre Anlageziele divergieren. Hier könnten ein risikobasierter Ansatz für die Kategorisierung gewählt und die Anlegergruppen nach den Risiken gebündelt werden, denen sie bei der Anlage in Investmentvermögen ausgesetzt sind. Die Unterschiede hinsichtlich der Risiken bestehen zum einen im Wissenstand der Anleger, da die Risiken einer Fehlentscheidung bei der Auswahl des Investmentvermögens mit der Höhe des Finanzwissens sinken. Zum anderen bestehen sie in der Risikobereitschaft bei der eigentlichen Kapitalanlage. Für eine Kategorisierung günstig ist, dass bei Anlegergruppen oftmals ein niedriges Finanzwissen mit einer geringen Risikobereitschaft hinsichtlich der eigentlichen Kapitalanlage einhergehen dürfte. Natürliche Personen, die privat ihr Vermögen anlegen, dürften in der Regel über einen niedrigeren Wissenstand verfügen als juristische Personen bzw. die für juristische Personen handelnden Personen. Die für juristische Personen handelnden Personen dürften auf Grund des in der Regel höheren Kapitals der juristischen Personen sowie mangels persönlicher Betroffenheit bei einem Fehlschlagen des Investments eine höhere Risikobereitschaft aufweisen.

4.1.2.2.4 Anknüpfung an die investmentspezifischen Risiken

Eine weiterer möglicher Anknüpfungspunkt wären die investmentvermögensspezifischen Risiken. Die bisherige Anlagegegenstandsregulierung sieht Regelungen vor, welche die Materialisierung besonderer mit den Sondervermögenstypen verbundener Risiken vermeiden sollen. Daher erscheint es möglich, nicht den Umweg über die Anlagegegenstände als Anknüpfung zu wählen, sondern direkt an die Risiken anzuknüpfen. Solche Risiken könnten beispielsweise Liquiditätsrisiken sein sowie Interessenkonflikte, Informationsasymmetrien und Fehlverhalten der KAG.

4.1.2.2.5 Zwischenfazit Anknüpfungspunkte für Regulierung

Es kann festgehalten werden, dass eine Investmentvermögensregulierung praktikabel erscheint, welche an die Anlegergruppen anknüpft. Alternativ kann ein risikobasierter Ansatz in Betracht gezogen werden. Daher soll nun ein Blick auf das englische Recht erfolgen, in dem sowohl risikobasierte Regulierungsstrategien sowie eine Anlegergruppenregulierung bereits erfolgen. Hierbei sollen die Regulierungsstrategien im Blickpunkt stehen, insbesondere das System der prinzipien-basierten Regulierung.

4.2 INVESTMENTRECHTLICHER ANLEGERSCHUTZ IN ENGLAND

Die Darstellung der englischen Investmentvermögensregulierung soll mit einer Darstellung der Aufsichtsbehörde beginnen, um die Rahmenbedingungen der Regulierung aufzuzeigen.

Die FSA ist die Behörde, die in Großbritannien für die Regulierung des gesamten Finanzdienstleistungssektors zuständig ist. Sie ist ein Privatrechtssubjekt („private company limited by guarantee"), dessen Finanzierung allein durch die beaufsichtigten Institute erfolgt.[266] Die FSA wurde mit hoheitlichen Befugnissen gemäß dem Financial Services and Markets Act beliehen (FSMA 2000).

4.2.1 *Die Rechtsetzungsbefugnisse der FSA*

Die FSA hat wie die BaFin keine originäre Rechtssetzungsbefugnis. Allerdings verfügt sie über weitreichende abgeleitete Normsetzungskompetenzen, die sie anders als die BaFin direkt vom Parlament ableitet. Die weitreichenden Kompetenzen gründen in dem britischen Prinzip der parlamentarischen Souveränität („parliamentary sovereignty"),[267] nach dem das Parlament das oberste Staatsorgan ist. Das Prinzip der parlamentarischen Souveränität bewirkt, dass die Verfassungsmäßigkeit von Parla-

266 *Lindemann* in Boos/Fischer/Schulte-Mattler, Kreditwesengesetz, § 16 Rn. 41.

267 *Sommermann*, Die Bedeutung der Rechtsvergleichung für die Fortentwicklung des Staats- und Verwaltungsrechts in Europa, DÖV, 1999, 1017; *Shears/Stephenson*, James' Introduction to English Law, S. 117; *Schwarze*, Europäisches Verwaltungsrecht, S. 133 f.; ausführlich *Goldsworthy*, The Sovereignty of Parliament, S. 9 ff.; *Barnet*, Constutional & Adminsitrative Law, S. 133 ff.; *Allen/Thompson*, Constitutional and Adminstrative Law, S. 41 ff.; *Wade* in Dicey, Einführung in das Studium des Verfassungsrechts, S. 25.

mentsgesetzen grundsätzlich nicht gerichtlich überprüft werden kann.[268] Das Parlament ist auf Grund der parlamentarischen Souveränität befugt, Gesetzgebungskompetenzen ohne Begrenzungen an die Exekutive zu delegieren.[269] Eine mit Art. 80 I S. 2 GG vergleichbare Norm, welche fordert, dass Inhalt, Zweck und Ausmaß der Verordnungsermächtigung durch ein formelles Gesetz festgelegt werden müssen, findet sich im britischen Recht nicht. Ebenso ist die Wesentlichkeitstheorie dem britischen Recht unbekannt. Folglich bestehen keine Anforderungen an den Inhalt der Ermächtigungsgrundlage für die Normsetzungskompetenz der Exekutive.[270] In Großbritannien besteht theoretisch eine klare Trennung zwischen Legislative und Administrative. Sie verschwimmt jedoch in der Praxis auf Grund der weitreichenden Delegation von Normsetzungsbefugnissen an die Verwaltung.[271]

Die FSA hat grundsätzlich das Recht, Regelungen in Bezug auf die regulierten Rechtssubjekte zu erlassen, welche ohne weitere Zustimmungserfordernisse den Rang von Sekundärrecht erhalten.[272] Sie kann aufgrund einer Generalermächtigung autonom und flexibel Recht setzen.[273] Das englische Finanzministerium, die HM Treasury, übt keine Rechts- oder Fachaufsicht aus und die Einflussmöglichkeiten des Chancellor of the Exchequer sind begrenzt.[274] Die Normsetzungsbefugnisse der FSA unterliegen jedoch sowohl den Beschränkungen des Financial Services and Markets Acts (FSMA 2000) als auch denen des öffentlichen Rechts.[275] FSMA 2000 definiert die Ziele der Normsetzung durch die FSA. Die von section 2 (2) FSMA 2000

268 *Wade/Forsyth*, Administrative Law, S. 27; die beiden bestehenden Ausnahmen gehen auf europarechtliche Vorgaben zurück. So kann eine gerichtliche Überprüfung erfolgen, ob Parlamentsgesetze mit dem Human Rights Act 1998, welcher die europäische Menschenrechtskonvention in das britische Recht implementiert, vereinbar sind, sowie die Überprüfung, ob die Gesetze mit dem Recht der EU harmonieren.

269 *Schädle*, Exekutive Normsetzung in der Finanzmarktaufsicht, S. 36.

270 *Saunders* in Hesse/Johnson, Constitutional Policy and Change in Europe, S. 75; *Trantas*, Die Anwendung der Rechtsvergleichung, S. 81.

271 Vgl. *Schädle*, Exekutive Normsetzung in der Finanzmarktaufsicht, S. 36; *Saunders* in Hesse/Johnson, Constitutional Policy and Change in Europe, S. 75.

272 *Threipland* in Blair, Blackstone´s Guide Financial Services & Markets Act, S. 138.

273 *Halfpap*, Kapitalmarktaufsicht in Europa und den USA, S. 206.

274 Dies stellt einen bedeutenden Unterschied zu der Situation der BaFin dar, die der Rechts- und Fachaufsicht des Bundesministers der Finanzen (BMF) untersteht, § 2 FinDAG. Zudem kann die Verordnungsermächtigung der BaFin jederzeit durch das BMF widerrufen werden, da der Erstdelegar die Unterermächtigung widerrufen kann, vgl. hierzu *Ossenbühl* in Erichsen/Ehlers, Allgemeines Verwaltungsrecht, § 6 Rn. 15.

275 *Halfpap*, Normsetzungsbefugnisse von Kapitalmarktaufsichtsbehörden, BKR 2009, 65 (66).

genannten Ziele von Aufsicht und Regulierung sind: Die Förderung des Vertrauens in die Finanzmärkte („market confidence"), die Bildung des öffentlichen Verständnisses für das Finanzsystem („public awareness"), der Verbraucherschutz („protection of consumers"), sowie die Dezimierung von Finanzmarktstraftaten („reduction of financial crime"). Des Weiteren hat die FSA die „Principles of good regulation" zu beachten.[276]

Die Zielsetzungen sind sehr weit, so dass bei der Normgebung durch die FSA eine Abwägung der Ziele erfolgen muss. Die Abwägung geht weit über eine Umsetzung von Entscheidungen des Parlamentes in technische Normen hinaus. Die Verordnungsermächtigung enthält keine konkrete Inhaltsbestimmung, so dass die Normsetzungskompetenzen der FSA die der BaFin bedeutend übersteigen. Die FSA hat daher einen weiten Handlungsspielraum und große Flexibilität.

Die demokratische Legitimation der FSA-Normgebung wird durch Rechenschaftpflichten und öffentliche Beteiligung, insbesondere Konsultationen gewährleistet. Die FSA ist dem Finanzministerium rechenschaftspflichtig, das Finanzministerium in Person des Finanzministers ist wiederum dem Parlament verantwortlich.[277] Des Weiteren werden Verbrauchern und Marktteilnehmern mittels beratender Gremien einbezogen,[278] so dass auf dieser Ebene eine Rückkopplung mit den Regulierungsadressaten erfolgt. Die niedrigere demokratische Legitimation soll durch die Beteiligung der Adressaten ausgeglichen werden, die auch Kontrollaufgaben der beratenden Gremien umfasst. Das Consumer Panel hat daher die Funktion, die Handlungen der FSA zu kontrollieren, wobei ein besonderes Augenmerk auf einem hinreichendem Verbraucherschutzniveau liegt.[279] Zudem gibt es einen Ombudsmann.[280] Bei Normgebungsverfahren erfolgen extensive öffentliche Konsultationen, die den interessierten Kreisen Gelegenheit zur Stellungnahme geben. Die Konsultationen sollen ebenfalls zur Legitimation der Normsetzung beitragen.

---

276 Section 2 (3) FSMA 2000.

277 Vgl. *Taylor* in Blair, Blackstone´s Guide Financial Services & Markets Act, 2001, S. 17, 20 ff.

278 Sections 9, 10 FSMA 2000. Die Verbraucher werden durch das Consumer Panel und die Finanzindustrie durch das Practitioner Panel repräsentiert.

279 *Schädle*, Exekutive Normsetzung in der Finanzmarktaufsicht, S. 51; vgl. allgemein zu Kontrollgremien in der britischen Wirtschaftsregulierung (sog. Watchdogs), *Stirton/Lodge*, Transparency Mechanisms: Building Publicness into Public Services, 28 Journal of Law and Society (2001), 471 (480 ff.).

280 Sections 225 ff. FSMA 2000.

4.2.2 *Vergleich der Rechtsetzungskompetenzen von FSA und BaFin*

Die britische Finanzmarktregulierung zeichnet sich also schon durch eine grundlegend andere Kompetenz- und Legitimationsstruktur der FSA im Vergleich zur BaFin aus. Die FSA hat weitergehende Normsetzungsbefugnisse, deren Voraussetzung allerdings Konsultationen mit den betroffenen Kreisen sowie eine Einbeziehung dieser Kreise durch institutionalisierte Gremien ist. Dies ist ein Ausdruck des stärkeren direkten Kontaktes der englischen Finanzmarktregulierung mit den Marktteilnehmern. Daher ist bei der weiteren Analyse der englischen Investmentvermögensregulierung zu beachten, dass Anregungen für das deutsche Recht unter dem Vorbehalt der bedeutenden Unterschiede zwischen den Kompetenzen der Aufsichtsbehörden betrachtet werden müssen.

4.2.3 *Die gerichtliche Kontrolle der Verwaltung*

Eine gerichtliche Überprüfung des Verwaltungshandelns ist möglich. Allerdings existiert keine eigene Verwaltungsgerichtsbarkeit in Großbritannien. Die ordentlichen Gerichte sind für Rechtsstreitigkeiten zwischen Bürger und Staat zuständig. Den Gerichten steht ein weiter Gestaltungsspielraum bei der Gewichtung administrativer Belange zu, der Verwaltung wird allerdings weitgehend eine Einschätzungsprärogative zugestanden.[281] Solange die administrativen Entscheidungen einem Mindestmaß an Plausibilität und Nachvollziehbarkeit genügen, werden sie nicht von den Gerichten beanstandet.[282] Somit unterliegen etwa Durchsetzungsmaßnahmen der FSA nur einer relativ geringen Überprüfung. Anstatt eines gerichtlichen Verfahrens kann auch eine Beschwerde gegen ein Tun oder Unterlassen der FSA eingereicht werden. Für Beschwerden ist eine unabhängige Beschwerdestelle zuständig, an die Beschwerden nach einer internen Prüfung durch die FSA weitergeleitet werden.[283] Ausdrücklich ausgenommen vom Beschwerdeverfahren ist allerdings die Normsetzung durch die FSA.[284]

---

281 *Sendler*, Über richterliche Kontrolldichte in Deutschland und anderswo, NJW 1994, 1518 (1520).

282 *Sendler*, Über richterliche Kontrolldichte in Deutschland und anderswo, NJW 1994, 1518 (1520).

283 Zuständig für Beschwerden ist der sogenannte „Complaints Commissioner", vgl. Schedule 1 FSMA 2000.

284 Schedule 1 para. 7 FSMA 2000.

4.2.4 *Besonderheiten der Normsetzungsbefugnisse der FSA*

Die Normsetzungsbefugnisse der FSA zeichnen sich durch ein hohes Maß an Flexibilität aus.[285] Sie erlauben es der FSA, eigeninitiativ in kurzer Zeit auf veränderte Bedingungen am Kapitalmarkt zu reagieren. Diese Fähigkeit ist gerade vor dem Hintergrund des sich schnell wandelnden Kapitalmarkts von erheblicher Bedeutung.[286]

Der FSMA 2000 ermächtigt die FSA, generelle sowie spezifische Gesetze zu erlassen.[287] Von besonderer Bedeutung ist in diesem Zusammenhang die Generalermächtigung der Section 138 FSMA 2000, welche der FSA erlaubt, in ihrem Zuständigkeitsbereich alle Regeln zu treffen, die ihr für den Schutz der Anleger notwendig und erforderlich erscheinen. Die FSA kann sich verschiedenster Typen von Normen bedienen, deren Rechtswirkung nur schwerlich mittels allgemeiner Rechtsgrundsätze bestimmt werden kann.[288] So kann die FSA Principles,[289] Rules,[290] Evidential Provisions,[291] Guidance,[292] Codes[293] und Statements of Policy[294] erlassen. Die Vielzahl von verwendeten Begriffen für die verschiedenen Regulierungsinstrumente bewirkt, dass die Bezeichnungen wenig aufschlussreich hinsichtlich der Rechtswirkung der einzelnen Instrumente sind.[295]

4.2.4.1 *FSA Handbook*

Die FSA hat ihrer Ermächtigung zur Finanzmarktregulierung durch die Erarbeitung eines umfangreichen Handbooks of Rules and Guidance (FSA

---

285 *Halfpap*, Normsetzungsbefugnisse von Kapitalmarktaufsichtsbehörden, BKR 2009, 65 (71).

286 So auch *Halfpap*, Normsetzungsbefugnisse von Kapitalmarktaufsichtsbehörden, BKR 2009, 65 (71).

287 Die generelle Gesetzgebungsbefugnis bezieht sich auf die Regelung jedweder Aktivität, welche die autorisierten Personen ausüben, soweit die Norm erforderlich oder sinnvoll für den Schutz der Verbraucher ist, vgl. s. 138 FSMA 2000. Die spezifischen Gesetzgebungsbefugnisse resultieren aus ss. 140-147 FSMA 2000.

288 *Schwarze*, Europäisches Verwaltungsrecht, S. 137; *Oeter* in Frowein, Kontrolldichte bei der gerichtlichen Überprüfung von Handlungen der Verwaltung, S. 277.

289 S. 64 (1) FSMA 2000.

290 Ss. 138, 144 ff. FSMA 2000.

291 S. 149 FSMA 2000.

292 S. 157 FSMA 2000.

293 S. 64 FSMA 2000.

294 S. 124 FSMA 2000.

295 Vgl. *Wade/Forsyth*, Administrative Law, S. 867 ff.; *Brinktrine*, Verwaltungsermessen in Deutschland und England, S. 321 f.

Handbook) entsprochen.[296] Das Handbuch ist online auf der FSA Homepage abzurufen.[297] Es gliedert sich in insgesamt 7 Kapitel[298] und wird durch ein Register („glossary") ergänzt, welches die Definitionen einzelner Rechtsbegriffe enthält. Das FSA Handbook beginnt mit den sogenannten „Principles of Business" („Principles")[299]. Des Weiteren folgen spezielle Bücher („Sourcebooks" – Quellenbücher), die sich auf verschiedene Regulierungsgegenstände beziehen. Diese werden vom FSA Handbook nach den Kategorien „Prudential Standards", „Business Standards", „Regulatory Processes", „Redress", „Specialist Sourcebooks", „Listing, Prospectus and Disclosure" und „Handbook Guidance" unterteilt.

Generell handelt es sich bei den Principles um die grundlegenden Verhaltens- und Organisationspflichten der regulierten Unternehmen. Sie wurden als 11 generalklauselhaft formulierte grundlegende Prinzipien an die Spitze des FSA Handbooks gestellt.[300]

Für das Investmentfondsrecht sind drei Bücher des FSA Handbooks besonders relevant: Das Collective Investment Schemes Sourcebook (COLL), die Listing Rules und das Sourcebook Conduct of Business Rules (COBS). Unter COLL fallen gemäß s. 235 FSMA 2000 alle Collective Investment Schemes (CIS),[301] so dass sämtliche autorisierten Unit Trusts sowie Open-ended Investment Companies (OEICs) umfasst werden.

---

296 Vgl. zu der Systematik des FSA Handbooks *Kennedy*, in Blair/Walker, Financial Services Law, Rn. 3.01 ff.; *MacNeil*, An Introduction to the Law on financial Investment, S. 32 ff.; auch *Toube/Chavda* in Perry, The Financial Services and Markets Act 2000, S. 232 ff.

297 http://fsahandbook.info/FSA/html/handbook

298 High Level Standards, Prudential Standards, Business Standards, Regulatory Processes, Redress, Specialist Sourcebooks sowie Listing, Prospectus and Disclosure.

299 Diese befinden sich im sogenannten „High-Level-Standard" Kapitel des FSA Handbooks.

300 Ähnliche Prinzipien gelten auch für „approved persons". Vgl. APER 2.1. des FSA Handbooks.

301 CIS sind : "any arrangements with respect to property of any description, including money, the purpose or effect of which is to enable persons taking part in the arrangements (whether by becoming owners of the property or any part of it or otherwise) to participate in or receive profits or income arising from the acquisition, holding, management or disposal of the property or sums paid out of such profits or income. The arrangements must be such that the persons who are to participate ("participants") do not have day-to-day control over the management of the property, whether or not they have the right to be consulted or to give directions. The arrangements must also have either or both of the following characteristics (a) the contributions of the participants and the profits or income out of which payments are to be made to them are pooled; (b) the property is managed as a whole by or on behalf of the operator of the scheme."

4.2.4.1.1 Definition der Collective Investment Schemes

Die Kerndefinition ist die der „Collective Investment Schemes", die Arrangements darstellen, welche bestimmte Charakteristika aufweisen müssen. Der Begriff „Arrangements" umfasst alle möglichen Organisationsformen von Investmentvermögen und ist denkbar weit zu verstehen.[302] Er beinhaltet gesellschaftsrechtliche Organisationsformen, Trust-Konstruktionen, rein vertragliche Gestaltungen[303] sowie die Schritte, die zu der Errichtung eines CIS unternommen werden.[304] Die Definition kann jedoch durch eine Order der Treasury eingeschränkt werden.[305]

Arrangements sind nur dann als CIS einzustufen, wenn sie einen Vermögensbezug aufweisen, einen bestimmten Zweck oder Effekt haben, eine Vermögensbündelung bewirken und die Anleger keine Kontrolle über das Tagesgeschäft haben.

Das CIS muss ein Arrangement sein, das einen Bezug zu Vermögen aufweist. Vermögen umfasst Eigentum an beweglichen und unbeweglichen Sachen, und es wird explizit klargestellt, dass darunter auch Eigentum an Geld fällt. Ein CIS muss sich nicht auf spezifische Investments oder generell auf Investments beziehen, wie sie in FSMA 2000 definiert werden.[306] Die Art von Vermögen, in das investiert wird, kann eine Rolle für die Anwendbarkeit von Ausnahmen der Treasury Order spielen.[307]

4.2.4.1.1.1 Zweck oder Effekt des CIS („Purpose or effect")

Die Arrangements müssen zudem einen bestimmten „Purpose or Effect" (Zweck oder Effekt) haben, damit sie in die Kategorie des CIS fallen. Der Zweck sind die subjektiven Motive für die Errichtung des Arrangements und bezieht sich auf den intendierten Effekt, der mit dem Arrangement erzielt werden soll. Es ist unerheblich, ob dieser auch erreicht wird. Der Begriff Effekts umfasst die Auswirkungen, die das Arrangement tatsäch-

302 Siehe Re Basic British Slag's Application [1963] 1 WLR 727, zu „arrangements" unter dem Restrictive Trade Practices Act 1956 s. 6(3); Office of Fair Trading v Lloyds TSB Bank plc [2004] EWHC 2600 worin Arrangments nach s. 187 Consumer Credit Act 1974 ausgelegt werden.

303 *Lomnick* in Blair/Walker, Financial Services Law, S. 662.

304 *Laddie J*, The Russel-Cooke Trust Company, [2002] EWHC 2227 (Ch), stellte fest, dass auch die zur Bildung eines Trusts führenden Schritte umfasst sind, wie z.B. der Transfer von Anlegergeldern auf ein gemeinsames Konto.

305 S. 235 (5) FSMA 2000.

306 *Laddie J*, The Russel-Cooke Trust Company, [2002] EWHC 2227 (Ch).

307 *Lomnick* in Blair/Walker, Financial Services Law, S. 663.

lich hervorruft. Er ist objektiv zu verstehen und bezieht sich auf faktisch verwirklichte Ziele.[308]

Der Zweck oder der Effekt des Arrangements muss darin liegen, dass die Personen, die sich an dem Arrangement beteiligen, an Profiten oder Einkommen partizipieren. Aus der Verwendung des Plurals „Personen" wird zum einen gefolgert, dass das Arrangement mehr als einen Anleger haben muss.[309] Zum anderen muss das Ziel des Arrangements sein, Einkommen oder Profite zu erzielen, an denen die Anleger dann partizipieren oder die sie erhalten. Es reicht nicht aus, dass das Arrangement die gesamten Gewinne oder sämtliches Einkommen thesauriert.

Die Gewinne oder das Einkommen müssen aus einer der folgenden Handlungen resultieren: der Akquisition, dem Halten, dem Management oder dem Verkauf der Anlagegegenstände. Diese Liste ist weit genug, um jede Handlung hinsichtlich der Anlagegegenstände zu umfassen.[310]

4.2.4.1.1.2 Fehlende Kontrolle über das tägliche Management („no day-to-day control")

Eine weitere Anforderung an CIS ist, dass die Anleger keine Kontrolle über die tägliche Verwaltung des Investmentvermögens haben.[311] Das Verbot der Kontrolle des Tagesgeschäfts wirft die Frage auf, wie eine Abgrenzung zwischen Weisungen einerseits und einer täglichen Kontrolle über das Management des Anlagevermögens andererseits zu ziehen ist. In der Literatur wird vertreten, dass unter der Kontrolle des Tagesgeschäfts die tatsächliche Kontrolle über das Management des Vermögens zu verstehen sei. An ihr fehle es, wenn die Anleger die Kontrolle über das Vermögen an andere abgegeben haben.[312] Ein gewisser Einfluss durch Weisungen solle nicht dazu führen, dass ein Investmentvermögen aus dem Anwendungsbereich der CIS fällt. Die Weisungen dürften aber nicht so extensiv sein, dass sie sich zu einer effektiven Kontrolle über das Vermögen auswachsen. Zudem reiche es aus, dass einige der Anleger keine Kontrolle über die

308 *Lomnick* in Blair/Walker, Financial Services Law, S. 663.

309 Siehe *Laddie J*, The Russel-Cooke Trust Company, [2002] EWHC 2227 (Ch).

310 *Lomnick* in Blair/Walker, Financial Services Law, S. 664.

311 S. 235 (2) FSMA 2000 besagt, dass die Anleger keine Kontrolle über das Tagesgeschäft („day-to-day controll") über das Management des Vermögens haben sollen; vgl. hierzu *Page/Ferguson*, Investor Protection, S. 185.

312 *Lomnick* in Blair/Walker, Financial Services Law, S. 665.

täglichen Geschäfte haben; es müssten nicht alle Anleger ihre Kontrolle delegieren.[313]

4.2.4.1.1.3 Vermögensbündelung oder Verwaltung des Vermögens als Ganzes („Pooling" oder „Management as a whole")

Das Arrangement muss ein Element des „Pooling", einer Bündelung, oder des „Management as a whole", also des Managements als Ganzes, aufweisen.[314] Pooling erfordert, dass die Beiträge der Anleger und die Profite oder das Einkommen, aus denen Zahlungen geleistet werden sollen, gebündelt werden. Sie müssen vermischt und dürfen nicht getrennt verwaltet werden.[315] Die zweite Alternative erfordert, dass das Vermögen als Ganzes durch oder für einen „Operator" gemanagt wird.

4.2.4.1.2 Die Investment Trust Company

Nicht unter Collective Investment Schemes, sondern unter die Listing Rules fallen Investment Trust Companies. Der FSMA 2000 statuiert im (Collective Investment Schemes) Order 2001, dass Körperschaften („body corporates"), mit Ausnahme von OEICS, nicht als CIS gelten. Für Investment Trust Companies ist die FSA nicht als Finanzmarktregulierer, sondern in ihrer Funktion als United Kingdom Listing Authority (UKLA) zuständig.[316] Die Investment Trust Companies gelten nicht als Collective Investment Schemes, sondern als gelistete Kapitalgesellschaften.

4.2.4.2 *Principle based Regulation*

Eine besonders interessante Alternative zur Produktregulierung im Investmentvermögensrecht, ist die prinzipien-basierte Regulierung. Sie ist ein von der FSA entwickelter Regulierungsansatz.

Die Grundlage für die prinzipien-basierte Regulierung bilden die verschiedenen Typen von Normen und Leitlinien, welche die FSA aufgestellt hat. Die prinzipien-basierte Regulierung legt den Fokus auf die Regulierung der Ergebnisse des Handels von Finanzunternehmen.[317] Sie baut

313 *Lomnick* in Blair/Walker, Financial Services Law, S. 665.
314 S. 253 (3) FSMA 2000.
315 *Lomnick* in Blair/Walker, Financial Services Law, S. 666.
316 L.R.1.1.1 i.V.m. Section 72(1) FSMA 2000.
317 *FSA*, Financial Promotions and other Communications, Consultation Paper 06/20 Rn. 2.9.

auf Verhaltensregeln auf,[318] anstatt detaillierte, prozessuale Vorgaben zu machen. Im Kontext des Investmentfondsrechts bedeutet dies, dass ein Schwerpunkt auf der Regulierung des Verhaltens von Managementgesellschaft und Depotbank liegt. Die Verhaltensstandards werden durch die Prinzipien festgelegt und durch untergeordnete Normen weiter ausgestaltet. Die prinzipien-basierte Regulierung kann einen risikoorientierten Ansatz verfolgen.

4.2.4.2.1 Gründe für eine prinzipien-basierte Regulierung

Einer der Gründe für die Einführung der prinzipien-basierten Regulierung in Großbritannien war die Wahrnehmung, dass sich detaillierte Normen zu einer Belastung der Ressourcen von Regulierungsbehörde und Marktteilnehmern entwickelten.[319] Besonders für kleine Unternehmen ohne Rechtsabteilung wurde die Befolgung detaillierter, komplizierter Normen als schwer zu bewerkstelligen eingestuft.[320] Der prinzipien-basierte Ansatz soll fortwährende Innovation ermöglichen und Raum schaffen, neue Produkte zu entwickeln. Ein Kanon fester Regeln könne nach Ansicht der FSA nicht den sich kontinuierlich verändernden Marktgegebenheiten und -praktiken Rechnung tragen, da er zwangsläufig Innovation verhindere oder verzögere.[321] Prinzipien erwiesen sich in einem wechselndem Marktumfeld als dauerhafter.[322] Die Verwendung von Prinzipien könne nicht nur Innovation fördern, sondern auch die Kosten für die Legislative und die Verwaltung senken, da Prinzipien nicht so oft reformiert werden müssten, wie präskriptive Normen.[323] Nachteile von klassischer Normsetzung mittels präskriptiver Normen seien, dass präskriptive Normen von dem Normzweck sowie von neuen Risiken ablenken können.[324] Werde allein auf Verhaltensstandards abgestellt, sei es einfacher, eine risikogerechte Regulierung zu erzielen. Nicht alle zukünftigen Risiken müssten vom Normgeber antizipiert werden. Vielmehr obliege dem Management

---

318 Vgl. *Eisele* in Schimansky/Bunte/Lwowski, Bankrechts-Handbuch, § 109 Rn. 14.

319 *FSA*, Focusing on the outcomes that matter, S. 6.

320 *Company Law Review Steering Group*, Modern Company Law for a competitive economy: Developing the Framework (2000), Rn. 6.14.

321 *FSA*, Focusing on the outcomes that matter, S. 6; *dies.*, A new regulator for the new millennium, S. 11.

322 *FSA*, Focusing on the outcomes that matter, S. 6; *dies.* A new regulator for the new millennium, S. 11.

323 *Walker* in Blair/Walker, Financial Services Law, S. 3.

324 *FSA*, Financial Promotions and other Communications, CP 06/20, Rn. 2.7.

der Finanzunternehmen die konkrete Beurteilung, ob bestimmte Handlungen die Prinzipien ausreichend berücksichtigen. Finanzunternehmen sollen sich zudem besser auf die Kernrisiken konzentrieren können, anstatt aufwendige Verfahren befolgen zu müssen.

Betrachtet man diese Begründung für die prinzipien-basierte Regulierung, stellt man fest, dass sie gerade den Besonderheiten sich dynamisch entwickelnder Rechtsgebiete Rechnung trägt.

4.2.4.2.2 Regulierte Selbstverwaltung

Die Einführung der prinzipien-basierten Regulierung in Großbritannien hat nicht nur neue Normtypen implementiert. Vorrangig hat sie Regulierung dahingehend verändert, dass der Staat nicht mehr Regulierungsmacht monopolisiert, sondern sie mit anderen Akteuren teilt.[325] Er delegiert Regulierungsaufgaben und Zuständigkeiten für das Funktionieren der Märkte an Firmen und Individuen, welche früher als Objekte oder Nutznießer von Regulierung galten. Anleger werden in Großbritannien zunehmend als Akteure in ein System einbezogen, das dort Meta-Regulierung genannt wird. In Deutschland wird ein vergleichbarer Regulierungsansatz unter dem Namen „regulierte Selbstverwaltung" oder „regulierte Selbstregulierung" diskutiert.[326]

Der Regulierungsansatz der prinzipien-basierten Regulierung ist eine Form der regulierten Selbstverwaltung. Verhaltensstandards für die Regulierten werden festlegt, in deren Rahmen die Adressaten selbstständig für das Erreichen der in den Prinzipien festgelegten Ergebnisse verantwortlich sind.[327] Bei diesem Modell wird der gesellschaftlichen Selbststeuerung der

---

325 *Williams*, Empowerment of whom and for what? Financial literacy education and the new regulation of consumer financial services, 29 Law & Policy (2007), 226 (233).

326 Vgl. zur regulierten Selbstregulierung etwa, *Eifert/Eicherer* in Hahn/Vesting, Rundfunkrecht, § 11 Rn. 72 f.; siehe auch *Ullrich*, Defizite bei der Regulierung der Selbstregulierung, MMR 2005, 743 ff.; *Ladeur*, „Regulierte Selbstregulierung" im Jugendmedienschutzrecht, ZUM 2002, 859 (860); kritisch zu dem Begriff, *Junker*, Gewährleistungsaufsicht über Wertpapierdienstleistungsfirmen, S. 49 ff.

327 So *Gray/Hamilton*, Implementing Financial Regulation, S. 195; am wohl einflussreichsten in der Debatte um dieses Konzept ist, *Ayres/Braithwaite*, Responsive Regulation: Transcending the Deregulation, S. 101-132, zu nennen, die darlegen, dass es erforderlich ist, ein besseres Verständnis zu erlangen, wie Regulierung mit den Regulierten interagiert und wie die Prozesse (sowohl in der Regulierungsbehörde sowie in den regulierten Unternehmen) ablaufen, die zu einer Verwirklichung der Regulierungsziele führen, und wie die Prozesse aussehen, wenn die Umsetzung der Regulierungsanforderungen fehlschlägt. Auf Basis der Auswertungen entwickeln sie ein Konzept der „responsive regulation", welches subtilere Regulierungstechniken verwendet und weniger auf hierarchischen

Vorrang gegenüber der imperativen staatlichen Feinsteuerung gegeben.[328] Der Staat beschränkt sein Handeln auf eine Anreiz- und Kontrollebene. Die primäre Handlungsverantwortung verlagert sich auf den privaten Sektor; weitgehende Einstandspflichten komplementieren diese Verantwortung.[329]

Der Grund für die Einführung regulierter Selbstverwaltung ist vor allem das Problem, dass es an einer ausreichenden Wissensbasis für staatliche Entscheidungen fehlen kann. Das Monopol des Amtsermittlungsgrundsatzes wird daher bei der regulierten Selbstverwaltung durch eine Verkoppelung von privatem und öffentlich verfügbarem Wissen ersetzt, welches allerdings auf seine Werthaltigkeit hin kontrolliert werden muss.[330] Die regulierte Selbstverwaltung wird durch einen Gehmigungsvorbehalt für die Aufnahme der Geschäftstätigkeit im Finanzdienstleistungssektor ergänzt.

4.2.4.2.3 Verstärkte Management Verantwortung in Finanzunternehmen

Metaphorisch wird die regulierte Selbstverwaltung in Großbritannien folgend beschrieben: Der Staat steuert, anstatt zu rudern.[331] Regierungsaufgaben werden durch Meta-Regulierungstechniken wahrgenommen, welche die Marktteilnehmer zu sowohl Regulierenden als auch Regulierten machen.[332] Durch die regulierte Selbstverwaltung kann der Staat seine Aufgaben verlagern und als Koordinator und Katalysator dienen. In England wird die Verantwortung zur Selbstregulierung vornehmlich auf die Finanzunternehmen übertragen, deren Management strikten Verhaltenspflichten unterliegt. Die Verhaltenspflichten sind in dem Buch „Senior Management Arrangements, Systems and Controls" (SYSC) festgelegt. Das obere Management soll stärker in die Pflicht genommen werden, die von der FSA und dem FSA Handbook festgelegten Ziele umzusetzen. Dafür erhält es größere Freiheiten bei der Umsetzung. Es erfolgt also eine Regulierung der Subjekte, die für die Selbstregulierung der Finanzunternehmen zuständig sind.

Strukturen von „command and controll" fundiert, sondern ein Konzept der „enforced self-regulation", also der vollstreckten Selbstregulierung, ist. Diese Anregungen hat die FSA aufgegriffen und versucht, sie mit SYSC umzusetzen.

328 Vgl. *Wißmann*, Generalklauseln S. 290; siehe auch *Goodhart/Hartmann/Llewellyn/Rojas-Suárez/Weisbrod*, Financial Regulation, S. 45.

329 *Wißmann*, Generalklauseln S. 290.

330 *Wißmann*, Generalklauseln S. 291.

331 *Osborne/Gaebler*, Reinventing Government: How the Entrepreneurial Spirit is transforming the Public Sector, S. 28.

332 *Williams*, Empowerment of whom and for what? Financial literacy education and the new regulation of consumer financial services, 29 Law & Policy (2007), 226 (233).

4.2.4.2.4 Verstärkte Anlegerverantwortung

Auf Ebene der Anleger findet sich ebenfalls ein Element der Selbstregulierung, welches relevant für das Verständnis des von der FSA propagierten Anlegerbildungssystems ist. Werden Anleger durch Anlegerbildung zu verständigen Anlegern, kann durch eine stärkere Betonung der Anlegerverantwortung ein Umfeld geschaffen werden, in welchem informierte Konsumenten Unternehmen überwachen.[333] Anleger können auf dem Markt nach Angeboten suchen und ihre Konsumentenmacht nutzen, um Unternehmen, welche unehrlich, inkompetent oder den Bedürfnissen der Konsumenten gegenüber gleichgültig eingestellt sind, aus dem Markt zu drängen.[334] Nutzen Anleger ihre Marktmacht effizient, entlasten sie die Regulierer, da diese die Finanzmärkte weniger stark überwachen müssen.[335]

Diese Überlegungen fallen in Großbritannien in den Kontext der gesellschaftlichen Entwicklungen unter New Labour. New Labour verfolgte ein Konzept, welches auf einer Verpflichtung gegenüber gemeinsamen Werten und Normen basiert. In seinem Kern stand die persönliche Verantwortung eines jeden Staatsbürgers, für die gemeinsamen Ziele einzutreten.[336] Im Rahmen dieses Konzeptes verschob sich die Rolle der Regierung von der automatischen Pflicht zur Schaffung eines sozialen Sicherheitsnetzes hin zum Ergreifen von Maßnahmen, welche das Individuum in die Lage versetzen sollen, selbst Entscheidungen zu treffen und seine Möglichkeiten effektiv zu nutzen.[337]

Die FSA hat klargestellt, dass sie wirtschaftliche Gründe als ausschlaggebend für Regulierung betrachtet und Regulierung nur dann als gerechtfertigt ansieht, wenn ein substantielles Marktversagen vorliegt.[338] Daher liegt ein Fokus der FSA-Regulierung darauf, Informationsasymmetrien zwischen Unternehmen und Konsumenten abzubauen. Publikationsanforderungen und Transparenz sowie Anlegerbildung sollen die Konsumenten

---

333 *Williams*, Empowerment of whom and for what? Financial literacy education and the new regulation of consumer financial services, 29 Law & Policy (2007), 226 (233).

334 *Williams*, Empowerment of whom and for what? Financial literacy education and the new regulation of consumer financial services, 29 Law & Policy (2007), 226 (233).

335 *Williams*, Empowerment of whom and for what? Financial literacy education and the new regulation of consumer financial services, 29 Law & Policy (2007), 226 (233).

336 *Gray/Hamilton*, Implementing Financial Regulation, S. 189.

337 *Gray/Hamilton*, Implementing Financial Regulation, S. 189.

338 *Davies*, Why Regulate, Rede vom 4. November 1998, abrufbar unter www.fsa.gov.uk/pubs/speeches/sp19.html.

in die Lage versetzen, durch ihre Entscheidungen das Verhalten der Firmen im Markt zu steuern.[339]

4.2.4.2.5 Verhinderung von Creative Compliance

Ein weiterer Grund für den ergebnisorientierten Ansatz ist die Wahrnehmung der FSA, dass präskriptive Normen bislang nicht ausreichend in der Lage waren, Fehlverhalten zu verhindern.[340] Detaillierte Normen ermöglichen Unternehmen, Wege zu finden, die Norm im technischen Sinne zu befolgen, ohne sich ihrer Ratio gemäß zu verhalten („Creative Compliance"). Ein prinzipien-basierter Regulierungsansatz, der den Fokus auf das Erreichen des Normzwecks legt, kann potentiell Verhalten der Unternehmen fördern, welches der Normratio entspricht. Eine Förderung kann insbesondere erfolgen, wenn vorhersehbar ist, dass die Regulierungsbehörde Maßnahmen zur Durchsetzung der Normen ergreifen wird.[341]

4.2.4.3 *Die Normtypen der FSA-Regulierung*

Neue Normtypen wurden eingeführt, welche eine neue Form der Regulierung ermöglichen sollen. Sie sollen die Möglichkeiten von Creative Compliance minimieren. Die im FSA Handbook verwendeten Normarten sind Principles, Rules, Evidential provisions und Guidance.

4.2.4.3.1 Principles

Prinzipien werden in der Regulierung durch die FSA auf verschiedenen Ebenen verwendet. Sie werden durch Regeln untermauert.[342] Ein Prinzip wird als eine der Normen definiert, welche in PRIN 2.1.1.R. (Principles for Businesses) festgelegt werden.[343] Die Prinzipien unter PRIN, sind sogenannte „High Level Principles", welche den Rahmen für eine Meta-

---

339 *Gray/Hamilton*, Implementing Financial Regulation, S. 195; vgl. *Hodges*, Encouraging enterprise and rebalancing risk: Implications of Economic policy for regulation, enforcement and compensation, EBLR (2007), 1231 (1245).

340 *FSA*, Principles-based regulation – Focusing on the outcomes that matter, S. 6.

341 *Black/Hopper/Band*, Making a success of Principles-based regulation, Law and Financial Markets Review (2007), 191 (195); siehe auch *Hannemann/Schneider/Hanenberg*, Mindestanforderungen an das Risikomanagement (MaRisk), S. 19.

342 *FSA*, Focusing on the outcomes that matter, S. 9.

343 FSA Handbook, Glossary, „principle".

Regulierung bestimmen. Sie statuieren allumfassende Anforderungen, die allesamt von den regulierten Unternehmen zu erfüllen sind.[344]

Die von der FSA implementierte prinzipien-basierte Regulierung ist in section 64 FSMA 2000 verankert. Section 64 besagt, dass die FSA Prinzipien hinsichtlich des Verhaltens autorisierter Personen („approved persons") statuieren kann. Die von der FSA verwendeten Prinzipien weisen die folgenden Charakteristika auf:[345] Einen hohen Verallgemeinerungsgrad mit dem Zweck abstrakte Anforderungen zu statuieren, welche flexibel in der sich schnell wandelnden Finanzbranche angewendet werden können. Die in den Prinzipien benutzten Begriffe sind qualitativ (wie z.B. „fair", „reasonable") und nicht quantitativ sowie zweckgerichtet. Sie sind auf eine Vielzahl von Situationen anwendbar und bestehen zum Großteil aus Verhaltensstandards wie z.B. „skills" (Fähigkeiten), „reasonable care" (angemessene Sorgfalt), „integrity" (Integrität). Prinzipien sind bindende Normen.[346]

Die Prinzipien sind für die regulierten natürlichen und juristischen Personen verbindlich und können im Falle eines Zuwiderhandelns durch die FSA sanktioniert werden.[347] Sie sind eigenständig durchsetzbar. Ein Verstoß gegen andere Tatbestände entfaltet gegenüber der Sanktionierung wegen Verstößen gegen Prinzipien keine Sperrwirkung. Ein Verstoß gegen ein Prinzip liegt nur dann vor, wenn die regulierte Person oder das Unternehmen ein Verschulden („fault") trifft. Er bewirkt allerdings weder die Nichtigkeit einer Transaktion noch eine Strafbarkeit.[348] Vielmehr kann die FSA aufsichtsrechtlich gegen das Unternehmen vorgehen. Der Klageweg steht bei Verletzung von Pflichten aus Prinzipien nicht offen, allein die FSA kann Fehlverhalten sanktionieren.[349] Betroffene Unternehmen oder Anleger haben keine Klagebefugnis. Aus Prinzipien der FSA-Regulierung erwachsen keine subjektiven Rechte.

---

344 *FSA*, Focusing on the outcome, S. 8.

345 *Black/Hopper/Band*, Making a success of principle based regulation, Law and Financial Markets Review (2007), 191 (192).

346 *Toube/Chavda* in Perry, The Financial Services and Markets Act 2000, S. 232; *Threipland* in Blair/Walker, Blackstone's Guide to FSMA 2000, S. 138.

347 Section 66 FSMA 2000; *Toube/Chavda* in Perry, The Financial Services and Markets Act 2000, S. 234.

348 S. 151 (1), (2) FSMA 2000 i.v. M. PRIN 3.4.4R; siehe hierzu *Chavda* in Perry, The Financial Services and Markets Act 2000, S. 253.

349 Eine zivilrechtliche Anspruchsgrundlage für Schadensersatzansprüche findet sich in s. 150 FSMA 2000. Allerdings werden in s. 150 (2) FSMA 2000 Prinzipien ausdrücklich aus dem Anwendungsbereich der Norm ausgenommen.

Der Erfolg einer prinzipien-basierten Regulierung wird von einer Reihe von Faktoren beeinflusst. Eine prinzipen-basierte Regulierungstechnik kann die operationellen Kosten für Unternehmen senken, weil sie bei der Verwendung von Prinzipien nicht mehr einem extensiven Regelwerk entsprechend handeln müssen. Allerdings kann es vorkommen, dass Prinzipien zu streng oder zu weit interpretiert werden, da sie vage formuliert sind.[350] Dies kann dazu führen, dass Unternehmen sich übervorsichtig verhalten und die operationellen Kosten steigen. Ebenso kann bei einer Fehlinterpretation der Prinzipien der gegenteilige Effekt eintreten. Prinzipien allein sind zu vage, um sicherzustellen, dass sich die regulierten Personen dem Zweck der Prinzipien gemäß verhalten. Deshalb werden sie bei der FSA-Regulierung durch Rules, Evidential Provisions und Guidance ergänzt.

4.2.4.3.2 Rules

Der Begriff „Rules" wird als von der FSA unter FSMA 2000 erlassene Regeln definiert, welcher Prinzipien und „evidential provisions" umfasst.[351] Diese Definition überrascht, da Rules und Principles unterschiedliche Normen mit unterschiedlichen Funktionen sind. Es stellt sich daher die Frage, ob Principles eine Unterkategorie der Rules sind. Wahrscheinlicher erscheint, dass die Dogmatik der verschiedenen Normarten noch nicht abschließend geklärt ist, so dass sich aus der Definition keine Konsequenz für die Behandlung von Prinzipien und Regeln ableiten lässt.

Die Funktion von Rules ist, die Principles durch Details zu ergänzen und zu präzisieren. Im FSA Handbook Rules werden durch den Buchstaben „R" gekennzeichnet. Ein Beispiel für eine Regel ist etwa COLL 5.2.5.:

> (1) In this chapter, the value of the scheme property of a UCITS scheme means the net value determined in accordance with COLL 6.3 (Valuation and pricing), after deducting any outstanding borrowings, whether immediately due to be repaid or not.
>
> (2) When valuing the scheme property for the purposes of this chapter:

---

350 Vgl. *Diver*, The optimal precision of Administrative Rules, 93 Yale Law Journal, (1983), 65 (74).

351 FSA Handbook, Glossary, „rule".

> (a) the time as at which the valuation is being carried out ("the relevant time") is treated as if it were a valuation point, but the valuation and the relevant time do not count as a valuation or a valuation point for the purposes of COLL 6.3 (Valuation and pricing);
>
> (b) initial outlay is to be regarded as remaining part of the scheme property; and
>
> (c) if the authorised fund manager, having taken reasonable care, determines that the UCITS scheme will become entitled to any unrealised profit which has been made on account of a transaction in derivatives, that prospective entitlement is to be regarded as part of the scheme property.[352]

Rules sind erforderlich, da es den Unternehmen schwer fällt, die Principles auf Grund ihres hohen Abstraktionsniveaus auf konkrete Fälle anzuwenden.[353] Der Verstoß gegen Rules bewirkt wie der Verstoß gegen Principles nicht die Nichtigkeit des Rechtsgeschäfts oder eine Strafbarkeit. Allerdings können bei einem Verstoß gegen Rules aufsichtsrechtliche Maßnahmen durch die FSA erfolgen. Den Anlegern steht zudem bei Verstößen gegen Rules ein zivilrechtlicher Schadensersatzanspruch gegen das zuwiderhandelnde Unternehmen zu.[354] Die Rechtsbehelfe des Common Law sind einschlägig.

---

352 COLL 5.2.5.(1) In diesem Kapitel bedeutet der Wert des Fondseigentums eines OGAW Fonds den gemäß COLL 6.3. (Bewertung und Preissetzung) bestimmten Nettowert nach dem Abzug ausstehender aufgenommener Darlehen, unabhängig von ihrer sofortigen Fälligkeit.

(2) Bei der Bewertung des Fondseigentums für die Zwecke dieses Kapitels:

(a) wird der Zeitpunkt, an dem die Bewertung durchgeführt wird („die relevante Zeit"), so behandelt, als sei er der Bewertungspunkt, die Bewertung und die relevante Zeit zählen jedoch nicht als Bewertung oder Bewertungspunkt für die Zwecke von COLL 6.3. (Bewertung und Preissetzung);

(b) der Gründungsaufwand wird als bleibender Teil des Fondseigentums betrachtet; und

(c) wenn der autorisierte Fondsmanager unter Anwendung angemessener Sorgfalt feststellt, dass der OGAW Fonds Anspruch auf nicht realisierte Profite haben wird, welche aus einer Derivate-Transaktion resultieren, ist dieser zukünftige Anspruch als Teil des Fondseigentums zu betrachten.

353 *Schädle*, Exekutive Normsetzung in der Finanzmarktaufsicht, S. 72.

354 Dieser erwächst aus s. 150 FSMA 2000.

4.2.4.3.3 Evidential Provisions

Evidential Provisions können auf Grund von s. 149 FSMA 2000 erlassen werden. Eine „Evidential Provision" ist eine Regel, welche im Falle einer Zuwiderhandlung nicht die Folgen auslöst, die andere Normen unter FSMA 2000 auslösen.[355] Evidential Provisions beziehen sich auf andere Regeln und stellen widerlegliche Vermutungsregeln für einen Verstoß gegen die Referenznorm, eine Regel, auf. Evidential Provisions treten in negativer, positiver und seltener als „two ways Evidential Provision" auf. Sind sie negativ formuliert[356], beschreiben sie ein tatsächliches Verhalten, dessen Verwirklichung eine widerlegliche Vermutung für einen Verstoß gegen die Regelung bewirkt, auf welche sich die Evidential Provision bezieht. Bei einer positiven Formulierung[357] folgt aus einem tatsächlichen Verhalten, welches der Evidential Provision entspricht, die Vermutung, dass sich der Normadressat der Referenznorm gemäß verhalten hat. Die Evidential Provisions stellen konkrete Handlungsanleitungen für die Unternehmen dar, sind aber nicht bindend. Bei einem Verstoß gegen eine Evidential Provision liegt nicht automatisch ein Verstoß gegen eine Norm vor. Das Unternehmen trägt dann die Beweislast für ein normkonformes Verhalten. Wird die Evidential Provision eingehalten, so trifft die FSA die Darlegungslast.

4.2.4.3.4 Guidance

Leitlinien („Guidance") werden von der FSA eingesetzt, um Standards zu verdeutlichen, welche die Grundlage für eine Selbstregulierung bilden. Die Leitlinien stellen prozentual den höchsten Anteil an der Normsetzung der FSA. Sie sollen die Vorhersehbarkeit der Reaktionen der FSA auf Handlungen der Regulierten sichern.[358] Leitlinien können formell und informell erlassen werden. Informelle Leitlinien sind nicht Teil des FSA Handbooks.

Der Gegenstand der Leitlinien kann gemäß s. 157 (1) FSMA 2000 die Erläuterung von FSMA 2000 und von der FSA erlassenen Normen sein, die Erklärung wie die FSA ihre Kompetenzen zur Rechtsdurchsetzung zu verwenden plant, die direkte Erfüllung gesetzlicher Ziele sowie die

---

355 FSA Handbook, Glossary, „evidential provision".
356 Vgl. s. 149 (2) (a) FSMA 2000.
357 Vgl. s. 149 (2) (b) FSMA 2000.
358 *Black/Hopper/Band*, Making a success of principle based regulation, Law and Financial Markets Review (2007), 191 (196).

Information über alle Angelegenheiten, für die die FSA ein Informationsbedürfnis identifiziert. Die sehr weite Definition erlaubt der FSA de facto zu jedem von ihr als relevant angesehenen Themenbereich Leitlinien zu erlassen.

Die Leitlinien sind für die Normadressaten nicht bindend. Ihre Nichtbefolgung hat keine Indizwirkung hinsichtlich eines Verstoßes gegen eine Norm, auf welche sich die Leitlinien beziehen. Leitlinien beeinflussen die Beweislast in einem Rechtsstreit nicht.[359] Ihre Befolgung hat allerdings aufsichtsrechtliche Implikationen. Die FSA hat festgelegt, dass sie nicht gegen ein Unternehmen vorgehen wird, welches die Leitlinien befolgt hat.[360] Die Leitlinien machen die Reaktion der FSA in Bezug auf in ihnen angesprochenes Verhalten berechenbar. Allerdings können auch Leitlinien nur eine Berechenbarkeit erzeugen, nicht jedoch Rechtssicherheit im Sinne einer Eindeutigkeit von Inhalt und Anwendung der Norm.[361] Es wird kritisiert, dass die Nutzung von Guidance wieder Details und präskriptive Elemente einführt, dabei aber weniger transparent und zugänglich ist als Regeln.[362]

4.2.4.3.5 Das Verhältnis der Normtypen zueinander

Wie ausgeführt, sind Prinzipien und Regeln unterschiedliche Normen, die auf unterschiedlichen Ebenen der FSA-Regulierung verwendet werden. Prinzipien definieren den Rahmen der Verhaltensstandards, der von den Regeln ausgestaltet wird. Trotzdem wird von *Kennedy*[363] und *MacCormick*[364] festgestellt, dass die „High Level Principles" der FSA Regeln sind. Auch das Glossary des FSA Handbooks bezeichnet Prinzipien als Regeln. Es erfolgt also im FSA Handbook keine klare Trennung der Begriffe „Prinzipien" und „Regeln". Das Fehlen einer präzisen Differenzierung erschwert die Abgrenzung von Prinzipien und Regeln und in Folge dessen die Anwendung der Normen. Prinzipien sind so weit gefasst, dass es kaum möglich ist, aus ihnen konkrete Handlungsanweisungen abzuleiten.

---

359 *Toube/Chavda* in Perry, The Financial Services and Markets Act 2000, S. 236.
360 *FSA*, Focusing on the outcomes that matter, S. 11.
361 *Black/Hopper/Band*, Making a success of principle based regulation, Law and Financial Markets Review (2007), 191 (196).
362 *Black/Hopper/Band*, Making a success of principle based regulation, Law and Financial Markets Review (2007), 191 (196).
363 *Kennedy* in Blair/Walker, Financial Services Law, S. 86.
364 *MacCormick*, Legal Risk in the financial markets, S. 228.

Des Weiteren ist das Rangverhältnis von Prinzipien und Regeln unklar. Wenn Prinzipien die Spitze der Normpyramide darstellen sollen, müssen sie gewichtiger sein als Regeln. Sind sie aber nur eine Form von Regeln, ist fraglich wie sich ihre besondere Bedeutung rechtfertigt. Inwieweit die Prinzipien zur Auslegung von Regeln heranzuziehen sind, ist ebenfalls fraglich. In der Literatur wird vertreten, dass für die Bestimmung, ob ein Regulierungsansatz als prinzipien-basiert oder regelbasiert („rule based") einzuordnen ist, weder die Anzahl noch das Ausmaß an Detail der vorhandenen Normen relevant sei. Ausschlaggebend sei vielmehr die Funktion der Beziehung zwischen den Regeln und den ihnen zugrunde liegenden Prinzipien, die in der Formulierung der Norm zum Ausdruck kommt.[365] In der Logik der prinzipien-basierten Regulierung liegt ein Verstoß gegen eine Norm vor, wenn sie mechanisch befolgt wird, aber die Art und Weise der Befolgung ihrem Telos widerspricht.

Die FSA-Prinzipien variieren in ihrer Form. Analysiert man die High level Principles, die Principles for Business (PRIN), so stellt man fest, dass sie Befehle statuieren, allerdings keine Bedingungsstruktur aufweisen. Die FSA Standards wie z.B. „A firm must conduct its business with integrity",[366] legen das von den Unternehmen erwartete Verhalten fest. Betrachtet man dieses Prinzip, so liegt es nahe, Prinzipien als englisches Pendant der Generalklauseln des deutschen Rechts zu qualifizieren. Eine solche Qualifizierung wäre für Fälle einer direkten Geltung von Prinzipien stimmig. Allerdings sollen Prinzipien nicht nur direkt gelten, sondern eine weitere Dimension aufweisen: die Ausstrahlung in die Anwendung von Regeln. Eine solche Wirkung lässt sich nicht allein durch eine Einordnung als Generalklauseln begründen.

Die FSA Prinzipien sind vielmehr Anweisungen an regulierte Unternehmen, bestimmte qualitative Standards zu erfüllen. Die Standards sollen bei der Anwendung von Regeln zu berücksichtigen sein. Die FSA Standards legen das von den Unternehmen erwartete ideale Verhalten fest, welches von den Unternehmen bestmöglich verwirklicht werden soll. Für die Verwirklichung müssen die Unternehmen die Regeln der spezialisierten Gesetze des FSA Handbooks berücksichtigen sowie die tatsächlichen Gegebenheiten. Bei der Anwendung der Regeln sind die Wertungen der

365 *Schauer*, Playing by the rules, S. 62 ff.; *Kershaw*, Evading Enron: Taking Principles Too Seriously In Accounting Regulation, 68 Modern Law Review (2005), 594 (607).

366 PRIN 2.1.1.1.

Prinzipien zu berücksichtigen. Verstöße gegen sie unter Einhaltung einer Regel stellen Rechtsverstöße dar.

Die Prinzipien gehen also in ihrer Wirkung über die Generalklauseln des deutschen Rechts hinaus. Sie entfalten nicht nur eine direkte Wirkung sondern beeinflussen auch die Anwendung der Regeln. Dadurch bestimmen sie die Auslegung der Regeln, indem sie den Zweck der Regeln statuieren. Die Auslegung der Regeln entsprechend der Prinzipien bewirkt so eine zweckgerichtete Anwendung der Regeln gemäß der in den Prinzipien normierten Ziele. Diese Form der Auslegung wirkt wie die teleologische Auslegung des deutschen Rechts. Trotz der unterschiedlichen Normarten und der Bezeichnung als prinzipien-orientierte Regulierung, führen die Prinzipien zu einem vergleichbaren Ergebnis, wie die Anwendung der deutschen Auslegungsmethoden. Mangels eines festen Auslegungskanons im britischen Recht bedarf es der Implementierung von Prinzipien, um eine Auslegung gemäß des Normzwecks zu gewährleisten.

4.2.4.4 *Beispiele für sogenannte Prinzipien im deutschen Recht*

Im deutschen Recht finden sich auch Normen, die als Prinzipien bezeichnet werden, unter anderem im Finanzrecht. So wird zu Beginn der Begründung der Investment-Prüfungsberichtsverordnung (InvPrüfbV) festgestellt, dass sich Ausgestaltung und Inhalt der InvPrüfbV an einem risikoorientierten Aufsichtsansatz und dem somit im Vergleich zur klassischen Aufsichtstätigkeit veränderten Informationsbedarf ausrichten.[367] Eine risikoorientierte Aufsicht ist auch das der prinzipienorientierten Aufsicht zugrunde liegende Konzept. Die Liquiditätsverordnung (LiqV) weist ebenfalls einen risikoorientierten und prinzipien-basierten Ansatz auf.[368] Die MaRisk für Investmentgesellschaften verfolgt einen prinzipienorientierten Ansatz.[369] Einen solchen weist zudem die MaRisk für Kreditinstitute[370] auf.[371]

---

367 *BaFin*, Begründung zur InvPrüfbV, S. 1.

368 *Zeranski* in Boos/Fischer/Schulte-Mattler, Kreditwesengesetz, Vorbemerkung § 13 Rn. 11.

369 *BaFin*, Entwurf eines Rundschreibens, MaRisk für Investmentgesellschaften in der Fassung vom 25.01.2010, S. 5; vgl. zur MaRisk für Verwaltungsgesellschaften, *Gabel/Steinhauer*, Neue aufsichtsrechtliche Anforderungen für das Outsourcing durch Versicherungsunternehmen, VersR 2010, 177 (179).

370 Genau genommen gilt diese MaRisk für alle Institute im Sinn des § 1 Ib KWG beziehungsweise des § 53 I KWG.

371 *BaFin*, Rundschreiben 15/2009 (BA) – Mindestanforderungen an das Risikomanagement – MaRisk, AT 1. Nr. 6; vgl zur prinzipienorientierten Struktur der MaRisk für Institute im Sinn des KWG, *Hannemann/Schneider/Hanenberg*, Mindestanforderungen an das Risikomanagement (MaRisk), S. 19; *Lehleiter/Hoppe*, Die Haftung des Bankverantwortlichen

Über Verordnungen und Rundschreiben hinaus sind im WpHG sowie im KWG Prinzipien implementiert worden.

Im KWG werden Prinzipien im Rahmen der qualitativen Bankaufsicht verwendet. § 6 KWG statuiert die Ziele der Bankaufsicht durch die BaFin. § 25 a KWG implementiert organisatorische Pflichten für die Institute. Die Pflichten werden durch einige Grundprinzipien verankert.[372] Die Organisationspflichten dienen den Zielen der Aufsicht.[373] Kernelemente der Organisationspflichten sind das Risikomanagement auf Grundlage eines Risikotragfähigkeitskonzeptes. § 25a KWG statuiert weite, qualitative Anforderungen an die Institute.[374] Beispielsweise muss „ein Institut über eine ordnungsgemäße Geschäftsorganisation verfügen, die die Einhaltung der vom Betrieb zu beachtenden gesetzlichen Bestimmungen und betriebswirtschaftlichen Notwendigkeiten beachtet."[375] § 25a I S. 4 KWG besagt, dass die Ausgestaltung des Risikomanagements von Art, Umfang und Komplexität und Risikogehalt der Geschäftstätigkeit abhängt. Diese Regelung wird als doppelter Proportionalitätsgrundsatz bezeichnet, der dem Verhältnismäßigkeitsgrundsatz ähnele.[376] Der Grundsatz der doppelten Proportionalität bedeutet, dass die besonderen institutsindividuellen Verhältnisse sowohl die Anforderungen an das interne Risikomanagement als auch die Prüfungshäufigkeit und -intensität der BaFin bestimmen.[377] Die Anforderungen des § 25a KWG werden durch ein Rundschreiben der BaFin über die Mindestanforderungen an das Risikomanagement (MaRisk) präzisiert. Die MaRisk ist eine norminterpretierende Verwaltungsvorschrift zu § 25 a KWG, die die unbestimmten Rechtsbegriffe konkretisiert und als Auslegungshilfe dient.[378] Sie bindet weder Institute noch Gerichte, vielmehr handelt es sich bei den Rundschreiben der BaFin um die Kundgabe ihrer Rechtsauffassung.[379] Verstöße gegen die Vorschriften der MaRisk haben keine unmittelbaren Rechtsfolgen, da die BaFin wegen des Vorbehalts des Gesetzes nur wegen Verstößen gegen § 25a KWG eingreifen

---

bei der Kreditvergabe, BKR 2007, 178 (182); vgl. auch *Amling/Bantleon*, Interne Revision – Grundlagen und Ansätze zur Beurteilung deren Wirksamkeit, DStR 2008, 1300 (1306).

372 *Reischauer/Kleinhans*, KWG, § 25a Rn. 2.

373 *Lange* in Schwennicke/Auerbach, KWG, § 25a Rn. 3.

374 *Reischauer/Kleinhans*, KWG, § 25a Rn. 2 ff.

375 § 25a I S. 1 KWG.

376 *Langen* in Schwennicke/Auerbach, KWG, § 25a Rn. 35; *Fuchs*, WpHG,§ 33 Rn. 18.

377 *Langen* in Schwennicke/Auerbach, KWG, § 25a Rn. 35.

378 *Langen* in Schwennicke/Auerbach, KWG, § 25a Rn. 8; die MaRisk als normkonkretisierend bezeichnend, *Reischauer/Kleinhans*, KWG, § 25a Rn. 2.

379 *VGH Kassel*, WM 2007, 392 (393).

kann.[380] Die MaRisk bindet die BaFin aber im Rahmen ihrer Ermessensausübung. Die Struktur von KWG und MaRisk bezüglich der qualitativen Bankaufsicht entspricht der prinzipien-basierten Regulierung der FSA. Die Ziele der Bankaufsicht sind mit den High Level Priciples vergleichbar, da sie die Zielbestimmungen des KWG enthalten. § 25a KWG etabliert Verhaltenspflichten in Form von weiten, auslegungsbedürftigen Verhaltensstandards. Sie enthalten unbestimmte Rechtsbegriffe wie „ordnungsgemäß" und ein Element der Abwägung, welches den Instituten erlaubt, die Normerfüllung anhand der tatsächlichen Gegebenheiten auszurichten. Die Geschäftsleitung hat Ermessen, wie sie die Verhaltenspflichten unter Berücksichtigung der verschiedenen Faktoren erfüllt.[381] Das Ermessen wird insbesondere im Grundsatz der doppelten Proportionalität deutlich. Er erfordert, das Risikomanagement anhand der institutsindividuellen Eigenschaften auszurichten. § 25a KWG verlangt, die Insititutsorganisation anhand der tatsächlichen Umstände und der Normen des KWG zu optimieren. Er ist als Optimierungsgebot und somit als Prinzip einzuordnen. Die Verhaltensstandards werden durch die MaRisk, eine Verwaltungsvorschrift, konkretisiert. Die MaRisk hat keine Bindungswirkung und entspricht in ihrer Funktion der FSA-Guidance.

Im WpHG sind die Compliance-Vorschriften, §§ 33 ff. WpHG, ebenfalls als Prinzipien ausgestaltet. Sie entsprechen § 25a KWG für das Wertpapierhandelsrecht und knüpfen an ihn an. Dadurch gelten die Prinzipien des § 25a KWG auch für Wertpapierdienstleistungsunternehmen. Zusätzlich zu den bankaufsichtsrechtlichen Anforderungen stellt § 33 WpHG weitergehende wertpapierhandelsrechtliche Organisationspflichten auf. § 33 WpHG dient der Umsetzung der MiFiD ins deutsche Recht. Auch § 33 I S. 3 WpHG enthält eine Flexibilisierungs- und Proportionalitätsklausel:[382] Die zu treffenden Maßnahmen müssen sich nach Art, Umfang, Komplexität und Risikogehalt des Geschäfts sowie Art und Spektrum der angestrebten Wertpapierdienstleistungen ausrichten. Für einige Kernbereiche bestehen allgemeine Grundsätze und Leitlinien, die als Mindestanforderungen gelten. Die Mindestanforderungen des § 33 I S. 2 WpHG verwenden Begriffe wie „angemessen" und „wirksam". Das Ausmaß der organisatorischen Maßnahmen ist aber im Einzelfall für jedes Unternehmen gesondert zu bestimmen.[383] Die Mindestanforderungen erlauben durch die Verwendung

380 *Langen* in Schwennicke/Auerbach, KWG, § 25a Rn. 8.
381 Vgl. *Langen* in Schwennicke/Auerbach, KWG, § 25a Rn. 53.
382 *Schwark*, Kapitalmarktrechtskommentar, § 33 Rn. 8; *Fuchs*, WpHG, § 33 Rn. 50.
383 *Fuchs*, WpHG, § 33 Rn. 50; *Schwark*, Kapitalmarktrechtskommentar, § 33 Rn. 8.

unbestimmter, qualitativer Begriffe ebenfalls eine Auslegung und Ausrichtung anhand der tatsächlichen Gegebenheiten des Wertpapierdienstleistungsgeschäfts des jeweiligen Unternehmens. Die Compliancepflichten sind also prinzipien-basiert. § 33 WpHG legt eine Ermessensausübung der Geschäftsleitung anhand von Verhältnismäßigkeitserwägungen zugrunde. Somit ist er wie § 25a KWG als ein Prinzip zu qualifizieren.

4.2.4.5 *Guidance - eine Durchbrechung der prinzipien-basierten Regulierung?*

In Großbritannien wird dem Problem der Vagheit von Prinzipien begegnet, in dem die FSA umfangreiche Guidance erlassen hat und erlässt. Guidance kann formell oder informell sein. Informelle Guidance kann ohne einen Konsultationsprozess eingeführt [384] und so schneller implementiert werden als Regeln. Sie kann durch Schreiben der FSA an einzelne Regulierungsadressaten erfolgen. Eine weitere Form ist Industrie-Guidance. Industrie-Guidance wird von Dachverbänden regulierter Unternehmen erstellt und von der FSA genehmigt. FSA-Position Paper können ebenfalls Guidance darstellen.

Guidance hat den Vorteil, dass sie den Finanzunternehmen eine Richtschnur an die Hand gibt, welche sie entweder befolgen können, um sicher den Prinzipien gerecht zu werden, oder sie können sich dafür entscheiden, die Prinzipien zu befolgen, ohne sich an den durch die Guidance statuierten Prozess zu halten.

In Deutschland findet sich eine ähnliche Praxis. Auch die BaFin verwendet Instrumente, wie etwa Richtlinien, Rundschreiben, Mitteilungen und Emittentenleitfäden, um zu verdeutlichen, wie sie zu handeln gedenkt. Sie werden über die BaFin-Homepage oder die Spitzenverbände der Institute veröffentlicht. Richtlinien sind unmittelbare bindende, organisatorische oder normkonkretisierende Allgemeinverfügungen oder Verwaltungsvorschriften.[385] Sie entsprechen der formellen Guidance im Sinne der FSA-Regulierung. Rundschreiben, Mitteilungen und Emittentenleitfäden sind reine Verwaltungsvorschriften, die Auslegungsgrundsätze und Normkonkretisierungen enthalten. Ihnen kommt als norminterpretierende Verwaltungsvorschrift mittelbare *Außenwirkung* zu.[386] Sie resultiert

384 Da sie nicht unter Section 155 FSMA 2000 fällt, welche einen Konsultationsprozess für formelle Guidance vorschreibt.

385 *Schäfer*, in Boos/Fischer/Schulte-Mattler, Kreditwesengesetz, § 6 KWG, Rn. 14a; *Hatha/Schwennicke* in Schwennicke/Auerbach, KWG, § 6 Rn. 8.

386 *Nikoleycik*, Der neue Emittentenleitfaden der BaFin, GWR 2009, 264.

aus der Selbstbindung der Verwaltung.[387] Die BaFin nutzt sie ebenfalls als Guidance. Eine Bindungswirkung haben die Rundschreiben, Mitteilungen und Leitfäden aber nicht.[388] Die BaFin gibt in ihnen nur ihre Auffassung zu Zweifelsfragen in Einzelfällen bei der Auslegung aufsichtsrechtlicher Vorschriften kund.[389] Dem Emittentenleitfaden kommt nach verbreiteter Auffassung im Schrifttum die Wirkung zu, dass seine Befolgung zu einem Ausschluss der Haftung wegen der im Leitfaden adressierten Normen führt.[390]

Zudem kann die BaFin durch Belehrungen, Ermahnungen, formlose Ersuche oder Gespräche tätig werden, um ein einverständliches Handeln zu erwirken.[391] Die informellen Handlungsformen werden dem Bereich der „moral persusasion" zugeordnet.[392] Trotz ihrer rechtlichen Unverbindlichkeit kommt ihnen eine hohe praktische Bedeutung zu. Die Geschäftsleitung der Finanzunternehmen wird bemüht sein, auch rechtlich unverbindliche Vorgaben der BaFin zu erfüllen.[393]

Allerdings bieten die informellen Veröffentlichungen keine ausreichende Rechtssicherheit, da sie von der BaFin abgewandelt werden können. So erhält die Exekutive zwar eine hohe Flexibilität, die Rechtssicherheit ist für die Regulierungssubjekte jedoch nicht ausreichend, um die fehlende Bestimmtheit von Prinzipien zu kompensieren.

Grundsätzlich stellt sich hinsichtlich der Guidance die Frage, ob sie die Effekte der prinzipien-basierten Regulierung durch eine Tatbestandskonkretisierung wieder aufhebt. Dafür spricht, dass sie konkrete Handlungs-, also Prozessvorgaben macht, deren Einhaltung als Verwirklichung von Prinzipien angesehen wird. Befolgen die Unternehmen die Guidance, wird der Handlungsspielraum, den die Verwendung von Prinzipien eröffnen soll, wieder eingeschränkt. Guidance hat im Vergleich zu „normalen Gesetzen" den Nachteil, intransparenter zu sein und weniger Rechtssicherheit zu bieten. Erfolgt bei der prinzipien-basierten Regulierung eine Tatbestandskonkretisierung durch Guidance, wäre es vorteilhafter ein regelbasiertes

387 *Hatha/Schwennicke* in Schwennicke/Auerbach, KWG, § 6 Rn. 10.
388 So ausdrücklich der *VGH Kassel*, WM 2007, 392 (392) in einem obiter dictum zu den MaIR.
389 *VGH Kassel*, WM 2007, 393 (393); *Schäfer*, in Boos/Fischer/Schulte-Mattler, Kreditwesengesetz,§ 6 KWG, Rn. 18.
390 *Bedowski*, Der neue Emittentenleitfaden der BaFin, BB 2009, 1482 (1483); *Nikoleycik*, Der neue Emittentenleitfaden der BaFin, GWR 2009, 264.
391 *Schäfer*, in Boos/Fischer/Schulte-Mattler, Kreditwesengesetz, § 6 KWG, Rn. 23.
392 Vgl. *Schäfer*, in Boos/Fischer/Schulte-Mattler, Kreditwesengesetz, § 6 KWG, Rn. 15
393 *Schäfer*, in Boos/Fischer/Schulte-Mattler, Kreditwesengesetz, § 6 KWG, Rn. 15.

System beizubehalten. Allerdings besteht bei Guidance im Sinne der FSA im Vergleich zu Regeln der essentielle Unterschied, dass sie nicht befolgt werden muss, um rechtmäßig zu handeln. Regeln gelten auf eine Alles-oder-Nichts-Weise.[394] Ist ihr Anwendungsbereich eröffnet, sind sie zu befolgen. Ist Guidance einschlägig, kann der Regulierungsadressat wählen, ob er sie befolgt. Ihm steht frei, die Prinzipien auf andere Weise zu erfüllen. Guidance ist allein eine Option, sicherzugehen, dass die FSA die Prinzipien als ausreichend erfüllt ansieht. Änderte die FSA ihre Durchsetzungspraxis und forderte eine Befolgung der Guidance zur Erfüllung der Prinzipien, würde eine Tatbestandskonkretisierung erfolgen und de facto die prinzipien-basierte Regulierung aufgehoben.

Die von der BaFin herausgegebenen Emittentenleitfäden haben die Wirkung, dass die Befolgung der in ihnen niedergelegten Verwaltungspraxis ausschließt, dass aufsichtsrechtliche Maßnahmen durch die BaFin erfolgen. Sie wirken dahingehend also wie die Guidance der FSA und können einen wertvollen Beitrag zur Konkretisierung von Verhaltensregeln leisten, ohne wie eine Regel eine Tatbestandskonkretisierung vorzunehmen. Allerdings werden die Regulierungsadressaten in der Praxis oftmals der Verwaltungspraxis folgen, so dass die Leitfäden wie Regeln wirken können. Ihre Verwendung ist wegen ihrer geringen Rechtssicherheit und tatbestandskonkretisierenden Wirkung einerseits und der Flexibilität, die sie der BaFin ermöglichen andererseits, zweischneidig.

4.2.5 *Wäre es möglich, der BaFin mit der FSA vergleichbare Normsetzungskompetenzen einzuräumen?*

Ein wesentlicher Unterschied zwischen FSA- und BaFin-Regulierung ist der Umfang der Rechtssetzungskompetenzen. Betrachtet man die Normsetzungskometenzen der FSA drängt sich die Frage auf, ob nicht auch der BaFin mehr Normsetzungsaufgaben übertragen werden sollten. Die BaFin könnte flexibler auf die Marktgegebenheiten eingegehen, als es dem parlamentarischen Gesetzgeber möglich wäre. So könnte der BaFin mittels hinreichend konkreter Verordnungsermächtigungen die Möglichkeit gegeben werden, stärker auf die Regulierung von Investmentvermögen Einfluss zu nehmen. Rechtsverordnungen sind flexibler zu erlassen als Gesetze, ha-

394 *Dworkin*, Taking Rights Seriously, S. 24; *Sieckmann*, Regelmodelle und Prinzipienmodelle des Rechtssystems, S. 94.

ben aber gegenüber Guidance den Vorteil einer erhöhten Rechtssicherheit und Transparenz.

4.2.5.1 *Kompetenzenausweitung der BaFin im Lichte des Gesetzesvorbehalts*

Eine Ausweitung der Normsetzungskompetenzen der BaFin auf das Niveau derer der FSA begegnet jedoch verfassungsrechtlichen Bedenken. Eine Normsetzungsdelegation könnte nämlich gegen den Gesetzesvorbehalt verstoßen.

Der Gesetzesvorbehalt besagt, dass der Gesetzgeber wesentliche Entscheidungen selbst treffen muss und diese nicht an die Verwaltung delegieren darf. Das Bestehen eines allgemeinen Gesetzesvorbehalts ist umstritten.[395] Unstrittig ist aber sein Bestehen im Kontext von Verordnungsermächtigungen, welche für den Fall der prinzipien-basierten Regulierung am relevantesten sind. Gemäß Art. 80 I S. 2 GG müssen bei derartigen Verordnungsermächtigungen Inhalt, Zweck und Ausmaß im Gesetz festgelegt werden. Die Ratio dafür ist, dass sich das Parlament nicht seiner Verantwortung als gesetzgebende Körperschaft entziehen können soll. Es soll nicht einen Teil der Gesetzgebungsmacht auf die Exekutive übertragen, ohne die Grenzen dieser Kompetenzen nach Tendenz und Programm genau festzulegen.[396] Bereits aus der Ermächtigung muss zu erkennen sein, was dem Bürger gegenüber zulässig sein soll.

Soll die BaFin mit der FSA vergleichbare Kompetenzen erhalten, wäre eine sehr weitgehende Verordnungsermächtigung für die BaFin erforderlich. Der Gesetzgeber müsste Entscheidungen auf die Verwaltung delegieren. Eine Übertragung weitreichender Normsetzungskompetenzen auf die BaFin ist wünschenswert. Sie wird oftmals besser in der Lage sein, dem kapitalmarktrechtlichen Regelungsbedarf durch ihre höhere Flexibilität und größere Sachnähe gerecht zu werden als der Gesetzgeber.[397] Allerdings könnte es bereits für den Gesetzgeber schwer sein kann, Inhalt, Zweck und Ausmaß im Rahmen der Verordnungsermächtigung festzulegen. Dennoch ist dies einfacher möglich, als die detaillierte Normierung, so dass die

395 Einen allgemeinen Gesetzesvorbehalt aus dem Demokratieprinzip herleitend, *Jesch*, Gesetz und Verwaltung, S. 171 ff.; *Seiler*, Der einheitliche Parlamentsvorbehalt, S. 83 ff.; *Sommermann* in v. Mangoldt/Klein/Starck, Das Bonner Grundgesetz, Art. 20 Rn. 273; vgl. dazu *Staupe*, Parlamentsvorbehalt und Delegationsbefugnis, S. 167 ff.

396 Vgl. hierzu die grundlegende Entscheidung *BVerfGE* 58, 276 ff.; siehe *Hasskarl*, Die Rechtsprechung des Bundesverfassungsgerichts zu Art. 80 Abs. 1 Satz 2 GG, AöR 94 (1969), 85 ff.

397 *Halfpap*, Kapitalmarktaufsicht in Europa und den USA, S. 206.

Bedenken für die Verwendung einer größeren Anzahl an Verordnungsermächtigungen sprechen.

Eine solche Situation findet sich im deutschen Recht im Telekommunikationsgesetz (TKG). Dort sind Entscheidungskompetenzen mittels zahlreicher Verordnungsermächtigungen an die Verwaltung delegiert.[398] Die Verwaltung soll ohne großen gesetzgeberischen Aufwand schnell und flexibel auf Entwicklungen des Telekommunikationsmarkts reagieren können.[399] In der Literatur zum TKG finden sich kritische Stimmen, die den Parlamentsvorbehalt allein auf Grund der Vielzahl der Ermächtigungen im TKG nicht als eingehalten sehen.[400] Im Schrifttum zum TKG wird festgestellt, dass durch einen solchen Regulierungsansatz erhebliche Veränderungen des Steuerungszusammenhangs von Gesetz und Verwaltung auftreten.[401] Der Schwerpunkt wird auf temporäre und situative Regelsetzung verlagert.[402] Die Verlagerung stößt auf Bedenken hinsichtlich der Gesetzesbindung der Verwaltung sowie der Bestimmtheit der Normen.

Eine vergleichbare Kritik wurde auch an den Regelungen geübt, die der Exekutive im Umweltrecht pauschal die Befugnis einräumen, im Rahmen eines gesetzlich geregelten Sach- und Kompetenzbereichs Rechtsverordnungen zur Umsetzung des Gemeinschaftsrechts zu erlassen. Hier wird von einigen Autoren bezweifelt, dass diese Ermächtigung in ihrer Weite mit Art. 80 I GG vereinbar ist.[403] Andere Autoren halten eine funktionsgerechte Öffnung des Art. 80 I 2 GG für wünschenswert. Sie schlagen vor, die fehlende inhaltliche Programmierung durch Instrumente zu ersetzen, die eine prozedurale Richtigkeitsgewähr schaffen.[404] Eine vermittelnde Auffassung wendet sich gegen die Vorstellung, dass das Bestimmtheitserfordernis gegen andere Instrumente der Richtigkeitsgewähr ausgetauscht werden kann.[405] Das Grundgesetz enthalte eine klare Wertung, dass bei Rechtsverordnungen das legislatorische Defizit der Exekutive durch eine

---

398 Siehe als Beispiele für die Verordnungsermächtigungen §§ 27 II, 35 I, 41 I, II, 45 II, 46 III S. 2, 47 IV, 62 I TKG.

399 *Schuster* in Beck´scher TKG-Kommentar, § 1 Rn. 24.

400 *Schuster* in Beck´scher TKG-Kommentar, § 1 Rn. 26.

401 *Trute* in Trute/Spoerr/Bosch, TKG, 1. Teil, Rn. 14.

402 *Trute* in Trute/Spoerr/Bosch, TKG, 1. Teil, Rn. 14.

403 *Ossenbühl*, Der verfassungsrechtliche Rahmen offener Gesetzgebung und konkretisierender Rechtssetzung, DVBl 1999, 1 (6 f.).

404 Diesen schwach programmierten Verordnungsermächtigungen positiv eingestellt gegenüberstehend, *Hoffmann-Riem*, Gesetz und Gesetzesvorbehalt im Umbruch, AöR 130 (2005), 1 (30 ff.).

405 *Möstl* in Erichesen/Ehlers, Allgemeines Verwaltungsrecht, § 19 Rn. 3.

substantielle inhaltliche Rückbindung an das Parlament kompensiert werden solle.[406] Jedoch sei anzuerkennen, dass die Anforderungen des Art. 80 I 2 GG unter Berücksichtigung des jeweiligen Regelungsgegenstands zu bestimmen sind. So sei es nicht fruchtbringend, aus Art. 80 I 2 GG ein Maß an parlamentarischen Selbstentscheidungen zu fordern, welches wegen der Eigenheiten des Sachgebiets praktisch nicht angemessen sei oder eine funktionsgerechte Arbeitsteilung zwischen Parlament und Exekutive völlig ignoriere.[407] Der vermittelnden Auffassung ist zuzustimmen. Es sollten die Bestimmtheitserfordernisse für die Ermächtigungsgrundlage beachtet werden, jedoch sollte dafür die Regelungsmaterie berücksichtigt werden. Für das Investmentrecht ist dabei besonders der Notwendigkeit einer flexible Anpassung an neue Finanzinstrumente und auftretenden Risiken Rechnung zu tragen.

Grundsätzlich sind der BaFin bereits einige Verordnungskompetenzen delegiert worden, so dass die BaFin schon jetzt neben dem BMF vielfach als Verordnungsgeber fungiert.[408] Im Investmentrecht ist insbesondere die Verordnungsermächtigung des § 51 InvG zu nennen, auf deren Basis die Derivateverordnung erlassen wurde. Diese wird als ein neuer Typus der Verordnung betrachtet, da durch sie mittels exekutivischer Rechtssetzung Details des Regelungsgegenstands festgelegt werden.[409] Wie bei der prinzipien-basierten Regulierung der FSA werden durch die Derivateverordnung Details nicht durch die formale Gesetzgebung, sondern durch von der Exekutive gesetzte, detaillierte Normen ergänzt. Eine derartige Gestaltung ist zulässig. Die Funktion der Rechtsverordnung liegt darin, ähnlich einer gesetzesimmanenten Rechtsfortbildung bestehende Gesetzeslücken zu füllen.[410] Der Parlamentsvorbehalt des Art. 80 I 2 GG besagt zudem nur, dass der Gesetzgeber das „Wesentliche" durch ein formelles Gesetz festlegen muss. Die Festlegung muss nicht ausdrücklich in der Ermächtigungsnorm, sondern auslegungsfähig im Gesetz festgeschrieben

406 *Möstl* in Erichesen/Ehlers, Allgemeines Verwaltungsrecht, § 19 Rn. 3.
407 *Möstl* in Erichsen/Ehlers, Allgemeines Verwaltungsrecht, § 19 Rn. 3.
408 *Halfpap*, Kapitalmarktaufsicht in Europa und den USA, S. 35.
409 *Halfpap*, Kapitalmarktaufsicht in Europa und den USA, S. 35.
410 *Seiler*, Der einheitliche Parlamentsvorbehalt, S. 237.

sein.[411] Eine hinreichende Bestimmtheit reicht aus.[412] Die Delegation nach Art. 80 GG umfasst alle Befugnisse, die auch dem Rechtsanwender unter Berücksichtigung der verschiedenen Methoden wie Auslegung und gesetzesimmanenter Rechtsfortbildung zukommen.[413] Somit sind weitreichende Delegationen von Rechtsverordnungsbefugnissen grundsätzlich möglich.

4.2.5.2 *Einzelverordnungsermächtigung und vorwirkende parlamentarische Kontrolle*

Das Konzept, die Festlegung von Details zur Ausfüllung formaler Gesetze auf die Exekutive zu übertragen, ist dem deutschen Recht grundsätzlich nicht fremd. Allerdings kennt das deutsche Verwaltungsrecht im Vergleich zum englischen keine Generalermächtigung zur Verordnungsgebung. Auch wenn man gewisse Lockerungen des Bestimmtheitsgrundsatzes für eine flexiblere Verordnungsgebung befürwortet, die der Dynamik der Finanzmärkte Rechnung tragen, würde eine Generalermächtigung gegen den Parlamentsvorbehalt verstoßen. Daher sollten mehr Einzelermächtigungen eingesetzt werden. Sie sollten der Verwaltung in einem höheren Umfang Verordnungskompetenzen übertragen, sich aber unter Berücksichtigung der Besonderheiten der Regelungsmaterie im Rahmen der Bestimmtheitserfordernisse halten. Einzelermächtigungen sollten der Exekutive bereits eine flexible Verordnungsgebung ermöglichen, da es ausreichend ist, dass sich Inhalt, Ausmaß und Zweck der Verordnung aus dem Gesetz ergeben. Die Prinzipien könnten zudem für die Zweckbestimmung herangezogen werden. Auch ohne Generalermächtigung sollte es möglich sein, die BaFin mit der erforderlichen Flexibilität zur Verordnungsgebung auszustatten.

Erwägenswert wäre, wie es bereits für das TKG vorgeschlagen wird, ein verstärktes Augenmerk auf die Entwicklung verfahrensmäßiger und organisatorischer Maßnahmen zu legen, die gemeinsam eine hinreichende demokratische Legitimation des Verwaltungshandelns gewährleisten.[414] Hierfür werden im Kontext des TKG Formen vorwirkender parlamentarischer

---

411 *BVerfGE* 8, 307; 24, 15; 26, 27; 26, 241 f.; 28, 85; 33, 49; 35, 179; 35, 358; 38, 348; 40, 196; 58, 283; 85, 97; *Bauer* in Dreier, GG, Art. 80 Rn. 30; *Sannwald* in Schmidt-Bleibtreu/Hofmann/Hopauf, GG, Art. 80 Rn. 68; *Seiler*, Der einheitliche Parlamentsvorbehalt, S. 236; *Maurer*, Allgemeines Verwaltungsrecht, § 13 Rn. 6.

412 Dies ist die ständige Rechtsprechung des *BVerfG*. Siehe etwa *BVerfGE* 8, 307; 33, 364 f.; 40, 230; 45, 163 f.; 55, 226 f.; 68, 332; 76, 130.

413 *Seiler*, Der einheitliche Parlamentsvorbehalt, S. 237.

414 Vgl. zum TKG *Trute* in Trute/Spoerr/Bosch, TKG, 1. Teil, Rn. 14.

Kontrolle vorgeschlagen.[415] Vorgeschlagen werden auch die Einführung eines Beirats, Berichtspflichten, die Berücksichtigung von Organisation und Verfahren der Regulierungsbehörde, Konzeptpflichten, welche mit Evaluations- und Berichtspflichten verknüpft werden können, die Einbeziehung wissenschaftlichen und interessierten Sachverstands sowie die Einbeziehung der Öffentlichkeit als Steuerungs- und Kontrollressource.[416]

4.2.6 *Die Durchsetzung der prinzipien-basierten Regulierung*

Ein essentielles Element für die Funktionsfähigkeit der prinzipienorientierten Regulierung ist die Durchsetzung der Verhaltensstandards und die Kontrolle des Handelns des oberen Managements. Durch die prinzipienbasierte Regulierung wird die Verantwortung für die Erreichung der Regulierungsziele auf die Leitung der Finanzunternehmen verlagert. Um einen Anreiz zu setzen, effektive Selbstregulierungsstrategien zu implementieren, ist eine aktive Aufsicht essentiell.

4.2.6.1 *Hindsight driven enforcement*

Hinsichtlich der Durchsetzung von Prinzipien ist ein Risiko zu berücksichtigen, welches vom englischen Schrifttum als „Hindsight driven enforcement" bezeichnet wird. Dies beschreibt die Möglichkeit, dass die FSA ihre Zwangsmaßnahmen oder Vollstreckungsmaßnahmen an einem ex post festgelegten Maßstab orientieren könnte. Besonders nach dem Auftreten einer Krise könnte ein Beurteilungsmaßstab an Handlungen von Finanzunternehmen angelegt werden, welcher ihrem Wissens- und Erwartungshorizont beim Zeitpunkt der Handlung, der eine ex ante Perspektive ist, nicht entspricht. Der Beurteilungsmaßstab könnte auf Grund des in der Zwischenzeit erworbenen Wissens strenger ausfallen. Eine ex post-Betrachtung würde die Einschätzungsprärogative der Finanzunternehmen hinsichtlich der besten Risikovorsorge konterkarieren, wenn diese ex post als unzulänglich bewertet werden könne, ex ante aber eine angemessene Entscheidung darstellte.

415 Vgl. *Hoffmann-Riem*, Gesetz und Gesetzesvorbehalt im Umbruch, AöR 130 (2005), 1 (30).
416 *Trute* in Trute/Spoerr/Bosch, TKG, 1. Teil, Rn. 14.

4.2.6.2 *Schlussfolgerung aus den englischen Bedenken*

Die Diskussionen über das „Hindsight driven enforcement" beziehen sich auf die Handlungen der Regulierungsbehörde zur Durchsetzung der von den Prinzipien vorgegebenen Gesetzesziele. Aus der Diskussion kann gefolgert werden, dass ein vorhersehbares Regulierungshandeln essentiell ist. Das Regulierungshandeln sollte der Einräumung von größeren Beurteilungsfreiräumen der Regulierten, und so der regulierten Selbstregulierung, Rechnung tragen. Demgemäß sollte es für die Durchsetzung auf eine ex antePerspektive abstellen. Die ex ante Perspektive kann jedoch bei dem Auftreten einer Krise unzulänglich sein. Wenn sich im Rahmen einer Krise vorher für korrekt gehaltene Parameter als unzulänglich erweisen, muss die Regulierungsbehörde beim Festhalten an der ex ante Betrachtung die Handlungen der Regulierten an den fehlerhaften Parametern messen. Ein solches Vorgehen kann unbefriedigend sein und auch in der Öffentlichkeit negativ aufgenommen werden. Allerdings kann nur so ein für die Regulierten faires Verfahren geschaffen werden. Die Regulierten sollen sich darauf verlassen können, dass ihre Handlungen wenn sie nach dem Wissensstand zur Zeit der Handlung, den einschlägigen Prinzipien optimal zur Geltung verholfen haben, im Nachhinein nicht von der Behörde beanstandet werden können.

4.2.7 *Kritik an der prinzipien-basierten Regulierung*

Prinzipien-basierte Regulierung ist im Kern eine Selbstregulierung der Unternehmen. Aus Anlegerschutzsicht besteht das Risiko, dass den Regulierungsadressaten zu weite Handlungsspielräume eingeräumt würden. Eine Absenkung des Anlegerschutzniveaus könnte erfolgen. Die durch die Prinzipien verankerten weiten Verhaltensstandards betonen die Verantwortung des oberen Managements und erfordern eine Selbstregulierung der Unternehmen. Die Selbstregulierung birgt Missbrauchsrisiken. So wurde in England im Zuge der Finanzkrise Kritik an der prinzipien-basierten Regulierung geäußert. In der Krise wurde augenfällig, dass die erforderliche weitrechende Aufsicht und Durchsetzung der Verhaltensstandards und so der Selbstregulierung nicht immer gewährleistet war. Erfolgt keine effektive Rechtsdurchsetzung, besteht die Gefahr des Missbrauchs der weiten Entscheidungsspielräume der Finanzunternehmen und einer Schwächung des Anlegerschutzes.

4.3 VERGLEICH DES REGULIERUNGSKONZEPTS VON COLL UND INVG

Im Folgenden soll ein Vergleich der Regulierungskonzepte des COLL Sourcebooks mit dem Regulierungsansatz des InvG vorgenommen werden. Ein solcher Vergleich ist interessant, da die FSA Regulierung eine vielschichtigen Regulierungsstruktur aufweist, die sich wesentlich von der des InvG unterscheidet.

Die FSA Regulierung verwendet neben den High Level Principles auch in einigen der spezialisierten Sourcebooks einen prinzipien-basierten Ansatz. So finden sich Prinzipien im COLL Sourcebook sowie in COBS, die für die Regulierung von Investmentvermögen relevant sind. Im COLL Sourcebook ist jedoch kein durchgehender prinzipien-basierter Ansatz verwirklicht worden, sondern es werden nur bestimmte Typen von CIS durch Prinzipien reguliert. Um die Sinnhaftigkeit eines differenzierten Einsatzes von prinzipien-basierter Regulierung zu erörtern, soll zunächst das Regulierungskonzept des COLL Sourcebooks im Vergleich zu dem Regulierungskonzept des InvG dargestellt werden. Im Anschluss wird aufgezeigt, wie dort Prinzipien eingesetzt werden könnten. Die Verwendung von Prinzipien soll dann unter der Fragestellung diskutiert werden, ob das britische Regulierungskonzept Anregungen für das deutsche bieten kann. Dafür soll insbesondere auf den Anknüpfungspunkt für die differenzierte britische Regulierungsstruktur eingegangen werden: den Vertrieb. Vergleichend soll untersucht werden, in welcher Weise auch das InvG eine solche vertriebsbezogene Regulierung kennt und ob eine stärkere Anknüpfung an die Vertriebsform sinnvoll wäre.

4.3.1 *Vertrieb als Anknüpfungspunkt in COLL*

Das wichtigste Instrument des Anlegerschutzes in Großbritannien ist das Genehmigungserfordernis.[417] Es ist Voraussetzung für die Zulässigkeit der öffentlichen Vermarktung von Investmentvermögen.[418] Das Ziel des Genehmigungserfordernisses ist es, einen Markt zu schaffen, von dem Personen ohne Genehmigung ausgeschlossen sind und innerhalb dessen die Aufsichtsbehörde die Kontrolle über die autorisierten Personen

417 Siehe COLL 1.1.2.
418 s. 21 i.V.m. s. 238 FSMA.

ausüben kann.[419] Ein Bewerber für eine Genehmigung muss einen „fit and proper"-Test, also Eignungsanforderungen sowie andere spezifische Kriterien erfüllen.[420]

Durch die Verknüpfung des Genehmigungserfordernisses mit der Erlaubnis zum öffentlichen Vertrieb wird sichergestellt, dass Fonds von der FSA reguliert sind, wenn sie einem breiten Publikum angeboten werden, welches nicht notwendigerweise über Investmentkenntnisse und -erfahrung verfügt.[421] Das Genehmigungserfordernis dient somit dem Anlegerschutz. Mit dem Genehmigungserfordernis verknüpft ist die Anwendbarkeit des COLL Sourcebooks auf die Investmentvermögen. Wenn eine Genehmigung erteilt ist, unterliegen die Fonds nicht nur der Aufsicht der FSA, sondern unterfallen auch den Regelungen von COLL und somit allen Anlagegrenzen und Publizitätsvorschriften.

4.3.2 *Regulierungsstruktur des InvÄndG*

Mit dem In-Kraft-Treten des InvÄndG ist in Deutschland für ausländische Investmentanteile sowie für inländische Investmentvermögen mit zusätzlichen Risiken eine Differenzierung zwischen öffentlichem Vertrieb und Privatplatzierung eingeführt worden.[422] Investmentvermögen mit zusätzlichen Risiken können nicht öffentlich vertrieben werden.[423] Für ausländische Investmentanteile gelten die Vertriebsvorschriften sowie die Anzeigepflichten nur im Fall eines öffentlichen Vertriebs.[424]

4.3.2.1 *Öffentlicher Vertrieb im Sinne des InvG*

Legal definiert wird „öffentlicher Vertrieb" in § 2 XI InvG. Danach ist ein öffentlicher Vertrieb ein solcher, der im Wege des öffentlichen Anbietens, der öffentlichen Werbung oder in ähnlicher Weise erfolgt. „Öffentlich" ist jedes Angebot oder jede Werbung, wenn sie sich an einen unbestimmten Perso-

---

419 *MacNeil*, An Introduction to the Law on financial Investment, S. 32.

420 *MacNeil*, An Introduction to the Law on financial Investment, S. 33.

421 *Fisher/Bewsey/Walters/Ovey*, The Law of investor protection, S. 137.

422 Vorher konnten Hedgefonds wählen, ob sie sich den aufsichtsrechtlichen Bestimmungen des KAGG unterwerfen wollten, siehe hierzu *Berger/Steck*, Regulierung von Hedgefonds in Deutschland, ZBB 2003, 192 (194).

423 § 112 II InvG.

424 Siehe für ausländische Investmentanteile §§ 135 I, 139 InvG und für EG Investmentanteile § 130 InvG.

nenkreis richtet.[425] „Vertrieb" ist ein in der Praxis des Investmentgeschäftes geläufiges Synonym für die Verkaufstätigkeit.[426] Vertrieb umschreibt vor allem die Ausgabe von Investmentanteilen sowie ihre Platzierung beim Publikum.

Trotz der Legaldefinition des § 2 XI InvG ist die Grenzziehung zwischen öffentlichem Vertrieb und Privatplatzierung immer noch wenig geklärt.[427] Die Unklarheit liegt an der nicht abschließend geklärten Auslegung des Begriffs „öffentlich". Das Angebot oder die Werbung muss öffentlich sein, um einen öffentlichen Vertrieb zu konstituieren. Im Schrifttum wird vertreten, die Abgrenzung müsse danach erfolgen, ob sich ein Angebot oder eine Werbung an bestimmte Personen richtet, mit denen der Anbietende oder Werbende bereits zu einem früheren Zeitpunkt Kontakt hatte.[428] Ist dies der Fall, liegt keine Öffentlichkeit vor. Keine Öffentlichkeit wird beispielsweise angenommen, wenn ein Kreditinstitut einen bestimmten Kundenkreis gezielt betreut und diesem Investmentvermögensanteile anbietet.[429] Diese Konstellation wäre eine Privatplatzierung. Wird das Angebot jedoch auf sämtliche Kunden des Kreditinstituts ausgedehnt, so nimmt das Schrifttum an, dass es sich um einen öffentlichen Vertrieb handele. Der Personenkreis sei nicht hinreichend bestimmt, da die Kunden eines Kreditinstitut regelmäßig wechseln.[430]

Ein Teil der Literatur plädiert zudem für eine teleologische Betrachtungsweise. Nach der soll maßgeblich sein, ob bei dem angesprochenen Anlegerkreis besondere Informationsbedürfnisse und/oder eine geringere Risikofähigkeit vorliegen.[431] Demgemäß wird der Erfolg eines Angebotes, also der Anteilserwerb durch den Anleger, als nicht relevant für die Erfüllung des Merkmals „Vertrieb" angesehen.[432] Das Tatbestandsmerkmal des Vertriebs ist erfüllt, wenn Investment- oder Vertriebsgesellschaft die sachlichen und personellen Mittel bereitstellen, die einen Anteilserwerb durch

---

425 *Baur* in Assmann/Schütze, Handbuch des Kapitalanlagerechts, §20 Rn. 364; *Baur/Ziegler*, BuB, Rn. 9/553; *Gstädtner*, Investmentbesteuerung im Vergleich, S. 26.

426 *Baur* in Assmann/Schütze, Handbuch des Kapitalanlagerechts, §20 Rn. 364; *Baur/Ziegler*, BuB, Rn. 9/553.

427 *Köndgen/Schmies* in Schimansky/Bunte/Lwowski, Bankrechts-Handbuch, § 113 Rn. 75.

428 *Baur* in Assmann/Schütze, Handbuch des Kapitalanlagerechts, §20 Rn. 364.

429 *Baur* in Assmann/Schütze, Handbuch des Kapitalanlagerechts, §20 Rn. 364; *Baur/Ziegler*, BuB, Rn. 9/556.

430 *Baur* in Assmann/Schütze, Handbuch des Kapitalanlagerechts, §20 Rn. 364; *Baur/Ziegler*, BuB, Rn. 9/556.

431 *Köndgen/Schmies* in Schimansky/Bunte/Lwowski, Bankrechts-Handbuch, § 113 Rn. 75.

432 Vgl. *Baur* in Assmann/Schütze, Handbuch des Kapitalanlagerechts, §20 Rn. 364.

den Anleger ermöglichen sollen.[433] Zu diesen gehören Werbemaßnahmen sowie andere, die Veräußerung der Anteile vorbereitende Maßnahmen.[434] Unter Vertrieb dürfte auch die Veröffentlichung eines Verkaufsprospekts fallen. Eine Werbung oder ein Angebot werden jedoch dann nicht als öffentlich eingestuft, wenn sie auf die Initiative des Kunden hin erfolgen.[435]

4.3.2.2 *Zwingend öffentlicher Vertrieb von Anteilen an inländischen Investmentvermögen*

Das InvG knüpft nur die Publizitäts- und Transparenzpflichten für das Geschäft mit EU- und ausländischen Investmentanteilen an den öffentlichen Vertrieb von Investmentvermögen.[436] Für inländische Investmentvermögen besteht nicht die Option, die Vertriebsart zu wählen, da die KAG gemäß § 42 I, 99 III InvG dem Publikum einen Verkaufsprospekt mit den Vertragsbedingungen zugänglich zu machen hat. Somit sind inländische Investmentvermögen immer öffentlich zu vertreiben. Aus der Differenzierung zwischen den Publizitäts- und Transparenzpflichten für EU und ausländische Investmentvermögen lässt sich ableiten, dass auch das InvG eine Anknüpfung der Publizitäts- und Transparenzpflichten an die Öffentlichkeit des Vertriebs und so an den Markt kennt.[437]

Die Anknüpfung an den öffentlichen Vertrieb gehört zu der Grundkonzeption des Investmentrechts. Trotzdem ist diese Anknüpfung für inländische Investmentvermögen größtenteils belanglos, da ein öffentlicher Vertrieb für sie immer erforderlich ist. Die Regelungen knüpfen für inländische Investmentvermögen nicht an der Art und Weise des Vertriebs an. Die Publizitäts- und Informationspflichten sowie die Anlagegrenzen gelten vielmehr grundsätzlich für alle inländischen Investmentvermögen. Die Differenzierung nach dem Gesichtspunkt der Öffentlichkeit des Marktes und dem Kontakt der Anleger mit dem Markt für Investmentvermögen wird nicht konsequent aufrecht erhalten.

---

433 *Baur/Ziegler*, BuB, Rn. 9/553.

434 *Philipps*, Handbuch des Auslands-Investmentrecht, § 1 Rn. 2; *Baur* in Assmann/Schütze, Handbuch des Kapitalanlagerechts, §20 Rn. 360; *Baur/Ziegler*, BuB, Rn. 9/553.

435 *Baur* in Assmann/Schütze, Handbuch des Kapitalanlagerechts, §20 Rn. 366.

436 Vgl. §§ 135 i.V.m. 137 InvG.

437 Vgl. *Schnyder*, in Münchener Kommentar zum BGB, Internationales Kapitalmarktrecht, Rn. 181 der pauschal eine Anknüpfung an den Markt feststellt.

4.3.3 *Potentielle Vorteile einer Anknüpfung an die Öffentlichkeit des Vertriebs*

Wie bereits aufgezeigt, findet im deutschen Investmentrecht schwerpunktmäßig eine Produktregulierung durch die Regulierung der verschiedenen Sondervermögenstypen statt. Ein Ansatz, der Regulierung an die Frage knüpft, ob ein Investmentvermögen öffentlich vertrieben wird, könnte sowohl für die Investmentvermögen als auch für die Verwaltung Kosten senken. Es könnten die Veröffentlichungspflichten für nicht öffentlich vertriebene Investmentvermögen verringert werden. Nicht öffentlich vertriebene Investmentvermögen könnten von der Pflicht, einen ausführlichen und vereinfachten Prospekt zu publizieren befreit werden. Generell könnten die Anforderungen an einen zu publizierenden Verkaufsprospekt gesenkt werden, da professionelle Anleger in der Lage sein werden, die für sie relevanten Informationen einzuschätzen. Die Investmentvermögen werden daher einen Anreiz haben, die erforderlichen Informationen zu veröffentlichen, da sonst zu befürchten ist, dass sie keine Anleger gewinnen. Auch könnte den Investmentvermögen, die nur privat platziert werden, erlaubt werden, die Anteilsrücknahmeregeln selbst zu bestimmen. Ihnen könnte eine größere Freiheit hinsichtlich der zulässigen Anlagegegenstände eingeräumt und Anlagegrenzen den Vertragsbedingungen überlassen werden. Die Aufsichtsbehörde sollte ihren Fokus auf die öffentlich vertriebenen Investmentvermögensanteile legen. Anlegerschutz durch Regulierung könnte sich auf die tatsächlich schutzbedürftigen Anleger konzentrieren. Die rechtsformunabhängige Regulierung würde das Investmentrecht vereinfachen und jenseits von Fondstypen Möglichkeiten für Produktinnovation bei gleichbleibendem Anlegerschutzniveau schaffen. Durch eine vertriebsbezogene Regulierung erfolgt eine klarere Trennung zwischen Fonds für Privatkunden und Fonds für professionelle und institutionelle Anleger. Die Produktregulierung hat den Nachteil, dass sie unabhängig von den Kenntnissen des Anlegers eine Regulierung vornimmt, indem sie vornehmlich an Anlagegegenstände anknüpft. Die Form des Vertriebs ist aber mit den Anlegertypen verknüpft. Die Privatkunden, die oftmals weder ihre Bedürfnisse noch die Risiken einer Investition einschätzen können, dürfen nur in bestimmte stark regulierte, öffentlich vertriebene Investmentvermögen investieren. Die Anleger aber, die über ausreichende Kenntnisse verfügen, um die Chancen und Risiken ihrer Kapitalanlage zu bewerten, sollen weniger regulierte, privat platzierte Investmentvermögen wählen können. Somit können privat platzierten Investmentvermögen größere Freiheiten eingeräumt werden, da sie auf professionelle Anleger zielen. Für sie könnten die Anlagegegenstandsbeschränkungen aufgegeben werden, so dass sie auch neue Finanzprodukte nutzen können. Sie könnten eine größere Flexibilität erhalten, ohne dass Privatkunden Gefahr laufen unbeabsichtigt Anteile an einem solchen, riskanteren Investmentvermögen zu erwerben. Im Folgenden soll daher aufgezeigt werden, dass eine Anknüpfung an den Vertrieb für die Regulierung von Investmentvermögen effektiver Anlegerschutz gewährleisten und gleichzeitig eine Überregulierung von Fonds für professionelle Anleger vermeiden kann.

4.3.4 *Die britische Anknüpfung an den Vertrieb*

In Großbritannien gilt, dass grundsätzlich alle Fondstypen unabhängig davon zulässig sind, ob für sie eine Genehmigung eingeholt wird. Allerdings können sie nur privat platziert werden. Nicht genehmigte Investmentvermögen sind hinsichtlich der Investmentvermögensstruktur und Anlagegegenstände unreguliert, da für sie die Regelungen des COLL Sourcebooks keine Anwendung finden. Allerdings ist die „Promotion" streng geregelt. Unregulierte Investmentvermögen können nicht öffentlich vertrieben werden.[438] Unter „Promotion" fällt nicht nur die Werbung für Investmentvermögensanteile, sondern alle Formen der Vermarktung von Fonds.[439] Zur Vermarktung gehören auch Äußerungen in Gesprächen, die getätigt werden, um Interesse und Aufmerksamkeit der potentiellen Anleger zu wecken.[440]

Bei einem öffentlichen Vertrieb benötigen die Fondsmanager eine Autorisierung, da die Tätigkeit des Investment Managements eine generell regulierte Tätigkeit ist,[441] so dass sie in Ausübung der autorisierten Tätigkeit dem FSA Handbook unterfallen. Wird keine Autorisierung eingeholt, darf nur ein Vertrieb durch Privatplatzierung erfolgen. Wenn Anleger jedoch selbst auf das Investmentvermögen stoßen, ist der Anteilserwerb wie im deutschen Recht nicht reguliert.[442]

---

438 Ss. 21, 238 FSMA 2000.

439 *Willey*, Regulation and the promotion of investment management services in Law and Regulation of Investment Management, Rn. 3-006.

440 *Willey*, Regulation and the promotion of investment management services in Law and Regulation of Investment Management, Rn. 3-006; vgl. *Page/Ferguson*, Investor Protection. S. 188.

441 Siehe FSMA 2000 (Regulated Activities) Order 2001 (RAO), Artt. 37, 53.

442 *Willey*, Regulation and the Promotion of Investment Management Services, in Law and Regulation of Investment Management, Rn. 3-013.

4.3.4.1 *Genehmigungserfordernis*

Generell ist es nicht zulässig, regulierte Aktivitäten auszuüben, es sei denn es gilt eine Ausnahme oder der Ausübende ist von der FSA zur Ausübung autorisiert worden, section 19 I FSMA 2000. Es besteht also ein Verbot mit Erlaubnisvorbehalt hinsichtlich der Ausübung von Handlungen, die Gegenstand der FSA-Regulierung sind. Die regulierten Tätigkeiten sind die Financial Promotion sowie alle Handlungen, die sich auf spezifische Investments beziehen. Um zu bestimmen, ob die spezifischen Tätigkeiten unter das Verbot mit Erlaubnisvorbehalt fallen, ist eine mehrstufige Prüfung notwendig.[443]

Die regulierten Tätigkeiten werden in einer Verordnung, der „Regulated Activities Order", aufgeführt. Hierunter fallen erstens die Einrichtung, der Betrieb oder die Abwicklung eines Collective Investment Schemes, zweitens das Handeln als Trustee eines autorisierten Unit Trust Schemes und drittens das Handeln als Depositary oder einziger Direktor eines OEIC.[444] Dann ist die „Carrying out Regulated Activities by way of Business Order" heranzuziehen, um zu ermitteln, ob eine bestimmte regulierte Tätigkeit in den Bereich des generellen Verbots der section 19 I FSMA 2000 fällt. Abschließend ist zu prüfen, ob eine Ausnahme nach der „Exemption Order" vorliegt, die eine Genehmigung entbehrlich macht. Die Durchführung von „Financial Promotion" ist nur durch autorisierte Personen zulässig.[445] Die autorisierten Personen unterliegen hinsichtlich der Promotion der FSA-Regulierung.[446]

4.3.4.2 *Genehmigungsarten*

Das System der Autorisierung durch die FSA besteht aus zwei Ebenen: Auf der ersten Ebene muss das Unternehmen, welches regulierte Aktivitäten ausübt, von der FSA autorisiert werden. Durch die Autorisierung fällt das Unternehmen unter ein System von „prudential"- und „conduct of business"-Aufsicht. „Prudential"-Aufsicht ist die Aufsicht über die Geeignetheit der Unternehmensleitung, der finanziellen Ressourcen des Unternehmens und seiner internen Systeme und Kontrollen.[447] Die „conduct of business"-Regulierung beinhaltet die Aufsicht über das Verhalten

443 Vgl. hierzu *Cooper*, FSMA – The right way to go?, EuZW 2003, 65.
444 FSMA 2000 (Regulated Activities) Order 2001 (RAO), Art 22 (1)(b).
445 S. 21 II FSMA 2000.
446 *MacNeil*, An Introduction to the Law on financial Investment, S. 72.
447 *Russen*, Financial Services, S. 2.

des Unternehmens gegenüber seinen Anlegern. Sie bezweckt, dass die Unternehmen die detaillierten „Conduct of Business"-Regeln einhalten.[448]

Die zweite Ebene der Autorisierung bezieht sich auf natürliche Personen. De einzelnen Mitglieder des oberen Managements innerhalb der Unternehmen, welche sogenannte kontrollierte Funktionen („controlled functions") ausüben, bedürfen einer Genehmigung. Das Genehmigungserfordernis soll eine direkte Verantwortung des Managements sicherstellen.[449] Es ist also eine explizite Genehmigung der Geschäftsleiter von autorisierten CIS erforderlich. Das InvG hingegen sieht nur eine inzidente Beurteilung der Zuverlässigkeit und fachlichen Eignung der Geschäftsleiter bei der Genehmigungserteilung für den Geschäftsbetrieb der KAGen vor.

4.3.5 *Differenzierung zwischen den Collective Investment Schemes Typen*

Grundsätzlich dürfen CIS nicht öffentlich vermarktet werden.[450] Allerdings besteht für bestimmte CIS eine Ausnahme, wenn sie autorisiert sind.[451]

4.3.5.1 *Autorisierte Collective Investment Schemes*

Die drei für die Promotion zulässigen Typen von Investmentvermögen[452] sind: Autorisierte Unit Trusts[453] und autorisierte OEICS[454] (Open Ended Investment Companies (offene Investment Gesellschaften)) sowie Recognised Schemes. Autorisierte Unit Trust und OEICS können entweder OGAW konform sein oder eine nicht mit der OGAW Richtline kompatible Anlagestrategie verfolgen.[455]

---

448 *Russen*, Financial Services, S. 2.

449 Vgl. *Russen*, Financial Services, S. 2 für die Erläuterung des Genehmigungserfordernisses im Vergleich zu dem Financial Services Act 1986, welcher noch keine unmittelbare Managementverantwortung für effektive Governance Strukturen, Systeme und Kontrollen enthielt.

450 S. 238 (1) FSMA 2000.

451 S. 238 (4) FSMA 2000.

452 S. 238 (4) FSMA 2000.

453 Autorisierte Unit Trusts sind solche Investmentvermögen, die gemäß s. 243 FSMA 2000 autorisiert worden sind.

454 Autorisierte offene Investment Companies sind solche Investmentvermögen, die gemäß s. 236 FSMA 2000 offene Investment Companies sind und die eine Autorisierung unter s. 262 FSMA 2000 erhalten haben.

455 Siehe für OGAW konforme Investmentvermögen COLL 1.2.1.(1), für nicht OGAW konforme Investmentvermögen COLL 1.2.1 (2).

Recognised Schemes werden von s. 237 (3) FSMA 2000 als solche Investmentvermögen definiert, die unter ss. 264, 270 oder 272 FSMA 2000 anerkannt sind. Diese Recognised Schemes sind Investmentvermögen aus EEA Staaten, die nicht unter die OGAW Richtlinie fallen.[456] Eine Unterkategorie der Recognised Schemes sind „Designated Territory Schemes". Sie sind Investmentvermögen aus Staaten, die nicht zur EEA gehören. Ihre Herkunftsländer haben aber einen „designated status" beantragt, so dass sie auch in England öffentlich vertrieben werden können.[457] Eine andere Unterkategorie sind „Individually recognised overseas Schemes". Sie müssen den Status als anerkanntes Investmentvermögen einzeln bei der FSA beantragen, damit ihr öffentlicher Vertrieb erlaubt ist.[458]

4.3.5.2 *Nicht autoriserte CIS*

Nicht autorisierte CIS dürfen nicht öffentlich vertrieben werden.[459] Sie müssen privat platziert werden.[460] Beispiele für solche Fonds sind Private Equity Fonds, Venture Capital Fonds sowie die meisten Hedgefonds.[461]

4.3.5.3 *Unterschiede der Regulierung von autorisierten und nicht autorisierten Fonds*

Die autorisierten Collective Investment Schemes dürfen nur in bestimmte Anlagegegenstände investieren und unterliegen Grenzen hinsichtlich der Fremdkapitalaufnahme. Unautorisierte CIS hingegen unterliegen keinerlei Einschränkungen hinsichtlich ihrer Errichtung sowie ihrer Anlagegegenstände und Fremdkapitalaufnahme.[462] Unautoriserte CIS werden auch als unreguliert bezeichnet. Der Begriff „unregulierte CIS" täuscht allerdings, da diese Investmentvermögen zwar keiner Regulierung bezüglich ihrer Anlagestrategie unterliegen, jedoch hinsichtlich ihres Vertriebs („Promotion") streng reguliert sind.[463]

---

456 S. 264 FSMA 2000.
457 S. 270 FSMA 2000.
458 S. 272 FSMA 2000.
459 S. 238 FSMA 2000.
460 Vgl. *Spangler*, The Law of Private Investment Funds, S. 28.
461 *MacNeil*, An Introduction to the Law on financial Investment, S. 115.
462 *Tunkel*, Managed Funds, Rn. 2.15.
463 *Lomnick* in Blair/Walker, Financial Services Law, S. 684; der Vertrieb unautorisierter CIS wird durch s. 238 FSMA 2000 geregelt.

4.3.5.4 *Stellungnahme zur Differenzierung nach der Öffentlichkeit des Vertriebs*

Die Unterscheidung zwischen regulierten und unregulierten Investmentvermögen in Großbritannien ist relevant für die Zulässigkeit von Anlagestrategien sowie die freie Vermarktung. Es ist sinnvoll, den öffentlichen Vertrieb als Ausgangspunkt für eine Regulierung der Anlagestrategie zu wählen. Hauptsächlich öffentlich angebotene Investmentvermögen stellen ein Risiko für Privatkunden dar. Erfolgt ein Vertrieb durch Privatplatzierung, findet zwangsweise eine Auslese der Anleger statt. Nur ein bestimmter Anlegerkreis wird angesprochen und eine persönliche Beratung erfolgt durch das platzierende Finanzinstitut. Dieser Kreis von Anlegern, der oft aus professionellen Anlegern bestehen wird, bedarf in der Regel keiner dezidierten Schutzvorschriften. Professionelle Anleger sind selbst in der Lage, Finanzinformationen über das Investmentvermögen auszuwerten und auf Basis ihrer Erkenntnisse Entscheidungen zu treffen. Die Unterscheidung von Regeln für Investmentvermögen nach öffentlichem Vertrieb und Privatplatzierung findet sich durch das Verbot des öffentlichen Vertriebs von Hedgefonds auch im deutschen Recht. Der Grund für das Verbot sind die weitergehenden unbeschränkten Anlagemöglichkeiten.[464] Eine Differenzierung der Regulierung nach der Öffentlichkeit des Vertriebs kann eine effiziente Regulierung ermöglichen, die konkreter auf die Bedürfnisse der Anleger zugeschnitten ist.

Eine Anknüpfung von Pflichten an die Öffentlichkeit des Vertriebs würde die Investmentvermögen entlasten, die allein durch eine Privatplatzierung vertrieben werden. Sie könnten auf die Erstellung eines ausführlichen Prospekts verzichten und eine andere Form der Information ihrer Anleger wählen. Bisher gelten für solche Investmentvermögen keine Erleichterungen, da für alle Investmentvermögen zumindest ein ausführlicher Verkaufsprospekt zu erstellen ist. Würden aber die Vertriebsvorschriften nur für den öffentlichen Vertrieb gelten, so stünde es Investmentvermögen, die sich beispielsweise allein an institutionelle Anleger mittels einer privaten Platzierung richten, frei, weniger umfassende Finanzinformationen oder auf die Bedürfnisse ihrer Anleger zugeschnittene Informationen bereitzustellen.

Die Anknüpfung an den Vertrieb bewirkt eine Differenzierung einerseits nach Investmentvermögen, die reguliert sind und als für die Allgemeinheit der Anleger tauglich betrachtet werden. Andererseits gibt es

464 Vgl. *Gstädtner*, Investmentbesteuerung im Vergleich, S. 26.

Investmentvermögen, die nur erfahrenen, ausgewählten Kunden angeboten werden dürfen und daher in ihrer Ausgestaltung frei sind. In COLL wird zwar keine detaillierte Standardisierung verschiedener Investmentvermögenstypen wie durch die Differenzierung zwischen verschiedenen Sondervermögensarten im InvG vorgenommen. Allerdings werden für die regulierten CIS, die eine Genehmigung eingeholt haben, von COLL breite Produktkategorien vorgegeben. An diese Vertriebskategorien ist die Klienten-Kategorisierung gekoppelt. Die Standardisierung der Produkttypen erfolgt anhand von Anlegerkategorien. Ein vertriebsbasierter Ansatz ist ein weniger komplex als die Ausgestaltung verschiedener Sondervermögensarten. Er ermöglicht den Investmentvermögen größere Freiräume bei der Wahl ihrer Anlagestrategie, ohne die Anleger größeren Risiken auszusetzen, da das gesamte Konzept auf dem Blickwinkel der Risiken für die Anleger basiert. Zudem wird den Anlegern die Anlageentscheidung erleichtert. Bei einem Investment in einen autorisierten Fonds können sie davon ausgehen, dass er keine für Privatkunden generell nicht zumutbaren Risiken birgt. Ein Regulierungsansatz, der die Anleger in den Fokus rückt, erscheint aufgrund der dem schnellen Wandel unterworfenen Finanzmärkte geeigneter, eine konstante Regulierung zu schaffen, als es eine Produktregulierung könnte. Er bedarf keiner ständigen Nachbesserung.

Es kann also festgehalten werden, dass grundsätzlich die Anknüpfung an den Vertrieb der Investmentvermögen sinnvoller erscheint, als die Regulierung verschiedener Sondervermögenstypen, die das InvG vornimmt. Die Vorschriften der Vertriebsregulierung durch die FSA sollen nun beleuchtet und auf ihr Anregungspotential für das deutsche Recht hin analysiert werden. Anschließend soll die nach Anlegerkategorien differenzierende englische Regulierung aufgezeigt werden.

4.3.6 *Das Financial Promotion Regime*

Ein öffentlicher Vertrieb („Financial Promotion") ist gemäß s. 21 FSMA 2000 eine strafbare Handlung, es sei denn der Handelnde ist eine autorisierte Person unter FSMA 2000 oder der Inhalt der Kommunikation ist von einer autorisierten Person genehmigt worden. Beim öffentlichen Vertrieb muss die autorisierte Person die Auflagen von Kapitel 4 von COBS erfüllen. COBS statuiert als grundlegende Anforderung, dass der öffentliche Vertrieb „fair, clear and not misleading" sein muss.[465] Der Begriff „Financial Promotion"

465 COBS 4.2.

wird jedoch unter FSMA 2000 nicht definiert. Vielmehr knüpft der Begriff der „Financial Promotion" an Kommunikationen an, welche im Rahmen eines Geschäftsbetriebes erfolgen und eine Einladung oder einen Anreiz für die Teilnahme an einer Investmenthandlung darstellen.[466]

4.3.6.1 *Einladung und Anreizsetzung*

Die Begriffe Einladung und Anreizsetzung werden in FSMA 2000 nicht definiert. Eine Definition findet sich aber in PERG. Danach ist eine Einladung, an einer Investmentaktivität teilzunehmen, eine Kommunikation, die eine Person direkt einlädt oder ihr anbietet, eine Investition zu tätigen.[467] Die Anknüpfung an eine Kommunikation bedeutet, dass Werbung und auch Anrufe unter Promotion fallen, die nicht auf Initiative des Klienten zurückgehen („Unsolicited Promotion").

Die Definition bewirkt keine Klarstellung des Begriffs der Einladung. In der Literatur wird vornehmlich vertreten, dass der Begriff Einladung sowie der Begriff Anreizsetzung gemäß ihres allgemeinen Sprachgebrauchs zu interpretieren seien.[468] Eine Einladung wird als eine direkte Einladung an eine Person angesehen, einen Schritt zu unternehmen, der dazu führt, dass sie an einer Investmentaktivität teilnimmt.[469] Ein Anreiz („inducement") hingegen wird als ein deutlich weitergehendes Konzept interpretiert. Für einen Anreiz reiche es aus, dass die Kommunikation bezweckt, einen Schritt zur Überzeugung des Klienten hinsichtlich einer Investmentaktivität oder der Anregung eines Investments zu leisten.[470] Die Kommunikation muss also nicht direkt auf die Tätigung eines Investments abzielen. Ein Anreiz wird auch dann bejaht, wenn noch mehrere Zwischenschritte bis zum Investment erforderlich sind. Nach Ansicht der FSA bedarf es jedoch mehr als einer Kommunikation reiner Fakten, damit eine Kommunikation einen Anreiz darstellt.[471] Es muss darüber hinaus ein werbendes Element vorliegen.[472]

466 S. 21 FSMA 2000.
467 PERG 8.4.
468 So z.B. *Russen*, Financial Services, S. 243.
469 *Russen*, Financial Services, S. 243.
470 *Russen*, Financial Services, S. 243.
471 PERG 8.4.2
472 PERG 8.4.2

4.3.6.2 *Im Rahmen eines Geschäftsbetriebs*

Unter das Promotionsregime fällt nur ein solcher Vertrieb, der im Rahmen eines Geschäftsbetriebs erfolgt. Der Kommunizierende muss ein geschäftliches Interesse haben und die Kommunikation muss als Teil des allgemeinen geschäftlichen Handelns erfolgen. Rein private Kommunikationen sind aus dem Anwendungsbereich des Promotionsregimes ausgenommen.[473]

4.3.6.3 *Differenzierung zwischen Kommunikationsweisen*

Das Konzept der Kommunikation im Rahmen des finanziellen Promotionsregimes wird unterteilt in Echtzeit und nicht in Echtzeit erfolgende Kommunikationen und dann weiter aufgespalten in „solicited"- und „unsolicited"- Echtzeit-Kommunikationen.[474]

Eine Echtzeit-Kommunikation liegt dann vor, wenn sie im Rahmen eines persönlichen Besuches, eines Telefonates oder eines interaktiven Dialogs erfolgt.[475] Alle anderen Kommunikationsformen werden nicht als Echtzeit-Kommunikationen qualifiziert und unterliegen mehr Ausnahmen von Vertriebsrestriktionen als Echtzeit-Kommunikationen.[476] Ein bedeutender Faktor für die Bestimmung, ob eine Kommunikation in Echtzeit erfolgt, ist die Frage ob ein interaktiver Dialog stattfindet.[477] Zudem ist ausschlaggebend, ob eine Kommunikation mit einer oder mehreren Personen in identischer Weise abläuft oder sich mit identischen Worten an mehrere Personen wendet. Relevant ist ebenfalls, ob die Kommunikation normalerweise ein Protokoll hinterlässt, auf das der Empfänger später zurückgreifen kann und ob sie verlangt, dass der Empfänger sofort antwortet.[478]

4.3.6.3.1 Stellungnahme zur Differenzierung zwischen den Kommunikationenformen

Die Differenzierung nach Echtzeit-Kommunikationen und solchen, welche nicht in Echtzeit stattfinden, trägt ihrem unterschiedlichen Beeinflussungspotential Rechnung. Bei einer interaktiven Kommunikation in Echtzeit ist

473 *Russen*, Financial Services, S. 247.
474 *Spangler*, The Law of private Investment Funds, S. 33.
475 FPO Art. 7.
476 PERG 8.8.
477 *Spangler*, The Law of private Investment Funds, S. 33.
478 FPO Art. 7 (5).

es für einen Verkäufer von Investmentvermögensanteilen leichter möglich, manipulative Marketingstrategien anzuwenden und einen Anleger zu überreden, als bei einer schriftlichen Kommunikation. Bei schriftlichen Kommunikationen hat der Anleger zum einen die Möglichkeit, sich eine Bedenkzeit zu nehmen. Zum anderen kann er die Kommunikation nachzuvollziehen und wiederholt zu lesen, bevor er eine Entscheidung trifft. Eine Bedenkzeit fehlt bei einer direkten Interaktion. Bei einer direkten Kommunikation ist es leichter eine Drucksituation aufzubauen oder ein Vertrauensverhältnis auszunutzen als in einer Situation, in der kein persönlicher Kontakt besteht.

4.3.6.3.2 Solicited und unsolicited Kommunikationen

„Unsolicited" Echtzeit-Kommunikationen[479] sind solche Kommunikationen, welche nicht auf Initiative des Anlegers erfolgen.[480] Sie sind grundsätzlich untersagt und nur in Ausnahmefällen zulässig. Sie sind erlaubt, wenn der Anleger dem Unternehmen mitgeteilt hat, dass es ihm Recht ist, unaufgefordert kontaktiert zu werden,[481] oder wenn eine Vermarktung von relativ risikolosen Produkten erfolgen soll.[482] Unaufgeforderte Kommunikationen sind zur Vermarktung von regulierten CIS möglich, soweit die vermarkteten CIS nicht eine höhere Volatilität aufweisen[483] und so ein überdurchschnittliches Risiko für die Anleger darstellen.

Die zulässigen nicht vom Anleger initiierten Kommunikationen dürfen allerdings nur zu einer angemessenen Tageszeit stattfinden. Der Kommunizierende muss sich selbst und das Unternehmen, für das er agiert, identifizieren und von Anfang an den Zweck der Kommunikation offenlegen. Er muss erfragen, ob der Anleger die Kommunikation fortsetzen möchte und dabei klarstellen, dass der Anleger die Kommunikation jederzeit beenden kann.[484]

479 Sie werden in COBS auch „cold calling" genannt, COBS 4.8.2.
480 Siehe FSA Handbook, Glossary Definition „Cold calling".
481 COBS 4.8.2 (1).
482 So ist es zulässig „packaged Products" zu vermarkten, welche keine hoch volatilen Fonds oder Lebensversicherungsprodukte, die sich auf hoch volatile Fonds beziehen oder kontrollierte Aktivitäten sind, welche „readily realisable securities" oder generell vermarktbare non-geared finanzielle Produkte zum Gegenstand haben, vgl. COBS 4.8.2 (2), (3). Unter „packaged products" fallen Units von regulierten CIS (siehe FSA Handbook, Glossary Definition „packaged product" (b)).
483 COBS 4.8.2 (2).
484 COBS 4.8.3.

Eine Differenzierung zwischen den Regeln für Kommunikationen auf Aufforderung und ohne Aufforderung ist sinnvoll. Bei einem vorherigen Auffordern wird der Anleger nicht von der Kommunikation überrascht. Das Potential nicht angeforderter Kommunikationen, Anleger zu überrumpeln, rechtfertigt die sehr detaillierte Regelung. Unaufgeforderte Kommunikationen können leicht dazu führen, dass Anleger Produkte erwerben, an welchen sie gar nicht interessiert oder die für sie ungeeignet sind. Die sehr klare Differenzierung zwischen Kommunikationen nach und ohne Aufforderung ermöglicht den Anbietenden, ihre Handlungen in ein Vertriebsregime einzuordnen und die anwendbaren Regeln zu bestimmen.

4.3.6.4 *Vergleich mit der deutschen Regelung von Vertriebsmaßnahmen*

Eine vergleichbare Differenzierung auf Basis einer vorherigen Aufforderung durch den Kunden findet sich im InvG nicht. Generell findet im InvG eine Differenzierung nach der Öffentlichkeit des Vertriebs nur für EU- und ausländische Investmentanteile statt. Der Vertrieb ist die Verkaufstätigkeit gegenüber einem unbestimmten Personenkreis, wobei bereits ein Angebot eine Verkaufstätigkeit darstellt.[485] Zudem zählt auch die Werbung nach der Ansicht des Schrifttums zum öffentlichen Vertrieb. Die Handlung des Anbietens wird dann als erfüllt angesehen, wenn eine Aufforderung zum Kauf ausländischer Investmentanteile erfolgt.[486] Die Aufforderung kann sowohl persönlich oder schriftlich erfolgen. Der Begriff der Werbung ist weiter und soll alle absatzfördernden Maßnahmen durch die planmäßige Beeinflussung von Personen umfassen.[487] Abgegrenzt wird Werbung von solchen Maßnahmen, die allein der Befriedigung eines berechtigten Informationsbedürfnisses der Allgemeinheit dienen.[488]

4.3.6.5 *Verhaltensregeln für die finanzielle Promotion*

Die finanzielle Promotion muss fair, eindeutig und nicht irreführend sein.[489] Die sehr weite Norm wird durch Guidance spezifiziert. Die Gui-

485 *Baur/Ziegler*, BuB, Rn. 9/553; *Baur* in Assmann/Schütze, Handbuch des Kapitalanlagerechts, § 20 Rn. 362.

486 *Baur/Ziegler*, BuB, Rn. 9/553.

487 Siehe *Waldeck/Süssmann*, Die Anwendung des Wertpapier-Verkaufsprospektgesetzes, WM 1993, 361 (364) zum VerkaufsprosepktG; vgl. für einen Überblick *Baur/Ziegler*, BuB, Rn. 9/555; *Baur* in Assmann/Schütze, Handbuch des Kapitalanlagerechts, § 20 Rn. 363.

488 *Baur/Ziegler*, BuB, Rn. 9/555; ähnlich *Beckmann*, in Beckmann/Scholtz/Vollmer, Investment, 410, § 2 InvG Rn. 174.

489 COBS 4.2.1 (1).

dance besagt, dass die Regel angemessen und verhältnismäßig anzuwenden ist, wobei das Kommunikationsmittel sowie der Inhalt der Information zu beachten ist. Diese Anforderung ist in COBS als Regel gekennzeichnet. Trotzdem spezifiziert die Guidance, dass die Promotion je nach Inhalt der Information und Kommunikationsmittel auszugestalten ist. Der Vertrieb ist möglichst fair, eindeutig und nicht irreführend entsprechend der tatsächlichen Gegebenheiten vorzunehmen. Die Vertriebsanforderungen sind folglich Optimierungsgebote. Es handelt sich bei COBS 4.2.1 (1) somit um ein Prinzip.

Eine Kommunikation mit professionellen Klienten muss nicht dasselbe Format aufweisen wie eine Mitteilung an Privatkunden.[490] Die Kommunikation ist an dem Empfängerhorizont ihrer Zielgruppe auszurichten. Weitere Guidance fordert, dass ein Produkt, welches ein Risiko für das Kapital des Anlegers darstellt, dieses Risiko klarstellen muss.[491] Wird die erwartete Rendite angegeben, muss diese sowohl die kurzfristigen als auch die langfristigen Aussichten des Investments aufzeigen.[492] Komplexe Gebührenstrukturen sind ausreichend zu erklären, so dass sie für die Anleger verständlich sind.[493]

Verletzt ein Unternehmen das Prinzip des fairen, klaren und nicht irreführenden Vertriebs, so reicht es zur Abwendung eines Schadensersatzanspruchs[494] gegen das Unternehmen aus, dass das Unternehmen nachweist, vernünftige Schritte („reasonable Steps") unternommen zu haben, das Prinzip zu befolgen.[495] Diese Regel beschränkt das Konzept der Verantwortung des oberen Managements für das Erreichen der im FSA Handbook durch Prinzipien statuierten Ziele. Grundsätzlich fordert die Dogmatik der prinzipien-basierten Regulierung die Erfüllung der in den Prinzipien festgelegten Ziele. Dem Management wird ein Gestaltungsspielraum hinsichtlich der Art und Weise der Erfüllung eingeräumt. Hier ist es jedoch ausreichend, dass das Management einen angemessenen Versuch unternimmt, dem Prinzip gemäß zu handeln. Eine absolute Erfüllung des Ziels ist nicht erforderlich. Somit ist diese Klausel systematisch betrachtet eine Ausnahme.

490 Vgl. COBS 4.2.2.
491 COBS 4.2.4 (1).
492 COBS 4.2.4 (2).
493 COBS 4.2.4 (3).
494 S. 150 FSMA 2000.
495 COBS 4.2.6.

Ist die Promotion von CIS genehmigt, so sind die Promotionsregeln in Teil 4 von COBS anwendbar.

Das Financial Promotion-Regime ist ein Kernstück der Regulierung von CIS. Dies lässt sich auch an der Tatsache ablesen, dass seiner Durchsetzung in den letzten Jahren eine höhere Bedeutung beigemessen worden ist. Die höhere Bedeutung der Durchsetzung resultiert aus der „Treating Customers fairly"-Initiative der FSA.[496] In den meisten Fällen, in denen die FSA Durchsetzungsmaßnahmen ergriff, sah sie einen unklaren, irreführenden Vertrieb als Beweis dafür an, dass das Unternehmen kein effektives System für die Genehmigung von Vertriebsmaßnahmen implementiert hat. Das Fehlen eines effektiven Systems wirkte sich nach Auffassung der FSA als klarer Verstoß gegen SYSC 3.2.6 aus.[497] Eine wesentliche Pflicht des oberen Managements ist sicherzustellen, dass nur eindeutige, nicht irreführende Kommunikationen erfolgen. Es hat dafür Sorge zu tragen, dass die Genehmigung von Vertriebsmaßnahmen innerhalb des Unternehmens angemessen organisiert ist und überwacht wird.

4.3.6.6 *Stellungnahme zum Financial Promotion-Regime*

Die Verknüpfung der Eingangskontrolle in den Markt mit der Regulierung der Promotion ist sinnvoll, da so kontrolliert wird, welche Typen von Anlegern angesprochen werden. So wird überprüft, ob die Werbung die Risiken der Anlage in ein Investmentvermögen korrekt wiedergibt. Manipulatives Marketing, das Anleger zu gewinnen sucht, welche nicht in das Risikoprofil des spezifischen Investmentvermögens passen, wird eingedämmt. Aus dem differenzierten Financial Promotion Regime sollten Anregungen für das deutsche Recht gezogen werden. Die Unterscheidung der Kommunikationsformen nach ihrer Risikohaftigkeit für die Anleger erscheint sinnvoll. Abgestufte Anforderungen könnten für Werbemaßnahmen eingeführt werden, die auf Initiative des Anlegers erfolgen und solche, die von den Vertriebsgesellschaften angestoßen werden.

Die Regeln der Financial Promotion stellen sicher, dass potentielle Anleger nicht auf eine unangemessene Weise kontaktiert werden. Es gewährleistet, dass die Kommunikation wahrheitsgemäß und für die Anleger verständlich ist. Die Rückkopplung der Vorschriften über den Vertrieb an die Verantwortung des oberen Managements durch die Verwendung von

496 *Gray/Hamilton*, Implementing Financial Regulation, S. 109.
497 *Gray/Hamilton*, Implementing Financial Regulation, S. 109.

Prinzipien ist sinnvoll. So wird die hohe Bedeutung einer nicht irreführenden Kommunikation betont. Allerdings wird der Schutz der Anleger durch die Beschränkung des Schadensersatzanspruchs auf Fälle, in denen kein angemessener Versuch eines ordnungsgemäßen Vertriebs im Gegensatz zu einem absoluten Maßstab an der Fairness der tatsächlichen Kommunikation erfolgt, relativiert. In der Praxis wird schwer möglich sein nachzuweisen, dass die Geschäftsleitung keinen angemessenen Versuch unternommen hat. Dieser vage Tatbestand kann dazu führen, dass Anleger von einer Klage absehen. Zum einen müssten die Anleger einen den Nachweis über Geschehnisse innerhalb der Fondsverwaltung führen. Zum anderen kann die Vagheit des Tatbestands den Erfolg einer Schadensersatzklage unwahrscheinlich erscheinen lassen.

4.3.6.7 *Stellungnahme zur Verknüpfung von Genehmigung und freiem Vertrieb*

Wird ein öffentlicher Vertrieb angestrebt, sollte eine genaue Kontrolle des Managements eines Investmentvermögens erfolgen, um sicher zu stellen, dass die Manager zuverlässig sind. Zudem sollte die Anlagestrategie auf ihre Professionalität hin überprüft werden. Dies ist vor allem deshalb sinnvoll, da wie oben gezeigt Privatkunden in der Regel nicht in der Lage sind, durch Auswertung bereit gestellter Informationen eine fundierte Anlageentscheidung zu treffen. Somit sollte eine Eingangskontrolle der Investmentvermögen sowie ihrer Manager stattfinden, wenn diese in den Markt für öffentlich verfügbare Investmentvermögen eintreten wollen.

Eine Anknüpfung an den Vertrieb erscheint sinnvoll und wäre auch für das deutsche Recht wünschenswert. Sie sollte mit einer generellen Regulierung der Vertriebsmaßnahmen einhergehen. Die Art und Weise, wie Investmentvermögen den Anlegern angeboten werden, sollte genau geregelt werden. Die Form des Vertriebs beeinflusst entscheidend den Anlegerkreis. Je nach Vertriebsweise, also öffentlich oder nur im Rahmen von Privatplatzierungen, sollte eine unterschiedliche regulative Ausgestaltung der Fonds erfolgen. Ergänzend zu den bereits bestehenden Publikationspflichten könnten auch im deutschen Investmentrecht Regeln für mündliche Angebote und Werbemaßnahmen erwogen werden, wie sie das englische Financial Promotion-Regime vorsieht.

Allerdings ist eine alleinige Anknüpfung an ein Genehmigungserfordernis nicht ausreichend, sondern es bedarf einer fortlaufenden Aufsicht über die Investmentvermögen. Die Aufsicht sollte ein verstärktes Augenmerk auf die Einhaltung der Vertriebsregeln legen. Zivilrechtliche Schadensersatzansprüche der Anleger werden allein nicht ausreichen, für die Unternehmen einen Anreiz zu ordnungsgemäßem Verhalten zu setzen.

4.3.7 *Conduct of Business Rules*

Ein weiterer bedeutender Teil des britischen Regulierungssystems sind Conduct of Business-Regeln, die sich im Conduct of Business Sourcebook (COBS) finden. Sie regeln die Art und Weise, wie individuelle Finanztransaktionen durchgeführt werden.[498] Viele dieser Regeln beziehen sich auf Publikationspflichten oder mit ihnen verwandte Pflichten, wie etwa die Veröffentlichung von Informationen vor Vertragsabschluss.[499] Andere sind weitergehender und begrenzen die Freiheiten der autorisierten Personen oder haben bedeutende Implikationen für die Struktur des Markts. Zentraler Bestandteil der COBS-Regulierung ist das System der Klienten-Klassifikation[500] sowie die bereits dargestellten Regeln zur finanziellen Promotion.[501] COBS gilt gemäß COBS 1.1.1 (3) auch für designated Investment businesses, unter welche die CIS fallen.[502]

4.3.7.1 *Die Klienten-Klassifikation*

COBS 3 regelt die Klienten-Klassifikation, welche grundsätzlich für das gesamte FSA Handbook gilt. Für die Zwecke des finanziellen Promotionsregimes ist ein Klient des Unternehmens jede Person, der die Promotion kommuniziert wird, oder bei der es wahrscheinlich ist, dass mit ihr eine Kommunikation bezüglich einer Promotion eines Unternehmens, welches die Kommunikation vornimmt oder sie genehmigt, erfolgt.[503]

Die Klienten-Klassifikation beruht auf der Dienstleistungsrichtlinie MiFiD und ist in Deutschland im WpHG umgesetzt. Sie gilt nicht für KAGen und InvAGs, da diese keine Wertpapierdienstleistungsunternehmen sind.[504] Eine spezielle Umsetzung der Klienten-Klassifikationsregeln für

---

498 *MacNeil*, An Introduction to the Law on financial Investment, S. 33.

499 Vgl. COBS 2.2.1.

500 *MacNeil*, An Introduction to the Law on financial Investment, S. 33.

501 Siehe oben unter 4.3.4

502 So besagt das Glossary für „designated investment business", dass die Etablierung, der Betrieb sowie die Abwicklung eines CIS (i), der Trustee eines autorisierten unit trusts (j) sowie der Depositary eines OEIC(k) unter designated investment businesses subsumiert werden.

503 COBS 3.2.1 (3).

504 Vgl. § 2a I Nr. 14 WpHG.

Investmentvermögen hat im InvG im Gegensatz zum FSA Handbook nicht stattgefunden. Im deutschen Recht findet die Klienten-Klassifikation für Investmentvermögen mittelbar Anwendung, wenn dem Erwerb von Investmentanteilen eine Anlageberatung vorausgeht. Bei der Anlageberatung durch die Banken gelten die §§ 31 ff WpHG, welchen die Klienten-Klassifikation zugrunde liegt. In England müssen hingegen die CIS neue Klienten über ihre Einordnung als Privatkunden, professionelle Anleger oder geeignete Gegenpartei informieren.

4.3.7.1.1 Retail clients (Privatkunden)

Privatkunden werden in COBS nur in Abgrenzung zu den anderen Klientenklassen definiert, nämlich als Klienten, die weder professionelle Klienten noch qualifizierte Gegenparteien sind.[505]

4.3.7.1.2 Professional clients (Professionelle Kunden)

Innerhalb der Kategorie der professionellen Kunden wird zwischen „per se" professionellen Klienten und „elective", also wahlweise professionellen Klienten, differenziert. Per se professionelle Klienten sind grundsätzlich Investment-Unternehmen, Kreditinstitute, und alle anderen regulierten oder autorisierten Finanzinstitutionen, Versicherungsunternehmen, CIS oder die Management Gesellschaft eines CIS, Pension Funds oder die Management Company eines Pension Funds, Rohstoffhändler oder Rohstoffderivatehändler, alle institutionellen Anleger, große Kapitalgesellschaften, Partnerschaftsgesellschaften oder Trusts.[506] Unternehmen, die unter die MiFiD fallen oder äquivalente Unternehmen aus Drittstaaten werden dann als professionelle Klienten angesehen, wenn sie zwei der folgenden Merkmale aufweisen: einen Bilanzgesamtumsatz von EUR 20.000.000, einen Nettoumsatz von EUR 40.000.000 oder eigenes Kapital in Höhe von EUR 2.000.000.[507]

Wahlweise professionelle Klienten sind solche Anleger, die über ein adäquates Wissen, Expertise und Erfahrung verfügen und dafür optieren als professionelle Kunden behandelt zu werden. Sie müssen zudem bestimmte formelle Anforderungen erfüllen.[508] Sind die Klienten Unternehmen, so

505 COBS 3.4.1.
506 Vgl. COBS 3.5.2 (1).
507 Vgl. COBS 3.5.2 (2).
508 Vgl. COBS 3.5.3.

ist der materielle Test hinsichtlich der Expertise und Erfahrung von den natürlichen Personen vorzunehmen, die für das Unternehmen handeln.[509] Interessant ist, dass die FSA in der Guidance festlegt, dass bei einem wahlweisen professionellen Klienten nicht die gleichen Marktkenntnisse und Erfahrung vorausgesetzt werden können, wie bei einem per se professionellen Kunden.[510] Das Finanzunternehmen trifft die Pflicht einen Klienten herunterzustufen, wenn Umstände bekannt werden, dass er nicht mehr die Voraussetzungen erfüllt, die ursprünglich für die Einordnung als professioneller Kunde erforderlich waren.[511]

4.3.7.1.3 Eligible Counterparties

Bei den geeigneten Gegenparteien erfolgt ebenfalls eine Differenzierung nach per se und wahlweisen Gegenparteien. Per se qualifizierte Gegenparteien sind grundsätzlich alle Investmentunternehmen, Kreditinstitute, Versicherungsunternehmen, OGAW Fonds, Pension Funds, Zentralbanken, nationale Regierungen und supranationale Organisationen.[512]

Grundsätzlich ist eine wahlweise qualifizierte Gegenpartei ein Unternehmen, welches per se ein professioneller Kunde ist und eine Einordnung als qualifizierte Gegenpartei erbittet.[513] Ein Klient, der als wahlweiser professioneller Kunde eingestuft ist, kann auch dafür optieren als wahlweise qualifizierte Gegenpartei eingestuft zu werden. Eine derartige Hochstufung ist aber nur für solche Dienstleistungen und Transaktionen zulässig, für die er als professioneller Kunde zu behandeln wäre.[514]

4.3.7.2 *Wahlweise Herabstufung oder Heraufstufung*

Die Anleger, die als professionelle Klienten oder qualifizierte Gegenparteien eingestuft werden, können beantragen, heruntergestuft zu werden. Sie können so in den Genuss eines höheren Anlegerschutzniveaus kommen.[515] Das Finanzunternehmen kann auf eigene Initiative oder auf Antrag des

509 COBS 3.5.4.
510 COBS 3.5.7.
511 COBS 3.5.9 (1).
512 COBS 3.6.2.
513 Hierunter fallen auch Unternehmen aus Drittstaaten, die nicht als äquivalentes Unternehmen aus einem Drittstaat qualifiziert werden, aber entweder eine Körperschaft mit einem Eigenkapital von mindestens GBP 10.000.000 sind oder die in COBS 3.5.2 (3) festgelegten qualitativen Kriterien erfüllen; vgl. COBS 3.6.4. (1)(a).
514 COBS 3.6.4. (1)(b).
515 COBS 3.7.1.

Kunden einen professionellen Kunden als Privatkunden behandeln oder eine qualifizierte Gegenpartei als professionellen Kunden oder Privatkunden einstufen.[516]

Für Anleger kann es auch attraktiv sein, die Einordnung in eine höhere Kategorie zu verlangen. Die höhere Einstufung erlaubt ihnen, in riskantere Anlageprodukte zu investieren.[517] Vor der Erbringung von Dienstleistungen müssen die Klienten daher aufgeklärt werden, dass sie eine andere Einordnung verlangen zu können. Da Anleger durch eine Neueinordnung höheren Risiken ausgesetzt werden, müssen sie über den Wegfall von Schutzvorkehrungen informiert werden.[518]

4.3.7.3 *Client's Best Interest Rule*

Als grundlegende Regel statuiert COBS 2.1.1. die „Client's Best Interest Rule" (Die Regel des bestehen Kundeninteresses). Sie besagt, dass das Unternehmen ehrlich, fair und professionell im besten Interesse des Kunden handeln muss. Zudem legt COBS 4 Verhaltensregeln für die Financial Promotion fest. Die Regeln gelten, wenn ein Unternehmen mit einem Klienten hinsichtlich eines designierten Investmentgeschäfts kommuniziert.[519]

4.3.8 *Retail Investor Schemes*

Die frei zu vertreibenden Fonds fallen in zwei Kategorien: diejenigen Fonds, die den Anforderungen der OGAW-Richtlinie entsprechen und diejenigen, welche nicht OGAW kompatibel sind. Beide Fondstypen können ohne Beschränkungen an die britische Öffentlichkeit vermarktet werden. Sie werden auch als Privatkundenfonds („Retail Investor Schemes") bezeichnet. Die OGAW konformen Investmentvermögen können zusätzlich ohne weitere Genehmigungserfordernisse EU-weit vertrieben werden. Die Nicht-OGAW konformen Fond dürfen in eine größere Anzahl von Anlagegegenständen investieren. Sie können in Immobilien und Gold investieren (bis zu 10 %) und unterliegen geringeren Restriktionen hinsichtlich nicht

516 COBS 3.7.3.
517 COBS 3.3.2.
518 COBS 3.3.1.
519 COBS 4.1.1 (1), außerdem gelten die Regeln gemäß COBS 4.1.1.(2) auch für weiter Fälle, die aber für die CIS von geringer Relevanz sind, da die Kommunikation von regulierten CIS immer unter den Begriff „designates Investment Business" zu subsumieren ist.

genehmigten Sicherheiten, Sicherheiten oder Geldmarktinstrumenten und anderen Edelmetalle sowie „Traded Commodity Contracts".

Es besteht also keine Produktregulierung im engeren Sinn. Zwischen den Privatkunden- („Retail") Investmentvermögen erfolgt keine so weitgehende Differenzierung und differenzierte Normierung, wie im deutschen Recht. Allerdings gibt es eine generelle Produktklasse der Privatkundenfonds, die Anlagegrenzen unterfallen und Beschränkungen bezüglich der Fremdkapitalaufnahme unterliegen. Die Etablierung einer solchen Investmentvermögensart ist sinnvoll, da Privatkunden Schwierigkeiten ausgesetzt sind, eine fundierte Anlageentscheidung zu treffen. Gibt es Fonds, die generell als geeignet für Privatkunden eingestuft werden, wird den Privatkunden die Entscheidung zwischen den Fondstypen abgenommen. Das Risiko der Privatkunden wird durch die Beschränkung der Investmentmöglichkeiten (bei Investmentvermögen) auf diesen Produkttyp begrenzt.

4.3.9 *Unregulierte Collective Investment Schemes*

Die unregulierten, also frei zu vermarktenden CIS können hingegen nur an bestimmte Personen vermarktet werden. Solche Personen müssen entweder bereits Anleger in einem unregulierten CIS sein oder gewesen sein, oder Personen sein, für die der Manager verifiziert, dass das Investment für sie geeignet ist. Sie können auch Personen sein, die etablierte oder neu akzeptierte Kunden des Managers sind, die geeignete Gegenpartei („eligible counterparty") oder professionelle Kunden („professional client") sind. Zulässige Anleger sind auch solche Personen, die von dem Manager als fähig angesehen werden, ihre eigenen Anlageentscheidungen zu treffen und die von ihm gewarnt worden sind.[520] Außerdem können Anleger selbst die CIS recherchieren und sich an sie wenden.[521]

4.3.10 *Qualified Investor Schemes*

Zwischen der Kategorie der frei vermarktbaren Fonds und den unregulierten Fonds findet sich eine Mittelkategorie. Die Fonds dieser Kategorie sind nicht frei vermarktbar, sondern dürfen nur bestimmten Anlegergruppen angeboten werden. Sie sind Qualified Investor Schemes (QIS) (Qualifizierte Investoren Fonds). Die QIS nehmen eine vermittelnde Stellung in dem Sys-

520 Vgl. *Spangler*, The Law of private Investment Funds, S. 29 f.
521 *Spangler*, The Law of private Investment Funds, S. 38 f.

tem ein, da sie nur begrenzt vermarktbar sind, jedoch im COLL-Sourcebook reguliert werden.

Die QIS stellen ein besonderes Investmentvehikel für erfahrene Anleger dar. Sie werden in COLL 8 geregelt, das Erleichterungen gegenüber den Regelungen für OGAW Investmentvermögen enthält. Die OGAW Investmentvermögen sind als Vehikel für Privatkunden konzipiert und mit einem umfassenden Regelwerk zum Schutz der Privatkunden versehen. QIS hingegen sind für professionelle und institutionelle Anleger gedacht. So dürfen nur solche Anleger in QIS investieren, die bereits Anleger in einem QIS oder einem unregulierten CIS sind oder waren. Zulässige Anleger sind weiterhin Personen, für die der Fondsmanager verifiziert, dass das Investment für sie geeignet wäre, Personen, welche etablierte oder neu akzeptierte Kunden des Managers sind, Personen, die eine „eligible counterparty" oder „professional clients" sind sowie Personen, welche vom Manager als fähig befunden worden sind, selber Anlageentscheidungen zu treffen und die vom Manager vor den Risiken der Anlage gewarnt wurden.[522] Die Kategorien entsprechen den Kundenkategorien der unregulierten CIS. Die hohe Hürde für die Partizipation an einem QIS rechtfertigt sich daraus, dass QIS höhere Risiken eingehen können, als die anderen regulierten CIS.

4.3.10.1 *Lighter Touch Regulierung*

Die Regulierung der QIS erfolgt nach dem „lighter touch"-Ansatz[523] und ist prinzipien-basiert. Die Anlagevorschriften der QIS beschränken sich auf das allgemeine Prinzip der Risikostreuung und es finden sich keine detaillierten Regeln hinsichtlich der zulässigen Anlagegegenstände oder Anlagegrenzen. Der großen Freiheit der QIS bei der Ausgestaltung ihrer Anlagestrategie steht neben der hohen Eingangshürde für Anleger eine genaue Regulierung der „Scheme Documentation" gegenüber.

4.3.10.1.1 Scheme Documentation

Der Schwerpunkt der Regulierung der QIS liegt auf der Regulierung der „Scheme Documentation", also der Satzung und des Prospekts. Der Prospekt muss genau die Risiken und Intentionen des QIS beschreiben und so eine Information der Anleger gewährleisten. Die QIS haben im Vergleich

---

522 COLL 8 Annex 1.
523 Vgl. *FSA*, The CIS Sourcebook – A New Approach, Consultation Paper CP 185, S. 4.

zu den regulierten CIS eine größere Freiheit, sich selbst Regeln in ihrer Satzung zu geben. Die FSA wollte damit eine Verlagerung der Regulierung durch Regeln zu einer Selbstregulierung innerhalb der Satzung der CIS erreichen.[524] Die Freiheit der Satzungsgebung bezieht sich nicht nur auf Anlagestrategie und Grenzen der Fremdkapitalaufnahme, sondern auch auf die Ausgestaltung des Tagesgeschäfts. Es gibt beispielsweise keine festgelegten Rücknahmezeiträume („redemption period"). Die Investmentvermögen können vielmehr selber in der Satzung bestimmen, wie die Rücknahme von Anteilen erfolgen soll.[525] Auch finden sich keine Regeln über die Einberufung von Anteilshalterversammlungen in COLL. Die QIS sind frei, die Verfahren dafür selbst zu bestimmen. Es bestehen nur wenige Regeln für die Festlegung der Ausgabe- und Rücknahmepreise und die Bewertung des Anlagevermögens. Die Satzung hat festzulegen,[526] wie das Eigentum des Schemes zu bewerten ist, während die Bewertungsmethoden im Prospekt[527] zu erläutern sind. Die geringe Regelung ermöglicht den Managern des QIS eine relative Freiheit. Zum Beispiel legt COLL 8.5.9 nur fest, dass jeder Teil des Scheme Eigentums mit einem fairen Wert zu bewerten ist. Es verpflichtet, den autorisierten Manager, einem Anleger bei Bedarf einen approximativen Preis für jeden Anteilstypus zu jeder Zeit mitzuteilen. Kosten und Gebühren, welche das Scheme Eigentum mindern, müssen angemessen sein und sind in der Scheme Documentation festzulegen.[528]

Die QIS verfügen also über weiterreichende Freiheiten hinsichtlich der Organisation des Investmentvermögens. Sie sind verpflichtet, sich selbst Regeln in der Satzung zu geben. Dieser Ansatz kombiniert Flexibilität mit Transparenz, so dass der Anlegerschutz durch Information erfolgen soll.

4.3.10.1.2 Längere Dauer des Genehmigungsverfahrens

Die Möglichkeit der stärkeren Selbstregulierung durch die Satzung variiert die Bandbreite der QIS stärker. Das Genehmigungsverfahren durch die FSA dauert daher länger, da eine detailliertere Prüfung erforderlich ist als bei standardisierten Fonds für Privatkunden. Die QIS dürfen Short

524 Vgl. *FSA*, The CIS Sourcebook – A New Approach, Consultation Paper CP 185, S. 20.
525 (COLL 8.5.12).
526 COLL 8.3.4.
527 COLL 8.5.9.
528 COLL 8.2.6; 8.3.4.

Selling verwenden,[529] sowie Derivate, wobei die ausstehenden Risiken des Investmentvermögens nicht seinen Nettoinventarwert übersteigen dürfen.

4.3.10.1.3 Vorteile der QIS für professionelle Anleger

Die Einführung der QIS verfeinert die nach dem Kenntnisstand der Anleger differenzierende Regulierung der CIS weiter. Eine regulierte Klasse von Fonds, welche auf professionelle und institutionelle Anleger abzielt, ist sinnvoll. Für institutionelle Anleger kann es attraktiv sein in regulierte Investmentvermögen zu investieren. Sie können so das Risiko einer Kapitalanlage in ein komplett unreguliertes Vehikel vermeiden. Das geringere Risiko einer Anlage in ein reguliertes CIS kann gerade unter Corporate Governance-Aspekten bedeutend sein, wenn sich institutionelle Anleger ihren Investoren gegenüber für ihre Anlagestrategie rechtfertigen müssen. Allerdings bedürfen institutionelle Anleger nicht der gleichen Schutzmaßnahmen wie Privatkunden. Sie weisen eine oftmals höhere Risikobereitschaft auf. Deshalb ist es günstig ein spezielles, reguliertes Anlagevehikel für professionelle und institutionelle Anleger zu schaffen.

4.3.10.1.4 Systematische Einordnung der QIS

Es ist anzumerken, dass die QIS im System der CIS Regulierung eine systemwidrige Ausnahme darstellen, da sie reguliert, jedoch nicht frei vermarktbar sind. Sie führen dazu, dass die systematischen Grenzen zwischen regulierten und unregulierten CIS verwischt werden. Allerdings ist dies unschädlich. Sie sind nicht für Privatkunden frei zugänglich und stellen eine weniger riskantere Anlageform für professionelle Anleger und qualifizierte Gegenparteien dar. Sie begründen somit keine zusätzlichen Risiken für eine der möglichen Anlegergruppen.

4.3.10.1.5 Schlüsse aus der QIS Regulierung für den Schutz der Privatkunden

Innerhalb des COLL Sourcebooks wird eine prinzipien-basierte Regulierung also nur für solche Fonds verwendet, denen eine größere Handlungsfreiheit im Tagesgeschäft eingeräumt werden soll und deren Anleger als

529 Die Zulässigkeit von Short Selling resultiert daraus, dass sich weder innerhalb des COLL Sourcebooks noch in der vergleichenden Tabelle des FSA Consultationpapers, The CIS Sourcebook – A New Approach, CP 185, ein Verbot des Short Selling findet.

wenig schutzbedürftig eingestuft werden. Daraus kann im Umkehrschluss gefolgert werden, dass die FSA im Allgemeinen den Schutz von Privatkunden nicht allein durch die Verwendung von Prinzipien gewährleistet sieht. Eine rein prinzipien-basierte Regulierung kann nicht den Schutzbedürfnissen aller Anleger gerecht werden. Daher ist für den Schutz von Privatanlegern die Ergänzung des prinzipien-basierten Regulierungssystems durch ein regelbasiertes Spezialgesetz erforderlich.

4.3.10.2 *QIS als Modell für das deutsche Recht*

4.3.10.2.1 Die Eintrittsschranke – Eine Wiedereinführung der Börsentermingeschäftsfähigkeit?

Wird die Zulässigkeit der Anlage in bestimmte Investmentvermögen an die Einordnung in eine der Anlegerkategorien geknüpft, wird eine Eintrittsschranke für die Anleger implementiert. Dies erinnert an die Börsentermingeschäftsfähigkeit, welche die §§ 50-70 BörsG a.F. bis zum In-Kraft-Treten des 4. Finanzmarktförderungsgesetz vorsahen.[530] Die Regelungen über die Börsentermingeschäftsfähigkeit legten fest, dass eine solche Geschäftsfähigkeit entweder kraft Status[531] oder durch Information[532] entstehen konnte. Als Rechtsfolge war die Unverbindlichkeit des Geschäfts bei einer fehlenden Geschäftsfähigkeit vorgesehen. Die Regelungen wurden wegen ihrer Komplexität und internationalen Unüblichkeit durch Aufklärungspflichten

530 Siehe zu den Änderungen den Regierungsentwurf zum 4. Finanzmarktförderungsgesetz, BT-Drs. 936/01, Entwurf eines Gesetzes zur weiteren Entwicklung des Finanzplatzes Deutschland, S. 264 ff.; vgl. hierzu *Zimmer* in Schwark, Kapitalmarktrechts-Kommentar, Abschnitt 8, Vorbemerkung, Rn. 1.

531 § 53 I Nr. 1 BörsG a.F. sah vor, dass ein Kaufmann börsentermingeschäftsfähig war, wenn er in das Handels- oder Genossenschaftsregister eingetragen war. Als Börsentermingeschäftsfähig galten auch solche Personen, die vor oder zurzeit des Geschäftsabschlusses gewerbsmäßig oder berufsmäßig Börsentermingeschäfte betrieben oder zur Teilnahme am Börsenhandel dauernd zugelassen waren, § 53 I s. 2 BörsG a.F. Ein berufsmäßiger Betrieb von Börsentermingeschäften wurde bei Personen angenommen, die im Rahmen eines planmäßigen Geschäftsbetriebes nicht nur gelegentlich, sondern in derartigem Umfang Börsentermingeschäfte vornahmen, dass sie Erfahrungen mit solchen Geschäften sammeln konnten; so *BGHZ* 133, 200-208; vgl. *Zimmer*, in Schwark, Kapitalmarktrechts-Kommentar, Abschnitt 8, Vorbemerkung, Rn. 33.

532 § 53 II BörsG a.F. Das Geschäft war auch zulässig, wenn nur eine Partei Kaufmann war.Das Geschäft war dann verbindlich, wenn der Kaufmann einer gesetzlichen Aufsicht über Kreditinstitute, Finanzdienstleistungsinstitute oder Börsen unterstand und den anderen Teil vor Geschäftsabschluss schriftlich über bestimmte mit Börsentermingeschäften verbundene Risiken aufklärte. Dazu hatte der Kaufmann dem privaten Anleger ein Informationsblatt vorzulegen, das dieser zu unterschreiben hatte, vgl. hierzu *Schefold* in Schimansky/Bunte/Lwowski, Bankrechts-Handbuch, § 116 Rn. 304.

ersetzt, deren Verletzung keine Unverbindlichkeit des getätigten Geschäfts, sondern Schadensersatzpflichten begründen.[533]

4.3.10.2.1.1 Bedenken gegenüber einer Eintrittsschranke

Es stellt sich die Frage, ob die Einführung einer Eintrittsschranke für an QIS angelehnten Investmentvermögen nicht derselben Kritik ausgesetzt wäre, wie sie an der Börsentermingeschäftsfähigkeit vorgetragen wurde. Ein Hauptkritikpunkt an der Börsentermingeschäftsfähigkeit bestand in ihrer Anknüpfung an Börsengeschäfte. Die Anknüpfung wurde als systemwidrig kritisiert, da Informationspflichten auch außerbörsliche Geschäfte erfassen sollten.[534] Diese Kritik ist für den Fall von Investmentvermögen nicht relevant, da sich die Frage der Eintrittsschranke auf bestimmte, mit besonderen Risiken behaftete Investmentvermögen beziehen würde. Umgehungsmöglichkeiten sollten durch die mit der Eintrittsschranke kombinierten Restriktionen des öffentlichen Vertriebs von Investmentvermögen vermieden werden können.

4.3.10.2.1.2 Vorteile einer Eintrittsschranke

Die Wiedereinführung einer Eintrittsschranke wäre gerade wegen der Bedenken hinsichtlich der Nützlichkeit von Informationen zum Schutz von Privatkunden angebracht. So bestehen Bedenken, ob Privatkunden mehrheitlich zu einer fundierten Anlageentscheidung in der Lage sind. In dem Beispiel des englischen Rechts knüpft die Eintrittsschranke entweder an die Vorkenntnisse der Anleger, eine Verifizierung der Geeignetheit der Anleger durch das Fondsmanagement oder den Status der Anleger an. COLL sieht vor, dass Anleger in QIS investieren dürfen, die bereits Anleger in einem QIS oder einem unregulierten CIS sind oder waren. Zudem können Personen in QIS investieren, für die der Fondsmanager verifiziert, dass das Investment für sie geeignet wäre sowie solche Personen, welche etablierte oder neu akzeptierte Kunden des Managers sind. Anleger können auch Personen sein, welche vom Manager als fähig befunden worden sind, selber Anlageentscheidungen zu treffen und die vom Manager vor den Risiken der Anlage gewarnt wurden. Des Weiteren wird an den Status angeknüpft, so dass die Personen, die eine „eligible counterparty" oder

533 *Zimmer* in Schwark, Kapitalmarktrechts-Kommentar, Abschnitt 8, Vorbemerkung, Rn. 1.
534 *BT*-Drs. 936/01, 4. FMFG, S. 264.

„professional clients" sind, in QIS investieren dürfen. Verschiedene Merkmale werden berücksichtigt, die indizieren, dass die Anleger bereits über Kenntnisse und Erfahrungen bezüglich der Anlage in Investmentvermögen verfügen. Dadurch wird die Entscheidungsfreiheit derjenigen Anleger, die eine ausreichende Investmenterfahrung und -kenntnisse aufweisen, nicht eingeschränkt. Für diejenigen Anleger jedoch, die mangels Kenntnissen und Verständnisses nicht in der Lage sind, sich selbst durch Information zu schützen, wird die Eintrittsschranke relevant. Sie würde verhindern, dass diese Anleger in riskantere Investmentvermögen investieren.

4.3.10.2.1.3 Rechtsfolge einer fehlerhaften Zulassung zu einem Investmentvermögen

Statt der Rechtsfolge der Unverbindlichkeit könnten Schadensersatzansprüche erwogen werden, wenn Anleger fehlerhaft zu für sie ungeeigneten Fonds zugelassen werden. Diese Rechtsfolge brächte weniger Folgeprobleme mit sich als die Unverbindlichkeit. Werden vom Fondsmanagement Transaktionen für das Sondervermögen durchgeführt, so wird es wegen der Besonderheiten der Sondervermögenskonstruktion nur schwer möglich sein, die Ansprüche der einzelnen Anleger auf Grund der für sie unverbindlichen Erfüllungshandlungen geltend zu machen und die Erfüllungsleistungen zu kondizieren. Schadensersatzansprüche der fälschlich zugelassenen Anleger erscheinen zweckmäßiger. Sie sollten sich gegen die KAG richten, da diese darüber entscheidet, welche Anleger zur Anlage in das Investmentvermögen zugelassen werden. Das Risiko von Schadensersatzansprüchen gegen die KAG könnte zudem dem Anreiz entgegen wirken, auch unzureichend erfahrenen Anlegern Investmentanteile zu verkaufen, um das Fondsvolumen zu maximieren.

4.3.10.2.2 Zwischenfazit zum Anlegerschutzniveau einer vertriebsbasierten Regulierung

Der Ansatz, nur privatkundenkompatible Investmentvermögen zu einem öffentlichen Vertrieb frei zuzulassen, ist paternalistisch. Allerdings ist es unter Berücksichtigung der Erkenntnisse der Behavioural Finance unrealistisch anzunehmen, dass alle Anleger in der Lage sind, fundiert zwischen den verschiedenen Typen von Investmentvermögen zu differenzieren und so das für sie richtige Risikoprofil zu wählen. Zum einen wird es ihnen aufgrund ihrer geringen Vorkenntnisse schwerfallen, die Informationen über Investmentvermögen aufzunehmen. Heuristiken führen dazu, dass Informationen gefiltert und so bei geringen Vorkenntnissen oftmals verzerrt wahrgenommen werden. Eine Auswahl wird dann nicht anhand der relevanten Merkmale erfolgen. Vielmehr können Kriterien, die nicht geeignet sind, eine bedürfnisgerechte Auswahl zu bewirken, eine Entscheidung begründen. Zu Berücksichtigen ist in diesem Kontext auch, dass festgestellt wurde, dass Personen ihre wirtschaftlichen Bedürfnisse oftmals nicht kennen. Fehlt es bereits an der Kenntnis eines Bedürfnisses, wird es den Anlegern schwerfallen ein Investmentvermögen zu wählen, das auf ihre Bedürfnisse zugeschnitten ist. Das Phänomen des Überoptimismus kann zudem dazu führen, dass Risiken unzureichend berücksichtigt werden. Daher kann es passieren, dass Privatkunden für ihre Bedürfnisse zu riskante Investmentvermögen auswählen, wenn sie davon ausgehen, dass sich die Risiken nicht in Verlusten verwirklichen werden. Die Einstellung „es wird schon gut gehen" kann sich für Anleger fatal auswirken. Wird der Zugang für uninformierte Kleinanleger auf Fonds mit begrenzten Risiko beschränkt, erfolgt zumindest eine gewisse Absicherung der Anleger gegen Verluste.

Ein paternalistischer Regulierungsansatz ist hier sinnvoll, der von vornherein den Zugang für Privatkunden grundsätzlich auf für diese Anlegerkategorie angemessene Investmentvermögen beschränkt. Die Koppelung der Vertriebsfähigkeit eines Produktes an die Schutzbedürftigkeit der Anlegergruppe bewirkt einen effektiven Schutz. Privatkunden können dann grundsätzlich nicht in riskante Investmentvermögen investieren und kommen gar nicht mit ihnen in Kontakt. Wollen sie trotz eines nicht öffentlich erfolgenden Angebots in ein riskanteres Investmentvermögen investieren, muss eine Prüfung durch das Fondsmanagement erfolgen, welches dann bestätigen muss, dass das Risikoprofil des Fonds für die Anleger geeignet ist. Ist das Risikoprofil ungeeignet, können individuelle Anleger trotzdem in QIS und unregulierte Fonds investieren, wenn sie in der Lage sind, eine fundierte Anlageentscheidung zu treffen und vor den Gefahren der Anlageform gewarnt worden sind.

Diese Ausnahmen bewirken eine Durchbrechung der Pauschalisierung, dass Privatkunden grundsätzlich schutzbedürftig sind, wenn Anleger eine informierte Anlageentscheidung treffen können und diese durch die Wahl einer risikoreicheren Anlageform ausüben. Die Regelung wird dem Grundsatz der Vertragsfreiheit gerecht, da die Anleger, die keines erhöhten Schutzes bedürfen, auf ihn verzichten können. Aus Anlegerschutzgesichtspunkten ist es sachgerecht, die differenzierende Regulierung verschiedener Sondervermögenstypen an die Schutzbedürftigkeit der Anlegergruppen anzuknüpfen.

4.3.10.2.2.1 Anlegerschutzeffizienz eines prinzipien-basierten Ansatzes

Generell könnten durch die prinzipien-basierte Regulierung die Anlegerschutzvorschriften, insbesondere die Anlagegegenstandsregeln, ausgedünnt werden. Dies könnte zu einem niedrigeren Anlegerschutzniveau führen. Auf dieses Problem reagiert die FSA, indem sie für die CIS, in die Privatkunden investieren können, innerhalb des COLL Sourcebooks einen regelbasierten Regulierungsansatz wählt. Zwar gelten die High Level Principles, sowie SYSC und APER für die Regulierung des Managements. Auf spezialgesetzlicher Ebene aber bestehen für Privatkundenfonds Regeln, welche durch Guidance ergänzt werden. Nur für die flexibleren Investmentvermögen, die für erfahrene Anleger zugeschnitten sind, wird auch in COLL ein rein prinzipien-basierter Ansatz verfolgt. Durch die differenzierte Verwendung von Prinzipien und Regeln lässt sich eine besser auf die verschiedenen Anlegergruppen zugeschnittene Regulierung bewerkstelligen. Das Konzept der an den Vertrieb anknüpfenden differenzierten Regulierung für CIS, das je nach Anlegerkategorie unterschiedliche Schutzvorkehrungen und ein unterschiedliches Maß an Flexibilität erlaubt, scheint einen guten Ausgleich der unterschiedlichen Interessen der Anlegergruppen zu erzielen.

4.3.10.2.2.2 Schlussfolgerungen für das deutsche Recht

Auch im deutschen Recht sollte eine Regulierung eingeführt werden, die sowohl nach der Öffentlichkeit des Vertriebs als auch den Anlegergruppen differenziert. Frei zu erwerbende, öffentlich vertriebene Investmentvermögen sollten generell auf die Bedürfnisse von Privatkunden ausgerichtet sein. Als Unterkategorie der öffentlichen vertriebenen Investmentvermögen könnte ein Fondstyp für professionelle Anleger nach dem Vorbild der QIS eingeführt werden. Privat platzierte Investmentvermögen sollten sich an professionelle Anleger richten. Sowohl die Fonds nach dem Vorbild der QIS als auch die privat platzierten Fonds sollten eine Eintrittsschranke unterliegen.

Der Schutz der Privatkunden erfordert eine Beschränkung der für die Investmentvermögen zulässigen Risiken. Für diese Investmentvermögensart sollte der KAG gerade kein weiter Handlungsspielraum eröffnet werden. Ein prinzipien-basierter Regulierungsansatz wäre hier unangebracht.

Eine Kategorie öffentlich vertriebener Investmentvermögen nach dem Modell der QIS sollte für professionelle Anleger und erfahrene Privatkunden eingeführt werden. So kann dem Bedürfnis nach flexiblen Anlagemöglichkeiten bei gleichzeitiger Aufsicht durch die BaFin Rechnung getragen werden. Eine Eingangskontrolle würde sicherstellen, dass allein Anleger mit ausreichenden Kenntnissen und Erfahrung in solche Investmentvermögen investieren. Daher könnten der Fondsverwaltung bei einem solchen Fondstyp weitere Handlungsspielräume eingeräumt werden, um eine größere Flexibilität ermöglichen. Den professionellen Anlegern würde so eine regulierte Anlageoption eröffnet, die mehr Renditechancen, aber auch Risiken bieten kann.

Die privat platzierten Investmentvermögen sollten allein einer Vertriebsregulierung unterliegen. In ihrer Ausgestaltung sollten sie frei sein. Die Anleger, die in sie investieren, werden durch die Eintrittsschranke ausgewählt und im Rahmen des Erwerbs über die Risiken informiert. So sollte gewährleistet werden, dass allein solche Personen in die privat platzierten Investmentvermögen investieren, die in der Lage sind, das Investment zu beurteilen.

Aus den Erkenntnissen zum britischen Regulierungsansatzes lässt sich ableiten, dass eine Regulierungsstruktur, die nur solche Investmentvermögen zum öffentlichen Vertrieb zulässt, die eine für Privatkunden angemessene Risikostruktur aufweisen, ein höheres Anlegerschutzniveau leisten kann, als das deutsche System der detaillierten Produktregulierung. Eine Auswahl zwischen den Produkten wird Anlegern oftmals nicht fundiert möglich sein. Es erscheint sinnvoll, durch eine generelle Zugangsbeschränkung eine grundlegende Sicherung der Anleger vorzunehmen. Auch in Deutschland sollte daher eine an den Vertrieb anknüpfende Differenzierung zwischen privatkundenkompatiblen und riskanteren Fonds eingeführt werden. Es sollte in Erwägung gezogen werden, wie im britischen Recht eine Form von Test oder Eintrittsschranke für riskantere Produkte zu implementieren. Hierbei ist zu beachten, dass eine individuelle Entscheidung für ein riskanteres Produkt möglich bleiben muss.

Eine Differenzierung nach Anlegerkategorien wie sie COLL vornimmt, wäre auch für das deutsche Recht sinnvoll. Die Anknüpfung an die Klienten-Klassifikation von MiFiD ist zweckmäßig, da sie klar die Anlegerkategorien benennt und eine eindeutige Einordnung ermöglicht. Zudem ist sie bereits im WpHG implementiert. Ihre Verwendung und somit eine einheitliche Anleger-Klassifikation würde keine neuen Rechtsprobleme aufwerfen. Folglich sollte die Klienten-Klassifikation auch auf Investmentvermögen erstreckt werden.

4.3.10.2.3 Kosten-Nutzen-Erwägungen bezüglich eines Paradigmenwechsels

Allerdings stellt sich generell die Frage, ob der potentiell verbesserte Anlegerschutz einen Paradigmenwechsel rechtfertigt. Durch einen Paradigmenwechsel entstehen Kosten („change of path costs"). Die Kosten könnten die Sinnhaftigkeit eines Wechsels aufheben, wenn sie in einer Kosten-Nutzen-Abwägung die erwarteten Vorteile übersteigen. Die Ziel-Mittel-Relation ähnelt Verhältnismäßigkeitserwägungen auf den Stufen von Erforderlichkeit und Angemessenheit.[535] Im Rahmen einer Kosten-Nutzen-Analyse ist abzuwägen, ob ein Instrument mit gleichem Zielbetrag einen geringeren Ressourceneinsatz fordert oder ein Instrument mit gleichem Ressourceneinsatz einen höheren Zielbetrag verspricht.[536] Es wird ein Vergleich des Status-quo mit der Situation nach den geplanten Gesetzesänderungen vorgenommen.[537]

Durch einen Wechsel von einem produkt- zu einem vertriebsbezogenen Regulierungsmodell würden zunächst Kosten durch das Gesetzgebungsverfahren entstehen. Bei der Gesetzgebung entstehen zum einen durch den Entscheidungsprozess und zum anderen durch die nachfolgende Umsetzung Transaktionskosten.[538] Weiterhin entstünden Kosten für die Investmentvermögen sowie für die BaFin. Bei den Investmentvermögen fielen Compliance-Kosten an,[539] da sie sich auf neue Publizitätserfordernisse und möglicherweise einer strengeren Regulierung der öffentlich vertriebenen Fonds einstellen müssten. Die BaFin müsste das Genehmigungsverfahren, insbesondere bei einer Einführung einer Form von QIS, überarbeiten und eine verstärkte Zuverlässigkeitskontrolle von Fondsmanagern vornehmen.

Konkrete Daten, in welchem Umfang Kosten anfallen oder durch die regulativen Erleichterungen eingespart werden könnten, existieren nicht. Bei einer Kosten-Nutzen-Analyse kann es problematisch sein, den Nut-

535 *Bizer* in Bizer/Führ/Hüttig, Responsive Regulation, S. 146.
536 *Bizer* in Bizer/Führ/Hüttig, Responsive Regulation, S. 146.
537 *Alfon/Andrews*, Cost-Benefit-Analysis in Financial Regulations, S. 13.
538 *Posner*, Economic Analysis of Law, S. 542.
539 *Alfon/Andrews*, Cost-Benefit-Analysis in Financial Regulations, S. 13.

zen zu bewerten.[540] Der Nutzen eines vertriebsbezogenen Systems ist ein doppelter. Einerseits kann es einen höheren Schutz von Privatkunden bewirken, die in öffentlich vertriebene Investmentvermögen investieren. Andererseits eröffnet es privat platzierten Fonds eine größerer Flexibilität. Der verbesserte Anlegerschutz für Privatkunden kann bewirken, dass sie seltener Vermögensverluste erleiden oder diese geringer ausfallen. Die Risiken einer unangemessenen Anlage aufgrund einer nur begrenzt rationalen Anlageentscheidung wird vermindert. Bezifferbar ist der Nutzen nur in Form von höheren Renditen, beziehungsweise niedrigeren Verlusten. Für die professionellen Anleger ist der Nutzen des vertriebsbezogenen Systems, dass die Investmentvermögen durch Privatplatzierungen ihre Verwaltungskosten senken und ihre Ausgestaltung freier bestimmen können. Dadurch könnten als bezifferbarer Nutzen höhere Renditen entstehen. Bei der Nutzenbewertung ist allerdings anzumerken, dass der Nutzen der vertriebsbasierten Regulierung bei einer adversen Marktlage oder einem, trotz Kontrollen und Aufsicht, erfolgenden Fehlverhalten der Fondsmanager, gleich Null sein kann. Eine absolute Sicherung gegen Verluste der Anleger ist nicht möglich. Es erscheint folglich kaum möglich, den Nutzen des Regimewechsels konkret zu beziffern.

4.3.10.2.4 Abwägung von Kosten und Nutzen

Daher kann allein eine abstrakte Abwägung von Nutzen und Kosten weiterhelfen. Grundsätzlich ist, wie bereits dargestellt, ein vertriebsbezogenes Anlegerschutzregime geeignet, die Privatkunden von Fehlinvestitionen aufgrund begrenzter Rationalität zu schützen.

4.3.10.2.4.1 Erforderlichkeit

Es müsste auch erforderlich sein, ein vertriebsbasiertes System zu implementieren. Der Paradigmenwechsel des Anlegerschutzes ist erforderlich, wenn der durch ihn erzielte Nutzen nicht mit geringerem Mitteleinsatz erreicht werden kann. Die bestehenden Regelungen für Investmentvermögen bergen für Privatkunden die hohe Gefahr einer Anlage in ein für sie nicht angemessenes Investmentvermögen. Die Bedenken hinsichtlich der Fähigkeit von Privatkunden rational zu handeln zeigen, dass eine weitergehende Absicherung geboten ist. Das bisherige Anlegerschutzregime legt

---

540 *Alfon/Andrews*, Cost-Benefit-Analysis in Financial Regulations, S. 13.

einen zu starken Fokus auf Informationen. Auf Grund der Hemmnisse bei Informationsaufnahme und -verarbeitung erfolgt kein effektiver Anlegerschutz durch die Bereitstellung von Informationen. Daher sollte der Staat eingreifen und speziell für Privatkunden kompatible Investmentvermögen schaffen. Ein vertriebsbezogenes System kann umfassender als eine Produktregulierung sicherstellen, dass Privatkunden keinen unangemessenen Risiken ausgesetzt werden und nur in für Privatkunden geeignete Fonds investieren. Es schafft eine klare, handhabbare Abgrenzung, die ein höheres Schutzniveau bewirkt. Eine produktbezogene Regulierung wie sie das InvG bisher vorsieht, kann dies nicht leisten. Der Systemwechsel ist folglich erforderlich.

4.3.10.2.4.2 Angemessenheit

Er müsste weiterhin angemessen sein. Die mit dem Paradigmenwechsel einhergehenden Kosten müssten im Bezug auf den Nutzen verhältnismäßig sein. Weder Kosten noch Nutzen des Regimewechsels lassen sich beziffern. Es ist zu erwarten, dass neben Gesetzgebungs- und Gesetzesvollzugskosten Durchsetzungskosten entstehen. Die Durchsetzungskosten sollten aber nicht erheblich höher ausfallen als die bereits auftretenden Durchsetzungskosten. Auch beim Status-quo muss die BaFin Investmentvermögen genehmigen und überwachen. Durch die Einführung einer vertriebsbasierten Regulierung entfiele das Genehmigungserfordernis für privat platzierte Investmentvermögen. Es wäre zu erwarten, dass mehr Investmentvermögen von der Privatplatzierung Gebrauch machen würden, als bisher. Die Kosten für die Genehmigung dieser Investmentvermögen fielen weg. Für die Investmentvermögen sollten die Verwaltungskosten bei Privatplatzierungen ebenfalls sinken, da sie weniger regulativen Anforderungen unterliegen würden. Ob sich die Verwaltungskosten öffentlich vertriebener Investmentvermögen verändern werden, ist nicht abschätzbar. Da für sie eine Anlagegegenstandsregulierung sowie Grenzen der Fremdkapitalaufnahme beizubehalten wären, ist wahrscheinlich, dass sich ihre Kosten kaum verändern werden. Sollten die Compliance-Kosten von öffentlich vertriebenen Investmentvermögen steigen, so würden sie jedenfalls bei einer Gesamtbetrachtung durch die niedrigeren Kosten für die privat platzierten Investmentvermögen aufgewogen. Für die Investmentvermögen sollte es insgesamt bei einer ungefähr gleich bleibenden Kostenbelastung bleiben. Die Gesetzgebungs- und Gesetzesvollzugskosten würden folglich den größten Anteil der durch den Paradigmenwechsel entstehenden Kosten ausmachen.

Die Kosten eines Paradigmenwechsels sind zudem im größeren Kontext des staatlichen Rückzugs aus der Alterssicherung zu sehen. Der Staat verlagert die Verantwortung für die Alterssicherung auf die Individuen, also die Privatkunden. Ein Instrument für die Altersvorsorge ist das Investmentsparen, z.B. im Rahmen der Riesterrente. Der Staat setzt Anreize, in Investmentvermögen zu investieren. Fördert er solche Investitionen zur Altersvorsorge, sollte er im Gegenzug die Verantwortung für den bestmöglichen Schutz der Anleger übernehmen.

Der Nutzen, einen potentiell höheren Schutz von Privatkunden zu erwirken, ist als hoch zu bewerten. Die Entscheidung für einen Regulierungsansatz sollte über bezifferbare Kosten-Nutzen-Aspekte hinaus am Gemeinwohl ausgerichtet werden. Das Investmentsparen ist ökonomisch vorteilhaft, da es das Kapital der Privatkunden in die Märkte leitet. Der Verlust des investierten Kapitals kann zudem für Privatkunden drastische Auswirkungen haben. Sie verlieren in der Regel ihr Erspartes. Der Verlust wird sich zumeist auf ihren Lebensstandard und oftmals auf ihre Altersvorsorge auswirken. Verlieren nicht nur Einzelne, sondern viele Personen ihre Ersparnisse, hat dies gesamtgesellschaftliche Implikationen. Das Risiko, dass eine Vielzahl von Anlegern ihre Ersparnisse verliert, kann nicht in Kauf genommen werden. Schließlich trägt der Staat als Sozialstaat eine Verantwortung für die Wohlfahrtssicherung. Es sollte eine optimale Absicherung erfolgen. Der Nutzen einer optimalen Absicherung der Anleger geht also über konkrete Vorteile für die Individuen hinaus.

4.3.10.2.4.3 Abwägungsergebnis

Kosten und Nutzen sind gegeneinander abzuwägen. Der Nutzen eines verbesserten Anlegerschutzregimes ist erheblich, er rechtfertigt das Anfallen von Gesetzgebungskosten. Würden allein Gesetzgebungskosten zur Unangemessenheit von Gesetzesänderungen führen, erfolgte eine Petrifizierung des Rechtssystems. Der Anlegerschutz beim Investmentsparen hat eine hohe Bedeutung für die individuellen Anleger sowie die Gesellschaft als Ganzes. Es erscheint unwahrscheinlich, dass der Systemwechsel erhebliche Kosten über die Gesetzgebungskosten hinaus verursachen wird. In einer Abwägung überwiegt der Nutzen des Anlegerschutz die Relevanz der anfallenden Kosten auf. Die Einführung einer vertriebsbezogenen Regulierung wäre somit angemessen und sollte eingeführt werden.

5 Corporate Governance bei Investmentvermögen

5.1 FORTLAUFENDE KONTROLLE DER INVESTMENTVERMÖGEN

Die Etablierung einer Eintrittsschranke und eines an den Vertrieb der Investmentvermögen anknüpfenden Schutzkonzepts können nicht sicherstellen, dass sich die Fondsverwaltung nach dem Vertragsschluss stets im Interesse der Anleger verhält. Daher ist es für die Anleger essentiell, dass sie auch nach der Anlageentscheidung geschützt werden. Im folgenden Teil werden die internen Anlegerschutzmechanismen sowie die externen Schutzinstrumente dargestellt.

5.2 DAS INVESTMENT-DREIECK

Investmentvermögen sind durch eine Dreiecksstruktur zwischen den beteiligten Parteien gekennzeichnet: Anleger, Depotbank, und Management interagieren und bilden zusammen das sogenannte Investment-Dreieck. Die Verwaltung obliegt beim Unit Trust der Management Gesellschaft, bei der Investment Trust Company dem „Authorised Corporate Director", bei der InvAG dem Vorstand/KAG und bei Sondervermögen die KAG. Die Depotbank ist in allen Organisationsformen für die Garantie des tatsächlichen Bestandes des Investmentvermögens[1] zuständig. Alle Organisationsformen weisen eine Trennung von Portfolio-Verwahrung und -Verwaltung auf.

Die Besonderheit des Investment-Dreiecks wird darin gesehen, dass die Rechtsbeziehungen der Beteiligten derart miteinander verwoben sind, dass jede Partei Rechte und Pflichten gegenüber jeweils beiden anderen Parteien des Dreiecks hat.[2] Dieser integral dreiseitige Charakter des

1 Vgl. *Beckmann*, in Beckmann/Scholz, Investment, 410 § 2 Rn. 136.

2 Siehe *Köndgen/Schmies* in Schimansky/Bunte/Lwowski, Bankrechts-Handbuch, § 113 Rn. 114.

Investment-Rechtsverhältnisses mache es unmöglich, die Dreieckskonstellation in bilaterale Austauschverträge aufzulösen.[3] Die Dreieckskonstellation verhindere eine Zuordnung zu vertragsdogmatischen Figuren, die dem integral dreiseitigen Charakter des Rechtsverhältnisses gerecht werden.[4]

Auf Grund der allen Organisationsformen inhärenten Dreieckskonstellation besteht die Gefahr, dass Interessenkonflikte auftreten.[5] Gegenüber den klassischen Organisationsformen der AG oder GmbH besteht der Unterschied, dass die Anleger, also die Kapitaleigner, keine Einflussnahmemöglichkeiten auf die Geschäftsleitung haben. Bei Investmentvermögen in Form eines Sondervermögens wählen sie weder die Geschäftsführer noch die Aufsichtsratsmitglieder. Daher wird für Investmentvermögen eine dritte Partei eingeschaltet, welche neben den internen Anlegerschutzmechanismen eine externe Kontrolle der KAG gewährleisten soll: die Depotbank. In einer InvAG ist die Lage anders, da dort die Anleger Aktionäre sind. Sie haben so einen gesellschaftsrechtlich vermittelten Einfluss auf die Geschäftsleitung. Die überragende Mehrheit der deutschen Investmentvermögen ist jedoch als Sondervermögen organisiert. Daher ist die investmentspezifische Dreieckskonstellation von herausragender Bedeutung für die Corporate Governance der Investmentvermögen.

5.3 GANG DER UNTERSUCHUNG

Die vielschichtigen Corporate Governance Probleme sollen im Folgenden aufgezeigt werden. Dafür wird die Darstellung mit der Prinzipal-Agenten-Beziehung bei Investmentvermögen beginnen und die investmentvermögensspezifischen Prinzipal-Agenten-Probleme sowie ihre Gründe aufzeigen. Dann soll auf die Corporate Governance Fragen eingegangen werden, die sich bezüglich der KAG stellen. Die bisher gewählten Lösungsmaßnahmen sollen beleuchtet werden. Es ist hinsichtlich der potentiell auftretenden Interessenkonflikte zwischen Vorstand und Aufsichtsrat zu differenzieren.

Die für den Vorstand herausgearbeiteten Fragen sollen dann mit den Lösungsansätzen im Unit Trust verglichen werden. Hierbei soll insbesondere auf die fiduziarischen Pflichten des Trust Managers, unter der Fragestel-

---

3 Für viele *Canaris*, Bankvertragsrecht, Rn. 2352 ff., 2458 ff.

4 *Canaris*, Bankvertragsrecht, Rn. 2352 ff, 2458 ff.

5 Vgl. *Köndgen/Schmies* in Schimansky/Bunte/Lwowski, Bankrechts-Handbuch, § 113 Rn. 61.

lung eingegangen werden, ob sich aus dem Unit Trust-Recht Anregungen für die Corporate Governance-Fragen des KAG-Vorstands ergeben. Danach sind die Corporate Governance Probleme im Aufsichtsrat zu analysieren. Dabei wird der Schwerpunkt auf der Frage liegen, ob der Aufsichtsrat seine Funktion zur Wahrung des Anlegerinteresses im Lichte der regelmäßig auftretenden Abhängigkeit seiner Mitglieder von der Depotbank leisten kann. Um Anregungen für die Lösung potentieller Interessenkonflikte zu gewinnen, soll ein Ausblick auf das englische sowie das US-amerikanische Recht erfolgen. Anschließend wird sich die Untersuchung der Depotbank zuwenden und die Fragen hinsichtlich einer effizienten Ausübung ihrer Überwachungsaufgabe diskutieren.

Hinsichtlich der Organisations- und Verfahrensregeln ist ein Blick auf das britische Recht fruchtbringend. Dort haben Regelungen bezüglich Interessenskonflikten eine lange Tradition,[6] so dass aus der britischen Erfahrung abgeleitet werden kann, ob die Neuerungen des InvÄndG das Potential haben, Interessenkonflikte zu unterbinden.

5.4 INVESTMENTVERMÖGEN: PRINZIPAL-AGENTEN-BEZIEHUNGEN

Die Fremdverwaltung, das charakteristische Element der Investmentvermögen, erfordert die Einschaltung von Agenten, die für die Anleger, die Prinzipale, das Vermögen verwalten. Die strukturellen Schwierigkeiten der Anleger, die Fondsverwaltung zu kontrollieren, sind der Grund für die besondere gesetzliche Ausgestaltung der Investmentvermögen. Das Verhalten der KAG lässt sich während der Laufzeit der Vertragsbeziehung vom Anleger nur schwerlich beobachten. Nur selten sind die Anleger in der Lage, für sie nachteiliges Verhalten zu sanktionieren.[7] Der Wert ihrer Investition wird jedoch entscheidend durch die Handlungen der Fondsverwaltung geprägt. Es besteht daher ein generelles Bedürfnis für eine Kontrolle des Verhaltens des Fondsmanagements, um Missbräuche zu verhindern. Die Exit-Option kann keine vollständige Absicherung der Anleger bewirken, da die Realisierung des gebundenen Kapitals der Preisbildung am Markt unterliegt, welche die Leistungen der KAG nicht unmittelbar reflektiert.[8]

6 Vgl. Die Conduct of Business Regulation (COB) der FSA, auch MiFiD ist hier relevant, da sie Regeln für die Behandlung von Interessenkonflikten aufstellt, MiFiD Richtlinie Ebene 2 (73/2006), Artt. 21 ff.

7 *Roggatz*, Informationsflichten von Investmentgesellschaften, S. 76.

8 Vgl. *Möllers/Wenninger*, Schriftliche Stellungnahme zum Gesetzesentwurf der Bundesregierung „Entwurf eines Gesetzes zur Änderung des Investmentgesetzes und zur Anpas-

Daher ist ein differenziertes System von Kontrollen durch verschiedene Organe und Stellen im Investmentrecht implementiert worden. Bei Sondervermögen erfolgt eine Kontrolle des Handelns der Geschäftsleitung der KAG, die für die Vermögensanlage und -verwaltung zuständig ist, durch den Aufsichtsrat der KAG, die Depotbank, und zudem durch einen Abschlussprüfer sowie die BaFin. Diese zahlreichen Kontrollorgane sollen sicherstellen, dass die Verwaltung des Anlagevermögens im Interesse der Anleger erfolgt und sie vor Fehlverhalten des Fondsmanagements schützen. Allerdings ist in letzter Zeit vermehrt kritisiert worden, dass die Organisation der Investmentvermögen nicht ausreiche, um Konflikte in ihrem Ansatz zu vermeiden und so ein optimales Anlegerschutzniveau zu erreichen.[9] Es fehle den Kontrollmechanismen in der Praxis oftmals an Durchsetzungskraft, da die KAG in der Regel die Tochtergesellschaft der Depotbank sei. Eine wirtschaftliche Verflechtung bestehe bei einer Vielzahl von KAGen, da die weit überwiegende Mehrheit der KAGen im Besitz von Kreditinstituten sei.[10] Die Depotbank stehe bei der Ausübung ihrer Kontrolle in einem Interessenkonflikt. Zudem ist sie als Alleingesellschafter für die Bestellung der Mitglieder des Aufsichtsrats der KAG zuständig, welche sich dadurch ebenfalls in einem latenten Interessenkonflikt befänden.[11] Die Kontrolle der BaFin beschränkt sich auf eine Rechtmäßigkeitskontrolle, so dass keine Bewertung der Qualität des Fondsmangements erfolgt. Hinzu kommt, dass für Anleger in der Regel kein ökonomischer Anreiz bestehen wird, ihre Ansprüche auf Interessenwahrung gegenüber der KAG geltend zu machen.[12] Der fehlende Anreiz resultiert daraus, dass mit einer

---

sung anderer Vorschriften" (Investmentänderungsgesetz – InvÄndG, BT-Drs. 16/5576) sowie dem Antrag der Fraktion Bündnis 90/Die Grünen „Offene Immobilienfonds – Marktstabilität sichern, Anlegervertrauen stärken" (BT-Drs. 16/662), S. 3.

9 Vgl. *Eisele* in Schimansky/Bunte/Lwowski, Bankrechts-Handbuch §109 Rn. 71.

10 Siehe für eine empirische Untersuchung der Konzernverflechtungen in den Jahren 1979 bis 1996, *König*, Anlegerschutz im Investmentrecht, S. 44 ff.

11 Vgl. *Möllers/Wenninger*, Schriftliche Stellungnahme zum Gesetzesentwurf der Bundesregierung „Entwurf eines Gesetzes zur Änderung des Investmentgesetzes und zur Anpassung anderer Vorschriften" (Investmentänderungsgesetz – InvÄndG, BT-Drs. 16/5576) sowie dem Antrag der Fraktion Bündnis 90/Die Grünen „offene Immobilienfonds – Marktstabilität sichern, Anlegervertrauen stärken" (BT-Drs. 16/662), S. 3.

12 Vgl. *Möllers/Wenninger*, Schriftliche Stellungnahme zum Gesetzesentwurf der Bundesregierung „Entwurf eines Gesetzes zur Änderung des Investmentgesetzes und zur Anpassung anderer Vorschriften" (Investmentänderungsgesetz – InvÄndG, BT-Drs. 16/5576) sowie dem Antrag der Fraktion Bündnis 90/Die Grünen „offene Immobilienfonds – Marktstabilität sichern, Anlegervertrauen stärken" (BT-Drs. 16/662), S. 3; vgl. allgemein zu dem „Collective Action Problem", welches bei einer kollektiven Beteiligung an einem Unternehmen entsteht und dazu führt, dass eine Geltendmachung der Anprüche durch

Geltendmachung von Ansprüchen Kosten der Informationsbeschaffung und -bewertung sowie die fehlende Gewissheit verbunden sind, tatsächlich Einfluss nehmen zu können. Dieses Phänomen wird als rationale Apathie bezeichnet („rational apathy").[13]

Die Verbesserung der Corporate Governance durch eine Ausweitung der Regelung zur Vermeidung von Interessenkonflikten zwischen Depotbank und KAG, sowie Maßnahmen zur Stärkung des Aufsichtsrates der KAG, werden auch von der Begründung zum InvÄndG als Ziel der Gesetzesnovelle genannt.[14]

Deshalb sollen die Corporate Governance Mechanismen in Investmentfonds auf ihre Fähigkeit hin untersucht werden, Anlegerschutz zu verwirklichen. Dafür sollen zunächst die einzelnen Corporate Governance Instrumente dargestellt werden. Um die Instrumente auf ihre Effektivität hin zu überprüfen, soll die Darstellung mit einem Überblick über die typischen Prinzipal-Agenten Konflikte beginnen. Im Anschluss soll analysiert werden, ob die Instrumente geeignet sind, diese Konflikte einzudämmen. Dabei soll unter anderem ein Vergleich zu den Corporate Governance Strukturen in der AG gezogen werden. Die AG hat wie die Investmentvermögen eine Kapitalsammelfunktion. Sie ist daher mit den Investmentvermögen des InvG durchaus vergleichbar, wobei in der AG eine Vielzahl von Kontrollmechanismen über die Exit-Option hinaus bestehen.[15]

5.4.1 *Typische Prinzipal-Agenten-Probleme*

Das Auftreten von Prinzipal-Agenten-Problemen geht auf die für die Agenten teilweise fehlenden Anreize für die optimale Verwaltung des Vermö-

die einzelnen Anteilsinhaber mit hohen Kosten verbunden ist, die bewirken, dass sich eine Rechtsdurchsetzung nicht rentiert, *Olson*, The Logic of Collective Action, S. 126 f.; *Rode*, Der Deutsche Corporate Governance Kodex, S. 56.

13 Siehe zur rationalen Apathie in Kapitalgesellschaften, *Spindler*, in Münchener Kommentar zum Aktiengesetz, Vorbemerkung § 67, Rn. 3; *ders.*, Deregulierung des Aktienrechts?, AG 1998, 53 (63); *Wackerbarth*, Investorvertrauen und Corporate Governance, ZGR 2005, 686 (687); *Cheffins*, Company Law, S. 62; *Lenz*, Steigerung der Hauptversammlungsteilnahme durch monetäre Anreize?, NZG 2006, 534 (535); *Teichmann*, Binnenmarktkonformes Gesellschaftsrecht, S. 532.

14 *BT*-Drs. 16/5576, Regierungsentwurf zum InvÄndG, S. 115.

15 Vgl. *Möllers/Wenninger*, Schriftliche Stellungnahme zum Gesetzesentwurf der Bundesregierung „Entwurf eines Gesetzes zur Änderung des Investmentgesetzes und zur Anpassung anderer Vorschriften" (Investmentänderungsgesetz – InvÄndG, BT-Drs. 16/5576) sowie dem Antrag der Fraktion Bündnis 90/Die Grünen „offene Immobilienfonds – Marktstabilität sichern, Anlegervertrauen stärken" (BT-Drs. 16/662), S. 3.

gens der Prinzipale zurück. Das Problem, dass Anleger möglicherweise nur begrenzt in der Lage sind rationale Entscheidungen zu treffen, schlägt sich auch auf die Prinzipal-Agenten-Beziehung nieder. Nicht nur ist es den Anlegern kaum möglich eine fundierte Auswahl bezüglich der Fondsverwaltung zu treffen, sondern auch eine Überwachung ist für die Anleger mangels Fachkenntnissen schwer zu gewährleisten. Es wird den Anlegern in der Regel an Finanzkenntnissen fehlen, die notwendig wären, um eine Kontrolle der Anlagestrategie durchzuführen. Die Informationsasymmetrie wird in der Regel eine effektive Kontrolle der Anlagestrategie durch die Anleger verhindern.

Die Prinzipal-Agenten-Beziehung zwischen Anlegern und Fondsverwaltung wird auch dadurch beeinflusst, dass die Struktur von Investmentvermögen nicht auf die Kontrolle der Vermögensverwaltung durch die Anleger ausgerichtet ist. Die Anlage in Investmentvermögen soll durch eine Bündelung von Investitionen zu einer Senkung von Transaktionskosten führen und den Anlegern die Vorzüge einer professionellen Fondsverwaltung zukommen lassen. Eine Kontrolle der Fondsverwaltung durch die Anleger würde die Vorteile der Arbeitsteilung zwischen Fondsverwaltung und Anlegern teilweise wieder aufheben.[16] Sie würde für die Anleger hohe Informationskosten verursachen. Es gibt keine obligatorischen Kontrollgremien, welche durch die Vertreter der Anleger besetzt werden und so eine Kontrolle durch die Anleger ermöglichen.

Die potentiellen Interessenkonflikte zwischen Anlegern und Fondsverwaltung bewirken Agenturkosten. Agenturkosten werden klassisch als die Summe der Kosten der Kontrolle durch den Prinzipal, die Informationskosten des Agenten sowie die Kosten, die aus dem Wohlfahrtsverlust für den Prinzipal resultieren, definiert.[17] Treten Agenturkosten auf, so mindern diese den Profit aus der Anlage und sind so für die Anleger nachteilig. Da keine Kontrolle der Fondsverwaltung durch die Anleger vorgesehen ist, soll dieses durch eine andere Corporate Governance Struktur ausgeglichen werden. Corporate Governance kann die Funktion haben die Prinzipal-Agenten-Konflikte zu lösen und die Agenturkosten zu minimieren.[18]

---

16 *Engert*, Die Regulierung von Investmentfonds, German Working Papers in Law and Economics, Paper 21, (2004) S. 10.

17 *Jensen/Meckling*, Theory of the Firm: Managerial Behavior, Agency Costs and Ownership Structure, 3 Journal of Financial Economics (1976), 305 (308).

18 Vgl. *Neubürger*, in Hommelhoff/Hopt/v.Werder, Handbuch Corporate Governance, S. 177, 186; ebenso *Rode*, Der Deutsche Corporate Governance Kodex, S. 55.

5.4.2 *Dauervertragsverhältnis als Anreiz für anlegerschädigendes Verhalten*

Bei Investmentvermögen ist der besondere Charakter von Dauervertragsverhältnissen hervorzuheben. Der Anlegerschutz durch Transparenz und die Regulierung des Vertriebs bezieht sich zunächst auf die Anlageentscheidung und soll die Anleger vor einer Investition in ein für sie ungeeignetes Investmentvermögen schützen. Allerdings kann sich dieser Schutz nur auf die abstrakte Geeignetheit des Investmentvermögens bei einer Prognose zu dem Zeitpunkt der Investition beziehen. Die Wertentwicklung einer Investition wird jedoch durch das Verhalten der Fondsgesellschaft nach Vertragsschluss geprägt. Vor einem Fehlverhalten kann Transparenz nicht schützen. Gerade bei langfristigen Verträgen können trotz Verhaltenspflichten für die Fondsverwaltung Anreize bestehen, kurzfristige Vorteile zu erzielen, die dazu führen, dass für die Anleger schädigende Handlungen erfolgen.[19] Fondsverwaltungen, die ein solch schädigendes Verhalten an den Tag legen, können einen kurzfristigen Wettbewerbsvorteil gegenüber den Unternehmen aufweisen, die sich im besten Interesse ihrer Anleger verhalten und auf die kurzfristigen Vorteile verzichten.[20] Es ist zu vermuten, dass ein schädigendes Verhalten erst langfristig auffällt. Bei der Anlageentscheidung wird es schwer ersichtlich sein, welche Finanzdienstleister kurzfristige, potentiell die Anleger schädigende Strategien verwenden. Solche Strategien werden aufgrund der Schwierigkeiten einer Kontrolle durch die Anleger wohl schwerlich sofort aufzudecken sein. Daher kann für die KAGen durchaus ein Anreiz bestehen, für Anleger nachteilige Handlungen vorzunehmen.

5.4.3 *Interessenkonflikte bei der Verwaltung von Investmentvermögen*

Wie bereits unter 2.4.3. dargestellt, können bei der Verwaltung von Investmentvermögen zahlreiche Interessenkonflikte auf verschiedenen Ebenen auftreten. Die Interessenkonflikte können einerseits dazu führen, dass die KAG für die Anleger nachteilige Handlungen vornimmt. Andererseits können sie eine effektive Kontrolle des Handelns der KAG verhindern, wenn sich die Interessen der Kontrollorgane mit denen der Geschäftsleitung der KAG decken. Die Darstellung der konkreten Risiken für Interessenkon-

19 Vgl. *Llewellyn*, The economic rationale for financial regulation, S. 27.
20 Siehe *Llewellyn*, The economic rationale for financial regulation, S. 27.

flikte soll bei den Ausführungen über die Governance Maßnahmen der jeweiligen Beteiligten erfolgen.

5.4.4 *Implikationen der potentiellen Risiken für die Governance Struktur*

Die Anleger stehen in einem Spannungsverhältnis, sich vor einem für sie nachteiligen Verhalten der KAG zu schützen, ohne dabei den Handlungsfreiraum der KAG auf eine Weise einzuschränken, die eine effektive Anlagestrategie verhindert.[21] Diesem Problem sucht das InvG durch ein komplexes System der Kontrolle der Fondsverwaltung zu begegnen. Es werden interne Kontrollmechanismen wie die obligatorische Einrichtung eines Aufsichtsrates bei der KAG, auch wenn diese als GmbH organisiert ist, sowie Compliancestellen vorgesehen. Die internen Kontrollen werden durch externe Kontrollen durch die Depotbank ergänzt, die neben einer Verwahrfunktion für das Sondervermögen auch eine Kontrollaufgabe innehat. Zudem findet eine externe Kontrolle durch die Wirtschaftsprüfer sowie durch die BaFin statt.

Daher sollen diese vielschichtigen Strukturen analysiert werden, die das InvG verwendet, um eine Kontrolle des Fondsmangements zu gewährleisten und die möglicherweise eine direkte Beteiligung der Anleger an der Kontrolle der Fondsverwaltung überflüssig erscheinen lassen. Zunächst sollen die internen Kontrollmechanismen dargestellt und auf ihre jeweilige Effizienz hin untersucht werden, um dann die Funktion und Aufgaben der Depotbank darzustellen und zu analysieren.

5.5 DIE INTERNEN KONTROLLMECHANISMEN IN DER KAG

5.5.1 *Die Rechtsform der KAG*

Die KAG ist entweder als Aktiengesellschaft (AG) oder als Gesellschaft mit beschränkter Haftung (GmbH) zu organisieren.[22] In der Praxis hat die Mehrheit der deutschen Investmentgesellschaften die Rechtsform der GmbH.[23] Dies ist historisch begründet, da die KAGen früher normalerweise von Kreditinstituten und später auch von Versicherungsunternehmen

21 *Roggatz*, Informationsflichten von Investmentgesellschaften, S. 76.
22 § 6 I S. 2 InvG.
23 *BVI*, Investment 2006, Daten, Fakten, Entwicklungen, S. 117; vgl. *Köndgen/Schmies* in Schimansky/Bunte/Lwowski, Bankrechts-Handbuch, § 113 Rn. 50.

gegründet wurden, die eine GmbH wählten, da eine Beteiligung weiterer Gesellschafter über den Kreis der Gründungsgesellschafter hinaus nicht beabsichtigt war.[24] Auch heute werden die Anteile regelmäßig nicht dem Publikum angeboten.[25]

Bei der Ausgestaltung des Gesellschaftsvertrages (GmbH) oder der Satzung (AG) sind zunächst die allgemeinen Regeln des GmbHG oder des AktG zu beachten.

5.5.2 *Die Kapitalausstattung*

Neben den Regeln des GmbHG und AktG sind für die KAG die Regelungen des InvG einschlägig, die hinsichtlich der Mindestkapitalisierung lex spezialis zu AktG und GmbHG sind. Das InvG legt fest, dass KAGen ein Mindestanfangskapital von 300.000 Euro vorweisen müssen.[26] Übersteigt der Wert der verwalteten Sondervermögen 1,125 Milliarden Euro, muss die KAG über zusätzliche Eigenmittel in Höhe von wenigstens 0,02 Prozent des darüber hinaus gehenden Betrages verfügen. Die geforderte Gesamtsumme des Anfangskapitals und der zusätzlichen Eigenmittel darf 10 Millionen Euro nicht überschreiten.[27] Diese Regelung bedeutet, dass sich die Anforderung an das Mindestanfangskapital bis zur Kappungsgrenze von 10 Millionen Euro nach dem Volumen des verwalteten Sondervermögens bestimmt.

5.5.3 *Verhaltenspflichten des InvG*

Die Verhaltenspflichten des InvG lassen sich in Sorgfalts- und Treuepflichten unterteilen.[28]

24 *Baums/König*, Investmentfonds im Universalbankenkonzern: Rechtstatsachen und allgemeine Reformfragen in Festschrift Kropff, S. 5 ff.

25 Vgl. *Köndgen/Schmies* in Schimansky/Bunte/Lwowski, Bankrechts-Handbuch, § 113 Rn. 50.

26 § 11 I Nr. 1 InvG.

27 § 11 I Nr. 2 InvG.

28 Vgl. allgemein zu den gesellschaftsrechtlichen Verhaltenspflichten von Geschäftsleitern, *Wiedemann*, Organverantwortung und Gesellschafterklagen in der Aktiengesellschaft, S. 12 f.

5.5.3.1 *Sorgfaltspflichten*

§ 9 I S. 1 InvG normiert die Pflicht der KAG, das Investmentvermögen mit der Sorgfalt eines ordentlichen Kaufmanns für die gemeinschaftliche Rechnung der Anleger zu verwalten. Die Funktion dieser Regel ist eine zweifache:[29] Zum einen ist § 9 I S. 1 InvG eine Generalklausel, die eine objektive Verhaltenspflicht begründet. Zum anderen regelt sie den Verschuldensmaßstab bei einer Pflichtverletzung. Die KAG hat das Sondervermögen ausschließlich im Interesse der Anleger auf gemeinsame Rechnung der Anleger zu verwalten.[30] Dabei ist die Sorgfalt eines ordentlichen Kaufmanns anzuwenden,[31] ein Sorgfaltsbegriff, der § 347 HGB entnommen ist.[32] Die Anforderungen an die Sorgfalt eines ordentlichen Kaufmanns definiert § 347 HGB nicht. Der Sorgfaltsmaßstab soll aber verdeutlichen, dass im Geschäftsverkehr zwischen Kaufleuten ein im Vergleich zum Geschäftsverkehr zwischen Privatpersonen gesteigerter Sorgfaltsmaßstab gilt.[33] Es ist zudem zu berücksichtigen, dass die Anforderung an einen sorgfältigen Kaufmann individuell für das betreffende Geschäft zu konkretisieren sind. Daher ist der Sorgfaltsmaßstab für Kapitalgesellschaften der einer ordentlichen Kapitalgesellschaft.[34] Die KAG hat ihre Aufgaben mit der gebotenen Sachkenntnis, Sorgfalt und Gewissenhaftigkeit im besten Interesse des Sondervermögens und der Integrität des Marktes vorzunehmen.[35]

Die generelle Sorgfaltspflicht wird durch konkrete Pflichten ergänzt. Die konkreten Pflichten resultieren aus der Regulierung der Anlagegrenzen und den Regelungen für die Kreditaufnahme.[36] Hinsichtlich der Sorgfaltspflichten stellt sich die Frage ihrer Wirksamkeit sowie ihrer Justiziabilität. Im Schrifttum wird zwischen den Pflichten bezüglich der Entscheidungsvorbereitung und den Pflichten über die Anlageentscheidung differenziert.[37]

Die Sorgfaltspflichten könnten als Verhaltenspflichten bereits einen Anlegerschutz bewirken, da sie Maßstäbe für ein Handeln im Anlegerinteresse

---

29 *Schelm*, Sorgfalts- und Loyalitätspflichten im Investmentrecht, S. 36.
30 § 9 InvG.
31 § 9 I S. 1 InvG.
32 Hierbei ist anerkannt, dass derselbe Sorgfaltsmaßstab wie im HGB gilt, vgl. *Baur*, Investmentgesetze, § 10 Rn. 11 ff.
33 *Beckmann*, in Beckmann/Scholtz, Investment, 410 § 9 Rn. 3a.
34 *Baur*, Investmentgesetze, § 10 Rn. 12; *Hopt* in Baumbach/Hopt, Handelsgesetzbuch, § 347 Rn. 1.
35 § 9 II Nr. 2 InvG.
36 Siehe hierzu die Ausführungen unter 4.1.2.1
37 *Schelm*, Sorgfalts- und Loyalitätspflichten im Investmentrecht, S. 37 ff.

aufstellen. Sie fördern den Anlegerschutz, wenn die Verhaltenspflichten hinreichend bestimmbar sind und ein Anreiz für die KAG besteht, entsprechend der Pflichten zu handeln. Ein Anreiz wird zumindest immer dann bestehen, wenn die Pflichten durch eine Kontrollinstanz durchgesetzt werden können oder durch die Anleger justiziabel sind.

5.5.3.1.1 Pflichten für die Entscheidungsvorbereitung

In der Literatur wird angenommen, dass die Pflicht zur sorgfältigen Verwaltung eine Pflicht mit sich bringe, Anlageentscheidungen angemessen vorzubereiten.[38] Dieser Auffassung ist grundsätzlich zuzustimmen, da eine informierte Entscheidung eine essentielle Voraussetzung für eine sinnvolle Kapitalanlage ist. Vor der Anlageentscheidung ist die Auswahl der Anlage angemessen vorzubereiten. Allerdings sind die konkreten Anforderungen an die Vorbereitung der Anlageentscheidung ungeklärt. So wird richtig angemerkt, dass eine sehr umfassende Vorbereitung einer Anlageentscheidung Kosten und Risiken beinhalten kann, die nicht immer im Interesse der Anleger liegen müssen.[39] Eine langfristige Entscheidungsvorbereitung kann die Ausnutzung sich kurzfristig bietender Marktchancen vereiteln.[40] Zudem ist es fraglich, in welchem Umfang ein Verstoß gegen Vorbereitungspflichten justiziabel ist.[41]

Es kann festgehalten werden, dass Umfang und Ausgestaltung der Pflicht zur Vorbereitung der Anlageentscheidung wenig konkretisiert sind und keine klaren Leitlinien für die KAGen vorgeben. Auf Grund der Vagheit der Pflicht wird es einem Anleger schwer fallen wegen eines Pflichtverstoßes gegen eine KAG vorzugehen, da unklar sein wird, wann ein solcher vorliegt. Auch bei einer Kontrolle des Handelns durch die Depotbank macht die Vagheit des Sorgfaltsstandards ein Eingreifen eher unwahrscheinlich.

38 *Schelm*, Sorgfalts- und Loyalitätspflichten im Investmentrecht, S. 37.
39 *Schelm*, Sorgfalts- und Loyalitätspflichten im Investmentrecht, S. 37.
40 *Schelm*, Sorgfalts- und Loyalitätspflichten im Investmentrecht, S. 37.
41 Vgl. *Canaris*, Bankvertragsrecht, Rn. 2422; so bereits zu den Sorgfaltspflichten des KAGG *Reuter*, Investmentfonds und die Rechtsstellung der Anteilsinhaber, S. 143 ff.; *Schäfer*, Anlegerschutz und die Sorgfalt eines ordentlichen Kaufmanns bei der Anlage der Sondervermögen durch Kapitalanlagegesellschaften, S. 53; eine Schadensersatzpflicht annehmend, jedoch bezweifelnd, dass der Nachweis der Schuld möglich sein wird *v. Berge und Herrendorff*, Der Schutz des Investmentsparers, S. 109 ff.

5.5.3.1.2 Sorgfaltspflichten hinsichtlich der Anlageentscheidung

Der äußere Rahmen der Pflichten bezüglich der Anlageentscheidung wird durch die Regelungen der Anlagegrenzen gezogen. Offen ist jedoch, welche der Pflichten für eine Anlageentscheidung bestehen, die sich in dem Rahmen der Anlagegrenzen bewegt. Stimmen in der Literatur vertreten, dass es eindeutige Fälle evidenter Fehlentscheidungen gebe, nämlich Anlageentscheidungen, die bei einer ex ante Betrachtung aus kaufmännischer Perspektive eindeutig fehlerhaft seien.[42] Als Beispiele werden Anlageentscheidungen genannt, welche nicht mit dem vereinbarten Risikoprofil übereinstimmen sowie solche Anlageentscheidungen, die Risiken aufweisen, welchen keine Vorteile gegenüberstanden.[43] Allerdings sind bereits hinsichtlich der hier als eindeutige Fälle genannten Konstellationen Zweifel anzubringen, ob in diesem Fall ein Sorgfaltsverstoß vorliegt. Eine Anlageentscheidung kann bei einer isolierten Betrachtung sorgfaltswidrig erscheinen. Im Kontext eines Portfolios kann sich aber eine andere Bewertung ergeben. Für die Beurteilung, ob eine Anlageentscheidung im Rahmen des Portfolios sorgfaltswidrig ist, sind einerseits eine Vielzahl von Anlageentscheidung zu bewerten und andererseits die Erkenntnisse der Portfoliotheorie zu berücksichtigen.[44] Eine Sorgfaltspflichtverletzung wird deshalb in den seltensten Fällen evident sein. Zudem ist zu berücksichtigen, dass den KAGen ein unternehmerischer Ermessensspielraum zusteht,[45] der nicht zu sehr durch Sorgfaltspflichten eingeschränkt werden sollte. In der Literatur hat sich bisher keine einheitliche Bewertung von Sorgfaltspflichten bezüglich der Anlageentscheidung herausgebildet.[46] Daher

42 *Schelm*, Sorgfalts- und Loyalitätspflichten im Investmentrecht, S. 38.

43 *Schelm*, Sorgfalts- und Loyalitätspflichten im Investmentrecht, S. 38, der feststellt, dass die Betrachtung des Verhältnisses von Risiken und Vorteilen entweder isoliert oder im Kontext des Portfolios erfolgen kann.

44 Vgl. *Schelm*, Sorgfalts- und Loyalitätspflichten im Investmentrecht, S. 76.

45 Siehe hierzu ausführlich *Schelm*, Sorgfalts- und Loyalitätspflichten im Investmentrecht, S. 77, der diese Forderung aus einer rechtsvergleichenden Analyse des US-amerikanischen Rechts und eines Vergleichs mit § 93 I S. AktG ableitet. Es solle ein unternehmerisches Ermessen vorliegen, sofern die Anlageentscheidung nicht ex ante außerhalb des objektiv Nachvollziehbaren liege.

46 Sich für ein aus der Sorgfaltspflicht ergebendes Spekulationsverbot, eine Pflicht der optimalen Diversifikation sowie ein Gebot zur produktiven Verwaltung aussprechend, *Schäfer*, Anlegerschutz und die Sorgfalt eines ordentlichen Kaufmanns bei der Anlage der Sondervermögen durch Kapitalanlagegesellschaften, S. 57; eine Sorgfaltswidrigkeit bei einer unrentablen Anlage annehmend, *Ebner von Eschenbach*, Die Rechte des Anteilsinhabers nach dem Gesetz über Kapitalanlagegesellschaften, S. 95; sich gegen die Konkretisierung der Sorgfaltspflicht zur Pflicht der Befolgung eines bestimmten An-

kann gefolgert werden, dass die Sorgfaltspflichten zu unbestimmt sind, um justiziabel zu sein. Dies ist positiv für die Flexibilität der Fondsverwaltung. Allerdings ist zu konstatieren, dass die Sorgfaltspflichten mangels Durchsetzbarkeit und dem somit geringen Anreiz zu sorgfältigem Verhalten keinen großen Beitrag zum Anlegerschutz leisten dürften.

Zu berücksichtigen ist weiterhin, dass die Unsicherheit des Ausgangs einer Klage wegen einer Sorgfaltspflichtverletzung Anleger in der Regel von einer Geltendmachung abhalten wird. Auch in dem Rahmen, in dem Sorgfaltspflichten justiziabel sind, wird ein geringes Risiko einer tatsächlichen Rechtsdurchsetzung für die KAG bestehen.

5.5.3.2 *Loyalitätspflichten des InvG*

Die Loyalitätspflicht wird von § 9 II, III InvG konkretisiert. Die KAG hat die Pflicht, ihre Tätigkeit im ausschließlichen Interesse der Anleger und der Integrität des Marktes auszuüben.[47] Sie hat dabei die gebotene Sachkenntnis, Sorgfalt und Gewissenhaftigkeit im besten Interesse der von ihr verwalteten Fonds und der Integrität des Marktes anzuwenden.[48]

Die KAG muss über die für eine ordnungsgemäße Geschäftstätigkeit erforderlichen Mittel und Verfahren verfügen und diese wirksam einsetzen.[49] Das InvG macht nicht nur Angaben zur Sorgfalt der KAG sondern auch zur erforderlichen Sachkenntnis der Mitarbeiter. Die KAG muss gewährleisten, dass ihre Mitarbeiter die erforderlichen Kenntnisse aufweisen und über eine ausreichende fachliche Eignung und Erfahrung für das Fondsmangement verfügen.[50]

5.5.3.3 *Pflichten beim Auftreten von Interessenkonflikten*

Die KAG muss sich um die Vermeidung von Interessenkonflikten bemühen. Lassen sich Interessenkonflikte nicht vermeiden, muss sie dafür sorgen, dass unvermeidbare Konflikte unter der gebotenen Wahrung der Interessen der Anleger gelöst werden.[51] Treten trotz der organisatorischen

---

lagekonzeptes wendend, *Baur*, Investmentgesetze, § 10 KAGG, Rn. 23; ebenso *Canaris*, Bankvertragsrecht, Rn. 2422.

47 § 9 II Nr. 1 InvG.

48 § 9 II Nr. 2 InvG.

49 § 9 II Nr. 4 InvG.

50 Vgl. zur sogenannten Expertenpflicht, die die Berücksichtigung der Erkenntnisse der modernen Portfoliotheorie für die Verwaltung des Investmentvermögens erfordert, *Köndgen/Schmies* in Schimansky/Bunte/Lwowski, Bankrechts-Handbucht, § 113 Rn. 126.

51 § 9 II Nr. 3 InvG.

Konfliktvermeidungsvorkehrungen Interessenkonflikte auf, ist das betroffene Geschäft nicht zu unterlassen. Vielmehr ist der Interessenkonflikt unter Wahrung des Anlegerinteresses zu lösen.[52] Grundsätzlich ist die investmentrechtliche Interessenwahrungspflicht eine Ausprägung der allgemeinen Interessenwahrungspflicht, welche für fremdnützige Rechtsverhältnisse charakteristisch ist.[53] Die Interessenwahrungspflicht bezieht sich im Gegensatz zu der Interessenwahrungspflicht des § 31 I S. 1 Nr. 1 WpHG nicht auf die Interessen der einzelnen Kunden, sondern auf das Interesse des Sondervermögens.[54] Dies erklärt sich daraus, dass ein Investmentvermögen der gemeinschaftlichen Kapitalanlage dient. Die Berücksichtigung einzelner Interessen ist auf Grund möglicher widersprüchlicher Interessen der Anleger nicht möglich.

Der Grund für die besondere Pflicht zur Minimierung von Interessenkonflikten liegt in dem bereits aufgezeigten langfristigen Charakter der Anlage in Investmentvermögen sowie der Fremdverwaltung. Es können verschiedene Formen von Interessenkonflikten zwischen den an der Verwaltung des Investmentvermögens beteiligten Parteien und den Anlegern auftreten.

5.5.3.3.1 Potentielle Interessenkonflikte bei der KAG

Vorkommen können sowohl unmittelbare Interessenkonflikte, nämlich Konflikte, bei denen eigene Interessen der Fondsverwaltung denen der Anleger gegenüber stehen, als auch mittelbare Interessenkonflikte. Mittelbare Interessenkonflikte sind solche, bei denen nicht die Interessen der Fondsverwaltung mit denen der Anleger kollidieren, sondern bei denen Interessen Dritter den Anlegerinteressen widersprechen. Eine derartige Konstellation kann dann auftreten, wenn die Fondsverwaltung mit Dritten wirtschaftlich verflochten ist.[55]

5.5.3.3.2 Unmittelbare Interessenkonflikte

Unmittelbare Interessenkonflikte können vorliegen, wenn die KAG durch Abschluss vorteilhafter Geschäfte zu Lasten des Sondervermögens oder

52 *Schäfer*, Corporate Governance bei Kapitalanlagegesellschaften – Fund Governance, S. 103.
53 *Canaris*, Bankvertragsrecht, Rn. 2423 f.
54 *Canaris*, Bankvertragsrecht, Rn. 2430.
55 Vgl. *König*, Anlegerschutz im Investmentrecht, S. 46.

durch Ausübung oder Nichtausübung von Rechten aus Anlagegegenständen unmittelbare Vorteile ziehen kann.[56] Der Anreiz unmittelbare Vorteile zu erlangen, kann derart groß sein, dass sich die KAG für Handlungen entscheidet, die dem Anlegerinteresse zuwider laufen.

Die regelmäßig übliche Verwaltungsvergütung sieht vor, dass die KAG einen Prozentsatz des Wertes des Sondervermögens erhält. Daher ist grundsätzlich davon ausgehen, dass die KAG daran interessiert ist, für eine positive Entwicklung des Sondervermögens zu sorgen.[57] Eine positive Entwicklung ist im Interesse der Anleger. Allerdings kann es, wie bereits dargestellt, im Interesse der KAG sein, kurzfristige Wertsteigerungen herbeizuführen, ohne dabei die Nachhaltigkeit der Wertentwicklung zu berücksichtigen, wenn sich die Vergütung zum Beispiel an dem Wert eines Stichtags bemisst.

Bei Transaktionen können Interessenkonflikte auftreten, da es bei solchen möglich ist, unmittelbare Vorteile zu erzielen, wenn beispielsweise die KAG ein Interesse an der Durchführung einer Transaktion hat. Ein Interesse an einer Transaktion kann bestehen, wenn die KAG für eine Transaktion eine Kommission erhält. Der bedeutendste Fall ist hierbei das sogenannte Churning.[58] Ein weiterer Fall können sub-optimal gestaltete Verträge mit Dritten sein, bei denen die KAG einen z.B. auf Grund der Gebührenstruktur für die Anteilsinhaber nachteilhaften Vertrag eingeht, da sie dafür eine Provisionsrückvergütung (Kick-back) erhält.[59]

---

56 *Reiss,* Pflichten der Kapitalanlagegesellschaft und der Depotbank gegenüber dem Anleger und die Rechte des Anlegers bei Pflichtverletzungen, S. 251.

57 Vgl. *Reiss,* Pflichten der Kapitalanlagegesellschaft und der Depotbank gegenüber dem Anleger und die Rechte des Anlegers bei Pflichtverletzungen, S. 250 ff.

58 Hier kann es zum sogenannten „Churning" kommen, der nicht durch das Anlegerinteresse gerechtfertigen, vielfachen Umschichtung des Portfolios, die ausschließlich zum Zweck der Kommissionsgenerierung zu Lasten der Gewinnchancen des Anlegers erfolgt, vgl. allgemein zum Churning *BGH* NJW 1995, 1225 (1226); *BGH* NJW 2004, 3423 (3424); *Barta,* Die Haftung der depotführenden Bank bei Churning des Anlageberaters – Zugleich Besprechung der Entscheidung des BGH v. 13. 7. 2004 – VI ZR 136/03 – „Brokerhaftung", BKR 2004, 433; *Ellenberger,* Die neue Rechtsprechung des Bundesgerichtshofs zu Aufklärungs- und Beratungspflichten bei der Anlageberatung, WM 2001, Beilage 1, (12); für eine ausführliche Beschreibung *Zieschang* in Park, Kapitalmarktstraftrecht, § 261 Rn. 55; siehe auch *Wagner,* in Münchener Kommentar zum BGB, § 826 Rn. 77.

59 *Reiss,* Pflichten der Kapitalanlagegesellschaft und der Depotbank gegenüber dem Anleger und die Rechte des Anlegers bei Pflichtverletzungen, S. 255.

5.5.3.3.3 Mittelbare Interessenkonflikte

Es können zudem Interessenkonflikte auftreten, wenn ein inhaltliches Interesse an einer Transaktion besteht, z.B. wenn eine Transaktion mit wirtschaftlich verbundenen Unternehmen erfolgt, welche das Sondervermögen durch einen nicht dem Marktpreis entsprechenden Preis benachteiligen.[60] Daher wird die KAG durch § 36 II-IV InvG verpflichtet, den Kauf von Wertpapieren nicht zu einem über dem Tageskurs liegenden Preis vorzunehmen und die Veräußerung nicht zu einem unter dem Tageskurs liegenden Wert zu vollziehen. Für die Bewertung nicht zum Handel zugelassener Wertpapiere ist ebenfalls bestimmten Regeln zu folgen. Zudem sind Immobilien durch den Sachverständigenausschuss zu bewerten.[61] Die Preisgestaltung ist der Kontrolle durch die Depotbank unterstellt. Hierzu wird in der Literatur angemerkt, dass trotzdem Interessenkonflikte zu einer Benachteiligung der Anleger durch die Praxis des Ausverkaufens oder Abladens führen können, welche schwerer festzustellen sind. Als Ausverkaufen wird der direkte Verkauf eines unterbewerteten Gegenstands an einen Dritten, beispielsweise einen Gesellschafter, bezeichnet.[62] Ein Abladen ist der Verkauf von überbewerteten oder sonst nicht veräußerbaren Anlagegegenständen durch eine verbundene Partei an die KAG.[63] Ein Abladen oder Ausverkaufen kann im Interesse der Gesellschafter der KAG liegen, so dass sie durch ihren Einfluss die KAG zu solchen Handlungen veranlassen könnten.

Die Gefahr mittelbarer Interessenkonflikte besteht generell, wenn die KAG dafür instrumentalisiert wird, Interessen der Gesellschafterbank zu fördern. Dies kann durch Aktienkäufe und -verkäufe zwecks Kurspflege[64]

60 Vgl. *Schelm*, Sorgfalts- und Loyalitätspflichten im Investmentrecht, S. 81.

61 § 67 V InvG.

62 *Seegebarth*, Stellung und Haftung der Depotbank im Investment-Dreieck, S. 114; *Reiss*, Pflichten der Kapitalanlagegesellschaft und der Depotbank gegenüber dem Anleger und die Rechte des Anlegers bei Pflichtverletzungen, S. 256.

63 *Seegebarth*, Stellung und Haftung der Depotbank im Investment-Dreieck, S. 112; *König*, Anlegerschutz im Investmentrecht, S. 57; *Reiss*, Pflichten der Kapitalanlagegesellschaft und der Depotbank gegenüber dem Anleger und die Rechte des Anlegers bei Pflichtverletzungen, S. 256.

64 Hinsichtlich der Kurspflege ist zu beachten, dass diese nicht nur einen Verstoß gegen die Anlegerinteressen darstellen kann, sondern auch eine Marktmanipulation. Vgl. zu der kapitalmarktrechtlichen Zulässigkeit der Kurspflege, *Schwark*, Kapitalmarktrechts-Kommentar, § 20 a Rn. 36 ff.

oder der Unterstützung von Emissionen[65] erfolgen.[66] Mittelbare Interessenkonflikte können entstehen, wenn die KAG für ein Sondervermögen Anteile an einer Gesellschaft erwirbt, an der ihre Gesellschafter bereits Anteile halten, um den Einfluss ihrer Gesellschafter in der Hauptversammlung zu erhöhen. Es existiert folglich eine Vielzahl an Möglichkeiten für das Auftreten von Interessenkonflikten. Daher hat die Vermeidung von Interessenkonflikten eine hohe Bedeutung.

5.5.3.3.4 Organisationspflichten

Die KAG muss so organisiert sein, dass Interessenkonflikte zwischen ihr und den Anlegern, zwischen verschiedenen Anlegern, zwischen einem Anleger und einem Investmentvermögen sowie zwischen zwei Investmentvermögen möglichst gering sind.[67] Die KAG muss gemäß § 9a InvG über eine angemessene Geschäftsorganisation verfügen. Die Organisation muss Risikomanagementsysteme und Regelungen für persönliche Geschäfte der Mitarbeiter sowie die Anlage des eigenen Vermögens der KAG in Finanzinstrumenten umfassen. Zudem muss sie Kontroll- und Sicherheitsvorkehrungen für die elektronische Datenverarbeitung und eine vollständige Dokumentation aller Geschäfte gewährleisten sowie eine interne Revision einrichten. Eine Konkretisierung der Organisationspflichten ist durch die Verlautbarung der BaKred[68] sowie durch ein Rundschreiben der BaFin erfolgt, welche innere Abläufe der KAG betrifft.[69]

Eine konfliktvermeidende Organisation verlangt einerseits eine klare Funktionstrennung zwischen den Bereichen Fondsmanagement, Handelsabwicklung und der Administration; andererseits sind Chinese Walls sowie eine unabhängige Compliancestelle einzurichten.[70] Die Einrichtung von Chinese Walls beschränkt die Kommunikation vertraulicher Informationen. Eine Weitergabe sensibler Informationen an Personen außerhalb des Vertraulichkeitsbereiches ist nur zulässig, wenn die Einschaltung Dritter zur Aufgabenerfüllung notwendig ist und die Vertraulichkeit gewahrt

65 Siehe zu der Unterstützung von Emissionen, *Baums/König*, Investmentfonds im Universalbankenkonzern: Rechtstatsachen und allgemeine Reformfragen in Festschrift Kropff, S. 21 ff.; *König*, Anlegerschutz im Investmentrecht, S. 86.

66 Vgl. hierzu *Reiss*, Pflichten der Kapitalanlagegesellschaft und der Depotbank gegenüber dem Anleger und die Rechte des Anlegers bei Pflichtverletzungen, S. 258.

67 § 9 III InvG.

68 *BAKred* Verlautbarung vom 23. Oktober 1995.

69 *BaFin* Rundschreiben 18/2005 vom 20. Dezember 2005.

70 *Eisele* in Schimansky/Bunte/Lwowski, Bankrechts-Handbuch, § 109 Rn. 71.

wird.[71] Auch innerhalb eines Vertraulichkeitsbereichs darf die Insiderinformation nur nach Maßgabe der Erforderlichkeit weitergegeben werden. Das zweite prägende Merkmal der Vertraulichkeitsbereiche ist, dass alle Entscheidungen in einem bestimmten Geschäftsbereich innerhalb der Chinese Walls im Interesse des Kunden bzw. dieses Geschäftsbereichs fallen müssen. Die Pflicht zum Handeln im Kundeninteresse ist unabhängig davon, ob sie entgegen oder im Konflikt mit Interessen von Kunden dieses oder anderer Geschäftsbereiche steht (Grundsatz geschäftspolitischer Unabhängigkeit, „independence principle").[72] Die Bildung von Vertraulichkeitsbereichen umfasst noch zwei weitere Elemente: die Führung von sogenannten „Watch-Lists" und der „Restricted-List". Die Watch-List enthält solche Informationen, die ein Mitarbeiter, der sie erhält, sowie der lokale Compliance-Beauftragte der Compliance-Stelle mitzuteilen haben.[73] Betroffen sind solche (nicht-öffentlichen) Informationen, die auf Grund ihrer Werthaltigkeit Anreize zur Missachtung von Marktintegritätsregeln setzen könnten. Die Restricted-List (Stopp-Liste) ist eine Publikation der Compliance-Stelle, welche die Mitarbeiter über diejenigen Finanztitel informiert, in denen Eigengeschäfte des Unternehmens, Mitarbeitergeschäfte und Empfehlungen verboten sind.[74] Dies sind solche Finanztitel, über die das Unternehmen besonders wichtige Information hat, vor allem Insiderinformationen.

Chinese Walls können beispielsweise hilfreich sein, um Interessenkonflikte zwischen verschiedenen von der KAG verwalteten Sondervermögen einzudämmen. Vertraulichkeitsbereiche zwischen den Fondsmanagern verschiedener Sondervermögen verhindern, dass sie in Konflikte geraten, für welches Sondervermögen sie vorteilhafte Handlungen durchführen sollen, wenn eine Handlung im Interesse der Anleger verschiedener Sondervermögen liegt. Auch können Chinese Wall-Verfahren den Eigenhandel der KAG von der Vermögensverwaltung abgrenzen.

Die gesetzlichen Loyalitätspflichten gliedern sich folglich in Verhaltens- und Organisationspflichten. Verhaltenspflichten regulieren, welche Sorgfalt

---

71 *Eisele* in Schimansky/Bunte/Lwowski, Bankrechts-Handbuch, § 109 Rn. 141; siehe zu den Chinese Wall Verfahren, *Spindler*, Unternehmensorganisationspflichten, S. 226 ff.

72 *Grundmann* in Ebenroth/Boujong/Joost/Strohn, Handelsgesetzbuch, Rn. VI 306.

73 Vgl. zur Watch-Liste *Koller* in Assmann/Schneider § 33 WpHG Rn. 31; *Eisele* in Schimansky/Bunte/Lwowski, Bankrechts-Handbuch § 109 Rn. 149 f.; *Kümpel*, Bank- und Kapitalmarktrecht, Rn. 16.700 ff.; *Meyer/Paetzel* in Kölner Kommentar zum WpHG § 33 Rn. 75 f.; *Lösler*, Compliance im Wertpapierdienstleistungskonzern, S. 85 f.; *Spindler*, Unternehmensorganisationspflichten, S. 228.

74 *Grundmann* in Ebenroth/Boujong/Joost/Strohn, Handelsgesetzbuch, Rn. VI 306.

die KAG anzuwenden hat, um die Interessen der Anleger zu wahren. Die Organisationspflichten sichern die Verhaltenspflichten strukturell ab. Sie sollen strukturelle Interessenkonflikte beheben und bestehen unabhängig von einzelnen Rechtsgeschäften.[75]

5.5.3.3.4.1 Compliance-Organisation der KAG

Die KAG ist verpflichtet, angemessene Kontrollverfahren einzurichten, die insbesondere das Bestehen einer internen Revision voraussetzen. Die Kontrollverfahren sollen gewährleisten, dass das Vermögen in Übereinstimmung mit den Vertragsbedingungen und den jeweils geltenden rechtlichen Bestimmungen angelegt wird.[76] Die Erfüllung der Pflicht erfordert die Einrichtung einer organisatorisch und funktionell unabhängigen Compliance-Organisation.[77] Dafür sind Compliance-Beauftragte zu bestellen und verbindliche Compliance Standards auszuarbeiten, die den Mitarbeitern kommuniziert werden müssen.[78] Die Compliance Standards müssen typische Situationen adressieren, in denen Interessenkonflikte auftreten.[79] Alle das Investmentvermögen betreffenden Geschäfte sind vollständig zu dokumentieren, damit sie hinsichtlich Gegenpartei, Art und Abschlusszeitpunkt nachvollzogen werden können.[80] Die Dokumentation ermöglicht eine nachträgliche Kontrolle der vollzogenen Geschäfte.

5.5.3.3.4.2 Stellungnahme zur Wirksamkeit der Compliance-Instrumente

Die organisatorischen Maßnahmen und Verfahren sind geeignet, die innerhalb der KAG auftretenden Interessenkonflikte teilweise einzudämmen. Die Vertrauensbereiche können Interessenkonflikte zwischen verschiedenen Sondervermögen verringern. Verhaltenspflichten der Mitarbeiter, wie Verschwiegenheitsverpflichtungen und die Vorgaben der Restrict-Listen, können dazu dienen, Insiderhandel der Mitarbeiter verhindern. Sie vermindern die Gefahr, dass die Mitarbeiter zum Schaden der Anleger ihre

75 Vgl. *Beckmann*, in Beckmann/Scholtz, Investment, 410 § 9 Rn. 37.

76 § 9a S. 2 Nr. 6 InvG.

77 *Schneider*, Compliance als Aufgabe der Unternehmensleitung, ZIP 2003, 645 (648); *Spindler*, Unternehmensorganisationspflichten, S. 229.

78 *Schneider*, Compliance als Aufgabe der Unternehmensleitung, ZIP 2003, 645 (649).

79 Vgl. *Schäfer*, Corporate Governance bei Kapitalanlagegesellschaften – Fund Governance, S. 99; siehe hierzu auch BVI-Wohlverhaltensregeln Abschnitt III Nr. 8 f.; vgl. *Schneider*, Compliance als Aufgabe der Unternehmensleitung, ZIP 2003, 645 (649).

80 § 9 a S. 2 Nr. 5 InvG.

eigenen Interessen verfolgen. Compliance-Verfahren können Richtlinien für das Verhalten bei Vertragsschlüssen aufstellen und so versuchen, ein Handeln im Eigeninteresse der KAG zu verhindern. Allerdings kann nicht sichergestellt werden, dass keine Handlungen erfolgen, die durch einen unmittelbaren finanziellen Vorteil für die KAG motiviert sind.

Schwierig ist es, das Problem der Verfolgung von Konzerninteressen zu beheben. Die Implementierung organisatorischer Verfahren kann keine Abhilfe schaffen, da eine Isolierung von Wissen nicht ein Handeln im Interesse der Gesellschafter verhindern kann. Auch sind die Einflussnahmemöglichkeiten einer unabhängigen Compliance-Stelle bei derartigen Interessenkonflikten begrenzt. Die Compliance-Stelle berichtet der Geschäftsführung.[81] Bei Handlungen im Interesse des Mehrheitsgesellschafters wird die Geschäftsführung wohl keine Schritte unternehmen, um ein Handeln im Interesse der Anleger sicherzustellen. In der Literatur wird vorgeschlagen, die Unabhängigkeit der Compliancestelle auf Grund ihrer hohen Bedeutung durch eine direkte Berichtspflicht gegenüber dem Aufsichtsrat der Fondsgesellschaft abzusichern.[82] Wie unten zu zeigen ist, unterliegen aber auch die Mitglieder des Aufsichtsrates einem Interessenkonflikt zwischen der Wahrung der Anlegerinteressen und der Umsetzung der Interessen der Gesellschaft, die sie bestellt. Sie sind somit demselben Interessenkonflikt wie die Geschäftsleitung ausgesetzt. Eine Berichtspflicht an den Aufsichtsrat kann daher nicht gewährleisten, dass die Erkenntnisse der Compliance-Stelle angemessen gewürdigt und in Handlungen umgesetzt werden.

Es kann festgehalten werden, dass trotz der Pflicht zur Einrichtung von Organisationsregeln und Verfahren zur Vermeidung von Interessenkonflikten, Interessenkonflikte potentiell auftreten. Insbesondere Interessenkonflikte, die einem Konzernverbund zwischen einer Bank und der KAG geschuldet sind, können nicht durch organisatorische Maßnahmen aufgelöst werden. Daher ist zu untersuchen, welche weiteren Vorkehrungen das InvG neben den Organisationspflichten trifft, um ein Handeln im Anlegerinteresse abzusichern.

---

81 Siehe BVI-Wohlverhaltensregeln Abschnitt V Nr. 6.

82 *Eisele* in Schimansky/Bunte/Lwowski, Bankrechts-Handbuch § 109 Rn. 71.

5.5.3.3.5 Rechtsfolgen beim Verstoß gegen die Pflichten zur Vermeidung von Interessenkonflikten

Das Handeln der Fondsverwaltung birgt ein hohes Risiko, dass Interessenkonflikte auftreten. Es stellt sich die Frage, wie diesen zu begegnen ist. Grundsätzlich sind die Mitglieder des Vorstandes einer KAG bei einer Organisation als AG im Fall eines Sorgfaltspflichtverstoßes der Gesellschaft als Gesamtschuldner zum Ersatz des aus ihrem Pflichtverstoß entstandenen Schadens verpflichtet.[83] Zwar sind die Sorgfaltspflichten justiziabel und es sind in der Praxis zahlreiche Entscheidungen zu Sorgfaltspflichtverstößen ergangen.[84] Allerdings ist das Risiko des Vorstands, bei Verletzung von Sorgfaltspflichten in Anspruch genommen zu werden, versicherbar.[85] Auch ist bei Investmentvermögen, in die hauptsächlich Privatkunden investieren zu befürchten, dass die Anleger vor einer gerichtlichen Durchsetzung ihrer Ansprüche zurückschrecken. Für Privatkunden werden Sorgfaltspflichtverstöße oftmals schwer zu erkennen sein. Sie werden mangels rechtlicher Kenntnisse und Erfahrungen kaum einschätzen können, wie gut die Chancen sind Schadensersatzansprüche durchzusetzen. Die Verlustangst kann bewirken, dass Anleger aus Furcht einen Prozess zu verlieren, auf rechtliche Schritte verzichten. Daher könnten die Sorgfaltspflichten für die KAGen, die Investmentvermögen verwalten, an denen hauptsächlich Privatkunden beteiligt sind, keine größere Bedeutung für die Verhaltenssteuerung haben.

5.5.4 *Verhaltenssteuerung durch Sorgfaltspflichten*

Die Verhaltenssteuerung der Geschäftsleitung der KAG wird durch ein vielschichtiges System bewirkt. Zum einen gelten, für KAGen in Form von AGs, die allgemeinen aktienrechtlichen Regelungen für Vorstandsmitglieder beim Auftreten von Interessenkonflikten. Zudem bestehen die speziell investmentrechtlichen Verhaltensstandards des § 9 II Nr. 3 InvG. Des Weiteren erfolgt eine Selbstregulierung der Branche, durch das Aufstellen von Wohlverhaltensregeln. Vorrangig bestehen gesellschaftsrechtliche Pflichten. Die investmentrechtlichen Pflichten setzen an den Punkten an, an denen die gesellschaftsrechtlichen Pflichten der speziellen investmentrechtlichen Dreiecksstruktur nicht gerecht werden.

---

83 § 93 II S. 1 AktG.
84 Siehe beispielsweise die Arag/Garmenbeck Entscheidung, *BGHZ* 135, 244 (251 ff.).
85 *Wiesner* in Hoffmann-Becking, Münchener Handbuch des Gesellschaftsrechts, § 26 Rn. 2.

Gemäß § 93 I S. 2 AktG liegt keine Pflichtverletzung vor, wenn ein Vorstandsmitglied bei einer unternehmerischen Entscheidung vernünftigerweise annehmen durfte, auf Basis angemessener Information zum Wohle der Gesellschaft zu agieren. Voraussetzungen sind, dass erstens eine unternehmerische Entscheidung vorliegt. Zweitens muss das Vorstandsmitglied sachlich unbefangen sein, insbesondere frei von Eigeninteressen handeln. Drittens muss die Entscheidung dem Gesellschaftswohl dienen und viertens auf angemessenen Informationen beruhen. Fünfte Voraussetzung ist, dass das Vorstandsmitglied in den Grenzen des objektiv Nachvollziehbaren aus ex-ante-Sicht im guten Glauben hinsichtlich der sachlichen Unbefangenheit und der Angemessenheit der Informationen handelt.[86] Beim Vorliegen der Voraussetzungen schließt die Business Judgement Rule eine Pflichtverletzung aus.

Bestehen Interessenkonflikte eines oder mehrerer Vorstandsmitglieder, fehlt es an der sachlichen Unbefangenheit, da ein Eigeninteresse besteht. Ein Vorstandsmitglied darf sich nur von Gesellschaftsinteressen leiten lassen.[87] Befindet sich ein Vorstandsmitglied in einem Interessenkonflikt findet die Business Judgement Rule keine Anwendung. Dies bedeutet, dass die Vorstandsmitglieder aus dem sicheren Hafen ausgeschlossen sind. Sie haften für auftretende Schäden. Bei Auftreten eines Schadens trifft sie zudem nach § 93 II S. 2 AktG die Beweislast, die Sorgfalt eines ordentlichen und gewissenhaften Geschäftsleiters angewandt zu haben. Die Rechtsfolge, dass bei Bestehen von Interessenkonflikten die Business Judgement Rule nicht eingreift, kann allein noch keinen ausreichenden Schutz der Anleger bei KAGen in AG-Form bewirken. Die Business Judgement Rule bezieht sich auf ein Handeln im Interesse der Gesellschaft. Anlegerschutz erfordert aber ein Handeln der Geschäftsleiter der KAG im Interesse der Anleger. Die Anleger sind gerade nicht Gesellschafter. Das Gesellschaftsinteresse der KAG kann dem der Anleger entgegenstehen. Daher reicht die Nichtanwendbarkeit der Business Judgement Rule bei Interessenkonflikten nicht aus, um Anlegerschutz zu gewährleisten.

Eine Ergänzung der allgemeinen Treue- und Sorgfaltspflichten der Vorstandsmitglieder erfolgt durch die freiwilligen Wohlverhaltensregeln, welche vom Bundesverband Investment und Asset Management e.V. (BVI) herausgegeben werden. Die sogenannten BVI-Wohlverhaltensregeln statu-

86 *Hüffer*, AktG, § 93 Rn. 4 f, g; *Wiesner* in Hoffmann-Becking, Münchener Handbuch des Gesellschaftsrechts, § 25 Rn. 9; *Spindler*, in Münchener Kommentar Aktiengesetz, § 93 Rn. 35 ff.

87 *BGHZ* 135, 244 (253); *Spindler*, in Münchener Kommentar Aktiengesetz, § 93 Rn. 54.

ieren Verhaltensstandards und konkretisieren die Aufgaben und Pflichten der Vorstandsmitglieder. Neben den Wohlverhaltensregeln existiert der „Corporate Governance Kodex für Asset Management Gesellschaften".[88] Allerdings werden von der überwältigenden Mehrheit der Investmentvermögen die Wohlverhaltensregeln des BVI und nicht der Corporate Governance Codex für Asset Management Gesellschaften verwendet.[89] Daher sollen nur die Wohlverhaltensregeln für die Analyse der Lösung von Interessenkonflikten durch Verhaltensstandards berücksichtigt werden.

Die Wohlverhaltensregeln verlangen, dass die KAG die Sondervermögen unabhängig von Weisungen Dritter allein im Interesse der Anleger verwaltet.[90] Die KAG hat die mit den Anlagen der verwalteten Fonds verbundenen Aktionärs- und Gläubigerrechte unabhängig und ausschließlich im Interesse der Anleger der jeweiligen Fonds auszuüben.[91] Sie hat über ihre Abstimmungspolitik zu informieren. Die KAG verwaltet alle Sondervermögen gleichberechtigt und behandelt keine Fonds bevorzugt zu Lasten anderer.[92] Sie hat von jedem Missbrauch der Position eines Minderheitsaktionärs Abstand zu nehmen.[93] Die internen Kontrollstellen überwachen, dass die Geschäftsabschlüsse den zu ihrem Abschlusszeitpunkt üblichen Marktbedingungen entsprechen.[94] Die Transaktionstätigkeit hat sich stets nach den Anlagezielen des Fonds zu richten, wobei die KAG über Art und Umfang der Umsätze zu unterrichten hat.[95]

Die KAG ist zudem verpflichtet, Provisionen dem Sondervermögen zuzuführen, für dessen Investmentanteile sie die Provisionen erhält.[96] Sie hat sicher zu stellen, dass nach internationalen Standards zulässigerweise vereinnahmte Entgelte dem Fondsvermögen zufließen und im Rechenschaftsbericht ausgewiesen werden. Sonstige geldwerte Vorteile wie Broker Research, Finanzanalysen oder Markt- und Kursinformationen, die im Zusammenhang mit Handelsgeschäften erlangt werden, sind nur zuläs-

---

88 Dieser wurde am 27.04.2005 von einem privaten Expertengremium aus Wissenschaft und Wirtschaft veröffentlicht, welches von der BaFin und dem BVI beraten wurde. Er ist abrufbar unter www.bankundboerse.wiso.uni-erlangen.de/CG_f_r_AMG.pdf.

89 Siehe hierzu *Schäfer*, Corporate Governance bei Kapitalanlagegesellschaften – Fund Governance, S. 86 f.

90 BVI-Wohlverhaltensregeln Abschnitt I Nr. 1.

91 BVI-Wohlverhaltensregeln Abschnitt I Nr. 6.

92 BVI-Wohlverhaltensregeln Abschnitt I Nr. 4.

93 BVI-Wohlverhaltensregeln Abschnitt I Nr. 8.

94 BVI-Wohlverhaltensregeln Abschnitt IV Nr. 2.

95 BVI-Wohlverhaltensregeln Abschnitt IV Nr. 3.

96 BVI-Wohlverhaltensregeln Abschnitt IV Nr. 6.

sig, wenn sie im Interesse der Anleger bei den Anlageentscheidungen verwendet werden. Die Absicht der KAG, derartige geldwerten Vorteile zu vereinnahmen, ist im Verkaufsprospekt zu dokumentieren.[97]

Fraglich ist, inwieweit die Pflichten zur Vermeidung von Interessenkonflikten einer Benachteiligung von Anlegern durch Interessenkonflikte entgegen wirken können. Die BVI-Wohlverhaltensregeln können einen wertvollen Beitrag dazu leisten, Interessenkonflikte einzudämmen, die durch die Möglichkeit, Profite unmittelbar aus Transaktionen zu erlangen, entstehen. Die Pflicht, Provisionen dem Sondervermögen zuzuführen, hebt den persönlichen Anreiz für die KAG auf, Transaktionen allein zur Provisionsgenerierung durchzuführen. Die Pflicht, geldwerte Vorteile zu Gunsten der Anleger zu verwenden verhindert, dass beispielsweise erhaltene Informationen für Eigengeschäfte genutzt werden. Trotzdem bleibt Potential für Interessenkonflikte, da die KAG eigene Aufwendungen zur Erlangung dieser geldwerten Vorteile einsparen kann. Auch eine pflichtgemäße Verwendung der Vorteile kann die KAG begünstigen, wenn sie die Vorteile sowohl im Interesse der Anleger als auch zusätzlich bei Eigengeschäften nutzt. Allerdings bewirkt die Pflicht der KAG, die Intention zur Vereinnahmung derartiger geldwerter Vorteile zu veröffentlichen, theoretisch jedenfalls eine Warnung der Anleger. Die Wohlverhaltensregeln stellen eine Verbesserung bezüglich der Eindämmung der unmittelbaren Interessenkonflikte dar. Interessenkonflikte, die aus einer Konzernverbundenheit resultieren, adressieren sie nicht.

Es bietet sich hier ein Ausblick auf das englische Recht an, da dort die Verhaltensregulierung zwecks Minimierung und Eindämmung von Interessenkonflikten eine lange Tradition hat.

5.5.5 *Umgang mit Interessenkonflikten im englischen Investmentrecht*

Um die Regulierung von Interessenkonflikten darzustellen, soll zunächst die Grundlage des Unit Trusts im englischen Recht dargestellt werden.

5.5.5.1 *Unit Trusts und Sondervermögen*

Während gesellschaftsrechtliche Investmentvermögen sowohl in Großbritannien als auch in Deutschland existieren, sind Trust und Vertragsgestaltung jeweils nur in einem Staat vorhanden. Generell sind in den „Civil

97 BVI-Wohlverhaltensregeln Abschnitt IV Nr. 5.

Law"-Jurisdiktionen Vertragsformen verbreitet, während in „Common Law"-Jurisdiktionen Trusts üblich sind.[98]

Im Trust existieren fiduziarische Pflichten („fiduciary duties"), die detailliert durch Case Law ausgestaltet sind, während nach § 9 I S. 1 und § 9 II Nr. 1 InvG die KAG ihrer Verwaltungspflicht „mit der Sorgfalt eines ordentlichen Kaufmanns" und „im Interesse der Anteilsinhaber" nachzukommen hat. Hier soll untersucht werden, ob die die Managementgesellschaft treffenden Sorgfalts- und Loyalitätspflichten der Eindämmung von Interessenkonflikten effektiv dienen und so das englische Recht Anregung für die Regulierung der KAG bieten kann.

5.5.5.1.1 Unit Trusts

Der Unit Trust ist eine Form der Treuhandgesellschaft, die sich aus der Equity-Rechtsprechung entwickelt hat.[99] Trusts sind juristische Personen.[100] Die Besonderheit des Trusts ist, dass der Trustee (der Agent) „legal owner" des Eigentums ist, das er für den Beneficiary, den Anleger, als Treuhänder hält. Der Beneficiary hat „equitable title" am Eigentum, der gegenüber jedem anderen gilt.[101] Er ist aus Sicht der Equity-Rechtsprechung der wahre Eigentümer.[102] In Trust-Konstellationen wird das Eigentum also in einen „legal" und einen „equitable" Anspruch aufgespalten.

5.5.5.1.2 Der Trust

Der Trust ist eine eigene Rechtskategorie und fällt weder unter Pflichten noch unter Eigentumsrechte. Vielmehr ist er ein Hybrid, das als eigentumsrechtliche Pflicht beschrieben wird.[103] Essentiell für das Verständnis des Trusts ist das Konzept des „equitable title". Ein equitable title besteht immer dann, wenn Equity[104] von dem rechtlichen Eigentümer verlangt, dass

98 *St Giles/Alexeeva/Buxton*, Managing Collective Investment Funds, S. 28.

99 Siehe zur geschichtlichen Entwicklung des Trusts, *Penner*, The Law of Trusts, Rn. 1.16 ff.

100 *St Giles/Alexeeva/Buxton*, Managing Collective Investment Funds, S. 33.

101 *Ohl*, Die Rechtsbeziehungen innerhalb des Investment-Dreiecks, S. 16.

102 Vgl. *Penner*, The Law of Trusts, Rn. 2.1.

103 *Pearce/Stevens*, The Law of Trusts and Equitable Obligations, S. 111.

104 Equity ist ein gesonderter Zweig des englischen Rechts, der ursprünglich von dem ehemaligen Court of Chancery entwickelt wurde und in Konkurrenz zu den Regeln, Doktrinen und Prinzipien des Common Law stand. Seit den Judicature Acts in 1873-1875 wird die Equity-Rechtsprechung von dem einheitlichen Surpreme Court of England and Wales ausgeübt und ist dadurch mit dem Common Law verschmolzen worden, so dass Common Law und Equity zwar unabhängige, sich aber gegenseitig bedingende Zweige

er Eigentum für einen Anderen oder eine Gruppe Anderer hält und verwaltet. Aus dem Blickwinkel des Equity Rechts sind die Personen, die einen equitable Title haben, die wahren Eigentümer.[105] Allerdings beeinflusst der equitable Title nicht das Recht auf Besitz des rechtlichen Eigentümers. Derjenige, der einen rechtlichen Title hat, ist verpflichtet, das Eigentum zu Gunsten des Inhabers des equitable Titles zu verwalten.[106] Der Beneficiary hat nur Ansprüche gegen den „legal owner", nicht jedoch direkte Ansprüche auf das Anlagevermögen.[107] Die Möglichkeit des Trustees, über das Trust-Vermögen zu verfügen, resultiert aus seiner Stellung als rechtlicher Eigentümer des Vermögens. Seine Pflichten gegenüber den Beneficiaries führen nicht zu einer Beschränkung seiner Verfügungsmacht, unabhängig davon, ob sie aus der Trusturkunde resultieren oder fiduziarisch sind. Ein Verstoß gegen seine Pflichten führt allerdings zu einer persönlichen Haftung des Trustees wegen eines „breach of trust" und er ist in Folge dessen zu Schadenersatz verpflichtet.[108] Der Verstoß hat demnach allein Folgen im Innenverhältnis.

5.5.5.1.3 Besonderheiten des Unit Trusts

Unit Trusts sind eine besondere Form des Trusts, der von der normalen Trust-Konstruktion in einigen Punkten abweicht.

Der Unit Trust ist ein Vehikel, das zur Trennung von Kapital und Verwaltung mit dem Zweck der indirekten Vermögensanlage dient.[109] Bei einem Unit Trust wird der Trust vertraglich als ein Holding Mechanismus benutzt, um eine kollektive Eigentümerschaft der Anleger zu ermöglichen.[110] Der Unit Trust beruht damit auf einer Kombination aus vertraglichen und Trust-Elementen.[111] Eine grundlegende Abweichung des Unit Trusts vom

des englischen Rechts sind. (Vgl. zu den konzeptuellen Grundlagen *Watt*, Trusts and Equity, S. 12 ff.).

105 *Penner*, The Law of Trust, S. 14; vgl. *Watt*, Trusts and Equity, S. 20.

106 Um die Verwaltung zu ermöglichen haben die Trustees die Macht über die Veräußerung von Anlagegenständen, so dass sie die Anlagegenstände von Zeit zu Zeit auswechseln können, was die Basis für die Verwendung von Trusts als Investmentvermögen bildet. Vgl. zur Rechtmäßigkeit der Auswechselung von Anlagegenständen, *Buckley Lj*, Re Earl of Strafford, [1980] Ch 28, CA. Die Früchte des Trust Eigentums sind ebenfalls Eigentum des Trusts. Siehe hierzu *Pearce/Stevens*, The Law of Trusts and Equitable Obligations, S. 114.

107 *Penner*, The Law of Trusts, Rn. 2.1; *Sin*, The Legal Nature of the Unit Trust, S. 4.

108 *Pearce/Stevens*, The Law of Trusts and Equitable Obligations, S. 114.

109 *Sin*, The Legal Nature of the Unit Trust, S. 1.

110 *Sin*, The Legal Nature of the Unit Trust, S. 4.

111 *MacNeil*, An Introduction to the Law on financial Investment, S. 116.

klassischen Trust ist die Beteiligung einer weiteren Partei. Der klassische Trust ist ein Arrangement zwischen zwei Parteien, die beide eigentumsrechtliche Ansprüche und Pflichten gegenüber dem Trustvermögen haben: dem Trustee und dem Beneficiary. Bei einem Unit Trust ist jedoch eine weitere Partei beteiligt, der Manager, welcher kein Eigentum am Trust-Vermögen hat. Dieser Unterschied gründet auf praktischen Erwägungen, nämlich dem potentiellen Umfang eines Unit Trustes. An einem Unit Trust können eine Vielzahl von Anlegern („Beneficiaries") beteiligt sein und er kann über ein erhebliches Anlagevermögen verfügen, welches einer professionellen Verwaltung bedarf.

Die Handlungen des Unit Trusts werden durch die einschlägigen Gesetze (COLL), den „Trust Deed" (Trusturkunde) sowie die „Scheme Particulars", bestimmt.[112] Die „Scheme particulars" sind der Prospekt des Unit Trusts und enthalten die Details hinsichtlich der Geschäftstätigkeit des Unit Trusts. Sie stellen einen Vertrag zwischen den Anlegern und dem Manager dar.[113]

Um die Rechtspflichten des Managers sowie des Trustees darstellen zu können, ist ein Exkurs zu der Rechtsgrundlage des Unit Trusts erforderlich.

5.5.5.1.3.1 Gründung eines Unit Trust

Die Gründung des Unit Trusts erfolgt durch den Trust Deed (Trusturkunde), welcher zwischen dem Manager[114] und einem Trustee ausgefertigt wird.[115] Er besagt, dass die Einlagen der Anleger als Trust von dem Trustee gehalten und in einer solchen Weise investiert werden, welche der Manager in Übereinstimmung mit den Bestimmungen der Trusturkunde festlegt.[116] Die fehlende Beteiligung der Beneficiaries an dem Vertrag, der zur Gründung des Trusts führt, ist eine Abweichung von der allgemeinen Trust Systematik.[117]

---

112 *MacNeil*, An Introduction to the Law on financial Investment, S. 117.

113 *Sin*, The Legal Nature of the Unit Trust, S. 81; *MacNeil*, An Introduction to the Law on financial Investment, S. 118.

114 In der Regel wird der Unit Trust von einer professionellen Management Gesellschaft initiiert, welche der Manager des Trusts wird.

115 Die Trusturkunde ist ein Vertrag, der zwischen dem Manager und dem Trustee abgeschlossen wird und den Anforderungen von COLL 3.2.4. i.V.m. 3.2.6 entsprechen muss, vgl. COLL 3.2.3..

116 *Sin*, The Legal Nature of the Unit Trust, S. 1.

117 Auf Grund der fehlenden Beteiligung der Beneficiaries am Trustvertrag wird im Schrifttum die Frage aufgeworfen, ob der Unit Trust wirklich ein „Trust" ist oder nur den Namen trägt, vgl. *Sin*, The Legal Nature of the unit trust, S. 47.

5.5.5.1.3.2 Rechtsbeziehungen im Unit Trust

Im Schrifttum zum Unit Trust wird die Frage erörtert, ob der Unit Trust als Trust zu qualifizieren ist. Die im Schrifttum vorherrschende Meinung ist, dass sich die Beziehung zwischen den am Unit Trust beteiligten Parteien, Trustee, Manager und Unit Halter, nicht allein durch die Trust Konstruktion erklären lasse.[118] Vielmehr liege eine Mischung aus einer Vertrags- und einer Trustgestaltung vor.[119] Das Investment selbst wird auf Grundlage eines Vertrages getätigt, der die Basis für den Verkauf und Rückkauf der Units darstellt.[120] Die Basis der Fondsorganisation ist allerdings ein Trust.[121] Diese Klassifikation bedeutet, dass sich die Governance Struktur des Unit Trust nach dem Trustrecht gestaltet. Hierbei ist der Besonderheit des Unit Trusts, der Einschaltung einer dritten Partei in Form des Managers, Rechnung zu tragen.

5.5.5.1.4 Der Manager im Unit Trust

Der Manager ist zuständig für die Verwaltung des Anlagevermögens.[122] Zusätzlich zu den Pflichten des allgemeinen Rechts resultieren für den autorisierten Fondsmanager auch Pflichten aus COLL, der Trusturkunde sowie dem letzten veröffentlichten Prospekt.[123]

Eine der Hauptpflichten des Managers ist es, die Zusammensetzung des Fondsvermögens in Übereinstimmung mit der Anlagestrategie und des Zielen des Investmentvermögens auszuwählen[124] und den Trustee zu instruieren, dementsprechende Verfügungen über das Eigentum vorzunehmen.[125] Zudem ist der Manager für die Buchführung zuständig[126] und muss dafür sorgen, dass Wirtschaftsprüfer für den Unit Trust bestellt

118 *Pearce/Stevens,* The Law of Trusts and Equitable Obligations, S. 637; *MacNeil,* An Introduction to the Law on financial Investment, S. 116; vgl. *Sin,* The Legal Nature of the Unit Trust, S. 4.

119 *Pearce/Stevens,* The Law of Trusts and Equitable Obligations, S. 637; *MacNeil,* An Introduction to the Law on financial Investment, S. 116; vgl. *Sin,* The Legal Nature of the Unit Trust, S. 4.

120 *Pearce/Stevens,* The Law of Trusts and Equitable Obligations, S. 637.

121 Siehe s. 243 FSMA.

122 Siehe für Authorised Unit Trusts, COLL 6.6.12.

123 COLL 6.6.5. (1) i.V.m. COLL 6.6.3 (1). Die Pflichten des Managers können die Unit Trusts durch den Trustvertrag also in erheblichen Umfang selbst bestimmen.

124 COLL 6.6.3 (2)(a).

125 COLL 6.6.3 (2)(b).

126 COLL 6.6.6.

werden.[127] Ihm obliegt das Handeln mit den Anteilen,[128] die Preissetzung für Ausgabe und Rücknahme,[129] die Buchführung über die Erträge des Trusts sowie ihre Zuteilung und Ausschüttung.[130] Trustverträge können die Beschränkung enthalten, dass der Manager keine Re-Investition vornehmen darf.[131] Allerdings wird in der Regel eine Erlaubnis für den Manager bestehen, das Investmentportfolio innerhalb bestimmter Grenzen zu verändern.

Die Aufgabe des Managers ist also die aktive Verwaltung des Anlagevermögens und die Organisation der administrativen Prozesse. In dieser Funktion ist er mit der KAG im deutschen Recht vergleichbar. Ein Unterschied ist allerdings, dass der Manager fiduziarischen Pflichten ausgesetzt ist. Diese Pflichten verlangen ein Verhalten im besten Interesse der Anleger, was insbesondere eine Vermeidung von Interessenkonflikten bedeutet.

Grundsätzlich bestehen im Trust fiduziarische Pflichten des Trustees gegenüber den Beneficiaries. Im Unit Trust liegt jedoch eine besondere Situation vor, da es sich nicht um einen reinen Trust handelt, sondern um eine Kombination von vertraglichen und Trustelementen. Es stellt sich somit die Frage, ob der Manager als Trustee einzustufen ist. Dies wird in der englischen Literatur kontrovers diskutiert. Gegen die Annahme einer Trustee-Stellung wird eingewandt,[132] dass der Trustfund im Eigentum des Trustees stehen muss. Daran fehle es aber bei dem Manager, da er das Eigentum des Trusts nur verwaltet, dem Trustee aber die Verwahrung obliegt. Es könne kein Trust ohne Eigentum bestehen. Für eine Trustee-Stellung wird vorgebracht, dass die Trusturkunde dem Manager explizit Investment-Kompetenzen zuordne und der Manager somit funktionell die Position des Trustees inne habe.[133] Die Bedeutung dieser Frage liegt darin, wie sich eine potentielle Haftung gestaltet, wenn der Manager in der Trusturkunde festgelegte Investment Kompetenzen verletzt. Ist der Manager ein Trustee, erhöht sich die Wahrscheinlichkeit einer Haftung. Von einem Trustee wird ein höherer Verhaltensstandard erwartet und den Unit Haltern ständen weiterreichende Rechtsmittel zu.[134]

127 COLL 6.6.8.
128 COLL 6.2.
129 COLL 6.3.
130 COLL 6.8.
131 Siehe Re Municipal and General Securities Co Ltd's Trust [1950] Ch. 212.
132 *Sin*, The Legal Nature of the Unit Trust, S. 7 ff.
133 *Hudson*, Law of Investment Entities, S. 207.
134 *MacNeil*, An Introduction to the Law on financial Investment, S. 118.

Es kann festgehalten werden, dass im Trust die fiduziarischen Pflichten jedenfalls nicht auf den Trustee beschränkt sondern auch auf den Manager erstreckt werden. Die Erstreckung erfolgt unabhängig davon, ob der Manager ebenfalls als Trustee qualifiziert wird. Ungeklärt ist jedoch der Umfang der fiduziarischen Pflicht. Dem Trustee obliegt die fiduziarische Pflicht, jederzeit im besten Interesse der Unit Halter zu handeln. Sie resultiert aus dem Common Law, allerdings spezifiziert COLL zusätzliche Fälle fiduziarischer Pflichten.[135]

5.5.5.1.5 Grundlagen der fiduziarischen Pflicht des Trustees

Im Zentrum der fiduziarischen Pflichten[136] steht die Pflicht des Trustees allein im Interesse seines Prinzipals zu handeln. Er darf nicht auf Grund eigener Interessen oder Interessen anderer auf eine Weise handeln, die den besten Interessen des Prinzipals widerspricht. Die fiduziarische Pflicht ist daher auch der Ausgangspunkt für die modernen Überlegungen zur Regelung von Interessenskonflikten.[137]

Bei einem Unit Trust werden die fiduziarischen Prinzipien im Vergleich zum herkömmlichen Trust ausgeweitet. Auch zwischen dem Manager und den Beneficiaries können fiduziarische Pflichten bestehen. Schließlich sind viele der Pflichten, die in einem klassischen Trust dem Trustee zukommen, in einem Unit Trust auf den Managers verlagert, der den Prozess der Anlageentscheidungen dominiert. Seine Pflichten aus dem Trustvertrag und Prospekt können durch fiduziarische Pflichten ergänzt werden, so dass er den Pflichten der Loyalität sowie der Pflicht von Fachkenntnissen und Sorgfalt („skill and care") unterworfen sein kann.[138] Es ist davon auszugehen, dass auch für den Manager die fiduziarischen Pflichten hinsichtlich

---

135 *MacNeil*, An Introduction to the Law on financial Investment, S. 117.

136 Eine fiduziarische Pflicht entsteht dann, wenn eine Person eine rechtliche („legal") Position innehat, in der sie „legal powers" hat, mit denen sie die „legal Position" eines Anderen, ihres Prinzipals, beeinflussen kann und dabei Ermessen hat, wie sie ihre rechtlichen Kompetenzen ausübt, vgl. *Penner*, The Law of Trust, S. 20. Ein Fiduciary ist eine Person, die eine Handlung für oder in Vertretung für eine andere Person in solchen Umständen vornimmt, die ein Vertrauensverhältnis begründen. Im Trust hat der Trustee einen rechtlichen („legal") Title am Trust Eigentum und kann somit über das Eigentum verfügen und die Position des Beneficiaries beeinflussen. Der Trustee hat zudem Ermessen hinsichtlich der Verwaltung des Trusts, so dass bei beiden die Voraussetzungen für das Vorliegen einer fiduziarischen Pflicht gegeben sind.

137 *Penner*, The Law of Trust, S. 19.

138 *Sin*, The Legal Nature of the Unit Trust, S. 5; *Pearce/Stevens*, The Law of Trusts and Equitable Obligations, S. 637.

der Vermeidung von Interessenkonflikten gelten. Er trifft im Unit Trust die Entscheidungen über die Verwaltung des Trustvermögens und somit tritt das Risiko, dass von Interessenkonflikten geprägte Handlungen die Anleger benachteiligen, gerade bei seinen Handlungen auf.[139]

In einem Trust bestehen also zwischen dem Trustee sowie dem Manager und dem Beneficiary fiduziarische Pflichten aus dem Trust Verhältnis.[140] Die verschiedenen Aspekte der fiduziarischen Pflicht sind Ausprägungen der Kernpflichten der Loyalität und der Ehrlichkeit.[141] Die fiduziarische Pflicht hat verschiedene Facetten: Der Fiduciary muss in gutem Glauben handeln („good faith"), er darf das Vertrauen nicht zu seinem Vorteil ausnutzen, sich nicht in eine Lage versetzen, in der seine Pflicht gegenüber dem Beneficiary und seine eigenen Interessen konfligieren könnten („no conflict") und er darf nicht zu seinem eigenen Vorteil oder dem Vorteil eines Dritten handeln, ohne die informierte Zustimmung seines Prinzipals eingeholt zu haben („no unauthorized gain").[142]

5.5.5.1.5.1 „Duty of good faith" Regel

Die „Duty of good faith" bezieht sich grundsätzlich auf eine Pflicht zum Handeln in gutem Glauben.[143] Im Zentrum dieser Pflicht steht die Verpflichtung nicht unehrlich zu handeln,[144] wobei auch diese das Konzept des „good faith" nicht umfassend beschreibt. Einige Autoren wollen „good faith" als positiven Aspekt der fiduziarischen Pflicht im Gegensatz zu den negativen Pflichten abgrenzen, etwa sich nicht in Interessenkonflikte zu begeben oder keinen unautorisierten Gewinn zu machen. Allerdings kann auch die Pflicht keine Interessenkonflikte einzugehen als positive Pflicht zur Vermeidung solcher Konflikte betrachtet werden. Die Duty of good faith muss wohl als umfassende Regel verstanden werden, die durch die

139 Es ist aber zu berücksichtigen, dass keine vollkommene Gleichstellung der Pflichten von Manager und Trustee erfolgt, da das Amt des Managers auf einem Vertrag gründet, während das Amt des Trustees sowohl auf Vertrag als auch auf Equity basiert, siehe hierzu *Sin*, The Legal Nature of the Unit Trust, S. 5.

140 Es sind jedoch nicht alle Pflichten von Manager und Trustee fiduziarisch, sondern nur diejenigen Pflichten, die sich auf das fiduziarische Verhältnis beziehen. Vgl. hierzu für den Trust, *Millet LJ*, Bristol and West Building Society v Mothew (1998) Ch. 1; New Zealand Netherlands Society v Kuys [1973] 1 WLR 1126, PC (1130).

141 *Millet LJ*, Bristol and West Building Society v Mothew (1998) Ch. 1.

142 *Millet LJ*, Bristol and West Building Society v Mothew (1998) Ch. 1

143 Die „duty of good faith" als schier grenzenloses Konzept bezeichnend, *Waters* in Oakley, Trends in Contemporary Trust Law, S. 101.

144 *Watt*, Trusts and Equity, S. 330.

von der Rechtsprechung geprägten fiduziarischen Pflichten, ergänzt und ausgestaltet wird.[145]

5.5.5.1.5.2 „No conflict"-Regel

Die Regel, dass der Trustee keine Interessenkonflikte eingehen darf, resultiert daraus, dass im Zentrum des Trustkonzeptes Vertrauen („Trust") steht und dieses Eigeninteressen des Fiduziars überlagern soll.[146] Ein Interessenkonflikt liegt vor, wenn die Interessen von Fiduziar und Beneficiary unterschiedlich sind, oder wenn ein Konflikt zwischen den Interessen des Beneficiaries und den Pflichten des Fiduziars, im Interesse einer dritten Partei zu handeln, besteht.[147] Die Regel zur Vermeidung von Interessenkonflikten ist sehr weitgehend und besteht aus vier Elementen: Der Fiduciary darf sich selbst nicht in eine Lage bringen, in der er einem potentiellen Interessenkonflikt ausgesetzt wird,[148] er darf im Fall eines Interessenkonflikts keine Transaktionen ausführen, er muss sich selbst aus einer Position zurückziehen, in der ihm ein Handeln untersagt ist, da er sich in einem Interessenkonflikt befindet und er muss sich aus einer Situation zurückziehen, in der er ein Geschäft in einem Interessenkonflikt ausführen würde.[149] Ein Handeln bei Bestehen eines Konflikts zwischen dem Interesse des Fiduciary und dem eines Dritten stellt auch eine Verletzung der Pflicht zur ungeteilten Loyalität dar.[150]

Der Fiduciary muss über alle Vorteile Rechenschaft ablegen, die er in Umständen erlangt, in denen seine Interessen mit denen des Prinzipals konfligieren *könnten*.[151] Es reicht die Möglichkeit eines Interessenkonflikts

---

145 So ist beispielsweise eine Unterpflicht alle Beneficiaries gleich zu behandeln und keinen von ihnen auf Kosten der Anderen zu bevorteilen, vgl. Lloyds Bank plc v Duker [1987] 3 All ER 193.

146 *Watt*, Trusts and Equity, S. 332; vgl Norberg v Wynrib (1992) 92 DLR (4th) 449 (SCC).

147 Siehe *Waters* in Oakley, Trends in Contemporary Trust Law, S. 101; Pilcher v Rawlins (1872) LR 7 Ch App 259; Taylor v London and County Banking Co [1901] 2 Ch 231, CA (256).

148 *Nourse LJ*, Sargeant v National Westminster Bank plc (1990) CA 61 P & CR 518.

149 *Watt*, Trusts and Equity, S. 333.

150 Der Verletzung der Pflicht der ungeteilten Loyalität kann durch die Information über die doppelte Anstellung und die Einholung einer Zustimmung von beiden Prinzipalen des Fiduciarys vorgebeugt werden, so Clark Boyce v Mouat [1994] 1 AC 428, PC (435 G); Kelly v Cooper [1993] AC 205, PC.

151 Vgl. hierzu Keech v Sanford [1726] 2 Eq Cas Abr 741, Sel Cas Ch 61, Cas temp King 61, 25 ER 223, [1558-1774] All ER Rep 230; Protheroe v Protheroe [1968] 1 All ER 1111, [1969] 1 WLR 519, 19 P & CR 396, CA; Boardman v Phipps [1967] 2 AC 46, [1966] 3 All ER 721, [1966] 3 WLR 1009, HL.

aus, es muss nicht tatsächlich ein solcher bestehen.[152] Es ist daher auch keine Verteidigung, wenn der Fiduziar darlegen kann, dass ein tatsächlicher Interessenkonflikt nicht entstehen wird,[153] oder dass ein unautorisierter Gewinn nicht die Interessen des Beneficiaries beeinträchtigt.[154]

Für drei Situationen, in denen ein Auftreten von Interessenkonflikten besonders wahrscheinlich ist, finden sich im englischen Recht besondere Regelungen.

5.5.5.1.5.3 Self-dealing und die fair-dealing-Regeln

Ein Trustee darf nicht selbst Eigentum vom Trust erwerben (Verbot des „self-dealing"), da in dem Fall für ihn ein Anreiz besteht das Eigentum nicht zu dem für den Trust vorteilhaftesten Preis zu kaufen.[155] Jeder Kauf, der ein Eigengeschäft ist, kann von den Beneficiaries für nichtig erklärt werden, unabhängig davon ob der Kaufpreis angemessen ist.[156] Es ist allein relevant, dass dieses Recht innerhalb eines angemessenen Zeitraums ausgeübt wird.[157] Die fair-dealing-Regel besagt, dass ein Trustee einen Anteil am Trust erwerben kann, den er verwaltet, wenn er dafür einen Preis zahlt, welcher dem Wert des Anteils voll entspricht, er dem Beneficiary alle Informationen vollumfänglich zugänglich gemacht hat und der Beneficiary sich nicht allein auf den Rat des Trustees verlässt.[158]

5.5.5.1.5.4 „No unauthorized gains" Regel

Der Trustee darf keine Transaktionen ausführen, die gegen seine fiduziarischen Pflichten verstoßen. Hiermit ist die Regel verknüpft, dass der Fiduciary keinen unautorisierten Gewinn aus seiner Vertrauensposition oder durch Verwendung des Trustvermögens erlangen darf.[159] Die Pflicht

152 *Penner*, The Law of Trust, S. 390; *Watt*, Trusts and Equity, S. 329.

153 Wright v Morgan [1926] AC 788 (798).

154 *Watt*, Trusts and Equity, S. 329; *Edwards/Stockwell*, Trusts and Equity, S. 376.

155 *Edwards/Stockwell*, Trusts and Equity, S. 374.

156 Vgl. Wright v Morgan [1926] AC 788, 95 LJOC 171, [1926] All ER Rep 201, HL.

157 *Edwards/Stockwell*, Trusts and Equity, S. 374.

158 Ex p Lacey (1802) 6 Ves 625; Tito v Waddell (No 2) (1977) Ch 106, [1977] Ch 106, [1977] 3 All ER 129, [1977] 2 WLR 496; vgl. Re Thompson's Settlement; Edwards v Meyrick (1842) 2 Hare 60, 12 LJ Ch 49; *Edwards/Stockwell*, Trusts and Equity, S. 375.

159 Vgl. *Edwards/Stockwell*, Trusts and Equity, S. 376. Daher finden sich in den meisten Trusturkunden Klauseln, die die Vergütung der Fiduciary bestimmen, so dass seine Vergütung kein unautorisierter Gewinn ist, vgl. *Penner*, The Law of Trusts, S. 408. Findet sich keine Bestimmung im Trustvertrag, so ist ein professioneller Trustee oder eine als

keine unautorisierten Gewinne zu erzielen, ist eine Absicherung der Pflicht keine Interessenkonflikte einzugehen. Ein hohes Potential für Interessenkonflikte entsteht, wenn der Fiduciary Gewinne aus dem Trust ziehen kann.

5.5.5.1.6 Folgen des Verstoßes gegen die fiduziarischen Pflichten

Die Reaktion der Equity Rechtsprechung auf Verletzungen der Regel, dass Interessenkonflikte zu vermeiden sind, sowie auf einen Verstoß gegen das Verbot der unautorisierten Gewinne, ist es, dem Fiduciary sämtliche aus dem Geschäft erlangten Vorteile abzuerkennen bei dem der Interessenkonflikt bestand, und sie dem Trusteigentum zuzuordnen.[160]

Die Rechtsfolge eines Verstoßes gegen die Regeln über Interessenkonflikte und unautorisierte Gewinne ist drastisch. Dem Fiduziar werden die unter einem Verstoß gegen die Interessenkonfliktvermeidungspflicht erlangten Vorteile aberkannt. Da die Pflicht auch eine Vermeidung potentieller Interessenkonflikte umfasst, ist es nicht erforderlich, dass sich der Fiduziar tatsächlich in einem Interessenkonflikt befand. Zudem ist es nicht notwendig, dass die Anleger einen Schaden durch die Handlung des Fiduziars erlitten haben. Eigengeschäfte unterliegen derselben Regelung. Das Gefährdungspotential eines Eigengeschäfts wird bereits als ausreichend angesehen, um zu rechtfertigen, das Geschäft für nichtig zu erklären, gleichgültig, ob die Anleger einen Schaden erlitten haben.

5.5.5.2 *Anregungen für das deutsche Recht*

Aufgrund der so drastischen Regeln zur Vermeidung des Handelns von Fiduziaren bei Bestehen von Interessenkonflikten, stellt sich die Frage, ob eine Übertragung einer derartigen Regelung auf das deutsche Recht wünschenswert wäre. Dafür müsste es zunächst ein Bedürfnis für eine weitergehende Regelung von Interessenkonflikten geben. Wie bereits aufgezeigt, bestehen in der KAG zahlreiche Interessenkonflikte, die nicht vollständig durch die existierenden aufsichtsrechtlichen Anforderungen an Organisation und Verfahren vermieden werden können. Gerade zur

---

Trustee handelnde Gesellschaft zu einer angemessenen Vergütung für die geleisteten Dienste berechtigt, siehe Section 29 Trustee Act 2000.

160 Vgl. AG for Hong Kong v Reid (1994); Islamic Republic of Iran Shipping Lines v Denby [1987] 1 Lloyd's Rep 367, [1987] 1 FTLR 20; Murad v Al-Saraj [2005] EWCA Civ 959, [2005] 32 LS Gaz R 31, [2005] All ER (D) 503; *Penner*, The Law of Trusts, S. 416.

Lösung von Interessenkonflikten, die durch die Möglichkeit der KAG unmittelbare Vorteile zu erlangen entstehen, sowie zur Vermeidung mittelbarer Interessenkonflikte, können die bisher bestehenden Regelungen nicht ausreichen. Daher kann ein Bedürfnis für weitergehende Regelungen vorliegen.

5.5.5.2.1 Vermeidung von Interessenkonflikten

Nun stellt sich die Frage, ob die englischen Regelungen Anregungspotential für den deutschen Gesetzgeber bieten. Die Regeln zur Vermeidung von Interessenkonflikten sind sehr viel weitgehender als die des deutschen Rechts. Es ist bereits unzulässig sich in eine Lage zu begeben, in der der Fiduziar einem potentiellen Interessenkonflikt ausgesetzt wird. Übertrüge man diese Regelung auf die Situation in Deutschland, so wäre bei vielen KAGen die Pflicht zur Vermeidung bereits potentieller Interessenkonflikte verletzt. Ein potentieller Interessenkonflikt bestünde bei einer konzernrechtlichen Verflechtung zwischen der Depotbank und der KAG. Die mittelbaren Interessen der Depotbank könnten sich auf das Handeln der KAG auswirken.

Will man ein Handeln entgegen dem Anlegerinteresse aufgrund von Interessenkonflikten ausschließen, so ist es sinnvoll Transaktionen schon bei potentiellen Interessenkonflikten zu untersagen. Nur bei einer derart weitgehenden Regel wird vermieden, dass Interessenkonflikte die Handlungen der KAG beeinflussen können. Wird das Auftreten eines tatsächlichen Interessenkonflikts vorausgesetzt, bestehen Abgrenzungsprobleme, wann ein Handeln untersagt ist. Es bleibt unklar, welche Faktoren zu einem potentiellen Interessenkonflikt hinzutreten müssen, damit er zu einem konkreten Interessenkonflikt wird.

Ein solches Konzept, das bereits das Handeln bei potentiellen Interessenkonflikten untersagt, widerspricht dem deutschen Ansatz. Die deutschen Regelungen lassen ein Handeln auch bei Bestehen eines Interessenkonflikts zu, fordern allerdings ein Handeln im Unternehmensinteresse und gewähren bei Interessenkonflikten keinen Haftungsfreiraum.[161] In der besonderen

161 Vgl. zu der Pflicht beim Auftreten von Interessenkonflikten im Unternehmensinteresse zu handeln *BGHZ* 36, 296 (306 f.); *BGH* NJW 1980, 1629, Anmerkung *Ulmer*, Aufsichtsratsmandat und Interessenkollision NJW 1980, 1603 (1606); *Lutter/Krieger*, Rechte und Pflichten des Aufsichtsrates, Rn. 893 f.; *Lutter*, Verhaltenspflichten von Organmitgliedern bei Interessenkonflikten in FS Priester, 417; *Hopt/Roth* in Großkommentar AktG, § 116 Rn. 136; *Semler*, in Münchener Kommentar zum Aktiengesetz, § 116 Rn. 5; *Mertens* in

Konstellation des Investmentdreiecks, in dem die Geschäftsleitung nicht im Unternehmensinteresse, sondern im Anlegerinteresse handeln soll, wäre es jedoch erwägenswert, strengere Regeln für die Vermeidung von Interessenkonflikten anzulegen und fiduziarische Pflichten wie im Unit Trust anzunehmen.

Anzudenken wäre zudem potentiell den Anlegerinteressen widersprechende Eigengeschäft der KAG einzudämmen. Im deutschen Investmentrecht könnten auch „self-dealing"- und „no unauthrised gains"-Regeln implementiert werden.

5.5.5.2.2 Rechtsfolge des Handelns bei Bestehen eines Interessenkonflikts

Die englische Rechtsfolge, die Aberkennung sämtlicher Gewinne bei einer Handlung während des Bestehens eines Interessenkonflikts ist sehr weitgehend. Es wäre erwägenswert, eine vergleichbare Rechtsfolge für bestimmte Arten von Transaktionen bei Interessenkonflikten einzuführen. Eine automatische Rechtsfolge, die sämtliche erlangten Vorteile dem Sondervermögen zuspricht, würde einen Anreiz für die KAG setzen, Geschäfte zu unterlassen, bei denen Interessenkonflikte bestehen. Gleichzeitig würde sie eine Kompensation der Anleger bewirken. Eine derartige Regelung würde das Problem der Durchsetzbarkeit von Schadensersatzansprüchen lösen.

Der Einführung vergleichbarer Regeln in das deutsche Recht stehen aber systematische Bedenken entgegen. Solche Regelungen würden eine Aberkennung von Vorteilen des Fondsmanagements bereits ohne das Bestehen eines Schadens und ohne ein Verschuldenselement bewirken. Eine schadens- und verschuldensunabhängige Rechtsfolge widerspräche der Systematik des Schadensersatzrechts. Stattdessen könnte eine verschuldensabhängige Rechtsfolge erwogen werden, die durch sorgfaltswidriges Handeln, bei Bestehen eines potentiellen Interessenkonflikts, erlangte Vorteile dem Sondervermögen zuordnet.

Die drastischen Regelungen auf das deutsche Recht zu übertragen ist problematisch, da die komplette Anwendbarkeit der fiduziarischen Regeln auf den Manager im Unit Trust nicht abschließend geklärt ist. So sind

---

Kölner Kommentar zum Aktiengesetz, § 116 Rn 22 ff.; *Semler/Stengel*, Interessenkonflikte bei Aufsichtsratsmitgliedern von Aktiengesellschaften am Beispiel von Konflikten bei Übernahme, NZG 2003, 1 (2); *Dreher*, Interessenkonflikte bei Aufsichtsratsmitgliedern von Aktiengesellschaften, JZ 1990, 896 (900).

sie für den Trustee gefestigte Rechtsprechung, der Manager aber hat auf Grund seiner vertraglichen und Trustpflichten eine etwas andere Rolle. Die fiduziarischen Pflichten sollten daher als Vorbild verstanden werden, für die Geschäftsleitung der KAG eine strengere Regelung von Handlungen bei potentiellen Interessenkonflikten zu implementieren.

5.5.6 *Die Kontrolle durch den Aufsichtsrat*

5.5.6.1 *Der Aufsichtsrat der KAG*

Die KAG hat einen Aufsichtsrat zu bestellen, unabhängig davon, ob sie in der Rechtsform der AG[162] oder der GmbH[163] organisiert ist. Abweichend von den fakultativen GmbH-Aufsichtsräten sind bestimmte Vorschriften des AktG anzuwenden.[164] Die Aufsichtsratsmitglieder werden von der Gesellschafterversammlung gewählt. Ihre Amtszeit beträgt vier Jahre[165] und Änderungen der Zusammensetzung des Aufsichtsrates sind bekannt zu machen.[166]

Die Pflicht zur Bestellung eines Aufsichtsrates gründet darin, dass die KAG in großem Umfang Vermögenswerte treuhänderisch verwaltet.[167] Daher bedarf es einer besonderen Kontrolle über die Handlungen der Geschäftsführer, um eine angemessene Verwaltung des Vermögens sicherzustellen.

5.5.6.1.1 Besonderheiten der KAG in der Gesellschaftsform einer GmbH

Das InvG sieht für die KAG in Form einer GmbH besondere Regelungen vor. Der Aufsichtsrat hat aus seiner Mitte einen Vorsitzenden und mindestens einen Stellvertreter zu wählen.[168] Er muss aus mindestens drei Mitgliedern bestehen. Die Zahl der Mitglieder muss durch drei teilbar sein.[169]

162 Die Verpflichtung zur Bestellung eines Aufsichtsrates bei der AG folgt bereits aus §§ 30 ff., 95 ff. AktG.
163 § 6 III InvG.
164 Vgl. § 6 II S. 2 InvG.
165 § 102 I AktG.
166 § 106 AktG.
167 *Baur/Ziegler*, BuB, 9/96.
168 § 107 I AktG.
169 § 95 I AktG.

Grundsätzlich kommen dem Aufsichtsrat der KAG die Aufgaben zu, welche auch der Aufsichtsrat in der AG hat. Allerdings schließen die Pflichten GmbH-typisch nicht die Bestellung und Abberufung des Vorstandes sowie die Feststellung des Jahresabschlusses mit ein.[170] Eine weitere InvG-spezifische Besonderheit ist, dass die Bestellung und das Ausscheiden der Mitglieder des Aufsichtsrates der BaFin unverzüglich anzuzeigen sind.[171]

5.5.6.1.2 Aufgaben des Aufsichtsrats

Der Aufsichtsrat hat die Aufgabe, die Geschäftsführung zu überwachen und kann dazu Prüfungen vornehmen. Er hat den Jahresabschluss, den Lagebericht der KAG und den Vorschlag über die Verwendung des Bilanzgewinns zu prüfen sowie in seinem Bericht an die Gesellschafterversammlung zu dem Ergebnis der Abschlussprüfung Stellung zu nehmen.[172] Der Aufsichtsrat hat die Berichte und Prüfungsberichte der Sondervermögen zu prüfen.[173] Er hat besondere Kontrollrechte und kann beispielsweise von der Geschäftsführung jederzeit Berichte über die Angelegenheit der Gesellschaft verlangen.[174] Zudem kann der Gesellschaftsvertrag vorsehen, dass bestimmte Arten von Geschäften nur mit Zustimmung des Aufsichtsrates vorgenommen werden dürfen,[175] beispielsweise der Erwerb von Liegenschaften für ein Immobilien-Sondervermögen, wenn die Liegenschaften eine bestimmte Größenordnung überschreiten. Allerdings darf das Zustimmungserfordernis nicht so weitreichend sein, dass es sich zu einer Geschäftsführung auswächst.[176]

Dem Aufsichtsrat können keine Maßnahmen der Geschäftsführung übertragen werden.[177] Hat die KAG die Rechtsform der AG, wird der Vorstand befristet auf fünf Jahre vom Aufsichtsrat bestellt und abberufen.[178] Für den Aufsichtsrat einer GmbH ist diese Bestimmung jedoch nicht obligatorisch.[179] Vielmehr kann die Bestellung und Abberufung eines Ge-

---

170 Vgl. § 6 II S. 2 InvG.
171 § 6 III S. 2 InvG.
172 § 171 AktG.
173 *Baur* in Assmann/Schütze, Handbuch des Kapitalanlagerechts, § 20 Rn. 260.
174 § 90 III AktG.
175 § 111 I, II und IV AktG.
176 *Baur* in Assmann/Schütze, Handbuch des Kapitalanlagerechts, § 20 Rn. 260.
177 § 111 IV S. 1 AktG.
178 § 84 AktG.
179 Vgl. § 6 II S. 2 InvG, § 52 I GmbHG.

schäftsführers durch die Gesellschafterversammlung erfolgen, wenn der Gesellschaftsvertrag der GmbH dies vorsieht.

5.5.6.1.2.1 Wahrung der Interessen der Anleger

Der Aufsichtsrat soll die Wahrung der Interessen der Anleger gewährleisten.[180] Diese Spezialregelung ist erforderlich, da die Anleger ihr Kapital in ein Sondervermögen investieren, welches von der KAG getrennt ist. Sie werden nicht Gesellschafter der KAG. Die KAG verwaltet aber das Sondervermögen, so dass sich die Entscheidungen der KAG unmittelbar auf das von den Anlegern investierte Kapital auswirken. Es besteht ein Bedürfnis, die Wahrung der Anlegerinteressen abzusichern. Die Pflichten des Aufsichtsrats sollen gewährleisten, die Interessen der Anleger zu wahren.

Die Kontrollpflicht durch den Aufsichtsrat ist in der Literatur jedoch als eine Regel mit allenfalls „soft-law"-Charakter bezeichnet worden.[181] Die Anleger haben bei der Wahl des Aufsichtsrates keinerlei Mitspracherechte und die Gesellschafteranteile befinden sich in der Praxis regelmäßig fest in der Hand der Gründer und Betreiber der KAG,[182] also oftmals der Depotbanken.[183] Die Gefahr besteht, dass die Mitglieder des Aufsichtsrats die Interessen derjenigen vertreten, die sie bestellt haben, welches die Interessen der Depotbank und nicht die der Anleger sind. Die Verflechtung von Depotbank und KAG kann Interessenkonflikte bei der Kontrolle des Handelns der KAG sowohl auf Ebene der Kontrolle durch die Depotbank, als auch bei der Kontrolle durch den Aufsichtsrat bewirken.[184]

---

180 § 6 III S. 1 InvG. Siehe hierzu *Baur* in BuB, Rn. 9/96.

181 *Köndgen/Schmies* in Schimansky/Bunte/Lwowski, Bankrechts-Handbuch, § 113 Rn. 51.

182 *Köndgen/Schmies* in Schimansky/Bunte/Lwowski, Bankrechts-Handbuch, § 113 Rn. 51.

183 *Möllers/Wenninger*, Schriftliche Stellungnahme zum Gesetzesentwurf der Bundesregierung „Entwurf eines Gesetzes zur Änderung des Investmentgesetzes und zur Anpassung anderer Vorschriften" (Investmentänderungsgesetz – InvÄndG, BT-Drs. 16/5576) sowie dem Antrag der Fraktion Bündnis 90/Die Grünen „offene Immobilienfonds – Marktstabilität sichern, Anlegervertrauen stärken" (BT-Drs. 16/662), S. 3; siehe zu der Eigentümerstruktur der KAG auch, *Canaris*, Bankvertragsrecht, Rn. 2331; *Roth*, Treuhandmodell des Investmentrechts, S. 156 ff.

184 *Möllers/Wenninger*, Schriftliche Stellungnahme zum Gesetzesentwurf der Bundesregierung „Entwurf eines Gesetzes zur Änderung des Investmentgesetzes und zur Anpassung anderer Vorschriften(" Investmentänderungsgesetz – InvÄndG, BT-Drs. 16/5576) sowie dem Antrag der Fraktion Bündnis 90/Die Grünen „Offene Immobilienfonds – Marktstabilität sichern, Anlegervertrauen stärken" (BT-Drs. 16/662), S. 3.

5.5.6.1.2.2 Besondere Governancestruktur von Investmentvermögen

Die Dreieckskonstellation bei Investmentvermögen führt zu einer besonderen Situation im Vergleich zu einer AG oder GmbH. In einer AG oder GmbH werden die Aufsichtsratsmitglieder von denjenigen Personen bestellt und abberufen, in deren Interesse sie handeln sollen. In dieser Konstellation ist eine Abhängigkeit von den Anteilsinhabern gerade sinnvoll. Sie stellt sicher, dass sich der Aufsichtsrat zur Wahrung ihrer Interessen einsetzt. Bei der KAG kann der Aufsichtsrat aber nicht als Interessenvertretung der Anleger verstanden werden, sie haben keinen Einfluss auf seine Besetzung.[185]

Eine wirksame Kontrolle der KAG durch ihren Aufsichtsrat könnte unwahrscheinlich sein, wenn alle Aufsichtsratsmitglieder von der KAG abhängig sind. Eine Kontrolle im Interesse der Anleger kann nur erfolgen, wenn die Aufsichtsratsmitglieder bereit sind, sich gegen die Interessen der Gesellschafter der KAG zu wenden und Beanstandungen vorzunehmen. In der KAG ist die Situation besonders gelagert, da der Aufsichtsrat die Interessen einer anderen Gruppe als der Anteilsinhaber vertritt. Sind die Aufsichtsratsmitglieder von der KAG auf direkte oder indirekte Weise abhängig, kann es vorkommen, dass die Anteilsinhaber ihren Einfluss nutzen, um für die Berücksichtigung ihrer eigenen Interessen zu sorgen. Sie können ein aus ihrer Perspektive überkritisches Aufsichtsratsmitglied abberufen oder auf eine andere Weise Druck ausüben. Es wird oftmals gar nicht erforderlich sein, tatsächlich Druck auszuüben. Die Perspektive einer möglichen negativen Konsequenz kann die Aufsichtsratsmitglieder bereits zu einer vorsichtigen Ausübung ihres Amtes bewegen, wenn sie wirtschaftlich von den Eignern des Sondervermögens abhängig sind. Dies kann im Zweifel dazu führen, dass sie ihr Amt zum Nachteil der Anleger nicht oder nicht angemessen ausüben.

Die Kontrolle durch den Aufsichtsrat kann auch aus anderen Gründen eingeschränkt sein. Die Aufsichtsratsmitglieder können durch ihre Verbindung zu den Eignern der KAG eigene Interessen haben, welche denen der Anleger entgegenlaufen. Die Interessen müssen sich nicht auf eine Sorge vor negativen Konsequenzen einer wirklichen Kontrolltätigkeit

185 Siehe *Möllers/Wenninger*, Schriftliche Stellungnahme zum Gesetzesentwurf der Bundesregierung „Entwurf eines Gesetzes zur Änderung des Investmentgesetzes und zur Anpassung anderer Vorschriften" (Investmentänderungsgesetz – InvÄndG, BT-Drs. 16/5576) sowie dem Antrag der Fraktion Bündnis 90/Die Grünen „offene Immobilienfonds – Marktstabilität sichern, Anlegervertrauen stärken" (BT-Drs. 16/662), S. 6.

beschränken. Die Aufsichtsratsmitglieder können die Interessen der sie bestellenden Personen teilen oder persönliche Vorteile aus einem für die Anteilseigner vorteilhaften Verhalten ziehen. Es besteht folglich ein höheres Risiko, dass Interessenkonflikte auftreten, wenn eine wirtschaftliche Verflechtung zwischen der KAG oder mit ihr verbundenen Unternehmen und den Aufsichtsratsmitgliedern vorliegt, als in dem Fall, in dem sich die Aufsichtsratsmitglieder in keiner Abhängigkeit von der KAG oder mit ihr verbundenen Unternehmen befinden. Daher ist es grundsätzlich sinnvoll, die Unabhängigkeit des Aufsichtsrats zu stärken, um zu gewährleisten, dass der Aufsichtsrat seine Aufgabe zur Wahrung der Anlegerinteressen bestmöglich wahrnimmt.

Es sind verschiedene Maßnahmen ergriffen worden, welche die Wahrung der Anlegerinteressen bewirken sollen. Ein Lösungsansatz sind freiwillige Verhaltenspflichten, welche vom BVI herausgegeben werden. Ein anderer ist die Pflicht zur Bestellung eines unabhängigen Aufsichtsratsmitglieds. Diese Pflicht ist durch das InvÄndG eingeführt worden. Auf der ersten Ebene soll diskutiert werden, ob die Interessenkonflikte durch Wohlverhaltensregeln oder organisatorische Maßnahmen aufgelöst werden können oder ob die Unabhängigkeit eines oder aller Mitglieder des Aufsichtsrates erforderlich ist. Die Ausführungen auf der zweiten Ebene sollen die Möglichkeiten für die Ausgestaltung der Unabhängigkeit sowie das Ausmaß der Unabhängigkeitsanforderungen erörtern. Dafür sollen die in der Literatur de lege ferenda gemachten Vorschläge berücksichtigt werden.

5.5.6.1.3 Optionen zur Eindämmung von Interessenkonflikten

5.5.6.1.3.1 Verhaltensregeln für Aufsichtsratsmitglieder

Zusätzlich zu den allgemeinen Treue- und Sorgfaltspflichten der Aufsichtsratsmitglieder bestehen die freiwilligen Verhaltensregeln, welche in den BVI-Wohlverhaltensregeln statuiert werden. Sie konkretisieren die Aufgaben und Pflichten der Aufsichtsratsmitglieder weiter. Die Wohlverhaltensregeln sehen hinsichtlich Interessenkonflikten vor, dass die Aufsichtsratsmitglieder keine persönlichen Interessen verfolgen und keine Geschäftschancen für sich nutzen dürfen, welche den Anlegern oder der KAG zustehen.[186] Trotzdem auftretende Interessenkonflikte sind von dem einzelnen Aufsichtsratsmitglied unverzüglich gegenüber dem Aufsichtsrat

186 BVI-Wohlverhaltensrichtlinien Abschnitt IIa 3 Satz 2.

zu offenbaren.[187] Den Aufsichtsratsmitgliedern ist untersagt, Vergütungen und Geschenke oder sonstige Leistungen Dritter anzunehmen, welche eine definierte Bagatellgrenze überschreiten.[188] Die KAG hat durch die Einführung und fortlaufende Aktualisierung interner Richtlinien die Einhaltung dieser Vorgaben sicherzustellen und Kriterien für Ausnahmen festzulegen.[189] Auch dürfen die Aufsichtsratsmitglieder keine Berater-, Dienstleistungs- oder Werkverträge mit der KAG abschließen, für welche nicht die Zustimmung der KAG eingeholt worden ist. Es wird also grundsätzlich festgelegt, dass Interessenkonflikte zu offenbaren sind und den Aufsichtsratsmitgliedern werden Handlungen untersagt, mit denen typischerweise ein hohes Risiko des Auftretens von Interessenkonflikten verbunden ist.

Abschließend statuieren die Wohlverhaltensregeln die Pflicht des Aufsichtsrats, geeignete Maßnahmen zu treffen, welche die Wahrung der Anlegerinteressen sicherstellen.[190] Beispiele für solche Maßnahmen sind das Anfordern regelmäßiger Berichte der Geschäftsführung über die Compliance-Organisation, eine enge Zusammenarbeit mit den Wirtschaftsprüfern, die Bestellung eines Aufsichtsratsmitglieds, das von den Eigentümern, den verbundenen Unternehmen und den Geschäftspartnern unabhängig ist, sowie eine regelmäßige Effizienzkontrolle der eigenen Tätigkeit.[191]

5.5.6.1.3.2 Wirksamkeit der Verhaltensregulierung durch die Wohlverhaltensregeln

Es ist nun zu klären, ob die Wohlverhaltenspflichten ausreichen, um die Kontrolle im Anlegerinteresse zu gewährleisten. Grundsätzlich sind Interessenkonflikte zu offenbaren. Die Offenlegung ermöglicht dem Aufsichtsratsvorsitzenden zu entscheiden, ob er ein Aufsichtsratsmitglied bei einer Abstimmung auf Grund des Interessenkonflikts von der Abstimmung ausschließt.

Generell stellt sich bei den Wohlverhaltensrichtlinien das Problem der Durchsetzbarkeit. Seit Jahren wurde diskutiert, wie den Wohlverhaltensvorschriften ein höheres Gewicht verliehen werden könnte, da sie ein

187 BVI-Wohlverhaltensrichtlinien Abschnitt IIa Nr. 4.
188 BVI-Wohlverhaltensrichtlinien Abschnitt IIa Nr. 5.
189 BVI-Wohlverhaltensrichtlinien Abschnitt IIa Nr. 5.
190 BVI-Wohlverhaltensrichtlinien Abschnitt IIa 8.
191 *Baur/Ziegler*, BuB, 9/100.

privatrechtliches Regelwerk und somit nicht verbindlich waren.[192] Weder die BaFin noch der BVI konnte Verstöße gegen sie sanktionieren. Die BaFin strengte in 2007 eine Konsultation zur Allgemeinverbindlicherklärung der Wohlverhaltensregeln an. Sie schlug vor, die Wohlverhaltensregeln für die Auslegung der allgemeinen Verhaltenspflichten der KAG gemäß § 9 InvG heranzuziehen. Der Vorschlag wurde von der Investmentbranche allgemein begrüßt. Eine Allgemeinverbindlicherklärung der BVI-Wohlverhaltensregeln erfolgte durch das BaFin Rundschreiben vom 20.01.2010.[193] Das Rundschreiben führte zudem ein, dass die von den Kapitalanlagegesellschaften und Investmentaktiengesellschaften gemäß § 19e InvG beauftragten Abschlussprüfer bereits ab dem Geschäftsjahr 2010 im Prüfungsbericht[194] erläutern sollen, ob die Gesellschaften im Rahmen der Vorschrift des § 9 InvG die Wohlverhaltensregeln beachtet haben.

Betrachtet man das Vorgehen der BaFin, die von der BVI herausgegebenen Wohlverhaltensregeln für die Interpretation der allgemeinen Verhaltensregeln heranzuziehen, fällt auf, dass dieser Ansatz der Verwendung von Guidance bei der prinzipien-basierten Regulierung gleicht. Die vom Gesetzgeber vorgegebenen, relativ weiten Verhaltensregeln des § 9 InvG werden durch die Heranziehung der Regeln des Dachverbandes der Investmentindustrie, also durch eine Form der Selbstregulierung, ergänzt.[195] Der Vorteil sie für die Auslegung einzubeziehen, ohne die Regeln in das InvG zu übernehmen ist, dass die Wohlverhaltensregeln weiterhin flexibel reformiert werden können, ohne dass eine Gesetzesreform erforderlich wird. Durch die Allgemeinverbindlicherklärung erlangen die Wohlverhaltensregeln Verbindlichkeit, was ihre Durchsetzbarkeit verbessert.

Den Aufsichtsratsmitgliedern werden verbindlich bestimmte Handlungen untersagt, die ein besonderes Gefährdungspotential für die Anleger aufweisen. Allerdings bleibt es für die Mehrheit möglicher Interessenkonflikte und insbesondere den Konflikt, der aus dem Konzernverbund mit der Depotbank resultiert, bei abstrakten Verhaltensregeln und Offenbarungs-

192 Siehe hierzu *Schäfer*, Corporate Governance bei Kapitalanlagegesellschaften – Fund Governance, S. 84 f.

193 *BaFin*, Schreiben der Bundesanstalt für Finanzdienstleistungsaufsicht zur Anwendung der BVI-Wohlverhaltensregeln, 20.01.2010, Geschäftszeichen WA 41 - Wp2136 - 2008/0009.

194 § 19 f. InvG.

195 Im englischen Recht wird diese Form der Selbstregulierung durch die Herausgabe von Leitlinien durch die Dachverbände „Industry Guidance" genannt. Sie kann von der FSA anerkannt werden und bewirkt dann, dass Unternehmen, welche sich der Industry Guidance gemäß verhalten, nicht mit Durchsetzungsmaßnahmen wegen Verstößen gegen Prinzipien rechnen müssen.

pflichten. Die Allgemeinverbindlicherklärung bringt also keine Regeln mit sich, die geeignet wären, den aus dem Spannungsverhältnis zwischen den Gesellschaftsinteressen und den Anlegerinteressen resultierenden Konflikt einzugrenzen.

Trotz der Allgemeinverbindlicherklärung der Wohlverhaltensregeln bleiben Zweifel, ob Verhaltensregeln allein gewährleisten können, dass die Aufsichtsratsmitglieder im Fall von Interessenkonflikten im Interesse der Anleger handeln.[196] Die Wohlverhaltensregeln statuieren wie die bereits bestehenden Sorgfaltspflichten nur vage Regeln. Es wird unklar sein, wann ein Verstoß vorliegt. Daher ist davon auszugehen, dass es den Anlegern schwer fallen wird, Verstöße nachzuweisen. Die Wohlverhaltenspflichten wiegen aus einer Sanktionsperspektive nicht besonders schwer. Ihre Einhaltung sollte deshalb durch die BaFin überwacht werden. Allerdings ist es fraglich, ob die BaFin die KAGen tatsächlich derart umfassend überwachen kann, dass sie alle Handlungen erkennt, die den Wohlverhaltensregeln widersprechen. Die BaFin sollte mit ausreichendem Personal und Mitteln ausgestattet werden, um eine umfassende Aufsicht gewährleisten zu können.

Betrachtet man die detaillierteren Regeln des DCGK zu Interessenkonflikten von Aufsichtsratsmitgliedern, findet sich dort die Regelung, dass Aufsichtsratsmitglieder, die einem wesentlichen und nicht nur vorübergehenden Interessenkonflikt unterliegen, ihr Mandat niederliegen sollen.[197] Eine solche Regelung findet sich in den Wohlverhaltenspflichten nicht. Nun könnte aber der Interessenkonflikt auf Grund der wirtschaftlichen Abhängigkeit im Aufsichtsrat der KAG dauerhaft und wesentlich sein. Er kann potentiell für alle Aufsichtsratsmitglieder bestehen und könnte eine abstrakte Regelung erfordern, wenn die Symptombekämpfung im konkreten Fall nicht mehr ausreichte.

5.5.6.1.3.3 Die Erforderlichkeit der Unabhängigkeit wegen des Auftretens von Interessenkonflikten

Für eine systematische Betrachtung der Regelungen des Aufsichtsrats der KAG, bietet es sich an, sie mit den Regelungen für Interessenkonflikte von Aufsichtsratsmitgliedern im Gesellschaftsrecht zu vergleichen. Auch

---

196 Vgl. *Schelm*, Sorgfalts- und Loyalitätspflichten im Investmentrecht, S. 136.

197 Dieses verlangt z.B. der DCGK für Interessennkonflikte, die wesentlich und nicht nur vorübergehend sind, Ziffer 5.5.3 DCGK.

im Aufsichtsrat der GmbH oder der AG können Interessenkonflikte auftreten. Das Amt des Aufsichtsratsmitglieds ist als Nebenamt ausgestaltet, das die Aufsichtsratsmitglieder in der Regel neben einer Haupttätigkeit ausüben.[198] Es kann, unter anderem durch die Haupttätigkeit, zu punktuellen oder aber auch dauerhaften Interessenkonflikten kommen.[199] Die Frage nach einem Erfordernis unabhängiger Aufsichtsratsmitglieder ist Gegenstand einer breiten Debatte. Generell wird angenommen, dass das Bestehen von Interessenkonflikten kein Bestellungshindernis für ein Aufsichtsratsmitglied darstellt.[200]

Für die Frage der Unabhängigkeit ist zwischen verschiedenen Ebenen zu differenzieren. Das AktG sieht keine Unabhängigkeitspflichten vor. Allerdings bestehen aktienrechtliche Pflichten hinsichtlich Interessenkonflikten im Aufsichtsrat. Eine Regelung von Unabhängigkeitserfordernissen findet sich im Deutschen Corporate Governance Kodex. Das dort implementierte Unabhängigkeitserfordernis geht auf die Empfehlungen der EU-Kommission zurück. Der Corporate Governance Kodex setzt jedoch die Vorschläge der EU-Kommission nicht vollständig um. Im Schrifttum werden Sinnhaftigkeit und Umfang von Unabhängigkeitserfordernissen diskutiert, so dass die Unabhängigkeitserfordernisse noch lange nicht abschließend geklärt sind.

5.5.6.1.3.4 Unabhängigkeit von Aufsichtsratsmitgliedern in der Systematik des AktG

Grundsätzlich ist die Unabhängigkeit der Aufsichtsratsmitglieder keine Voraussetzung für die Mitgliedschaft im Aufsichtsrat.[201] Das Fehlen eines Unabhängigkeitserfordernisses resultiert sowohl aus der ursprünglichen

---

198 Vgl. hierzu *Habersack,* in Münchener Kommentar zum AktG, § 100 Rn. 61; ebenso *Kremer* in Ringleb/Kremer/Lutter/v. Werder, Deutscher Corporate Governance Kodex, Rn. 1114; siehe auch *Wardenbach*, Interessenkonflikte und Sachkunde als Bestellungshindernisse zum Aufsichtsrat der AG, S. 14; *Matthießen*, Stimmrecht und Interessenkollision im Aufsichtsrat, S. 3; *Vetter* in Marsch-Barner/Schäfer, Handbuch börsennotierte AG, § 29 Rn. 26.

199 Vgl. hierzu *Habersack,* in Münchener Kommentar zum AktG, § 100 Rn. 61.

200 *Drygalla* in Schmidt/Lutter, AktG, § 100 Rn. 16 f.; *Hopt/Roth* in Großkommentar AktG, § 100 Rn. 180.

201 *Hopt/Roth* in Großkomm AktG, § 100 Rn. 86; *Hüffer*, AktG § 100 Rn. 2 f.; siehe für einen Überblick zum Unabhängigkeitserfordernis, *Roth/Wörle,* Die Unabhängigkeit des Aufsichtsrats – Recht und Wirklichkeit, ZGR 2004, 565 (574 ff.); die verschiedenen möglichen Formen der Abhängigkeit präzisierend, *v. Werder/Wieczorek,* Anforderungen an Aufsichtsratsmitglieder und ihre Nominierung, DB 2007, 297 (299 ff.).

Funktion des Aufsichtsrates als Aktionärsausschuss[202] als auch aus einem der Grundkonzepte des Aktienrechts: der Einflussnahme des herrschenden Unternehmens über den Aufsichtsrat.[203] Die Arbeitnehmermitbestimmung ist ebenfalls eine Form der Abhängigkeit. Diese Abhängigkeit ist gerade der Telos der Arbeitnehmerrepräsentation im Aufsichtsrat. Sie soll den Interessenpluralismus sichern und trotz des generellen Vorrangs des Unternehmensinteresses den speziellen Interessen der Arbeitnehmerschaft zur Geltung verhelfen.[204] Allerdings wird im Schrifttum festgestellt, dass die Wahrnehmung des Aufsichtsrats in den letzten Jahren einen Wandel erfahren hat. Heute werde der Aufsichtsrat nicht mehr primär als Organ zur Bündelung divergierender Interessen betrachtet, sondern als unabhängige Beratungs- und Überwachungsinstanz klassifiziert.[205] Abhängigkeiten werden als Risiken für die sorgfältige Ausübung des Aufsichtsratsmandats angesehen.[206]

---

202 Siehe *Habersack*, in Münchener Kommentar zum AktG, § 100 Rn. 54.

203 *Hopt*, Europäisches Gesellschaftsrecht und deutsche Unternehmensverfassung – Aktionsplan und Interdependenzen, ZIP 2005, 461 (467 f.); *Hüffer*, Die Unabhängigkeit von Aufsichtsratsmitgliedern nach Ziffer 5.4.2 DCGK, ZIP 2006, 637 ff.; *Habersack*, Europäisches Gesellschaftsrecht im Wandel – Bemerkungen zum Aktionsplan der EG-Kommission betreffend die Modernisierung des Gesellschaftsrechts und die Verbesserung der Corporate Governance in der Europäischen Union, NZG 2004, 1 (5); *ders.*, Der Aufsichtsrat im Visier der Kommission, ZHR (2004), 373 (377 f.); so auch *Schiessl*, Deutsche Corporate Governance post Enron, AG 2002, 593 (598), der hier mögliche Inkompatibilitätsvorschriften als systemwidrig ansieht; vgl. *Lieder*, Das unabhängige Aufsichtsratsmitglied – Zu den Änderungen des Deutschen Corporate Governance Kodex, NZG 2005, 569 (571 f.). Besonderer Ausdruck der konzernoffenen Tendenz des Aktienrechts ist die Konzernausnahme des § 100 II S. 2 AktG.

204 Vgl. *Bernhardt*, Aufsichtsrat – die schönste Nebensache der Welt?, ZHR 159 (1995), 310 (316 f.); *Habersack*, Der Aufsichtsrat im Visier der Kommission, ZHR (2004), 373 (377); *Krause*, Sarbanes-Oxley Act und deutsche Mitbestimmung, WM 2003, 762 (769 f.), der die Arbeitnehmervertreter auch bei formaler Unabhängigkeit aufgrund ihrer Fixierung auf das Anlegerinteresse als abhängig bezeichnet; *Ulmer*, Paritätische Arbeitnehmermitbestimmung im Aufsichtsrat von Großunternehmen – noch zeitgemäß?, ZHR 166 (2002), 271 (276); vgl. *Zöllner*, Aktienreform in Permanenz – Was wird aus den Rechten des Aktionärs, AG 1994, 336 (338); *Hopt/Roth* in Großkommentar AktG, § 100 Rn. 157 f.; sich dafür aussprechend, Arbeitnehmervertreter im Aufsichtsrat nicht a priori als von der Gesellschaft abhängig zu sehen, *Lieder*, Das unabhängige Aufsichtsratsmitglied – Zu den Änderungen des Deutschen Corporate Governance Kodex, NZG 2005, 569 (571).

205 *BGHZ* 114, 127 (129); *Hopt/Roth* in Großkommentar AktG, § 100 Rn. 192; die Bedeutung der Überwachungstätigkeit betonend, *Hüffer*, AktG § 100 Rn. 1; als wichtigste Aufgabe des Aufsichtsrats die Überwachung der Geschäftsführung bezeichnend, *Scheffler*, Die Überwachungsaufgabe des Aufsichtsrats im Konzern, DB 1997, 793.

206 Vgl. *Werder/Wieczorek*, Anforderungen an Aufsichtsratsmitglieder und ihre Nominierung, DB 2007, 297 (300 f.); sich gegen die Zulässigkeit dauerhafter Interessenskonflikte im Aufsichtsrat für das Beispiel der Mitgliedschaft eines Aufsichtsratsmitglieds bei einem

Letzterer Wahrnehmung entspricht, dass in den Deutschen Corporate Governance Kodex die Empfehlung eingefügt wurde, eine ausreichende Anzahl[207] unabhängiger Aufsichtsratsmitglieder zu bestellen.[208] Eine Abweichung von der Empfehlung ist zu veröffentlichen.[209] Somit ist das Unabhängigkeitserfordernis auch in das deutsche Recht implementiert worden.

5.5.6.1.3.5 Die Regelungen des Aktiengesetzes

Das AktG sieht für Interessenkonflikte verschiedene Konsequenzen vor. Generell gelten beim Auftreten von Interessenkonflikten die gesellschaftsrechtlichen Treue- und Sorgfaltspflichten. Die Aufsichtsratsmitglieder haben sich im Unternehmensinteresse zu verhalten,[210] wobei mögliche Konsequenzen

---

Wettbewerber aussprechend, da derartige Interessenkonflikte nicht vom angestrebten Interessenpluralismus gerechtfertigt würden, *Reichert/Schlitt*, Konkurrenzverbot für Aufsichtsratsmitglieder, AG 1995, 241 (245).

207 Nach Ansicht der wohl herrschenden Meinung im Schrifttum bezieht sich die angemessene Anzahl nicht auf die Arbeitnehmervertreter, so dass für die Bestimmung der Angemessenheit allein die Kapitaleignerseite zu berücksichtigen ist, so *Hüffer*, AktG § 100 Rn. 2 b; *ders.*, Die Unabhängigkeit von Aufsichtsratsmitgliedern nach Ziffer 5.4.2 DCGK, ZIP 2006, 637 (639 f.); *Habersack*, in Münchener Kommentar zum AktG, § 100 Rn. 56; *Vetter*, Update des Deutschen Corporate Governance Kodex, BB 2005, 1689 (1691).

208 Ziffer 5.4.2. DCGK.

209 Die Offenlegung hat nach Maßgabe des § 161 AktG erfolgen.

210 Die Pflicht zum Handeln im alleinigen Interesse der Gesellschaft ist nahezu unstreitig. Siehe *BGHZ* 36, 296 (306 f.); *BGH* NJW 1980, 1629, Anmerkung *Ulmer*, Aufsichtsratsmandat und Interessenkollision NJW 1980, 1603 (1606); vgl. *Lutter/Krieger*, Rechte und Pflichten des Aufsichtsrates, Rn. 893 f.; *Lutter*, Verhaltenspflichten von Organmitgliedern bei Interessenkonflikten in FS Priester, S. 417; *Hopt/Roth* in Großkommentar AktG, § 116 Rn. 136; *Semler*, in Münchener Kommentar zum Aktiengesetz, § 116 Rn. 5; *Mertens* in Kölner Kommentar zum Aktiengesetz, § 116 Rn. 22 ff.; *Semler/Stengel*, Interessenkonflikte bei Aufsichtsratsmitgliedern von Aktiengesellschaften am Beispiel von Konflikten bei Übernahme, NZG 2003, 1 (2); *Dreher*, Interessenkonflikte bei Aufsichtsratsmitgliedern von Aktiengesellschaften, JZ 1990, 896 (900).

die Offenlegung des Konflikts,[211] die Niederlegung des Mandats,[212] ein Stimmrechtsausschluss[213] oder eine Stimmenthaltung[214] sind.[215] Alternativ sind gewisse Publizitätspflichten vorgesehen.[216] In der AG kann eine Abhängigkeit von Aufsichtsratsmitgliedern bestehen. Die Aufsichtsratsmitglieder können insbesondere von den sie entsendenden[217] oder von den repräsentierten maßgeblich an der Gesellschaft beteiligten Personen abhängig sein. Hier hat der Gesetzgeber keine dem InvG entsprechende Regelung getroffen, die fordert, dass ein Aufsichtsratsmitglied unabhängig sein muss. Vielmehr wird in der Literatur angenommen, dass die Treue- und Sorgfaltspflichten verlangen, bei einem Auftreten eines konkreten Interessenkonflikts allein im Unternehmensinteresse und nicht im Interesse

---

211 Siehe auch Art. 5.5.2 des DCGK zu der Offenbarungspflicht auf Grund der gesellschaftsrechtlichen Treuepflicht, *Hopt/Roth* in Großkommentar AktG, Rn. 164; *Hopt*, Interessenwahrung und Interessenkonflikte im Aktien-, Bank und Berufsrecht, ZGR 2004, 1 (25); *Vetter* in Marsch-Barner/Schäfer, Handbuch börsennotierte AG, § 29 Rn. 27; die Offenlegungspflicht dient dazu die Beteiligten in die Lage zu versetzen ihre Rechte wahrzunehmen und informierte Entscheidungen zu treffen, vgl. *Windbichler*, Bindungswirkung von Standards im Bereich Corporate Governance, in Möllers, Geltung und Faktizität von Standards, 19 (34); siehe zu dem Potential von Offenlegungspflichten zur Vermeidung von Interessenkonflikten, *Mülbert*, Anlegerschutz bei Zertifikaten, WM 2007, 1149 (1157 ff.).

212 Die Niederlegung des Mandats als nur ausnahmsweise und im Falle sich ständig wiederholender Konflikte in Betracht kommend ansehend, *Lutter/Krieger*, Rechte und Pflichten des Aufsichtsrates, Rn. 927.

213 Ein Stimmrechtsausschluss kommt allerdings nur unter den stengen Voraussetzungen des § 34 BGB in Frage, die im Einzelnen umstritten sind; siehe hierzu *Habersack* in Münchener Kommentar zum Aktiengesetz, § 100 Rn. 70; vgl. für eine umfassende Darstellung, *Matthießen*, Stimmrecht und Interessenkollision im Aufsichtsrat, S. 9 ff.; einen Ausschluss von jeglicher Mitwirkung bei für eine mit einem Interessenkonflikt behafteten Sachverhalt fordernd, *Lutter*, Verhaltenspflichten von Organmitgliedern bei Interessenkonflikten in FS Priester, 420.

214 Eine Empfehlung zur Stimmenthaltung findet sich, wenn ein Stimmverbot nicht eingreift; siehe *Lutter/Krieger*, Rechte und Pflichten des Aufsichtsrats, Rn. 902; ebenso *Kremer* in Ringleb/Kremer/Lutter/v. Werder, Deutscher Corporate Governance Kodex, Rn. 1110; anders *Habersack*, in Münchener Kommentar zum AktG, § 100 Rn. 71, der eine Stimmenthaltung als der Gesamtverantwortung des Aufsichtsrates nicht angemessen ansieht. Im Falle eines Interessenkonflikts gelte vielmehr, dass das Aufsichtsratsmitglied seine Stimme im Interesse der Gesellschaft unter Hintanstellung seines Sonderinteresses auszuüben habe. Sei es dazu nicht in der Lage, so sei das Amt niederzulegen, um einer Haftung zu entgehen.

215 Vgl. *Habersack*, in Münchener Kommentar zum AktG, § 100 Rn. 62; ebenso *Kremer* in Ringleb/Kremer/Lutter/v. Werder, Deutscher Corporate Governance Kodex, Rn. 1131.

216 §§ 125 I S. 3, 128 II S. 6 AktG.

217 Vgl. § 101 II AktG zu Entsendungsrechten bestimmter Aktiengattungen.

der entsendenden oder repräsentierten Personen zu handeln.[218] Abstrakte Unabhängigkeitserfordernisse sind somit generell der Systematik des Rechts des Aufsichtsrates fremd. Es wird akzeptiert, dass Interessenkonflikte auftreten. Den Interessenkonflikten wird durch Offenlegungspflichten, Stimmrechtsausschlüssen beziehungsweise Mandatsniederlegungen im konkreten Fall begegnet.[219]

Erfolgt ein Verstoß gegen die Informations- oder Verhaltenspflichten, die Organpflichten sind, liegt eine Pflichtverletzung i.S.d. §§ 93 II AktG, 43 II GmbHG vor. Es kann ein Schadensersatzanspruch aufgrund einer Treuepflichtverletzung entstehen.[220] Erleidet die Gesellschaft auf Grund einer Pflichtverletzung einen Schaden, sind die Verantwortlichen zum Schadensersatz verpflichtet.[221] Beteiligen sich Aufsichtsratsmitglieder an einer Abstimmung, obwohl ihre Teilnahme- oder Stimmberechtigung entfallen ist, ist die Stimmabgabe nichtig.[222] Ihre Teilnahme wird nach Ansicht der Rechtsprechung für die Bestimmung der Beschlussfähigkeit des Aufsichtsrats nicht berücksichtigt.[223] Diese Rechtsfolgen werden in der Literatur als eher schwach bewertet. Ein materieller Schaden der Gesellschaft aus der Mitwirkung an einer Abstimmung sei eher unwahrscheinlich, so dass das Risiko einer Haftung aus §§ 93 II AktG, 43 II GmbHG niedrig sei.[224]

---

218 Vgl. *Habersack,* in Münchener Kommentar zum AktG, § 100 Rn. 62; siehe auch *Kremer* in Ringleb/Kremer/Lutter/v. Werder, Deutscher Corporate Governance Kodex, Rn. 1114; *Vetter* in Marsch-Barner/Schäfer, Handbuch börsennotierte AG, § 29 Rn. 27; *Roth/Wörle,* Die Unabhängigkeit des Aufsichtsrats – Recht und Wirklichkeit, ZGR 2004, 565 (611); siehe auch *Scheffler,* Die Überwachungsaufgabe des Aufsichtsrats im Konzern, DB 1997, 793 (795); *Wardenbach,* Interessenkonflikte und mangelnde Sachkunde als Bestellungshindernisse zum Aufsichtsrat der AG, S. 20; ein Bestellungshindernis bei einem dauerhaften Interessenkonflikt befürwortend, *Spindler* in Spindler/Stilz, AktG, § 100 Rn. 30.

219 So auch *Hoffmann-Becking* in Hoffmann-Becking, Münchener Handbuch des Gesellschaftsrechts § 30 Rn 3 a; *Spindler,* Die Empfehlungen der EU für den Aufsichtsrat und ihre deutsche Umsetzung im Corporate Governance Kodex, ZIP 2005, 2033 (2045).

220 §§ 93 II, 116 S. 1 AktG.

221 *Lutter,* Verhaltenspflichten von Organmitgliedern bei Interessenkonflikten in FS Priester, S. 423.

222 *BayObLG,* ZIP 2003, 1194 (1196); *Semler,* in Münchener Kommentar zum Aktiengesetz, § 108 Rn. 220; *Mertens* in Kölner Kommentar zum Aktiengesetz, § 108 Rn. 73; *Hopt/Roth* in Großkommentar AktG, § 100 Rn. 166.

223 Die Beschlussfähigkeit in diesem Fall ausdrücklich für den dreigliedrigen Aufsichtsrat ablehnend, *BayObLG,* ZIP 2003, 1194 (1196); *OLG Frankfurt a.M.,* ZIP 2005, 2322 (2324); sich für die Beschlussfähigkeit im dreigliedrigen Aufsichtsrat aussprechend, *Mertens* in Kölner Kommentar zum Aktiengesetz, § 108 Rn. 49, 57; *Semler,* in Münchener Kommentar zum Aktiengesetz, § 108 Rn. 225; *Hopt/Roth* in Großkommentar AktG, § 100 Rn. 167.

224 *Lutter,* Verhaltenspflichten von Organmitgliedern bei Interessenkonflikten in FS Priester, S. 424 f.

Die Betrachtung, dass eine Abhängigkeit im Aufsichtsrat unschädlich ist, könnte für die KAG nicht zutreffen. Mangels Beteiligung der Anleger an der KAG ist die Situation etwas anders gelagert als in einer unternehmerischen AG oder GmbH. Nicht die Wahrung der Unternehmensinteressen steht im Mittelpunkt, sondern die der Anleger. Die Anleger haben, anders als die Gesellschafter an einer AG oder GmbH, keinen Einfluss auf die Bestellung der Aufsichtsratsmitglieder. Es entscheiden nicht die Personen, in deren Interesse der Aufsichtsrat handeln soll, ob sie das Vorliegen von Interessenkonflikten durch die Bestellung eines Aufsichtsratsmitglieds in Kauf nehmen wollen. Die Entscheidung erfolgt durch die Anteilseigner, die potentiell von einem die Anleger benachteiligenden Handeln profitieren. Daher haben die Anleger ein höheres Schutzbedürfnis vor Interessenkonflikten.

5.5.6.1.4 Anregungen aus dem Wertpapierdienstleistungsrecht

Zur Lösung des Interessenkonflikts im Aufsichtsrat könnte ein Exkurs in das Wertpapierdienstleistungsrecht weiterhelfen. Darin wurde zur Vermeidung von Interessenkonflikten die auf angloamerikanischem Vorbild beruhende MiFiD[225] umgesetzt. In Folge der Umsetzung wird zwischen geschäftsbezogenen und strukturellen Interessenkonflikten differenziert.[226] Geschäftsbezogenen Interessenkonflikten wird mit Wohlverhaltenspflichten begegnet („rules of conduct"),[227] während bei strukturellen Interessenkonflikten von den Banken organisatorische Maßnahmen zu ergreifen sind.[228]

---

225 Richtlinie 2004/39/EG des Europäischen Parlaments und des Rates vom 21. April 2004 über Märkte für Finanzinstrumente zur Änderung der Richtlinien 85/611/EWG und 93/6/EWG des Rates und die Richtlinie 200/12/EG des Europäischen Parlaments und des Rates und zur Aufhebung der Richtlinie 93/22/EWG des Rates.

226 Vgl. hierzu *Schäfer* in Schwintowski/Schäfer, Bankrecht, S. 758.

227 Art. 18, 19-24 MiFiD, §§ 31-31 c WpHG; vgl. *Shea* in Cranston's consumers and the law, S. 115; *Schäfer*, Materielle Aspekte der EG-Richtlinie über Wertpapierdienstleistungen, AG 1993, 389 (393 f.).

228 Art. 39 MiFiD, vgl. § 33 WpHG; hierzu *Schäfer* in Schwintowski/Schäfer, Bankrecht, S. 759; *ders.* in Assmann/Schütze, Handbuch des Kapitalanlagerechts, § 23 Rn. 48; *Schwark*, Kapitalmarktrechts-Kommentar, § 31 Rn. 32; *Koller* in Assmann/Schneider, WpHG, § 33 Rn. 17 ff.

5.5.6.1.4.1 Organisatorische Maßnahmen zur Lösung struktureller Interessenkonflikte

Im Falle der wirtschaftlichen Abhängigkeit der Aufsichtsratsmitglieder könnte ein struktureller Interessenkonflikt vorliegen, der organisatorische Maßnahmen erfordert. Im Hinblick auf organisatorische Maßnahmen ist an die Einrichtung eines Ausschusses im Aufsichtsrat zu denken, der eine interne Compliance-Kontrolle des Aufsichtsrats vornimmt. Für eine solche Art von Ausschuss findet sich ein Vorbild im DCGK für den Aufsichtsrat der AG. Nach Ziffer 5.3.2. S. 1 DCGK soll der Aufsichtsrat einen Prüfungsausschuss einrichten („Audit Committee"), der sich insbesondere mit Fragen der Rechnungslegung, des Risikomanagements und der Compliance, der erforderlichen Unabhängigkeit des Abschlussprüfers, der Erteilung des Prüfungsauftrags des Abschlussprüfers, der Bestimmung der Prüfungsschwerpunkte und der Honorarvereinbarung befasst. Der Vorsitzende des Prüfungsausschusses soll über besondere Kenntnisse und Erfahrungen hinsichtlich der Anwendung von Rechnungslegungsgrundsätzen und internen Kontrollverfahren verfügen.[229] Er sollte unabhängig und kein ehemaliges Vorstandsmitglied der Gesellschaft sein, dessen Bestellung vor weniger als zwei Jahren endete.[230] Die Kernaufgaben des Prüfungsausschusses sind Fragen der Rechnungslegung, des Risikomanagements sowie der Compliance, soweit Compliance-Aufgaben in die Zuständigkeit des Aufsichtsrates fallen.[231] Die Compliance-Aufgabe des Prüfungsausschusses besteht darin, sich vom Vorstand die Compliance-Systeme vorstellen zu lassen und zu prüfen, ob sie den rechtlichen Anforderungen und der generellen Risikosituation der Gesellschaft Genüge tun.[232]

5.5.6.1.4.2 Übertragung des Modells auf das InvG

Im Fall des Aufsichtsrats der KAG müsste sich die Aufgabe nicht allein auf die generellen Compliance Maßnahmen beziehen, sondern sich insbesondere auf Compliance innerhalb des Aufsichtsrats erstrecken. Der Prüfungsausschuss müsste eine interne Kontrolle des Handelns der Auf-

---

229 Ziffer 5.3.2. S. 2 DCGK.

230 Ziffer 5.3.2. S. 3 DCGK.

231 Vgl. *Kremer* in Ringleb/Kremer/Lutter/v. Werder, Deutscher Corporate Governance Kodex, Rn. 992 f.

232 *Kremer* in Ringleb/Kremer/Lutter/v. Werder, Deutscher Corporate Governance Kodex, Rn. 992.

sichtsratsmitglieder vornehmen. Eine solche Ausgestaltung der Rolle des Prüfungsausschusses erscheint durchaus möglich.

Allerdings stellt sich das Problem, dass oftmals alle Mitglieder des Aufsichtsrats von den Eigentümern abhängig sein dürften. In diesem Fall kann es sein, dass auch die Einrichtung eines Prüfungsausschusses die Wahrung der Anlegerinteressen nicht sicherstellen kann. Schließlich können auch die Mitglieder des Prüfungsausschusses einer Abhängigkeit unterliegen.

Der Prüfungsausschuss kann zu einer Verbesserung der Kontrolle des Handelns im Anlegerinteresse beitragen. Es ist aber nicht sicher, dass er seine Rolle in ausreichendem Maße wahrnimmt, wenn auch bei seinen Mitgliedern eine Abhängigkeit besteht. Daher sollte er nur eine Maßnahme in einem Maßnahmenbündel sein. Allein kann er jedenfalls nicht das Handeln im Anlegerinteresse gewährleisten.

5.5.6.1.5 Vergütungen als Instrument zur Verhaltenssteuerung

Eine weitere Möglichkeit zur Steuerung des Verhaltens der Aufsichtsratsmitglieder könnte die Gestaltung der Aufsichtsratsvergütung sein. Die Vergütung der Aufsichtsratsmitglieder könnte an Hand der Wertentwicklung des Sondervermögens bemessen werden. Für die Aufsichtsratsmitglieder bestünde ein persönlicher Anreiz, für eine möglichst positive Entwicklung des Sondervermögens zu sorgen. Dies wäre auch im Interesse der Anleger. Für die Ausgestaltung einer derartigen Vergütung wäre jedoch zu beachten, dass sich eine zu hohe Aufsichtsratsvergütung nachteilig für die Anleger auswirken würde. Sie würde das Sondervermögen mindern. Daher erscheint eine vorsichtige Feinjustierung einer Aufsichtsratsvergütung erforderlich und eine hohe Aufsichtsratsvergütung eher nicht im Interesse der Anleger.

Es erscheint möglich, dass die Aufsichtsratsvergütung positive Anreize für ein mit den Anlegerinteressen konformes Verhalten setzen kann. Ob sie jedoch aufgrund ihrer Höhe einen maßgeblichen Einfluss auf ein Verhalten beim Bestehen einer Abhängigkeit entfalten kann, ist fraglich.

5.5.6.1.6 Unabhängigkeit - Erfordernis eines unabhängigen Aufsichtsratsmitglieds

Die Probleme der Eindämmung von Interessenkonflikten, denen die Aufsichtsratsmitglieder oftmals ausgesetzt sein werden, sprechen dafür, die

Unabhängigkeit des Aufsichtsrats zu stärken und so die dauerhaften Interessenkonflikte zu minimieren.

Das durch das InvÄndG implementierte Erfordernis mindestens eines unabhängigen Mitglieds im Aufsichtsrat der KAG[233] soll sicherstellen, dass die KAGen bei Interessenkonflikten i.S.d. § 9 II Nr. 1 InvG im Interesse der Anleger handeln. Nicht erforderlich ist es, ein unabhängiges Aufsichtsratsmitglied zu bestellen, wenn die KAG ausschließlich Spezial-Sondervermögen aufgelegt hat. Das Fehlen der Pflicht, ein unabhängiges Aufsichtsratsmitglied zu bestellen, resultiert aus dem besonderen Verhältnis zwischen den Anlegern und der KAG bei Spezial-Sondervermögen. Spezial-Sondervermögen sind oftmals auf die Bedürfnisse eines Anlegers zugeschnitten und die (institutionellen) Anleger bestimmen die Ausgestaltung, wie bereits dargestellt, stark mit.

Im Folgenden soll der Begriff der Unabhängigkeit näher untersucht werden. Die im InvG vorgenommene Definition ist auslegungsbedürftig, so dass der Versuch einer Konkretisierung erfolgen soll. Hierfür sind die Regierungsbegründung zum InvÄndG sowie die Debatte um die Unabhängigkeit von Aufsichtsratsmitgliedern im Kontext des DCGK und des EU-Rechts zu berücksichtigen.

5.5.6.1.6.1 Begriff der Unabhängigkeit

§ 6 IIa S. 1 InvG nimmt eine Abhängigkeit dann an, wenn eine Person in einer Geschäftsbeziehung zu den Gesellschaftern, den verbundenen Unternehmen und den Geschäftspartnern der KAG steht.[234] Die erforderliche Unabhängigkeit wird in der Regierungsbegründung vordringlich als wirtschaftliche Unabhängigkeit definiert.[235] Ein Aufsichtsratsmitglied soll regelmäßig als unabhängig zu betrachten sein, wenn seine Einnahmen aus einer Tätigkeit für Gesellschafter der KAG, verbundene Unternehmen i.S.d. § 15 AktG oder Geschäftspartner der KAG im Durchschnitt der letzten vier Jahre nicht mehr als 30 % seines Gesamteinkommens ausgemacht haben.[236] Geschäftspartner sind natürliche oder juristische Personen, zu denen Geschäftsbeziehungen jeglicher Art unterhalten werden.[237] Die Festlegung

233 § 6 IIa InvG.

234 Die Regelung ist im Wortlaut fast identisch mit der Ziffer IIa Nr. 8 der BVI Wohlverhaltensregeln sowie Ziffer II Nr. 2.1.3. des CGKAM.

235 Regierungsbegründung, S. 145.

236 Regierungsbegründung, S. 145.

237 Regierungsbegründung, S. 145.

des Zeitraums auf vier Jahre sowie den relevanten Einkommensanteil auf 30 % erscheint zunächst willkürlich.[238] Allerdings ist die Angabe in der Regierungsbegründung als Orientierung zu verstehen. Sie besagt, dass eine wirtschaftliche Abhängigkeit *regelmäßig* bei dem Vorliegen der genannten Kriterien anzunehmen sein soll. Zudem sind die in der Regierungsbegründung gemachten Ausführungen nicht verbindlich. Die Angabe von Anhaltspunkten für das Vorliegen einer Abhängigkeit kann zur Rechtssicherheit beitragen,[239] wobei sie es trotzdem zulässt, den Umständen des Einzelfalls Rechnung zu tragen.

Zu der Interpretation der Abhängigkeit als wirtschaftliches Kriterium ist angemerkt worden, dass auch persönliche Verbindungen die Unabhängigkeit einer Person beeinträchtigen können und somit zu berücksichtigen sein.[240] Dieser Ansicht ist zuzustimmen. Sie ist auch mit der Intention des Gesetzgebers kompatibel, der die Unabhängigkeit als „insbesondere wirtschaftlich" betrachtet sehen will.[241] Neben der wirtschaftlichen Perspektive können weitere Kriterien einbezogen werden. Ein Vergleich mit dem Aktienrecht zeigt, dass dort für die Bestimmung der Unabhängigkeit auch persönliche Beziehungen zu der Gesellschaft oder dem Vorstand relevant sind.[242] Daher sollte je nach den Umständen des Einzelfalls eine persönliche Beziehung für die Bestimmung einer Abhängigkeit berücksichtigt werden.

Fraglich ist allerdings, ob die Definition der Unabhängigkeit nach der Länge der Geschäftsbeziehung und ihrem Umfang am Einkommen des Aufsichtsratsmitglieds den tatsächlich auftretenden Interessenkonflikten gerecht wird. In der Konstellation des Investmentdreiecks besteht das höchste Potential für Interessenkonflikte bei einer Bestellung von Aufsichtsratsmitgliedern, die vom Anteilseigner, also in der Regel der Depotbank, abhängig sind. Es ist ungewiss, ob die Gefahr eines Handelns im Interesse der Depotbank aufgrund einer Abhängigkeit erst ab einer gewissen Dauer der Geschäftsbeziehung und einer Höhe von 30 % des Einkommens des

---

238 So auch *Schäfer*, Corporate Governance bei Kapitalanlagegesellschaften – Fund Governance, S. 226.

239 *Schäfer*, Corporate Governance bei Kapitalanlagegesellschaften – Fund Governance, S. 226.

240 *Schäfer*, Corporate Governance bei Kapitalanlagegesellschaften – Fund Governance, S. 226.

241 Vgl. zur Regierungsbegründung des InvÄndG *BT*-Drs. 16/5576, S. 60.

242 Vgl. Ziffer 5.4.2. DCGK, der besagt, dass ein Aufsichtratsmitglied dann als unabhängig anzusehen ist, wenn es in keiner geschäftlichen oder persönlichen Beziehung zu Gesellschaft oder Vorstand steht, welche einen Interessenkonflikt begründet.

Aufsichtsratsmitglieds beginnt. Vielmehr könnte hier die Abhängigkeit bereits strukturell bedingt und nicht erst beim Vorliegen von qualifizierenden Merkmalen anzunehmen sein.

Generell bestehen im Unternehmensrecht allein Unabhängigkeitsanforderungen des Deutschen Corporate Governance Kodex sowie der Empfehlung der EU-Kommission. Eine Anknüpfung an Umfang und Dauer der Geschäftsbeziehung findet sich in diesen nicht. Daher sollen diese Regelungen daraufhin untersucht werden, ob sie ein vom Mehrheitsaktionär bestelltes Aufsichtsratsmitglied als unabhängig qualifizieren.

5.5.6.1.6.2 Regelungen des Deutschen Corporate Governance Kodex

Der DCGK verwendet eine andere Definition der Unabhängigkeit als diejenige, welche die Regierungsbegründung des InvG benutzt. Ziffer 5.4.2 DCGK sieht vor, dass dem Aufsichtsrat eine nach seiner Einschätzung ausreichende Anzahl unabhängiger Mitglieder angehören soll, um eine unabhängige Beratung und Überwachung des Vorstands durch den Aufsichtsrat zu ermöglichen. Die Unabhängigkeit wird so umschrieben, dass ein Aufsichtsratsmitglied als unabhängig anzusehen ist, wenn es in keiner geschäftlichen oder persönlichen Beziehung zu der Gesellschaft oder deren Vorstand steht, welche einen Interessenkonflikt begründet.[243] Die Unabhängigkeitsanforderung wird dadurch spezifiziert, dass dem Aufsichtsrat nicht mehr als zwei ehemalige Mitglieder des Vorstands angehören sollen. Aufsichtsratsmitglieder sollen keine Organfunktionen oder Beratungsaufgaben bei wesentlichen Wettbewerbern des Unternehmens ausüben.

Im Gegensatz zu der Definition der Unabhängigkeit nach dem InvG bezieht sich die Unabhängigkeit nach dem DCGK allein auf eine geschäftliche oder persönliche Beziehung zu der Gesellschaft, nicht jedoch auf die Beziehungen zu den Gesellschaftern, Geschäftspartnern oder verbundenen Unternehmen. Daher ist im Schrifttum umstritten, wie die Beteiligung von Vertretern eines Großaktionärs am Aufsichtsrat zu bewerten ist. So wird vereinzelt angenommen, dass sich aus der Empfehlung der Ziffer 5.4.2. DCGK ergibt, dass Vertreter des Großaktionärs regelmäßig nicht als unabhängig zu qualifizieren sein werden.[244] Verbreitet wird jedoch vertreten, dass Vertreter der Mehrheitsaktionäre nicht per se in einer geschäftlichen oder persönlichen Beziehung zum Unternehmen oder dessen Vorstand stehen

---

243 Ziffer 5.4.2 S. 2 DCGK.

244 *Vetter*, Update des Deutschen Corporate Governance Kodex, BB 2005, 1689 (1691).

und daher nicht grundsätzlich als abhängig zu qualifizieren sind.[245] Letztere Ansicht widerspricht der Empfehlung der EU-Kommission.

5.5.6.1.6.3 Unabhängigkeitsbegriff der Empfehlung der EU-Kommission

Die Empfehlung der EU-Kommission stellt fest, dass grundsätzlich der Aufsichtsrat selbst festlegen soll, was unter Unabhängigkeit zu verstehen ist.[246] Die Empfehlung legt aber eine Reihe sehr detaillierter Regelbeispiele fest, welche die Unabhängigkeit eines Aufsichtsratsmitglieds näher beschreiben: Die betreffende Person darf kein geschäftsführendes Verwaltungsrats- bzw. Vorstandsmitglied der Gesellschaft oder einer verbundenen Gesellschaft sein, und auch in den vorausgegangenen fünf Jahren kein solches Amt innegehabt haben. Die betreffende Person darf weder Angestellter der Gesellschaft noch einer verbundenen Gesellschaft sein und sich in den letzten drei Jahren nicht in einem derartigen Anstellungsverhältnis befunden haben, wobei eine Ausnahme für Arbeitnehmervertreter im Aufsichtsrat gemacht wird. Sie darf ohne Berücksichtigung einer Vergütung für die Tätigkeit als Aufsichtsratsmitglied keine zusätzliche Vergütung von der Gesellschaft oder einer verbundenen Gesellschaft erhalten haben. Die betreffende Person darf keinesfalls ein kontrollierender Aktionär sein oder einen solchen vertreten. Sie darf kein Geschäftsverhältnis in bedeutendem Umfang zu der Gesellschaft oder einem verbundenen Unternehmen unterhalten oder im letzten Jahr unterhalten haben. Die betreffende Person darf in den letzten drei Jahren kein Partner oder Angestellter des externen Abschlussprüfers der Gesellschaft oder einer verbundenen Gesellschaft gewesen sein. Auch darf sie kein Vorstandsmitglied in einer anderen Gesellschaft sein, in der ein Vorstandsmitglied der Gesellschaft ein Mitglied des Aufsichtsrats ist; sie darf keine anderen bedeutsamen Verbindungen zu Vorstandsmitgliedern der Gesellschaft durch die Beteiligung in anderen Gesellschaften oder Organisationen unterhalten. Ein Mandat im Aufsichtsrat darf nicht mehr als drei Amtsperioden (längstenfalls 12 Jahre) ausgeübt werden. Des Weiteren darf die betreffende Person kein enger Verwandter eines Vorstandsmitglieds oder von Personen sein, die sich in einer oben dargestellten Position befinden.

---

245 *Kremer* in Ringleb/Kremer/Lutter/v. Werder, Deutscher Corporate Governance Kodex, Rn. 1038; vgl. auch *Cromme* in Cromme, Corporate Governance Report 2006, S. 28, 33; *Lieder*, Das unabhängige Aufsichtsratsmitglied – Zu den Änderungen des Deutschen Corporate Governance Kodex, NZG 2005, 569 (571).

246 *EU Kommission*, ABl. Nr. L 52/51, Rn. 7.

5.5.6.1.6.4 Diskussion um die Empfehlungen der EU-Kommission

Die Empfehlungen der EU-Kommission werden von einer Vielzahl von Autoren als nicht mit den Grundvorstellungen des deutschen Aktienrechts vereinbar angesehen.[247] Der wesentliche Unterschied zwischen der EU-Definition und der des DCGK ist, dass die EU-Definition die Beziehungen zum Mehrheitsaktionär der Gesellschaft als unabhängigkeitsgefährdend einordnet. Diese Einordnung fehlt in der Kodexdefinition. Das Fehlen wird im deutschen Schrifttum begrüßt. Es sei kaum angemessen, vor dem Hintergrund der deutschen dualen Unternehmensverfassung, des in Deutschland sehr stark ausgeprägten konzernrechtlichen Minderheitenschutzes und der traditionell bedeutenden Rolle, welche Großaktionäre in deutschen Aktiengesellschaften einnehmen,[248] den Vertreter eines wesentlichen Aktionärs im Aufsichtsrat als abhängig einzustufen.[249] Die EU-Empfehlung qualifiziert jedoch ein Aufsichtsratsmitglied, das von einem Aktionär mit einer Kontrollmehrheit bestellt worden ist, als abhängig.[250] Dies wird kritisiert, da nicht per se eine geschäftliche Beziehung zwischen den Vertretern von Großaktionären und dem Unternehmen oder dessen Vorstand bestünde.[251] Zudem seien die Aufsichtsratsmitglieder der Anteilseignerseite in ihrer Amtsführung von Gesetzes wegen weisungsgebunden, was bereits

---

247 Vgl. zu den Bedenken hinsichtlich der Widersprüche mit dem deutschen Aktienrecht, *Spindler*, Die Empfehlungen der EU für den Aufsichtsrat und ihre deutsche Umsetzung im Corporate Governance Kodex, ZIP 2005, 2033 (2045); *Hoffmann-Becking* in Hoffmann-Becking, Münchener Handbuch des Gesellschaftsrechts § 30 Rn. 3a; *Hüffer*, Die Unabhängigkeit von Aufsichtsratsmitgliedern nach Ziffer 5.4.2 DCGK, ZIP 2006, 637, (638 ff.); *ders.*, AktG, § 100 Rn. 2a; *Lieder*, Das unabhängige Aufsichtsratsmitglied – Zu den Änderungen des Deutschen Corporate Governance Kodex, NZG 2005, 569, (570 ff.); die Ergebnisse der internationalen Diskussion als in der Unternehmenspraxis nicht praktikabel bezeichnend, *Vetter*, Update des Deutschen Corporate Governance Kodex, BB 2005, 1689, (1690 f.); siehe zu der Empfehlung der EU Kommission auch, *Habersack*, in Münchener Kommentar zum AktG, § 100 Rn. 68; *Nagel*, Unabhängigkeit der Kontrolle im Aufsichtsrat und Verwaltungsrat: Der Konflikt zwischen der deutschen und der angelsächsischen Konzeption, NZG 2007, 166 (167 ff.).

248 Siehe allgemein zu der Rolle der Vertreter von Großaktionären im Aufsichtsrat, *Emmerich* in Emmerich/Habersack, Aktien- und GmbH Konzernrecht, § 17 Rn. 5 ff.

249 Siehe *Cromme* in ders., Corporate Governance Report 2006, S. 33; *Lieder*, Das unabhängige Aufsichtsratsmitglied – Zu den Änderungen des Deutschen Corporate Governance Kodex NZG 2005, 569 (571).

250 Empfehlung der EU-Kommission, Anhang II Ziffer 1 lit d; siehe hierzu *Spindler*, Die Empfehlungen der EU für den Aufsichtsrat und ihre deutsche Umsetzung im Corporate Governance Kodex, ZIP 2005, 2033 (2041).

251 *Habersack*, Europäisches Gesellschaftsrecht im Wandel – Bemerkungen zum Aktionsplan der EG-Kommission betreffend die Modernisierung des Gesellschaftsrechts und die Verbesserung der Corporate Governance in der Europäischen Union, NZG 2004, 1 (5).

eine gewisse Unabhängigkeit von den sie wählenden Aktionären begründe.[252] Durch die Forderung der EU-Kommission sei eine Schwächung des Aufsichtsrates zu befürchten. Bestehe ein Unabhängigkeitserfordernis, werde der Großaktionär am Aufsichtsrat vorbei auf den Vorstand Einfluss nehmen.[253] Andere Autoren stellen jedoch fest, dass zunehmend auch in Deutschland die Bedeutung, wenn nicht gar Notwendigkeit, von mehr Unabhängigkeit für die Beratung und Überwachung des Vorstandes anerkannt wird.[254]

Eine weitere Abweichung im Wortlaut der Definition der Unabhängigkeit liegt darin, dass die Empfehlung der EU-Kommission darauf abstellt, ob die Beziehungen zwischen dem Aufsichtsratsmitglied und dem Vorstand oder der Gesellschaft „[...] einen Interessenkonflikt begründen, der sein Urteilsvermögen beeinflussen *könnte*". Der Kodex nimmt jedoch erst dann eine Abhängigkeit an, wenn ein Interessenkonflikt begründet *ist*.[255] Die Regelung des DCGK erfordere eine derart starke Geschäftsbeziehung zwischen dem Aufsichtsratsmitglied und der Gesellschaft, dass sie die persönliche Unabhängigkeit des Aufsichtsratsmitglieds beeinträchtige.[256] Die Fassung des DCGK ist somit enger: Er stellt auf das Vorliegen eines tatsächlichen Interessenkonflikts ab, während die EU-Definition einen potentiellen Interessenkonflikt für die Annahme einer Abhängigkeit ausreichen lässt.

5.5.6.1.6.5 Implikationen des Unabhängigkeitsbegriffs für die KAG

Überträgt man die Argumente gegen die EU-Betrachtung der Unabhängigkeit auf die Situation der KAG, so ist zu konstatieren, dass die Situation in der KAG anders gelagert ist. Wie aufgezeigt, trägt die duale Unternehmensverfassung wegen des Vorliegens von Interessenkonflikten nicht automatisch dazu bei, dass ein Schutz der Anlegerinteressen sichergestellt wird. Die Anleger sind nicht an der Bestellung der Aufsichtsratsmitglieder beteiligt. Der konzernrechtliche Minderheitenschutz kann ebenfalls nicht zum Anlegerschutz beitragen, da die Anleger in der Regel keine Aktionäre der KAG sind. Der Verweis auf die traditionell bedeutende Rolle des Großaktionärs ist kein valider Grund, eine Unabhängigkeit zu bejahen. In der

252 *Ringleb* in Ringleb/Kremer/Lutter/v. Werder, Deutscher Corporate Governance Kode, Rn. 1038.

253 *Hoffmann-Becking*, Wider die Entmachtung der Räte, ZHR 170 (2006), 2 (3).

254 *Hopt/Roth* in Großkommentar AktG, § 100 Rn. 192.

255 *Ringleb* in Ringleb/Kremer/Lutter/v. Werder, Deutscher Corporate Governance Kodex, Rn. 1039.

256 *Vetter*, Update des Deutschen Corporate Governance Kodex, BB 2005, 1689, (1691).

Konstellation der KAG kann ein Interessenkonflikt gerade aus den Interessen des Aktionärs resultieren. Schließlich soll im Aufsichtsrat nicht allein im Interesse der Gesellschaft, sondern im Interesse der Anleger gehandelt werden. Gerade der traditionell hohe Einfluss des Großaktionärs auf die Aufsichtsratsmitglieder lässt eine Unabhängigkeit unwahrscheinlich erscheinen.

Nach der Unabhängigkeitsdefinition des DCGK, die einen tatsächlichen Interessenkonflikt fordert, muss das Bestehen für den konkreten Fall nachgewiesen werden. Konkret heißt das, es muss der Nachweis erbracht werden, dass die Aufsichtsratsmitglieder in einem Konflikt zwischen der Wahrnehmung des Anlegerinteresses und der Interessen der sie bestellenden Personen stehen. Die weitere Definition der EU-Empfehlung lässt einen potentiellen Interessenkonflikt ausreichen. Bei einer Bestellung der Aufsichtsratsmitglieder durch die Hauptaktionärin kann ein Interessenkonflikt zwischen der Wahrnehmung der Anlegerinteressen und den Interessen der die Aufsichtsratsmitglieder bestellenden Gesellschaft auftreten. In der Konstellation der KAG bestünde also immer ein potentieller Interessenkonflikt für die Aufsichtsratsmitglieder. Nach der Definition der Empfehlung wären sie somit abhängig.

Die von der Regierungsbegründung des InvÄndG vorgeschlagene Unabhängigkeitsdefinition erscheint als ein vermittelnder Weg, da sie eine Vermutungsregel aufstellt, wann regelmäßig das Fehlen der Unabhängigkeit anzunehmen ist. Allerdings ist diese Lösung nicht zufriedenstellend – ein Beeinflussungspotential durch die bestellende Person kann auch bei einer kurzfristigeren Geschäftsbeziehung bestehen. Soll die Unabhängigkeit des Aufsichtsrates gestärkt werden, ist es sinnvoll, bereits einen potentiellen Interessenkonflikt ausreichen zu lassen, um die Unabhängigkeit eines Aufsichtsratsmitglieds zu verneinen. Die Empfehlung der EU-Kommission, welche die Unabhängigkeit der Aufsichtsratsmitglieder ablehnt, welche den Mehrheitsaktionär vertreten, kann eine tatsächliche Unabhängigkeit zuverlässiger gewährleisten, als das Abstellen auf konkrete Konflikte. Konkrete Konflikte werden nicht immer erkennbar sein. Wird nur bei ihrem Vorliegen die Beendigung des Mandats verlangt, besteht bei einem dauerhaften Interessenkonflikt die Gefahr, dass die abgestuften Lösungen, wie etwa Stimmenthaltungen, nicht dazu geeignet sind, das Regelungsziel zu verwirklichen.[257] Belässt man eine in einem Interessenkonflikt

---

257 *Roth/Wörle*, Die Unabhängigkeit des Aufsichtsrats – Recht und Wirklichkeit, ZGR 2004, 565 (618).

befangene Person in einem Entscheidungsprozess, ist zu berücksichtigen, dass es in der menschlichen Natur liegt, Näheverhältnisse unterschiedlich stark wahrzunehmen.[258] Die entstehenden Prioritäten können nicht durch Pflichtbindung neutralisiert werden.[259] Somit besteht bei einem potentiellen Interessenkonflikt, wie er aus der Stellung als Vertreter eines Mehrheitsaktionärs resultiert, die Gefahr eines Handelns entgegen der Anlegerinteressen. Daher wäre eine Stellungnahme des Gesetzgebers zu der Frage wünschenswert, ob Vertreter des Mehrheitsaktionärs als abhängig einzuordnen sind.

5.5.6.1.6.6 Relevanz eines unabhängigen Aufsichtsratsmitglieds

Gegen die Notwendigkeit eines unabhängigen Aufsichtsratsmitgliedes haben sich im Gesetzgebungsverfahren des InvÄndG insbesondere Vertreter der Investmentbranche gewandt. Ihrer Auffassung nach stehe die Anforderung eines unabhängigen Aufsichtsratsmitglieds nicht im Einklang mit der generellen Ausrichtung und Corporate Governance des Aufsichtsrats. Der Aufsichtsrat agiere bereits auf der Basis der jeweiligen gesellschaftsrechtlichen Vorgaben unabhängig und sei dem Anlegerinteresse verpflichtet. Es gebe keine Anzeichen, dass in der Vergangenheit das Handeln von Aufsichtsräten einer Kapitalanlagegesellschaft nicht im Anlegerinteresse erfolgt sei. Es fehle sowohl an einem regelungsbedürftigen Missstand, als auch an einer Regelungslücke. Durch die Einschaltung von Wirtschaftsprüfern, der BaFin und der Depotbank bestünden ausreichende Sicherungsvorkehrungen, um sicherzustellen, dass der Aufsichtsrat seinen Pflichten gegenüber der Gesellschaft nachkomme. Zudem lasse sich die neue Regelung nicht aus europäischen Vorgaben ableiten. Sie begründe so einen deutschen Sonderweg, der Nachteile für den Investmentstandort Deutschland mit sich bringen könne.

Andere Autoren haben jedoch die Missstände hinsichtlich der Kontrolle durch den Aufsichtsrat angeprangert.[260] Auf Grund der oben dargestellten Interessenkonflikte im Aufsichtsrat der KAG und den Schwierigkeiten,

---

258 *Roth/Wörle*, Die Unabhängigkeit des Aufsichtsrats – Recht und Wirklichkeit, ZGR 2004, 565 (618).

259 *Roth/Wörle*, Die Unabhängigkeit des Aufsichtsrats – Recht und Wirklichkeit, ZGR 2004, 565 (618).

260 *Köndgen/Schmies* in Schimansky/Bunte/Lwowski, Bankrechts-Handbuch, § 113 Rn. 51; vgl. *Möllers/Wenninger*, Schriftliche Stellungnahme zum Gesetzesentwurf der Bundesregierung „Entwurf eines Gesetzes zur Änderung des Investmentgesetzes und zur Anpassung anderer Vorschriften" (Investmentänderungsgesetz – InvÄndG, BT-Drs. 16/5576) sowie

diesen allein durch Verhaltenspflichten und organisatorischen Maßnahmen zu begegnen, erscheint es erforderlich die Unabhängigkeit des Aufsichtsrats durch Unabhängigkeitsanforderungen an seine Mitglieder zu stärken. Ob dies allerdings durch das vom InvÄndG eingeführte Erfordernis eines unabhängigen Aufsichtsratsmitglieds gewährleistet wird, ist fraglich.

5.5.6.1.6.7 Einfluss eines unabhängigen Aufsichtsratsmitglieds

Besteht eine tatsächliche Abhängigkeit der anderen Aufsichtsratsmitglieder, die sich auf ihr Verhalten auswirkt, ist zu bezweifeln, ob ein einzelnes unabhängiges Aufsichtsratsmitglied entscheidenden Einfluss darauf ausüben kann, dass der Aufsichtsrat insgesamt seine Kontrolle unabhängig wahrnimmt. Wird es für erforderlich gehalten, die Unabhängigkeit der Aufsichtsratsmitglieder durch Anforderungen an ihre wirtschaftlichen Beziehungen mit der KAG abzusichern, kann es im Gegenschluss nicht ausreichen, diese Regelung auf ein Aufsichtsratsmitglied zu beschränken. Der Interessenkonflikt wird bei allen wirtschaftlich abhängigen Aufsichtsratsmitgliedern auftreten. Ein einziges unabhängiges Aufsichtsratsmitglied hätte keinen Einfluss auf Entscheidungen des Aufsichtsrates, die dem Anlegerinteresse widersprächen, da es in der Minderheit wäre. Seine Funktion wäre somit lediglich mahnender Natur, es könnte allein die Anlegerinteressen im Aufsichtsrat artikulieren. Hinsichtlich der Verbesserung des Anlegerschutzes wäre seine Rolle rein symbolisch.[261] Daher müsste die Mehrheit der Aufsichtsratsmitglieder unabhängig sein, um ein Handeln im Anlegerinteresse sicherzustellen.

5.5.6.1.6.8 Anzahl unabhängiger Aufsichtsratsmitglieder

Soll eine Ausrichtung des Aufsichtsratshandelns am Anlegerinteresse sichergestellt werden, sollte die Mehrheit der Aufsichtsratsmitglieder unabhängig sein. Die Befolgung der Anlegerinteressen wird sonst nicht durch eine Abstimmungsmehrheit abgesichert.[262] Diese Forderung ist im Kern

---

dem Antrag der Fraktion Bündnis 90/Die Grünen „offene Immobilienfonds – Marktstabilität sichern, Anlegervertrauen stärken" (BT-Drs. 16/662) vom 2. Juli 2007, S. 3 ff.

261 So auch *Schäfer*, Corporate Governance bei Kapitalanlagegesellschaften – Fund Governance, S. 231.

262 Vgl. hierzu *Köster*, Der Schutz der Kapitalanleger im deutschen und nordamerikanischen Wertpapier-Investmentrecht, S. 121, der nach dem Vorbild des US-amerikanischen Rechts vorschlägt, das Unabhängigkeitserfordernis auf 60 % der Aufsichtsratsmitglieder auszuweiten; siehe *Schäfer*, Corporate Governance bei Kapitalanlagegesellschaften

nicht neu. Bereits in den 70er und 80er Jahren wurde die zwingende Besetzung des Aufsichtsrates mit tatsächlich neutralen Mitgliedern gefordert.[263] Allerdings wandte sich die Investmentbranche gegen dieses Vorhaben. Inzwischen aber kann auf internationale Erfahrungen zurückgegriffen werden, die eine Mehrheit unabhängiger Mitglieder des Kontrollorgans als adäquat erscheinen lassen. Anhand der englischen und US-amerikanischen Regelungen soll aufgezeigt werden, dass der Unabhängigkeit des Kontrollorgans in führenden Investmentfonds-Jurisdiktionen eine essentielle Bedeutung zugemessen wird.

5.5.6.1.6.9 Beispiel des englischen Rechts

Zu der Frage nach der Anzahl der unabhängigen Mitglieder des Aufsichtsrates könnte ein Blick auf das englische Recht lohnend sein. In England gilt als Pendant zum Deutschen Corporate Governance Kodex der Combined Code.

Combined Code Principle A.3 fordert eine Balance zwischen geschäftsführenden („executive") und nicht geschäftsführenden („non-executive") Mitgliedern im Leitungsgremium („Board"), den Direktoren („directors"), wobei insbesondere unabhängige, nicht geschäftsführende Board Mitglieder vorhanden sein sollen. Dabei sollten mindestens 50 % der Board-Mitglieder ohne Berücksichtigung des Vorsitzenden unabhängig sein.[264] Das Unabhängigkeitserfordernis soll auch für Fondsmanagementgesellschaften gelten.

Nun ist der Board im englischen Recht nicht mit dem deutschen System von Vorstand und Aufsichtsrat vergleichbar. Das deutsche Recht verfolgt eine duale Struktur, während das englische Modell monistisch ist. In der englischen Variante erfolgt die Kontrolle des Vorstandshandelns intern im Board, indem die geschäftsführenden Direktoren gemeinsam mit nicht geschäftsführenden Direktoren für die Leitung des Unternehmens sowie

---

– Fund Governance, S. 231, der sich für eine numerische Mehrheit von unabhängigen Aufsichtsratsmitgliedern ausspricht.

263 Siehe für einen Überblick *Roth*, Treuhandmodell des Investmentrechts, S. 152.

264 *Higgs* Report, S. 35; Siehe hierzu auch *Walker*, A review of corporate governance in UK banks and other financial institutions – Final recommendations, S. 41, der sich allerdings für die Möglichkeit von diesem Erfordernis abzuweichen ausspricht, wenn es gerechtfertigt ist, um die Balance zwischen Branchenerfahrung und Unabhängigkeit zu wahren.

die Kontrolle zuständig sind.[265] Der Combined Code erfordert die Besetzung des Boards zu 50 % mit nicht geschäftsführenden Direktoren, die zudem unabhängig sein sollen.[266] Dies ist ein deutliches Statement: Den unabhängigen Direktoren wird eine entscheidende Bedeutung zugemessen. Die unabhängigen Direktoren sollen einen mindestens genauso hohen Anteil an den Stimmen im Board haben, wie die abhängigen Direktoren. Nur nicht geschäftsführende Direktoren können unabhängig sein, da sich die geschäftsführenden Direktoren in einer engen Beziehung („material relationship") mit der Gesellschaft befinden.[267] Die geschäftsführenden Direktoren werden daher immer als abhängig zu betrachten sein. Damit müssen rechnerisch[268] sämtliche der nicht geschäftsführenden Direktoren unabhängig sein. Der Vorsitzende („Chairman") des Boards hätte bei einer solchen Besetzung die entscheidende Stimme.

Der Hintergrund für diese Regelung ist die Wahrnehmung, dass auch eine Rechtspflicht der Direktoren im besten Interesse der Gesellschaft zu handeln, Auswirkungen von Interessenkonflikten auf das Vorstandshandeln nicht verhindern könnte.[269] Die unabhängigen, nicht geschäftsführenden Direktoren bewirkten ein Maß an Objektivität, welches den mit der Gesellschaft verbundenen Personen nicht möglich sei.[270] Die Objektivität trüge zu einem besseren Management von Interessenkonflikten bei.[271]

5.5.6.1.6.10 Konsequenzen aus dem britischen Modell für das deutsche Recht

Trotz der divergierenden Vorstandsstruktur im englischen Recht lässt sich der generelle Rechtsgedanke auch für das deutsche Recht nutzbar machen. Dies ist insbesondere der Fall, da der Rechtsgedanke der Unabhängigkeitsanforderungen durch das, sich für diese Konstellation am angloamerikanischen System orientierende, Europarecht auch für das deutsche Recht Relevanz entfaltet.[272] Im englischen Recht wird es als erforderlich

265 *Higgs* Report, S. 21; vgl. *Leyens*, Corporate Governance, Grundsatzfragen und Forschungsperspektiven, JZ 2007, 1061 (1065).
266 Principle A.3. Combined Code.
267 Vgl. *Higgs* Report, S. 37.
268 Die Boards sollen ausgewogen mit geschäftsführenden und nicht-geschäftsführenden Direktoren besetzt werden, vgl. Empfehlung A.3 Combined Code.
269 *Higgs* Report, S. 35.
270 *Higgs* Report, S. 35.
271 *Higgs* Report, S. 35.
272 Vgl. die Empfehlung der *EU Kommission*, ABl. Nr. L 52/51, Rn. 7, die sich allerdings auf die Anforderungen an Aufsichtsratsmitglieder in börsennotierten Gesellschaften bezieht.

angesehen, eine Balance zwischen den abhängigen und unabhängigen Board-Mitgliedern herzustellen, damit eine ausgewogene Machtverteilung besteht. Über den Gedanken der Bedeutung der Unabhängigkeit für eine objektive Kontrolle sowie die Schwächen von Verhaltenspflichten zur Auflösung von Interessenkonflikten hinaus, lassen sich jedoch schwerlich Lehren aus dem englischen Recht ziehen. Auf Grund der Unterschiede zwischen dem monistischen und dem dualistischen Modell, ist die Situation im Aufsichtsrat anders gelagert, als im Board.[273] Der Aufsichtsrat ist für die Kontrolle des Vorstandshandelns, grundsätzlich aber nicht für die Leitung (auch wenn diese sich auf Strategieentscheidungen beschränkt) der Gesellschaft zuständig.[274]

Das englische Recht enthält die Wertung, dass es für eine objektive Kontrolle der Geschäftsführung einer Mehrheit unabhängiger, nicht geschäftsführender Direktoren bedarf. Aus dieser Wertung lässt sich für das deutsche Recht das Bedürfnis einer Mehrheit unabhängiger Aufsichtsratsmitglieder ableiten. Schließlich sind die Aufsichtsratsmitglieder im deutschen Recht für die Kontrolle der Geschäftsleitung zuständig. Für die Bestimmung der erforderlichen Anzahl unabhängiger Aufsichtsratsmitglieder sollte der Fokus auf ihrer Fähigkeit liegen, das Anlegerinteresse gefährdende Entscheidungen zu verhindern. Daher sollte eine numerische Mehrheit der Mitglieder des Aufsichtsrates unabhängig sein.

5.5.6.1.6.11 Unabhängigkeitserfordernisse im US-amerikanischen Recht

Ein Beispiel für das Erfordernis von unabhängigen Direktoren ist das US-amerikanische Recht. Die Erfahrung des amerikanischen Investmentwesens hat gezeigt, dass bei einer Abhängigkeit trotz des Bestehens von Verhaltenspflichten nicht davon ausgegangen werden kann, dass Interessenkonflikte im Interesse der Gesellschaft gelöst werden.[275] Daher fordert die SEC,[276] dass gar 75 % des Boards aus unabhängigen Direktoren beste-

273 Siehe hierzu *Wackerbarth*, Investorvertrauen und Corporate Governance, ZGR 2005, 686 (704 ff.)

274 *Matthießen*, Stimmrecht und Interessenkollision im Aufsichtsrat, S. 282 f.

275 Vgl. *Schelm*, Sorgfalts- und Loyalitätspflichten im Investmentrecht, S. 136.

276 Die SEC hat eine erhebliche Rechtsmacht als Bundesbehörde für die Verwaltung des Wertpapierrechts. Sie kann formelles und informelles Recht setzen. „Releases" sind öffentliche Besprechungen aktueller Rechtsprobleme und unterfallen der informellen Rechtssetzung, vgl. zu einer grundlegenden Erläuterung der SEC-Regelungen, *Steck*, Regulierung von US-amerikanischen Investmentgesellschaften (Investment Companies), S. 47.

hen muss.[277] Bei Investmentgesellschaften („Investment Companies") ist der Board of Directors nicht an der Leitung des Tagesgeschäfts beteiligt, sondern hat eine reine Aufsichtsfunktion inne.[278] Er soll eine Kontrolle zugunsten der Anteilsinhaber bewirken.[279] Die Ausführung des Tagesgeschäfts obliegt dem „Investment Advisor", einem externen Berater. Er wird durch den Abschluss eines Beratervertrags das faktische Leitungsorgan einer Investment Company.[280] In dieser Konstellation handelt es sich also nicht um die typisch monistische Leitungsstruktur. Der Board of directors dient als Kontrollgremium und ist so funktionell mit dem deutschen Aufsichtsrat vergleichbar. Die Kontrolle des Investment Advisors durch den Board of directors soll dazu dienen, das spezielle Konfliktpotential[281] aufzulösen, das zwischen dem Investment Advisor und den Anlegerinteressen auftritt.[282] Die SEC statuierte 2001 die (informelle) Anforderung, dass die Mehrheit der Direktoren unabhängig sein sollte.[283] Das Erfordernis änderte sie 2004 auf eine Mehrheit von 75 %, da sie feststellte, dass eine

277 Siehe hierzu *Higgs* Report, S. 3; *SEC*, Release No. IC-26520; File No. S7-03-04. Im Juli 2004 implementierte die SEC einige neue Governance Regeln in den Investment Company Act, vgl. 26,520, 83 SEC Doc. 1384 (2004) adoption, die gemeinsam ein Erfordernis von mindestens 75 % unabhängiger Direktoren im Board der Investment Company ergaben. Allerdings wurde diese Regelung in 2005 vom District of Columbia Court of Appeal als rechtswidrig beurteilt, da die SEC die Kosten der Umsetzung des Unabhängigkeitserfordernisses nicht angemessen berücksichtigt habe. Generell sei die Pflicht zur Bestellung von 75 % unabhängiger Direktoren aber zulässig (Chamber of Commerce of United States of Am. V. SEC 412 F.3d 133 (D.C. Cir. 2005)). In 2006 erging erneut ein Urteil des District of Columbia Circuit gegen die SEC in dem es das Erfordernis der Unabhängigkeit von 75 % der Direktoren wegen Verfahrensfehlern bei dem Erlass der Fund Governance Regeln als rechtswidrig qualifizierte. Allerdings erlaubte das Gericht die Wiedereröffnung des Gesetzgebungsverfahrens, um den formellen Mängeln abzuhelfen. Siehe ausführlich zu den Verfahren und gerichtlichen Entscheidungen über die Fund Governance, *Loss/Steigman/Paredes*, Fundamentals of Securities Regulation, S. 14.

278 *Steck*, Regulierung von US-amerikanischen Investmentgesellschaften (Investment Companies), S. 89.

279 Burks v. Lasker, 441 US Rep. 471 (484).

280 Siehe *Steck*, Regulierung von US-amerikanischen Investmentgesellschaften (Investment Companies), S. 89 f.

281 Die Beziehung zwischen Investment Advisor und mutual Fund als mit potentiellen Interessenkonflikten aufgeladen bezeichnend, Galfand v. Chestnutt Corp., 545 F.2d 807 (808).

282 Vgl. zu dem besonderen Konfliktpotential Galfland v Cestnutt Corp., 545 F.2d 807 (808).

283 Investment Company Governance, Investment Company Act Release No. 26323 (Jan. 15, 2004) [69 FR 3472 (Jan. 23, 2004)] („Proposing Release"). In 2001 wurden Änderungen eingeführt, die von allen Funds erfordern: „...to have (i) a board that has a majority of independent directors; (ii) the independent directors select and nominate independent directors; and (iii) independent directors, if they hire counsel, hire only counsel that does not have substantial ties to fund managers." Role of Independent Directors of Investment

einfache Mehrheit nicht weitgehend genug sei, um das Bedürfnis nach einem unabhängigen Board of directors zu erfüllen.[284]

5.5.6.1.6.12 Konsequenzen aus dem US-amerikanischen Modell für das deutsche Recht

Die soeben dargelegte Ansicht der SEC zeigt, dass sie den unabhängigen Direktoren eine essentielle Bedeutung für die Kontrolle des Tagesgeschäfts der Investmentvermögen zumisst. Dieser Betrachtung ist auch für das deutsche Recht zuzustimmen. Unabhängige Aufsichtsratsmitglieder unterliegen weniger Interessenkonflikten und können durch ihre externe Sicht zu einer objektiven Kontrolle beitragen. Um eine wirksame Kontrolle zu garantieren, sollte entsprechend dem Beispiel der US-amerikanischen Investmentgesellschaften die Mehrheit der Aufsichtsratsmitglieder unabhängig sein. Nur so kann verhindert werden, dass sie entgegen dem Anlegerinteresse bei Entscheidungen überstimmt werden. Hinsichtlich der Höhe des Mehrheitserfordernisses wäre es sachgerecht, eine mindestens einfache Mehrheit einzuführen, da sie die Abstimmungsmehrheit sichert. Sollte ersichtlich werden, dass eine einfache Mehrheit keine ausreichende Kontrolle bewirken kann, sollte die Anhebung des Mehrheitserfordernisses erwogen werden.

5.5.6.1.7 Fazit zum Umfang des Unabhängigkeitserfordernisses

Es kann festgehalten werden, dass das Erfordernis der Unabhängigkeit eines Aufsichtsratsmitglieds ein Schritt hin zur Sicherung eines unabhängigen Aufsichtsrates sein kann. Allein kann aber ein unabhängiges Aufsichtsratsmitglied nicht viel ausrichten, da es über keine Beschlussmehrheit verfügt. Es ist also darauf angewiesen, dass die anderen Aufsichtsratsmitglieder ebenfalls im Interesse der Anleger handeln, sonst kann es nur eine Informations- und Ermahnungsfunktion inne haben. Es sollte daher die Einführung einer Pflicht zur Bestellung einer Mehrheit unabhängiger Aufsichtsratsmitglieder erwogen werden.

Companies, Investment Company Act Release No. 24816 (Jan. 2, 2001) [66 FR 3734 (Jan. 16, 2001)].

284 *SEC*, Release No. IC-26520; File No. S7-03-04.

5.5.6.1.7.1 Verbesserung des Anlegerschutzes bei der Unabhängigkeit nur eines Aufsichtsratsmitglieds

Soll keine Ausweitung des Unabhängigkeitserfordernisses erfolgen, so sollten zumindest die Anforderungen an das unabhängige Aufsichtsratsmitglied spezifiziert werden. Im Diskussionsentwurf des InvÄndG war noch vorgesehen, dass das unabhängige Aufsichtsratsmitglied ein Vertreter der Anleger sein sollte.[285] Es wäre erwägenswert, eine solche Regelung in das InvG aufzunehmen. Bei nur einem unabhängigen Aufsichtsratsmitglied wäre es sinnvoll, zu verlangen, dass es ein Vertreter einer anerkannten Anlegerschutzorganisation sein sollte.[286] Eine solche Regelung würde sicherstellen, dass das unabhängige Aufsichtsratsmitglied die fachliche Eignung zur Repräsentation der Anlegerinteressen aufweist und institutionell absichern, dass es die Informations- und Ermahnungsfunktion ausfüllen kann. Zudem wäre ein solches Kriterium geeignet, das Anlegervertrauen zu stärken.

5.5.6.1.7.2 Bestellung der Aufsichtsratsmitglieder durch die Anleger

Alternativ ist in Betracht zu ziehen, den Interessenkonflikt zwischen Anlegerinteresse und dem Interesse der Personen, welche die Aufsichtsratsmitglieder bestellen, mittels einer Bestellung durch die Anleger aufzulösen. Damit würde die Anreizstruktur für die Aufsichtsratsmitglieder an die Situation in der AG und GmbH angeglichen und sie könnten als Interessenvertreter agieren. Eine Bestellung durch die Anleger böte sich an, da bereits jetzt der Aufsichtsrat primär im Anlegerinteresse handeln soll. Die Anleger könnten durch das Recht zur Bestellung sicherstellen, dass sie von den Personen im Aufsichtsrat vertreten werden, welche ihre Interessen am besten wahrnehmen. In der Literatur wird eine solche Struktur als erwägenswert betrachtet, da sie eine durchführbare Möglichkeit sei,[287] eine legitimierte und zugleich schlagkräftige Repräsentation der Anleger zu bewirken.[288] Auch unter dem Vertragsmodell sei eine kollektive Repräsen-

285 Diskussionsentwurf zum Gesetz zur Änderung des Investmentgesetzes und anderer Gesetze vom 18.01.2007, S. 14.

286 Siehe zu dem Vorschlag des Diskussionsentwurfs *Zetzsche*, Zwischen Anlegerschutz und Standortwettbewerb: Das Investmentänderungsgesetz, ZBB 2007, 438 (445).

287 Berichtet bei *Baur* in Assmann/Schütze, Handbuch des Kapitalanlagerechts, § 18 Rn. 121.

288 *Köndgen/Schmies* in Schimansky/Bunte/Lwowski, Bankrechts-Handbuch, § 113 Rn. 51; vgl. allgemein zur Legitimationsfunktion der Aufsichtsratswahl, *Bollweg*, Die Wahl des Aufsichtsrates in der Hauptversammlung der Aktiengesellschaft, S. 44.

tation möglich, zumal die individualvertraglichen Kontrollrechte de lege lata denkbar wenig effektiv seien.[289] Auch das freie Rückgaberecht des Investors bewirke nicht den erforderlichen Schutz, da es durch Gebühren beeinträchtigt sein könne.[290]

Eine solche Gestaltung erscheint gesellschaftsrechtlich möglich, obwohl durch die Bestellung der Aufsichtsratsmitglieder durch die Anleger die Rechte der Gesellschafter der KAG eingeschränkt würden. Eine detaillierte Erörterung der Zulässigkeit einer derartigen Regelung soll an dieser Stelle nicht erfolgen, da Bedenken bestehen, dass eine Bestellung des Aufsichtsrates durch die Anleger nicht dazu geeignet ist, die Anleger besser zu schützen, als ein Aufsichtsrat, der aus mehrheitlich unabhängigen Vertretern besteht. Letztere Variante stellt einen geringeren Eingriff in die Rechte der Gesellschafter der KAG dar. Es wäre daher präferabel, die Pflicht zur Bestellung von unabhängigen Aufsichtsratsmitgliedern durch die Anteilsinhaber beizubehalten, wenn aus der Bestellung des Aufsichtsrates durch die Anleger kein höheres Anlegerschutzniveau resultierte.

Ein von den Anlegern bestellter Aufsichtsrat hätte den Vorteil, dass die Anleger ihre Interessenvertreter selbst bestimmen und so die Personen auswählen könnten, von denen sie eine optimale Interessenvertretung erwarten. Bestellen die Gesellschafter der KAG die unabhängigen Aufsichtsratsmitglieder, ist nicht gewährleistet, dass sie die aktivsten Vertreter von Anlegerinteressen bestellen. Es kann in ihrem Interesse liegen, gerade nicht die für die Anleger optimalen unabhängigen Personen auszuwählen.

5.5.6.1.7.3 Probleme der Bestellung der Aufsichtsratsmitglieder durch die Anleger

Es ist zu berücksichtigen, dass die Bestellung der Aufsichtsratsmitglieder durch die Anleger einen erheblichen Verwaltungsaufwand verursachen würde. Die Anleger müssten über die Aufsichtsratsmitglieder abstimmen oder einen Vertreter bestimmen, der an ihrer Stelle über die Bestellung der Aufsichtsratsmitglieder abstimmt.[291] Der Verwaltungsaufwand würde Kosten verursachen, die sich auf den Wert des Investmentvermögens auswirken würden. Es sind zudem die von der Behavioural Economics-Lehre vorgebrachten Bedenken an der Rationalität der Privatkunden zu

289 *Köndgen/Schmies* in Schimansky/Bunte/Lwowski, Bankrechts-Handbuch, § 113 Rn. 51.
290 *Köndgen/Schmies* in Schimansky/Bunte/Lwowski, Bankrechts-Handbuch, § 113 Rn. 51.
291 Vgl. *Schäfer*, Corporate Governance bei Kapitalanlagegesellschaften – Fund Governance, S. 221.

berücksichtigen, sowie die oftmals geringen Finanzkenntnisse. Privatkunden investieren in der Regel in Investmentvermögen, um nicht die Wahl der Anlagestrategie treffen zu müssen, sondern diese Fachleuten zu überlassen.

Für die Frage der Bestellung der Aufsichtsratsmitglieder müssten die Anleger die Fachkunde der Kandidaten beurteilen. Dies wird ihnen ohne Finanzkenntnisse kaum möglich sein, da für die Beurteilung der Fachkenntnisse und Leistungen die Effizienz der Arbeit der Personen in der Vergangenheit bewertet werden muss. Kenntnisse hinsichtlich der Details der Aufsichtsratstätigkeit werden Privatkunden in der Regel jedoch ebenso wenig aufweisen, wie Kenntnisse hinsichtlich der Fondsverwaltung. Es bestünde das Problem, dass Privatkunden oftmals die Anforderungen an ein „gutes" Aufsichtsratsmitglied nicht kennen werden, so dass ihnen die Grundlage für die Auswahl fehlen wird.[292] Eine Auswahl der kompetentesten Vertreter würde vermutlich an den mangelnden Kenntnissen der Privatkunden scheitern. Die Bestellung von Aufsichtsratsmitgliedern ohne eine angemessene Berücksichtigung ihrer Kompetenz und Qualifikation wäre für die Arbeit des Aufsichtsrates schädlich. Sie würde die KAG in ihrem Handeln im Anlegerinteresse eher stören als fördern, da die Ausübung der Aufsichtsratstätigkeit eine erhebliche Sachkunde voraussetzt. Daher ist es nicht anzunehmen, dass die Bestellung der Aufsichtsratsmitglieder durch die Anleger den Anlegerschutz fördert.

Es könnte argumentiert werden, dass es für die Anleger jedenfalls nicht nachteilig ist, wenn sie Aufsichtsratsmitglieder wählen, die ihre Interessen nicht optimal vertreten. Die Aufsichtsratsmitglieder hätten immerhin einen höheren Anreiz, im Anlegerinteresse zu handeln, als von den Aktionären der KAG bestellte Personen. Mittels der modernen Kommunikationstechnologien wäre es möglich die Vertreterwahl im Internet zu organisieren und so den Verwaltungsaufwand zu minimieren. Allerdings ist zu bedenken, dass eine reine Internet Hauptversammlung nach geltendem Recht nicht möglich ist.[293] Es könnte daher eine Variante implementiert werden,

292 Vgl. zu den Problemen des nicht rationalen Abstimmungsverhaltens von Privatkunden in Aktiengesellschaften und die so bestehende Gefahr zufälliger, nicht am Gesellschaftsinteresse orientierter Mehrheiten, *Habersack*, Aktienrecht und Internet, ZHR 165 (2001), 172 (196).

293 *Kremer* in Ringleb/Kremer/Lutter/v. Werder, Deutscher Corporate Governance Kodex, Rn. 210; *Noack*, Online-Hauptversammlung – Stand der Dinge und wichtige Reformvorschläge, NZG 2001, 1057, (1058 ff.); *ders.* in Hoeren/Sieber, Handbuch Multimedia-Recht, Teil 21.2, Rn. 100; sich für die Möglichkeit einer virtuellen Hauptversammlung aussprechend, *Hasselbach*, Hauptversammlung im Internet, ZGR 2000, 258, 260 f.; *Wohlwend*, Die Hauptversammlung im Wandel der Kommunikationsformen, S. 146 ff.; *Muthers/Ulbrich*,

bei der eine Anlegerversammlung physisch stattfindet, die Anleger die Versammlung aber auch verfolgen können, ohne anreisen zu müssen.[294] Eine solche Hauptversammlung könnte eine höhere Partizipation der Anleger bewirken.[295] Trotzdem werden in der Literatur Zweifel vorgetragen, ob die Nutzung moderner Kommunikationstechnologien etwas an dem grundsätzlichen Problem ändert, dass es einem Großteil der Kleinaktionäre an der Bereitschaft mangelt, irgendwelche Mühen auf sich zu nehmen, um eine Ausübung ihres Stimmrechts sicherzustellen.[296] Es bestehen also sowohl Zweifel an der Zulässigkeit einer rein virtuellen Anlegerversammlung, als auch daran, ob die Anleger die Möglichkeit einer virtuellen Teilnahme nutzen würden.

Vernachlässigt man die Bedenken an der Kompetenz der Privatkunden Aufsichtsratsmitglieder auszuwählen, ist trotzdem zu berücksichtigen, dass eine fundierte Auswahlentscheidung Informationskosten verursachen würde. Die Kosten wären im Vergleich zu einer Auswahl durch die Gesellschafter der KAG höher, weil sich die Anleger erst die entsprechenden Fachkenntnisse anlesen müssten. Die Informationskosten würden die Vorteile der Fremdverwaltung teils aufheben, da die Arbeitsteilung reduziert würde.

5.5.6.1.7.4 Stellvertretung der Anleger

Eine Möglichkeit wäre, dieses Problem durch eine Stellvertretung der Anleger zu lösen. Vertreter von Anlegerschutzbünden könnten als Vertreter

---

Internet und Aktiengesellschaft, WM 2005, 215 (217); *Riegger/Mutter*, Zum Einsatz neuer Kommunikationsmedien in Hauptversammlungen von Aktiengesellschaften, ZIP 1998, 637 (638).

294 Solche Verfahren werden schon bei Hauptversammlungen von AGen verwandt, vgl. hierzu *Schröer*, in Münchener Kommentar zum Aktiengesetz, § 135 Rn. 23.

295 Eine solche für den Fall der virtuellen Hauptversammlung bei einer AG annehmend, *Claussen*, Die Hauptversammlung und Internet, AG 2001, 161 (163 f.); *Fleischhauer*, Hauptversammlung und neue Medien, ZIP 2001, 1133 (1134); *Habersack*, Aktienrecht und Internet, ZHR 165 (2001), 172 (195 f.); vgl. *Hasselbach*, Hauptversammlung im Internet, ZGR 2000, 259; *Noack*, Moderne Kommunikationsformen vor den Toren des Unternehmensrechts, ZGR 1998, 592 (600); vgl. *ders.* Hauptversammlung und neue Medien, BB 1998, 2533 (2535); *ders.* Online-Hauptversammlung – Stand der Dinge und wichtige Reformvorschläge NZG 2001, 1057 (1058 ff.); *Riegger*, Hauptversammlung und Internet, ZHR 2001, 204 (205); *Spindler*, Internet und Corporate Governance – ein neuer virtueller (T)Raum, ZGR 2000, 421 (440 ff.); *Zätsch/Gröning*, Neue Medien im deutschen Aktienrecht, Zum RefE des NaStraG, NZG 2000, 393 (395); *Zetsche*, NaStrag – ein erster Schritt in Richtung virtuelle Hauptversammlung für Namens- und Inhaberaktien, ZIP 2001, 682.

296 *Schröer*, in Münchener Kommentar zum AktG, § 135 Rn. 23; in diesem Sinne auch *Hüffer*, AktG, § 135 Rn. 3a.

zur Verfügung stehen, die dann die Wahl der Aufsichtsratsmitglieder vornehmen könnten. So wäre es denkbar, die Pflicht einzuführen, dass dem vereinfachten Verkaufsprospekt eine Information über anerkannte Anlegerschutzbünde beiliegen müsste. Die Anleger könnten dann leicht einen Vertreter wählen. Alternativ könnte bei einer Anlageberatung über die anerkannten Anlegerschutzbünde oder Anlegervertreter informiert werden und beim Erwerb der Anteile am Investmentvermögen die Bestellung des Vertreters mit erfolgen. Bei einem solchen Modell mit Listen von Anlegervertretern stellt sich zunächst das Problem, nach welchen Maßstäben die Listen zusammenzustellen wären. Zudem wird vielen Anlegern nicht bewusst sein, wofür sie einen Vertreter bestellen und welche Kriterien ein solcher Vertreter erfüllen sollte. Ihnen wird es schwer fallen, eine fundierte Auswahl zwischen den möglichen Anlegervertretern oder Schutzbünden zu treffen. Es ist weiterhin zu befürchten, dass ein einem Verkaufsprospekt beiliegendes Informationsdokument über Anlegervertreter nicht gelesen wird oder eine Bestellung eines Anlegervertreters aufgrund mangelnder Selbstdisziplin, mangelndem Interesse[297] oder auch der Tendenz, Dinge hinauszuschieben, nicht stattfindet. Erfolgt die Auswahl der Vertreter nicht auf einer informierten Basis, kann nicht davon ausgegangen werden, dass die Anleger die Vertreter wählen werden, die ihre Interessen am besten und sachkundigsten wahrnehmen und kompetent die Aufsichtsratsmitglieder bestellen. Auch ein Vertretermodell kann also nicht zuverlässig gewährleisten, dass die Aufsichtsratsmitglieder sachkundig ausgewählt werden.

5.5.6.1.7.5 Stellungnahme zur Bestellung der Aufsichtsratsmitglieder - durch die Anleger

Die Bestellung der Aufsichtsratsmitglieder durch die Anleger erscheint grundsätzlich möglich. Bedenken bestehen jedoch hinsichtlich der praktischen Umsetzung. Wenn keine fundierte Auswahl der Aufsichtsratsmitglieder gewährleistet ist, steht nicht fest, dass ihre Bestellung durch die Anleger die Qualität des Aufsichtsratshandelns bei der Kontrolle des Vorstandes steigert. Vielmehr könnte es den Verwaltungsaufwand erhöhen und sich so für die Anleger negativ auswirken. Ein Vertretermodell wäre

297 So auch *Meier*, Anlegerschutz im schweizerischen Anlagefondsrecht im Vergleich mit dem europäischen Investmentfondsrecht, S. 142; *Mülbert*, Aktiengesellschaft, Unternehmensgruppe und Kapitalmarkt, S. 112, der ein latentes Desinteresse der Anleger an einer Bestellung ihrer Vertreter annimmt.

eine erwägenswerte Lösung. Es müsste aber sichergestellt werden, dass die Vertreter tatsächlich von den Anlegern auf Basis einer fundierten Entscheidung bestellt werden. Da dies nicht gewährleistet ist, erscheint es gangbarer, den Aufsichtsrat durch die Anteilseigner bestellen zu lassen, jedoch Unabhängigkeitsanforderungen zu statuieren. Eine solche Lösung stellt zudem einen geringeren Eingriff in die Rechte der Anteilseigner dar.

5.5.6.1.7.6 Anlageausschuss

In der Praxis wird oftmals ein „Anlageausschuss" implementiert, der die Funktion eines Kontrollorgans übernehmen soll.[298] Er darf allerdings nur konsultative Funktionen wahrnehmen und nicht eine selbständige Definition der Anlageziele der KAG vornehmen.[299] Ein Anlageausschuss kann eine hilfreiche Ergänzung zu dem Aufsichtsrat sein, eine Kontrolle der Fondsverwaltung kann er aber nicht leisten. Daher sollte er nicht als Alternative, sondern als eine Ergänzung eines mehrheitlich mit unabhängigen Aufsichtsratsmitgliedern besetzten Aufsichtsrats betrachtet werden.

5.5.6.1.7.7 Eine Mehrheit unabhängiger Aufsichtsratsmitglieder - verfassungsrechtliche Perspektive

Es bleibt zu analysieren, ob die Einführung einer Pflicht zur Bestellung einer Mehrheit an unabhängigen Aufsichtsratsmitgliedern verfassungsrechtlich zulässig wäre. Eine solche Pflicht könnte verfassungsrechtlichen Bedenken begegnen, da sie das Recht der Gesellschafter, die Aufsichtsratsmitglieder nach ihren Vorstellungen zu bestellen, beschränkt. Sie könnte einen Eingriff in die Organisationsfreiheit der Gesellschaft darstellen.

An dieser Stelle macht ein Rückgriff auf die Entscheidung des Bundesverfassungsgerichts zu den Mitbestimmungsrechten der Arbeitnehmer[300] Sinn. Einer der Prüfungspunkte in der Entscheidung war die Beschränkung der Rechte der Gesellschafter, die Aufsichtsratsmitglieder zu bestellen.[301]

---

298 *Baur* in Assmann/Schütze, Handbuch des Kapitalanlagerechts, § 20 Rn. 265 ff.; *Köndgen/Schmies* in Schimansky/Bunte/Lwowski, Bankrechts-Handbuch, § 113 Rn. 51.

299 *Köndgen/Schmies* in Schimansky/Bunte/Lwowski, Bankrechts-Handbuch, § 113 Rn. 51.

300 *BVerf*GE 50, 290 ff.

301 Vgl. den ausführlichen Vergleich zwischen der verfassungsrechtlichen Bewertung der betrieblichen Mitbestimmung und der Pflicht zur mehrheitlichen Bestellung unabhängiger Aufsichtsratsmitglieder, *Schäfer*, Corporate Governance bei Kapitalanlagegesellschaften – Fund Governance, S. 232 ff.

Das BVerfG prüfte die verfassungsrechtliche Zulässigkeit einer Regel,[302] die für bestimmte AGen eine gleiche Repräsentation von Arbeitnehmern und Anteilseignervertretern im Aufsichtsrat vorsah. Das Recht zur Bestellung des Vorsitzenden lag allerdings bei den Anteilseignern. Die vom BVerfG geprüften Grundrechte waren die Eigentumsfreiheit, Art. 14 I GG, die Vereinigungsfreiheit, Art. 9 I GG, die Berufsfreiheit, Art. 12 I GG sowie die allgemeine Handlungsfreiheit, Art. 2 I GG.

Die vom BVerfG als am relevantesten betrachtete Frage war die Vereinbarkeit der Regelung mit der Eigentumsfreiheit. Daher soll an dieser Stelle allein auf diese Frage eingegangen werden.[303] Das BVerfG bejahte die Vereinbarkeit mit der Eigentumsfreiheit und formulierte dabei Grundsätze für die Beschränkung der Gesellschafterrechte zur Bestellung von Aufsichtsratsmitgliedern. Das BVerfG stellte heraus, dass das Anteilseigentum an einer Kapitalgesellschaft dem Schutzbereich der Eigentumsfreiheit unterfällt, allerdings eine Differenzierung zwischen dem Vermögenswert der Anteile und den in den Anteilen verkörperten Verfügungsbefugnissen vorzunehmen ist.[304]

Einen besonders ausgeprägten Schutz genießt das Eigentum, soweit seine Funktion als Element der Sicherung der persönlichen Freiheit des Einzelnen betroffen ist.[305] Je mehr das Eigentumsobjekt jedoch in einem sozialen Bezug und einer sozialen Funktion steht, desto weiter ist die Befugnis des Gesetzgebers zur Inhalts- und Schrankenbestimmung.[306] Das grundgesetzliche Gebot einer am Gemeinwohl orientierten Nutzung des Eigentums bewirkt das Gebot der Rücksichtnahme auf den Nichteigentümer, der seinerseits der Nutzung des Eigentumsobjekts zu seiner Freiheitssicherung und verantwortlichen Lebensgestaltung bedarf.[307] Es ist jedoch zu berücksichtigen, dass die Bestandsgarantie des Art. 14 I S. 1 GG in jedem Fall die Erhaltung des Zuordnungsverhältnisses und der Substanz des Eigentums fordert, auch wenn das Eigentum insoweit weitergehenden Beschränkungen unterworfen werden kann.[308] Demgemäß müssen die Eigentumsbindungen stets verhältnismäßig sein.[309] Der gere-

302 Der Untersuchungsgegenstand war das Mitbestimmungsgesetz von 1976.

303 Siehe für eine ausführliche Prüfung der Verfassungsmäßigkeit *Schäfer*, Corporate Governance bei Kapitalanlagegesellschaften – Fund Governance, S. 232 ff.

304 *BVerfGE* 50, 290 (342).

305 Vgl. *BVerfGE* 14, 288 (293 f.); 42, 64 (77); 42, 263 (293 ff.).

306 Vgl. *BVerfGE* 21, 73 (83); 31, 229 (242); 36, 281 (292); 37, 132 (140); 42, 263 (294).

307 Vgl. *BVerfGE* 37, 132 (140).

308 *BVerfGE* 42, 263 (295); siehe auch *BVerfGE* 24, 367 (389).

309 Vgl. zur ständigen Rechtsprechung *BVerfGE* 8, 71 (80) m.w.N.

gelte Sachbereich muss die gesetzliche Eigentumsbindung gebieten und die Eigentumsbindung darf nicht weitergehen, als die dem Schutzzweck dienenende Regulierung.[310]

Für das Ausmaß zulässiger Sozialbindung des Anteilseigentums an größeren Unternehmen ist es essentiell, dass das Anteilseigentum in seinem mitgliedschaftsrechtlichen und vermögensrechtlichen Element gesellschaftsrechtlich vermitteltes Eigentum ist.[311] Die Rechte der Anteilseigner werden durch das Sozialordnungsrecht[312] sowie das Gesellschaftsrecht bestimmt und begrenzt, so dass das Vermögensrecht durch das Mitgliedschaftsrecht „vermittelt" wird.[313] Der Eigentümer ist hinsichtlich der Nutzung des Eigentums auf den Vermögenswert beschränkt. Verfügungsbefugnisse stehen ihm grundsätzlich allein mittelbar über die Organe der Gesellschaft zu. Das BVerfG kam daher zu dem Schluss, dass sich die Begrenzung des Anteilseigentums bei den durch das Mitbestimmungsgesetz erfassten Unternehmen in den Grenzen einer verfassungsrechtlich zulässigen Sozialbindung hielt.[314]

Das BVerfG stellte fest, dass auch bei einer Ausübung von mitgliedschaftsrechtlichen Befugnissen in einer Weise, die dem Willen der Eigentümermehrheit nicht entspricht, keine grundlegende Veränderung des Anteilseigentums vorliegt. Auf Grund der gesellschaftsrechtlichen Vermittlung ist die autonome Durchsetzung des Willens des einzelnen Rechtsinhabers von vornherein kein Strukturmerkmal des Anteilseigentums. Die „Fremdbestimmung", die sich aus den Regeln des Mitbestimmungsgesetzes ergibt, betrifft regelmäßig die mittelbaren Verfügungsbefugnisse des Anteilseigners. Das BVerfG sieht zudem in der Beseitigung der Möglichkeit, die Mitglieder des Vertretungsorgans durch die Anteilseignerversammlung zu bestellen und abzuberufen, keinen Eingriff in die Substanz des Anteilseigentums. Die Verlagerung von Zuständigkeiten eines Gesellschaftsorgans auf ein anderes könne an sich kaum als Substanzveränderung des Anteilseigentums betrachtet werden. Es komme hinzu, dass das Mitbestimmungsgesetz den Anteilseignern nicht nur das leichte Übergewicht, sondern auch der Anteilseignerversammlung als oberstem Unternehmens-

310 *BVerfGE* 21, 73 (86).
311 Vgl. *BVerfGE* 14, 263 (276); 25, 371 (407).
312 *BVerfGE* 25, 371 (407).
313 *BVerfGE* 50, 290 (342).
314 *BVerfGE* 50, 290 (342).

organ die Befugnis belasse, erheblichen Einfluss auf die Geschäftsführung auszuüben.[315]

Nun stellt sich die Frage, ob die Pflicht zur Bestellung einer Mehrheit an unabhängigen Aufsichtsratsmitgliedern einen Eingriff in die Eigentumsfreiheit darstellt. Durch die Pflicht, eine Mehrheit unabhängiger Personen in den Aufsichtsrat zu bestellen, wird die Auswahl der Gesellschafter beschränkt. Sie können nicht frei entscheiden, welche nach Persönlichkeit und Sachkunde in Frage kommenden Personen sie in den Aufsichtsrat bestellen wollen. Das zusätzliche Kriterium der Unabhängigkeit begrenzt sie in ihrer Verfügungsfreiheit. Es erfolgt durch das Unabhängigkeitserfordernis somit ein Eingriff in die Verfügungsmacht der Gesellschafter. Dieser könnte unzulässig sei. Die Pflicht, eine Mehrheit an unabhängigen Aufsichtsratsmitgliedern zu bestellen, könnte den von den Gesellschaftern frei bestimmten Aufsichtsratsmitgliedern die Letztentscheidungskompetenz nehmen. Es besteht ein Unterschied zu dem Fall des Mitbestimmungsgesetzes, da letzteres nur eine Regelung für die Minderheit der Aufsichtsratsmandate traf und so die Mehrheit der Aufsichtsratsmitglieder frei von den Anteilseignern bestimmt werden konnte.

Die Pflicht zur Bestellung mehrheitlich unabhängiger Aufsichtsratsmitglieder würde allerdings nicht eine Besetzung gegen den Willen der Gesellschafter bewirken, welche einen Verlust ihrer Verfügungsbefugnisse mit sich brächte. Vielmehr würde nur ein Kriterium für die Auswahl der Aufsichtsratsmitglieder eingeführt, die Auswahl erfolgte aber weiterhin durch die Gesellschafter. Somit wird ihnen nicht die Verfügung über ihr Eigentum genommen, da auch die unabhängigen Aufsichtsratsmitglieder von ihnen bestellte Personen wären.[316] Die Einschränkung der Verfügungsfreiheit durch die Einführung eines weiteren Bestellungskriteriums ist auch verhältnismäßig, sie ist für den Schutz der Anleger erforderlich und geeignet. Somit wären bei einer Pflicht zur Bestellung einer Mehrheit von unabhängigen Personen in den Aufsichtsrat die vom BVerfG aufgestellten Grundsätze der Beschränkung der Auswahl der Gesellschafter eingehalten.

Nach Ansicht des BVerfG ist ein unzulässiger Eingriff in die Eigentumsfreiheit auch dann anzunehmen, wenn die Organisation einer Gesellschaft derart beschränkt wird, dass die Gesellschaft funktionsunfähig wird oder

315 *BVerfG*, NJW 1979, 699 (704); vgl. §§ 37, 46 Nr. 6 GmbHG vom 20. 4. 1892, RGBl S. 477; § 27 GenG vom 1. 5. 1889, RGBl S. 55.

316 So auch *Schäfer*, Corporate Governance bei Kapitalanlagegesellschaften – Fund Governance, S. 234; kritisch gegenüber dieser Betrachtung, *Zetsche*, Zwischen Anlegerschutz und Standortwettbewerb: Das Investmentänderungsgesetz, ZBB 2007, 438 (440).

an den Rand der Funktionsunfähigkeit gerät.[317] Das BVerfG stellte jedoch fest, dass Veränderungen der Organisation und des Verfahrens der Willensbildung im Aufsichtsrat der Gesellschaften, die zu gewissen faktischen Erschwerungen führen, zulässig sind, soweit sie sich im Rahmen der bei größeren Unternehmen erhöhten Sozialbindung des Eigentums halten und verhältnismäßig sind.[318]

Das Eintreten der Funktionsunfähigkeit ist durch die Bestellung unabhängiger Aufsichtsratsmitglieder nicht ersichtlich. Sowohl unabhängige als auch abhängige Aufsichtsratsmitglieder sind verpflichtet, die Anlegerinteressen sowie die Interessen der Gesellschaft zu wahren.[319] Durch die Pflicht einer mehrheitlichen Bestellung von unabhängigen Aufsichtsratsmitgliedern kommt es nicht zu einer Beschränkung der Funktionsfähigkeit der Gesellschaft.

Die Einführung eines Erfordernisses zur Bestellung einer Mehrheit an unabhängigen Aufsichtsratsmitgliedern wäre folglich verfassungsgemäß.

5.5.6.1.7.8 Fazit zu den Anforderungen an die Aufsichtsratsmitglieder

Es kann festgehalten werden, dass für die Verwirklichung einer Kontrolltätigkeit im Anlegerinteresse eine Besetzung des Aufsichtsrates mit einer Mehrheit an unabhängigen Aufsichtsratsmitgliedern zu wünschen ist. Nur, wenn die unabhängigen Aufsichtsratsmitglieder eine numerische Mehrheit haben, ist sichergestellt, dass nicht auf Grund von Interessenkonflikten Entscheidungen im Aufsichtsrat getroffen werden, die dem Interesse der Anleger zuwiderlaufen.

Sollte keine Implementierung des Erfordernisses einer Mehrheit unabhängiger Aufsichtsratsmitglieder erfolgen, so ist zumindest zu erwägen, die Anforderungen an das bisher erforderliche, eine unabhängige Aufsichtsratsmitglied zu spezifizieren.

5.5.6.2 *Abschlussprüfung*

Auch nach Aufhebung der Kreditinstitutseigenschaft der KAG verweisen die Vorschriften über die Bestellung eines Abschlussprüfers auf das KWG.[320] Die KAG hat die Bestellung des Abschlussprüfers unverzüglich

---

317 *BVerfGE* 50, 290 (350).
318 *BVerfGE* 50, 290 (350).
319 Vgl. *Schäfer*, Corporate Governance bei Kapitalanlagegesellschaften – Fund Governance, S. 234.
320 Vgl. § 19 e InvG i.V.m. § 28 KWG.

der BaFin anzuzeigen.[321] Wenn es zur Erreichung des Prüfungszwecks geboten ist, kann die BaFin innerhalb eines Monats nach Zugang der Anzeige die Bestellung eines anderen Prüfers verlangen.[322]

Die KAG hat den Jahresabschluss in den ersten drei Monaten des Geschäftsjahres für das vergangene Geschäftsjahr aufzustellen und den aufgestellten, sowie später den festgestellten Jahresabschluss und den Lagebericht der BaFin unverzüglich einzureichen.[323] Der Jahresabschluss muss mit dem Bestätigungsvermerk oder einem Vermerk über die Versagung der Bestätigung versehen sein, wobei der Abschlussprüfer den Prüfungsbericht des Jahresabschlusses (Prüfungsbericht) unverzüglich nach Beendigung der Prüfung der BaFin einzureichen hat. Bei der Prüfung des Jahresabschlusses hat der Abschlussprüfer die wirtschaftlichen Verhältnisse der Kapitalanlagegesellschaft zu prüfen und dabei insbesondere festzustellen, ob die Kapitalanlagegesellschaft die Anzeigepflichten nach den §§ 12 und 19c InvG sowie die Anforderungen nach den §§ 9, 9a, 11 und 16 InvG erfüllt hat.[324] Zudem muss er prüfen, ob die Kapitalanlagegesellschaft ihren Verpflichtungen nach dem Geldwäschegesetz nachgekommen ist.[325]

5.6 EXTERNE CORPORATE GOVERNANCE

5.6.1 *Depotbank*

Die Depotbank ist für die Verwahrung des Sondervermögens zuständig. Der Anlegerschutz im deutschen Investmentrecht gründet auf einer organisatorischen Trennung von Portfolio-Verwaltung und Portfolio-Verwahrung, die der institutionellen Absicherung der Integrität des Sondervermögens dient.[326] Zum Schutz der Anleger wird es vom Gesetzgeber nicht als ausreichend betrachtet, dass der KAG als Verwalterin des Anlage-Portfolios besondere Sorgfalts- und Loyalitätspflichten auferlegt werden. Es wird eine organisatorische Trennung von Verwaltung und Verwahrung verlangt.

Die KAG hat daher ein anderes Kreditinstitut mit der Verwahrung von Sondervermögen sowie mit den sonstigen im InvG für die Depotbank

321 § 28 I S. 1 KWG.
322 Vgl. § 28 I S. 2 KWG.
323 § 19 f InvG i.V.m. § 26 KWG.
324 Vgl. § 19 f I InvG.
325 § 19 f II S. 1 InvG.
326 *Köndgen/Schmies* in Schimansky/Bunte/Lwowski, Bankrechts-Handbuch, § 113 Rn. 61; *Beckmann*, in Beckmann/Schlotz, Investment 410 § 2 Rn. 138.

vorgesehenen Aufgaben zu beauftragen.[327] Die Rechtsbeziehung zwischen der KAG und der Depotbank ist allerdings nicht unumstritten. Die Auswahl der Depotbank erfolgt in der Regel konkludent durch den Abschluss eines Vertrages zwischen der KAG und der Depotbank, der Depotbankvertrag genannt wird. Die herrschende Meinung betrachtet diesen als einen auf eine Geschäftsbesorgung gerichteten Dienstvertrag,[328] welcher sowohl Elemente eines Verwahrungs- als auch eines Depotvertrages beinhaltet.[329]

Die Depotbank muss ihren Sitz in Deutschland haben und zum Einlagen- und Depotgeschäft zugelassen sein.[330] Sie muss ein Kreditinstitut sein, das im Allgemeinen das Vollbankgeschäft betreibt und über ein haftendes Eigenkapital von mindestens 5 Millionen Euro verfügt, außer wenn sie eine Wertpapiersammelbank i. S. d. Depotgesetzes ist.[331] So wird der KAG ein in der Regel gewichtigerer Partner zur Seite gestellt.[332]

Grundsätzlich werden die Aufgaben der Depotbank durch das InvG festgelegt. Sie können jedoch durch Vereinbarungen ergänzt werden, was in der Regel durch einen Depotbankvertrag zwischen der KAG und der Depotbank erfolgt. Der Depotbankvertrag regelt die Tätigkeiten der Depotbank. Er wird regelmäßig durch eine Kostenvereinbarung und eine Arbeitsanweisung, welche die praktische Durchführung des Depotbankvertrages regeln, sowie eine Zahlstellenvereinbarung ergänzt.[333] Die Vereinbarungen zwischen der KAG und der Depotbank sind der BaFin schon anlässlich der Genehmigung der Vertragsbedingungen vorzulegen.[334]

5.6.2 *Verwahrfunktion der Depotbank*

Die Depotbank hat eine Schutzfunktion zugunsten von Sondervermögen und Anteilsinhabern.[335] Ausdruck dieser Schutzfunktion sind ihre Aufgaben, wie z.B. die Führung der Sperrkonten und Sperrdepots der Sonderver-

---

327 § 20 I S. 1 InvG.

328 §§ 675, 611 BGB.

329 *Schödermeier/Baltzer* in Brinkhaus/Scherer, KAGG § 12 Rn. 13; *Canaris*, Bankvertragsrecht, Rn. 2355; *Müller*, Die Investmentgesellschaft, S. 93; *Reuter*, Investmentfonds und die Anteilsinhaber S. 152; *Reiss*; Pflichten der Kapitalanlagegesellschaft und der Depotbank gegenüber dem Anleger und die Rechte des Anlegers bei Pflichtverletzungen, S. 150.

330 § 20 I S. 2 InvG.

331 § 20 VI InvG.

332 *Baur* in Assmann/Schütze, Handbuch des Kapitalanlagerechts, § 20 Rn. 275.

333 *Baur* in Assmann/Schütze, Handbuch des Kapitalanlagerechts, § 20 Rn. 218.

334 Allerdings mit Ausnahme der Arbeitsanweisungen.

335 *Baur* in Assmann/Schütze, Handbuch des Kapitalanlagerechts, § 20 Rn. 275.

mögen,[336] wodurch sie das Vermögen der Anleger sicher verwahrt. Zudem bedürfen Verfügungen über zum Sondervermögen gehörende Bankguthaben, die auf Sperrkonten bei anderen Kreditinstituten unterhalten werden, der Zustimmung der Depotbank.[337] Das Zustimmungserfordernis bewirkt, dass die KAG nicht ohne Kontrolle der Depotbank über das Anlagevermögen verfügen kann. Die Depotbank kontrolliert, dass bei Geschäften, die die KAG für das Sondervermögen tätigt, der Gegenwert in die Verwahrung der Depotbank gelangt.[338] Sie überwacht die Auszahlung von Vergütungen und Aufwendungsersatz an die KAG[339] sowie die ordnungsgemäße Verwendung der Erträge des Investmentvermögens.[340] Auch überprüft sie, ob die Ausgabe und Rücknahme von Anteilen und die Ermittlung des Wertes der Anteile den Vorschriften des InvG und den Vertragsbedingungen entsprechen.[341] Die Depotbank hat dafür zu sorgen, dass die erforderlichen Sicherheiten für Wertpapierdarlehen nach Maßgabe des § 54 II InvG rechtswirksam bestellt und jederzeit vorhanden sind.[342] Sie überwacht, dass die gesetzlichen und in den Vertragsbedingungen festgelegten Anlagegrenzen für das jeweilige Sondervermögen eingehalten werden.[343] Alle diese Pflichten haben die Funktion, zu verhindern, dass die KAG rechts- oder vertragswidrig über das Anlagevermögen verfügt und es so schmälert.

Des Weiteren ist die Depotbank berechtigt und verpflichtet, gegebenenfalls Ansprüche der Anteilsinhaber gegen die KAG geltend zu machen und im Falle einer Zwangsvollstreckung in das Sondervermögen eine Drittwiderspruchsklage nach § 771 ZPO zu erheben.[344]

5.6.2.1 *Kontrollpflicht der Depotbank*

Gemäß § 22 I S. 2 InvG hat die Depotbank die Weisungen der KAG auszuführen, solange sie nicht gegen gesetzliche Vorschriften oder die Vertragsbedingungen verstoßen. Aus dieser Regelung wird ein Recht der Depotbank zur Verweigerung pflichtwidriger Geschäfte abgeleitet und ihr eine ent-

336 § 24 I, II InvG.
337 § 26 Nr. 2 InvG.
338 §§ 25, 27 I InvG.
339 § 29 I InvG.
340 § 27 I Nr. 2 InvG.
341 § 27 I Nr. 1 InvG.
342 § 27 I Nr. 4 InvG.
343 § 27 I Nr. 5 InvG.
344 § 28 I InvG.

sprechende Pflicht auferlegt.[345] Aus der Pflicht sowie der Berechtigung, auch Ansprüche der Anleger geltend zu machen, wird ein allgemeines Kontrollrecht und eine korrespondierende Kontrollpflicht der Depotbank bezüglich der Tätigkeit der KAG abgeleitet.[346] Nach der herrschenden Ansicht im Schrifttum umfasst die Kontrollfunktion die Rechtmäßigkeit des Handelns der KAG, sie erstreckt sich jedoch nicht auf die Zweckmäßigkeit.[347] Bezüglich der Recht- und Pflichtmäßigkeit ist die Kontrollfunktion jedoch umfassend und nicht etwa auf einzelne Teilbereiche beschränkt.[348]

Die Begrenzung der Kontrollpflicht auf eine Rechtmäßigkeitsprüfung folgt aus der Rollenverteilung zwischen Depotbank und KAG. Der Gesetzgeber hat sich bewusst dagegen entschieden, der Depotbank einen Einfluss auf die Fondsverwaltung einzuräumen.[349] Erstreckte man die Kontrollpflicht aber auf die Zweckmäßigkeit der Entscheidungen der KAG, hätte die Depotbank ein Mitspracherecht hinsichtlich aller wirtschaftlichen Entscheidungen.[350] Dieses würde die Grenzen von Verwahrung und Verwaltung verwischen und so die vom Gesetzgeber intendierte Trennung teilweise aufheben. Zudem ist der Wortlaut des § 22 I S. 2 InvG relativ eindeutig. Er nennt allein gesetzliche Vorschriften sowie die Vertragsbedingungen als Grund für eine Verweigerung von Weisungen.

---

345 *Canaris*, Bankvertragsrecht, Rn. 2475; sich anschließend, *Baur* in Assmann/Schütze, Handbuch des Kapitalanlagerechts, § 20 Rn. 276.

346 *Canaris*, Bankvertragsrecht, Rn. 2474; *Müller*, Die Überwachung der Geschäftstätgkeit der Kapitalanlagegesellschaft durch die Depotbank, DB 1975, 485; *Baur* in Assmann/Schütze, Handbuch des Kapitalanlagerechts, § 20 Rn. 276.

347 *BGH* WM 2001, 2053 (2054); *Canaris*, Bankvertragsrecht, Rn. 2474; sich anschließend, *Baur* in Assmann/Schütze, Handbuch des Kapitalanlagerechts, § 20 Rn. 276; *Seegebart*, Stellung und Haftung der Depotbank im Investment-Dreieck, S. 102; *Reiss*, Pflichten der Kapitalanlagegesellschaft und der Depotbank gegenüber dem Anleger und die Rechte des Anlegers bei Pflichtverletzungen, S. 35; anders *Müller*, Die Überwachung der Geschäftstätgkeit der Kapitalanlagegesellschaft durch die Depotbank, DB 1975, 485 (486).

348 *Canaris*, Bankvertragsrecht, Rn. 2474.

349 Vgl. *BT*-Drs. 15/1553, Regierungsentwurf für das Investmentmodernisierungsgesetz, S. 84; siehe auch *Zetzsche*, Zwischen Anlegerschutz und Standortwettbewerb: Das Investmentänderungsgesetz, ZBB 2007, 438 (440), der es positiv bewertet, dass ein weitergehender Vorschlag, der auch eine Zweckmäßigkeitsprüfung umfasste, nicht implementiert wurde. Eine Zweckmäßigkeitsprüfung könnte zu Meinungsverschiedenheiten zwischen Depotbank und KAG führen und so die Depotbankkosten erhöhen.

350 So *Schäfer*, Corporate Governance bei Kapitalanlagegesellschaften, S. 207.

5.6.2.2 *Potentielle Interessenkonflikte bei der Ausübung der Kontrolle durch die Depotbank*

Die Effektivität der Kontrolle durch die Depotbank wird in der Literatur kritisiert, da konzernrechtliche Verflechtungen zwischen KAG und Depotbank regelmäßig vorkämen[351] und die Gefahr von Interessenkonflikten bestehe.[352]

Das Bedürfnis für eine Kontrolle durch die Depotbank ist durch das In-Kraft-Treten des InvÄndG noch gesteigert worden. Das InvÄndG brachte eine Deregulierung[353] mit sich und übertrug beispielsweise die Kontrolle der Einhaltung der Anlagegrenzen von der BaFin auf die Depotbank. Allerdings adressiert das InvÄndG die Risiken von Interessenkonflikten der Depotbank bei der Kontrolle der KAG. Es führte ein, dass die Depotbank Vorschriften für Verfahren und Organisation implementieren muss, die sicherstellen, dass Interessenkonflikte zwischen der Depotbank und der KAG vermieden werden.[354]

Um den Themenkomplex der potentiellen Interessenkonflikte zu behandeln, soll zunächst analysiert werden, welche Interessenkonflikte auftreten können. Anschließend sollen dann die im InvG verankerten Vorkehrungen für die Vermeidung eines Handelns zum Nachteil der Anleger auf ihre Effektivität hin untersucht werden.

In der Literatur werden erhebliche Bedenken wegen der häufig auftretenden Konzernverflechtung von Depotbank und KAG vorgebracht, da diese eine Gefahr von Interessenkonflikten begründet.[355] Es sei trotz der eindeutigen gesetzlichen Verpflichtung äußerst unwahrscheinlich, dass

351 Empirisch belegt bei *König*, Anlegerschutz im Investmentrecht, S. 44 f., 127 f.

352 *Immenga*, Ordnungspolitische Möglichkeiten des Investmentprinzips, S. 24; *Möllers/Wenninger*, Schriftliche Stellungnahme zum Gesetzesentwurf der Bundesregierung „Entwurf eines Gesetzes zur Änderung des Investmentgesetzes und zur Anpassung anderer Vorschriften" (Investmentänderungsgesetz – InvÄndG, BT-Drs. 16/5576) sowie dem Antrag der Fraktion Bündnis 90/Die Grünen „offene Immobilienfonds – Marktstabilität sichern, Anlegervertrauen stärken" (BT-Drs. 16/662), S. 1 ff.

353 Vgl. *Volhard/Wilkens*, Änderungen im Investmentrecht, DB 2008, 1195.

354 Vgl. § 22 I S. 3 InvG; siehe hierzu die Regierungsbegründung zum InvÄndG, *BT*-Drs. 16/5576, S. 51.

355 *Möllers/Wenninger*, „Entwurf eines Gesetzes zur Änderung des Investmentgesetzes und zur Anpassung anderer Vorschriften" (Investmentänderungsgesetz – InvÄndG, BT-Drs. 16/5576) sowie dem Antrag der Fraktion Bündnis 90/Die Grünen „offene Immobilienfonds – Marktstabilität sichern, Anlegervertrauen stärken" (BT-Drs. 16/662); *Thiel*, Der Schutz der Anleger von Wertpapierfonds im deutschen und amerikanischen Recht, S. 170; *Köster*, Der Schutz der Kapitalanleger im deutschen und nordamerikanischen Wertpapier-Investmentrecht, S. 116 f.; *Köndgen* in Schimansky/Bunte/Lwowski,

ein Kreditinstitut in der Funktion der Depotbank solche Entscheidungen der KAG rügt, die in ihrem Interesse als Anteilsinhaberin liegen oder von ihr als Gesellschafterin veranlasst wurden.[356] In einer derartigen Situation sei zu bezweifeln, dass sich die Depotbank gegen einen von der Mehrheitsgesellschafterin ausgeübten missbräuchlichen Einfluss wehre.[357]

Es wird zudem angeführt, dass es an einem wirtschaftlichen Eigeninteresse der Depotbank fehlen könne, die Kontrolle über die KAG effektiv auszuüben.[358] Es liege regelmäßig im Interesse der Depotbank, auf das Verhalten der KAG einzuwirken, da das Verhalten der KAG die Erreichung wirtschaftlicher Ziele der Depotbank fördern könne.[359] Der Erwerb oder die Veräußerung bestimmter Wertpapiere durch die KAG kann den Preis der Wertpapiere im Interesse der Bank beeinflussen. Denkbar sei auch, dass die Depotbank auf die Stimmausübung der KAG einwirken könne, um ihren eigenen Einfluss in der Hauptversammlung zu steigern.[360] Des Weiteren bestehen starke ökonomische Anreize für die Depotbank (und ebenso für die Fondsverwaltung), das Fondsvolumen und ihr eigenes Gebührenaufkommen zu maximieren,[361] was sich negativ für die Anleger auswirken kann. Diese Anreize können selbst beim Fehlen gesellschaftsrechtlicher oder wirtschaftlicher Einflussmöglichkeiten auftreten. Auf Grund der bestehenden Anreizstruktur und der konzernrechtlichen Verflechtung sind also große Zweifel an der Effizienz der Kontrolle der KAG durch die Depotbank zur Verwirklichung der Interessen der Anleger angebracht. Bereits bei der Bestellung der Depotbank können sich Interessenkonflikte ergeben. Es besteht die Gefahr, dass die KAG bei der Aushandlung des Depotbankvertrages nicht darauf hinwirkt, die für die Anleger günstigsten

---

Bankrechts-Handbuch, § 113 Rn. 61; *Schäfer*, Corporate Governance bei Kapitalanlagegesellschaften, S. 210 ff.

356 Vgl. *Köster*, Der Schutz der Kapitalanleger im deutschen und nordamerikanischen Wertpapier-Investmentrecht, S. 116; so auch *König*, Anlegerschutz im Investmentrecht, S. 126; siehe auch *Schäfer*, Corporate Governance bei Kapitalanlagegesellschaften, S. 210 ff.

357 *Köster*, Der Schutz der Kapitalanleger im deutschen und nordamerikanischen Wertpapier-Investmentrecht, S. 116; *Köndgen* in Schimansky/Bunte/Lwowski, Bankrechts-Handbuch, § 113 Rn. 61.

358 *Veltmann*, Instrumente des Anlegerschutzes im Investmentrecht, S. 196.

359 *Seegebarth*, Stellung und Haftung der Depotbank im Investment-Dreieck, S. 117; vgl. *Baums/König*, Investmentfonds im Universalbankenkonzern: Rechtstatsachen und allgemeine Reformfragen in Aktien- und Bilanzrecht, FS Kropff, S. 19 ff.

360 So *Veltmann*, Instrumente des Anlegerschutzes im Investmentrecht, S. 195; vgl. auch *Baums/König*, Investmentfonds im Universalbankenkonzern: Rechtstatsachen und allgemeine Reformfragen in FS Kropff, S. 15.

361 Zutreffend *König*, Anlegerschutz im Investmentrecht, S. 47.

Vertragsbedingungen zu vereinbaren, da die Mutterbank ein Interesse an Einnahmen aus dem Depotbankvertrag hat.[362] Bei Bestehen einer Konzernverflechtung nimmt die Trennung von Verwaltung und Verwahrung einen rein formellen Charakter an.[363]

Die einer objektiven Kontrolle entgegenstehenden ökonomischen Anreize für die Depotbank sind besonders problematisch, da die Depotbank für die Geltendmachung von Ansprüchen der Anleger wegen Verletzung von Vorschriften des InvG oder der Vertragsbedingungen gegen die KAG zuständig ist.[364] Gehören KAG und Depotbank demselben Konzern an, besteht das Risiko, dass die Depotbank ihrer Pflicht zur Geltendmachung von Ansprüchen nicht nachkommt oder sich mit einem für die Anleger nachteilhaften Vergleich begnügt.[365] Ein Unterbleiben der Geltendmachung ist gerade dann zu befürchten, wenn die Depotbank wegen der Vernachlässigung ihrer Aufsichtspflichten selbst in das Verfahren einbezogen werden könnte.[366] Zudem kann die Klageerhebung zu Reputationsverlusten der Depotbank führen, da in der Öffentlichkeit Depotbank und KAG oftmals gleichgesetzt werden.[367]

Grundsätzlich besteht die Möglichkeit, den Depotbankvertrag durch die KAG zu kündigen. Das Kündigungsrecht bewirkt jedoch auch keine Absicherung gegen Interessenkonflikte, da es de facto leer läuft, wenn die Depotbank die Muttergesellschaft der KAG ist.[368] Eine vergleichbare Situation liegt hinsichtlich des Rechts der KAG vor, der Depotbank Weisungen zu erteilen.[369] Im Falle einer Konzernverflechtung wird sie es kaum effektiv ausüben können.

---

362 *Seegebarth*, Stellung und Haftung der Depotbank im Investmentdreieck, S. 117; *Veltmann*, Instrumente des Anlegerschutzes im Investmentrecht, S. 195.

363 *Jacob*, Investmentfonds: Möglichkeiten ihrer Ausgestaltung unter besonderer Berücksichtigung einer neuen Anlegerschutzkonzeption, S. 224.

364 Vgl. § 28 I InvG. Die Geltendmachung der Ansprüche als unwahrscheinlich ansehend, *Seegebarth*, Stellung und Haftung der Depotbank im Investmentdreieck, S. 118.

365 *Verbraucherzentrale Bundesverband*, Stellungnahme zum Entwurf eines Gesetzes zur Änderung des Investmentgesetzes und anderer Gesetze, S. 6.

366 *Thiel*, Der Schutz der Anleger von Wertpapierfonds im deutschen und amerikanischen Recht, S. 170; *Reuter*, Investmentfonds und die Stellung der Anteilsinhaber, S. 157; *Seegebarth*, Stellung und Haftung der Depotbank im Investmentdreieck, S. 118.

367 *Thiel*, Der Schutz der Anleger von Wertpapierfonds im deutschen und amerikanischen Recht, S. 170; *Seegebarth*, Stellung und Haftung der Depotbank im Investmentdreieck, S. 118.

368 *Köndgen/Schmies* in Schimansky/Bunte/Lwowski, Bankrechts-Handbuch, § 113 Rn. 61.

369 § 22 I S. 2 InvG.

5.6.2.3 *Eindämmung der Interessenkonflikte der Depotbank*

Nun sollen die Vorschriften des InvG zur Lösung potentieller Interessenkonflikte auf Grund von Konzernverflechtungen auf ihre Zweckmäßigkeit hin untersucht werden.

5.6.2.3.1 Inkompatibilitätsvorschriften

Die Depotbank ist nach § 22 InvG umfassend verpflichtet, ihre Aufgaben unabhängig von der KAG wahrzunehmen und ausschließlich im Interesse der Anleger zu handeln. Damit keine unzulässige Beeinflussung der Depotbank durch die KAG erfolgt, gelten für Geschäftsleiter, Prokuristen und zum gesamten Geschäftsbetrieb ermächtigte Handlungsbevollmächtigte der Depotbank Inkompatibilitätsvorschriften. Zur Vorbeugung vor Interessenkonflikten erfordert § 22 II InvG, dass die Geschäftsleiter, Prokuristen und zum gesamten Geschäftsbetrieb ermächtigten Handlungsbevollmächtigten der Depotbank nicht auch gleichzeitig Angestellte der KAG sein dürfen. Die gleiche Regelung gilt auch umgekehrt für die leitenden Angestellten der KAG. Es besteht ein Unabhängigkeitserfordernis auf personeller Ebene.

5.6.2.3.2 Kritik an der Effektivität der Inkompatibilitätsvorschriften

Die Inkompatibilitätsvorschriften stellen sicher, dass die Trennung von Verwaltung und Verwahrung auch personell erfolgt. Es wird ausgeschlossen, dass Leitungspersonen der KAG Zugriff auf das Sondervermögen erhalten und rechtswidrige Verfügungen vornehmen können. So wird besonders der Gefahr von Unterschlagungen begegnet. Allerdings kann die personelle Unabhängigkeit nur die Trennung von Verwahrung und Verwaltung absichern. Eine Absicherung einer objektiven Kontrolle können die Inkompatibilitätsvorschriften nicht leisten. Konzerninteressen bestehen auch bei einer personellen Unabhängigkeit. Sie stellen das größte Risiko für eine unabhängige Kontrolle dar.

Daher besteht bei einer engen konzernrechtlichen Verflechtung trotz der Inkompatibilitätsvorschriften eine Gefahr von Interessenkonflikten fort.[370] Sie wird nur teilweise durch die gesetzliche (und haftungsbewehrte)

370 *Köndgen/Schmies* in Schimansky/Bunte/Lwowski, Bankrechts-Handbuch, § 113 Rn. 61; so auch *Jacob*, Investmentfonds: Möglichkeiten ihrer Ausgestaltung unter besonderer

Verpflichtung der Depotbank gemildert, unabhängig von der KAG und ausschließlich im Interesse der Anteilsinhaber zu handeln.[371]

5.6.2.3.3 Vorgaben für Organisation und Verfahren

Das InvÄndG hat die Pflicht der Depotbank eingeführt, Vorschriften zu Organisation und Verfahren aufzustellen, die zur Vermeidung von Interessenkonflikten zwischen ihr und der KAG dienen sollen.[372] Eine bis auf Geschäftsführungsebene unabhängige Stelle soll die Einhaltung dieser Vorschriften überwachen.[373]

Bei der Einführung der Vorschriften wurde in der Literatur ihre Notwendigkeit bezweifelt: Die Wirtschaftsprüfer seien bereits eine unabhängige Instanz und die BaFin überprüfe, ob die Depotbank ihre Kontrollfunktion im Interesse der Anleger wahrnimmt.[374] Für eine unabhängige Compliancestelle in der Depotbank spricht, dass sie eine fortlaufende Kontrolle der Überwachungstätigkeiten der Depotbank besser bewirken kann, als die Wirtschaftsprüfer und die BaFin. Durch ihre Verankerung innerhalb der Depotbank sollte es einer Compliancestelle möglich sein, einen sehr viel detaillierteren Einblick in die Abläufe zu erhalten, als außenstehenden Instanzen. Für die Notwendigkeit einer Compliancestelle kann zudem auf die Theorie der strukturellen Interessenkonflikte zurückgegriffen werden. Besteht ein Konzernverbund zwischen KAG und Depotbank, existieren dauerhafte strukturelle Interessenkonflikte. Die Interessenkonflikte erfordern organisatorische Maßnahmen und Verfahren, die geeignet sind, ein Handeln zum Nachteil der Anleger einzudämmen. Es ist sinnvoll, dass durch das InvÄndG die Pflicht der Depotbank eingeführt wurde, organisatorische Maßnahmen zur Vermeidung von Interessenkonflikten zu ergreifen und die Maßnahmen durch eine, bis auf Ebene der Geschäftsführung unabhängige Stelle überwachen zu lassen.

Berücksichtigung einer neuen Anlegerschutzkonzeption, S. 224; *Thiel*, Der Schutz der Anleger von Wertpapierfonds im deutschen und amerikanischen Recht, S. 90.

371 *Köndgen/Schmies* in Schimansky/Bunte/Lwowski, Bankrechts-Handbuch, § 113 Rn. 61.

372 Vgl. § 22 I S. 2 InvG.

373 § 22 I S. 3 InvG.

374 *Roegele/Görke*, Novelle des Investmentgesetzes, BKR 2007, 393 (395).

5.6.2.3.3.1 Einrichtung von Vertraulichkeitsbereichen

Als organisatorische Maßnahme erscheint die Bildung von Vertraulichkeitsbereichen (Chinese Walls)[375] besonders zielführend. Sie könnten eingesetzt werden, um Interessenkonflikte zu vermeiden. Alle Entscheidungen in einem bestimmten Geschäftsbereich innerhalb der Chinese Walls müssen im Interesse des Kunden bzw. dieses Geschäftsbereichs fallen. Dies ist unabhängig davon, ob sie mit anderen Interessen konfligieren. Daher könnte durch die Bildung von Vertraulichkeitsbereichen eine Separierung der Interessen der Depotbank von denen der Anleger erfolgen.

Es wäre erwägenswert, den Bereich des Eigenhandels der Depotbank von dem Bereich zu trennen, der die Überwachung der KAG vornimmt. Zudem sollte ein sowohl vom Eigenhandel als auch der Überwachung der KAG getrennter Vertraulichkeitsbereich für die Personen eingerichtet werden, welche die Stimmrechte der Depotbank in der Gesellschafterversammlung der KAG ausüben. Wenn sichergestellt wird, dass diese Personen nicht die Wertpapierbestände der Depotbank kennen, wird zumindest ausgeschlossen, dass sie die KAG zur Beeinflussung des Preises von Wertpapieren oder dem Ausbau einer Hauptversammlungsmehrheit einsetzen können. Die Kontrolle kann effektiver ausgeübt werden, wenn die Kontrolleure organisatorisch von den Gesellschaftervertretern getrennt werden. So kann eine objektive Kontrolle erfolgen und es entsteht nicht das Paradoxon, dass die Depotbank die Ausführung eigener Weisungen rügen müsste. Eine organisatorische Trennung sollte auch praktisch möglich sein. Die Depotbanken sind in der Regel große Universalbanken, in denen auf Grund der Regeln für Organisation und Verfahren des WpHG[376] bereits derartige Vorkehrungen üblich sind.[377]

5.6.2.3.3.2 Unabhängige Compliancestelle

Die unabhängige Compliancestelle hat die organisatorischen Vorkehrungen zu überwachen. Durch eine interne Kontrollinstanz wird abgesichert, dass das Unternehmen angemessene organisatorische Maßnahmen ergreift. Die organisatorischen Maßnahmen erscheinen als eine Möglichkeit zur Eindämmung von Interessenkonflikten. Werden Vertraulichkeitsbereiche

375 Siehe zu den Kriterien für die Einrichtung von Vertraulichkeitsbereichen, *Eisele* in Schimansky/Bunte/Lwowski, Bankrechts-Handbuch, § 109 Rn. 141.

376 § 33 WpHG.

377 Vgl. *Grundmann* in Ebenroth/Boujong/Joost/Strohn, Handelsgesetzbuch, Rn. VI 305.

gebildet, können Interessenkonflikte schon dadurch gemindert werden, dass den die Kontrolle über die KAG ausübenden Mitarbeitern der Depotbank die Eigeninteressen der Bank im Detail unbekannt sind, z.B. welche Wertpapierkäufe durch die KAG der Verwirklichung der Interessen der Depotbank förderlich wären. Durch die Führung von Watch-Listen werden besonders riskante Interessenkonflikte wahrnehmbar. Die Compliancestelle kann durch Verhaltensvorgaben sowie eine anschließende Kontrolle darauf hinwirken, dass kein Handeln zum Nachteil der Anleger erfolgt.

5.6.2.3.3.3 Defizite der organisatorischen Maßnahmen

Die organisatorischen Maßnahmen können nicht verhindern, dass ein Interessenkonflikt bei einer Offenkundigkeit der Interessen der Depotbank auftritt. So ist beispielsweise eindeutig, dass es im Interesse der Depotbank liegt, hohe Gebühren für die Ausübung ihrer Aufgaben im Depotvertrag zu vereinbaren. Es besteht auch bei der Einrichtung von organisatorischen Maßnahmen das Risiko von Interessenkonflikten. Dieses Risiko könnte eine weitergehende konzernrechtliche Entflechtung von Depotbank und KAG erfordern.

5.6.2.3.4 Kontrolle der Depotbank durch die Wirtschaftsprüfer

Ein weiterer Vorschlag ist, den Prüfungsumfang der Abschlussprüfung auszuweiten. Bei der Prüfung des Jahresberichts des Investmentvermögens durch die Abschlussprüfer sollte auch festzustellen sein, ob die Depotbank ihre Kontrolltätigkeit angemessen ausgeübt hat.[378] Die Kontrolle durch die Wirtschaftsprüfer könnte ein weiteres hilfreiches Element der externen Kontrolle darstellen. Die Wirtschaftsprüfer könnten auf Grund einer größeren Nähe zur Depotbank eine möglicherweise detailliertere und so effektivere Überprüfung vornehmen, als es der BaFin möglich sein wird. Allerdings könnte es zu einer Doppelung der Kontrolle führen, wenn sowohl BaFin als auch Wirtschaftsprüfer die Kontrolltätigkeit der Depotbank evaluieren. Es ist jedoch zu berücksichtigen, dass die Kontrolltätigkeit der BaFin erleichtert würde, wenn sie die Analyse der Wirtschaftsprüfer ihrer Aufsichtstätigkeit zugrunde legen kann. Daher erscheint es sinnvoll, den Prüfungsumfang der Abschlussprüfung auch auf die Überwachungstätigkeit der Depotbank zu erstrecken. Die Prüfung der Wirtschaftsprüfer sollte

378 *Veltmann*, Instrumente des Anlegerschutzes im Investmentrecht, S. 213.

aber nicht dazu führen, dass die BaFin ihre Überwachungstätigkeit weniger intensiv ausübt oder einschränkt. Vielmehr sollte ihr die von den Wirtschaftsprüfern ermittelten Ergebnisse als Ausgangspunkt für die eigene Kontrolle dienen.

5.6.2.3.5 Verbot von Konzernverflechtungen zwischen KAG und Depotbank

Aufgrund der häufig bestehenden Interessenkonflikte wird von einigen Autoren gefordert, eine verbindliche Trennung von KAG und Depotbank gesetzlich zu verankern.[379] Ursprünglich waren im InvÄndG weitergehende Maßnahmen zur rechtlichen Implementierung der Unabhängigkeit von KAG und Depotbank vorgesehen: Der Diskussionsentwurf zum InvÄndG enthielt noch eine Regelung, dass die Depotbank nicht dem gleichen Konzern angehören solle, wie die KAG.[380] Die Vorschrift sah eine Soll-Regelung vor, die mit einer Pflicht komplementiert werden sollte, bei einem Abweichen von der Soll-Regelung im ausführlichen Verkaufsprospekt darlegen zu müssen, warum keine konzernfremde, sondern eine konzernangehörige Depotbank bestellt wurde.[381] Diese Regelung wurde von Vertretern der Investmentbranche massiv kritisiert[382] und findet sich nicht mehr in der endgültigen Fassung des InvÄndG.

5.6.2.3.5.1 Stellungnahme zur Trennung von Depotbank und KAG

Grundsätzlich wäre eine verbindliche Trennung zwischen Depotbank und KAG sinnvoll. Das Konzept des Sondervermögens für Investmentzwecke basiert darauf, dass eine Trennung von Verwaltung und Verwahrung

379 Vgl. *Verbraucherzentrale Bundesverband*, Stellungnahme zum Entwurf eines Gesetzes zur Änderung des Investmentgesetzes und anderer Gesetze, S. 5; *Möllers/Wenninger*, Schriftliche Stellungnahme zum Gesetzesentwurf der Bundesregierung „Entwurf eines Gesetzes zur Änderung des Investmentgesetzes und zur Anpassung anderer Vorschriften" (Investmentänderungsgesetz – InvÄndG, BT-Drs. 16/5576) sowie dem Antrag der Fraktion Bündnis 90/Die Grünen „offene Immobilienfonds – Marktstabilität sichern, Anlegervertrauen stärken" (BT-Drs. 16/662), S. 5, die ein Vollzugsdefizit befürchten, solange keine verbindliche Trennung von Depotbank und KAG erfolgt.

380 Diskussionsentwurf, Gesetz zur Änderung des Investmentgesetzes und anderer Gesetze, S. 26.

381 Diskussionsentwurf, Gesetz zur Änderung des Investmentgesetzes und anderer Gesetze, S. 31.

382 Vgl. hierzu Stellungnahmen der Branche zum Entwurf des Investmentgesetzes, ZfgK 2007, 114 ff.

besteht und die Depotbank verschiedene Kontrollfunktionen gegenüber der KAG ausübt. Diese Kontrolle kann nur dann wahrlich im Interesse der Anleger ausgeübt werden, wenn die KAG und die Depotbank keine gemeinsamen Interessen verfolgen. In einer Konzernsituation bestehen aber gemeinsame Interessen. Erfolgen Handlungen im Konzerninteresse, so erscheint es gar als Formalität, zu verlangen, dass die Verwahrung und Verwaltung von getrennten Gesellschaften vorgenommen wird.

Nun ist durch das InvÄndG eine Verringerung der Aufsicht durch die BaFin erfolgt, indem eine Verlagerung der Kontrollpflichten auf die Depotbank stattfand. Die Kontrolle der Depotbank hat also durch das InvÄndG an Bedeutung gewonnen. Daher könnte die rechtliche Trennung von der KAG noch dringlicher geworden sein.

5.6.2.3.5.2 Anregungen aus dem englischen Recht

Im englischen Recht findet sich die Regelung, dass sowohl der Manager, als auch der Trustee inkorporierte Gesellschaften sein müssen, die über eine Autorisierung unter FSMA verfügen, sowie die Erlaubnis haben, als Trustee oder Manager zu agieren.[383] Die Aufgaben des Trustees ähneln den Aufgaben der Depotbank im deutschen Recht.[384] Ein entscheidender Unterschied ist aber, dass in England der Trustee und die Managementgesellschaft voneinander unabhängig sein müssen. Es besteht also die in Deutschland debattierte Pflicht einer rechtlichen Unabhängigkeit zwischen dem Manager und dem sein Handeln kontrollierenden Trustee.

383 Vgl. Ss. 237 i.V.m. 243 (5)(a) FSMA 2000 sowie FSA Handbook AUTH Annex 2G T7.

384 Im Falle eines Unit Trusts werden die allgemeinen Pflichten des Trustees aus dem Trustrecht um die Pflichten in COLL ergänzt. Dies ist unter anderem daher erforderlich, weil der Trustee im Unit Trust eine andere Rolle innehat, als in einer klassischen Trustkonstruktion. Während er im Trust die Verwaltung des Trustvermögens übernimmt und die Verfügungen über das Vermögen trifft, sowie die Anlageentscheidungen ausübt, ist seine Funktion im Unit Trust auf die Kontrolle des Managers sowie die Verwahrung des Trustvermögens beschränkt, vgl. COLL 6.1.3.(3) S. 1. Die Verwahrfunktion resultiert daraus, dass der Trustee im Gegensatz zum Manager Eigentumsrechte an dem Trustvermögen hat und derjenige ist, der zu Verfügungen über das Trusteigentum berechtigt ist. So hat der Trustee unter COLL 6.6.4 (1) die generelle Pflicht sicherzustellen, dass der Manager den Unit Trust in Übereinstimmung mit den Vorschriften über die Investment- und Fremdkapitalaufnahmegrenzen, COLL 5, die Regeln über Dealing, vgl. COLL 6.2., die Bewertungs- und Preisgebungsvorschriften, vgl. COLL 6.3., sowie die Regeln über die Rechnungslegung des Einkommens und der Zuteilung und Ausschüttung an die Anleger führt, vgl. COLL 6.8.

5.6.2.3.5.3 Implikationen einer rechtlichen Trennung von KAG und Depotbank

Bei einem Verbot einer Konzernverflechtung von Depotbank und KAG wäre es der Depotbank nicht mehr möglich, auf die KAG zwecks Verwirklichung von Konzerninteressen einzuwirken. Eine objektivere Kontrolle des Handelns der KAG könnte erfolgen, da die Depotbank kein eigenes Interesse an den Handlungen der KAG hätte.

Die Unabhängigkeit der KAG von einer Depotbank würde der KAG zudem erlauben, eine Depotbank auszuwählen, so dass ein Wettbewerb zwischen den Depotbanken entstünde. Wettbewerb zwischen den Depotbanken könnte für die Anleger vorteilhaft sein. Die KAG könnte die Depotbank wählen, welche die niedrigsten Depotbankgebühren erhebt. Niedrigere Gebühren würden die Anleger begünstigen, da der Wert ihres Investmentvermögensanteils in geringerem Umfang durch Verwahrungsgebühren belastet würde. Allerdings bestünde bei einem Wettbewerb zwischen den Depotbanken auch das Risiko, dass eine KAG, welche nicht die Wahrung der Anlegerinteressen im Sinn hat, die Depotbank nicht aus anlegerbegünstigenden Motiven auswählen würde. Die KAG könnte die Bank wählen, von der sie die geringste Kontrolle erwartet. Des Weiteren ist in Betracht zu ziehen, dass die KAGen auf die Vermittlung der Anteile des Sondervermögens durch Banken angewiesen sind.[385] Besteht eine gesellschaftsrechtliche Beziehung mit einer Bank, ist es für die KAG unproblematisch, das Vertriebssystem zu nutzen.[386] Bei einer rechtlichen Unabhängigkeit könnte es geschehen, dass die Banken für die Vermittlung höhere Gebühren erheben, was für die Anleger nachteilig wäre.

Auch ist zu berücksichtigen, dass KAGen historisch größtenteils von Banken gegründet und finanziert werden. Diese Banken agieren dann in der Regel als Depotbanken. Wird ein Konzernverbund von Depotbank und KAG verboten, stellt sich die Frage, ob für die Banken weiterhin der Anreiz bestünde, KAGen zu gründen oder Anteile an ihnen zu halten. Die Finanzierung von KAGen könnte sich deutlich schwieriger gestalten, wenn Konzernverbindungen untersagt würden. Die erschwerte Finanzierung könnte sich wiederum in erhöhten Verwaltungsgebühren niederschlagen.

---

385 Vgl. zu der Vermittlerfunktion der Banken beim Vertrieb von Anteilen des Investmentvermögens, *Immenga*, Ordnungspolitische Möglichkeiten des Investmentprinzips, S. 24.

386 Der Vertrieb durch Banken und Sparkassen ist nach der Grundlagenstudie des BVI mit 69,7 % der Befragten die häufigste Vertriebsweise von Investmentvermögensanteilen in Deutschland; *BVI*, Grundlagenstudie Investmentfonds 2009, S. 12.

Zudem könnte eine derartige Regelung auf Umsetzungsprobleme aufgrund des massiven Widerstandes in der Investmentbranche stoßen. Es erscheint präferabel, den Schwerpunkt der Vorkehrungen zur Vermeidung von Interessenkonflikten auf Compliance-Maßnahmen zu legen.

5.6.2.3.6 Offenlegung der Beteiligungsverhältnisse der KAG

Ein Vorschlag, der eine ähnliche Stoßrichtung verfolgt, ist die KAGen zu verpflichten, ihre Beteiligungsverhältnisse offen zu legen.[387] Mögliche Konzernverflechtungen der KAG mit der Depotbank sollen für die Anleger transparent gemacht werden.[388] Eine solche Regelung findet sich für die Verkaufsprospekte geschlossener Fonds in § 7 Verkaufsprospektverordnung. Sie erscheint sinnvoll, da den Anlegern ermöglicht wird, nachzuvollziehen, ob aufgrund einer Konzernverbindung ein Potential für Interessenkonflikte besteht.

5.6.2.3.7 Kontrollinstrumente der Depotbank

5.6.2.3.7.1 Informationsrechte

Als Voraussetzung einer effektiven Kontrolle muss die Depotbank ausreichend über die Handlungen der KAG informiert sein. Hierzu wird in der Literatur angemerkt, dass es verwundere, warum ein einzelner Anleger gemäß § 121 IV InvG Informationen über das Risikomanagement und die aktuellen Risikoentwicklungen anfordern könne, nicht jedoch die Depotbank, obwohl diese eine besondere Kontrollfunktion innehat.[389] Der Grund für das Fehlen eines Auskunfts- oder Einsichtsrechts liegt darin, dass es für entbehrlich gehalten wurde.[390] Grundsätzlich werden die Vermögensgegenstände von der Depotbank verwahrt. Sie hat faktisch einen Zugriff auf alle Informationen hinsichtlich des Investmentvermögens.[391] Gegen die Annahme der Entbehrlichkeit wird jedoch eingewandt, dass nicht alle

387 *Veltmann*, Instrumente des Anlegerschutzes im Investmentrecht, S. 213.

388 *Veltmann*, Instrumente des Anlegerschutzes im Investmentrecht, S. 213.

389 Vgl. *Veltmann*, Instrumente des Anlegerschutzes im Investmentrecht, S. 211 f.

390 *König*, Anlegerschutz, S. 122; *Reiss*, Pflichten der Kapitalanlagegesellschaft und der Depotbank gegenüber dem Anleger und die Rechte des Anlegers bei Pflichtverletzungen, S. 351.

391 *König*, Anlegerschutz, S. 122; ebenso *Reiss*, Pflichten der Kapitalanlagegesellschaft und der Depotbank gegenüber dem Anleger und die Rechte des Anlegers bei Pflichtverletzungen, S. 351.

Vermögensgegenstände verwahrfähig seien.[392] Die Anlage in solche nicht verwahrfähigen Vermögensgegenstände sei aber trotzdem laufend zu überwachen.[393] Daher wird gefordert, der Depotbank umfassende Auskunftsrechte hinsichtlich sämtlicher, nichtverwahrfähiger Vermögensgegenstände einzuräumen, da eine Kontrolle Informationen voraussetze.[394] Ein derartiges Einsichts- und Auskunftsrecht erscheint sinnvoll. Hinsichtlich der sich in der Verwahrung der Depotbank befindlichen Anlagegegenstände können weitergehende Informationsrechte nicht zu einem Mehr an Information führen. Bezüglich der nicht verwahrfähigen Anlagegegenstände besteht ein Bedürfnis für eine Information der Depotbank, um sie in die Lage zu versetzen ihre Kontrollfunktion auszuüben. Folglich sollten ihr Auskunfts- und Einsichtsrechte in Bezug auf die nicht verwahrfähigen Anlagegegenstände eingeräumt werden.

5.6.2.3.7.2 Selbsteintrittsrecht der Depotbank

Der Depotbank fehlen Mittel, die Kapitalanlagegesellschaft zu einem vertragsgerechten Verhalten anzuhalten oder – z.B. bei einer Überschreitung der zulässigen Anlagegrenzen – die KAG anzuweisen, eine Vermögensumschichtung vorzunehmen.[395] Die einzige Möglichkeit der Depotbank sei es, die BaFin einzuschalten, damit diese eine Befolgung der gesetzlichen Vorschriften sowie Vertragsbedingungen durchsetze.[396] Deswegen wird ein Selbsteintrittsrecht der Depotbank gefordert. Es mache faktisch keinen Unterschied, ob die Depotbank die Ausführung einer Transaktion verweigere, oder bei einer Überschreitung der Anlagegrenzen selbst Wertpapiere veräußere.[397] Es solle bei Pflichtverletzungen der KAG, welche die KAG nicht selbst behebt, ein Eingriffsrecht der Depotbank bestehen. Es bedürfe eines Eingriffsrechts, da die indirekte Einflussnahme über ein Einschreiten der BaFin zu zeitintensiv sei und nicht dem Bedürfnis nach einem kurzfristigen Handeln auf den Kapitalmärkten gerecht werde.[398]

---

392 Beispielsweise sind Vermögensgegenstände i.S.v. § 2 IV Nr.5 InvG, Unternehmensbeteiligungen, § 2 IV Nr. 9 oder Anteile an Immobiliengesellschaften, § 2 IV Nr. 6 InvG keine verwahrfähigen Vermögensgegenstände.

393 *Veltmann*, Instrumente des Anlegerschutzes im Investmentrecht, S. 193.

394 *Veltmann*, Instrumente des Anlegerschutzes im Investmentrecht, S. 193.

395 *Kümpel*, Bank- und Kapitalmarktrecht, Rn. 12.158; *Müller*, Die Überwachung der Geschäftsfähigkeit der Kapitalanlagegesellschaft durch die Depotbank, DB 1975, 485 (488).

396 *Veltmann*, Instrumente des Anlegerschutzes im Investmentrecht, S. 212.

397 *Veltmann*, Instrumente des Anlegerschutzes im Investmentrecht, S. 212.

398 *Veltmann*, Instrumente des Anlegerschutzes im Investmentrecht, S. 212.

Auf den ersten Blick leuchtet es ein, das Recht eine Transaktion zu verweigern, um ein Recht zur Vornahme einer Transaktion zu ergänzen, wenn ansonsten ein rechts- oder vertragswidriger Zustand besteht. Allerdings ist zu berücksichtigen, dass die Vornahme beispielweise einer Veräußerung einer die Anlagegrenzen überschreitenden Position qualitativ nicht der Verweigerung des Erwerbs dieser Position entspricht. Im Fall der Verweigerung einer Verfügung liegt bereits eine Kauf- oder Verkaufsentscheidung der KAG vor. Die Depotbank ist grundsätzlich allein für die Verfügung zuständig, wobei sie diese auf die Rechtmäßigkeit und die Vertragskonformität hin kontrolliert. Bei einer Veräußerung einer Position hingegen würde die Depotbank nicht allein die Verfügung vornehmen, sondern auch das Verpflichtungsgeschäft. Das Verpflichtungsgeschäft setzt eine Auswahlentscheidung voraus. Diese lässt sich am Beispiel der Verletzung der Anlagegrenzen veranschaulichen. Die KAG investiert das Sondervermögen in ein Portfolio. Werden nun Anlagegrenzen überschritten, wird es sich nicht so gestalten, dass es genau einen Anlagegegenstand gibt, der die Grenzen verletzt, etwa eine Form von Derivat, welches über die Anlagegrenze hinaus gehalten wird. Regelmäßig werden sich verschiedene Anlagegegenstände eines Typs, auf den sich die Anlagegrenze bezieht, im Portfolio finden. Daher müsste die Depotbank eine Auswahl treffen, welche Anlagegegenstände sie veräußert. Die Auswahl ist aber eine Verwaltungsentscheidung und hätte Einfluss auf die wirtschaftliche Ausrichtung der KAG. Die Trennung zwischen Verwaltung und Verwahrung würde verwischt. Somit ist es nicht zielführend, ein Selbsteintrittsrecht der Depotbank zu implementieren. Die Möglichkeit, die BaFin zu informieren ist ausreichend. Diese kann dann Anordnungen treffen.

5.6.2.3.7.3 Recht der Depotbank zur Abberufung der KAG

Es ist in Betracht zu ziehen, eine Möglichkeit für die Depotbank einzuführen, die Anleger zu schützen, ohne in die wirtschaftlichen Entscheidungen der KAG einzugreifen. Die Einführung einer Kompetenz, die sich im englischen Recht findet, könnte sinnvoll sein: das Recht der Depotbank, die KAG abzuberufen. Die Depotbank könnte im Falle schwerwiegender Verstöße der KAG gegen rechtliche Vorschriften oder die Vertragsbedingungen die KAG abberufen und müsste sich nicht darauf beschränken, einzelne Transaktionen zu verhindern.

5.6.2.3.8 Abberufung des Trustees im britischen Recht

Ein derartiges Abberufungsrecht findet sich im englischen Recht. Dort ist das wichtigste Kontrollinstrument des Trustees sein Recht, den Manager auszuwählen und ihn auch wieder abzuberufen. Im deutschen Recht hingegen bestellt die KAG die Depotbank.[399] Die Depotbank kann die KAG bei einem pflichtwidrigen Handeln nicht abberufen.

5.6.2.3.8.1 Abberufung wegen mangelnder finanzieller Stabilität

Der Trustee kann den Manager bei Vorliegen bestimmter Voraussetzungen abberufen.[400] Die Gründe, welche eine Abberufung erlauben, sind einerseits Gründe, welche sich auf die Situation der Managementgesellschaft und insbesondere ihre finanzielle Stabilität beziehen. Anderseits sind es solche, die im Verhältnis des Managers zum Unit Trust begründet liegen. In die erste Gruppe fällt z.B. die Einberufung einer Versammlung zur Entscheidung über die Abwicklung der Managementgesellschaft,[401] ein Antrag, die Managementgesellschaft aufzulösen oder sie aus dem Unternehmensregister („Companies Register") streichen zu lassen,[402] die Präsentation einer Petition die Managementgesellschaft abzuwickeln[403] oder die Ernennung eines Verwalters für die Managementgesellschaft.[404] Die Möglichkeit des Trustees, in den genannten Fällen die Managementgesellschaft abzuberufen resultiert daraus, dass die Managementgesellschaft dann am Rande der Insolvenz steht und nicht mehr über eine solide Kapitalausstattung verfügt. In einer solchen Situation bestehen besonders starke Anreize für den Manager, im Eigeninteresse und auf Kosten des Trustvermögens zu handeln, um das eigene Bestehen zu sichern.[405]

---

399 § 20 I InvG.
400 Vgl. COLL 6.5.7.
401 COLL 6.5.7.(1)(a).
402 COLL 6.5.7.(1)(b).
403 COLL 6.5.7.(1)(c).
404 COLL 6.5.7.(1)(e).
405 So kann in solch einer Situation nicht davon ausgegangen werden, dass der Manager sich in angemessenem Umfang der Verwaltung des Unit Trusts widmet, wenn er um das eigene finanzielle Überleben kämpft. Es bestehen erhöhte Risiken, dass der Manager seine Pflichten gegenüber dem Unit Trust nicht bestmöglich ausübt.

5.6.2.3.8.2 Anlegerinteresse als Abberufungsgrund

Die zweite Gruppe von Fällen, in denen eine Abberufung möglich ist, bezieht sich auf das Verhalten des Managers gegenüber den Anlegern. Der Trustee kann den Manager abberufen, wenn eine solche Entscheidung angemessen und ein Wechsel des Managers im Interesse der Anleger ist.[406] Eine Abberufung kann auch erfolgen, wenn die Anleger einen Beschluss fassen, dass der Manager abberufen werden soll[407] oder wenn die Anleger, die 75 % des Wertes der ausgegebenen Anteile halten, schriftlich die Abberufung des Managers fordern.[408] Mit dem Erhalt der Notifikation über die Abberufung endet die Stellung als Manager und der Trustee muss einen neuen Manager ernennen.[409] Wann ein Managerwechsel im Interesse der Anleger angemessen ist, wird von COLL nicht ausgeführt. Der Trustee verfügt über einen Ermessensspielraum. Es reicht aus, dass die Anleger einen Beschluss über die Abberufung fassen. Kriterien hinsichtlich der inhaltlichen Angemessenheit für einen solchen Beschluss bestehen nicht. Allein die Erreichung der erforderlichen Beschlussmehrheit ist ausschlaggebend.

Das Recht, den Manager abzuberufen ist ein bedeutender Unterschied zum deutschen Recht, in dem die Anleger keine Möglichkeiten haben, die Fondsverwaltung abzuberufen. Die Anleger in einem Unit Trust haben somit ein theoretisch recht weitreichendes Instrument, Einfluss auf die Anlagestrategie auszuüben. Allerdings ist fraglich, inwieweit diese Kompetenz in der Praxis Auswirkungen hat. Privatkunden wird es schwer fallen, zu erkennen wann ein Manager das Anlagevermögen nicht erfolgreich verwaltet und die erforderliche Mehrheit für die Beschlussfassung zu organisieren. Deshalb ist in der Praxis das Abberufungsrecht des Trustees bedeutender.

5.6.2.3.8.3 Stellungnahme zu einer Einführung des Abberufungsrechts im deutschen Recht

Es kann argumentiert werden, dass eine effektivere Kontrolle der Management Gesellschaft erfolgen kann, wenn der Trustee das Recht hat, der Fondsmanagement-Gesellschaft zu kündigen. Das Abberufungsrecht

406 COLL 6.5.7.(1)(g).
407 COLL 6.5.7.(1)(h).
408 COLL 6.5.7.(1)(i) wobei Anteile, die der Manager oder eine mit dem Manager verbundene Person hält, nicht für die Berechnung der Mehrheit zu berücksichtigen sind.
409 COLL 6.5.7.(2).

könnte im Falle eines Missbrauchs der Leitungsmacht einen effektiven Anlegerschutz bewirken, da in einem solchen Fall, übertragen auf das deutsche Recht, die Depotbank die KAG auswechseln könnte. Allerdings ist eine dem englischen Recht vergleichbare Abberufungskompetenz systematisch nicht mit dem deutschen Recht zu vereinbaren. Nach dem InvG bestellt die KAG die Depotbank und kann sie grundsätzlich jederzeit wieder abberufen.[410] Es liegt die umgekehrte Situation vor. Die KAG hat die Macht zur Bestellung und Abberufung inne, wobei beide Handlungen der Zustimmung der BaFin bedürfen.[411] Zudem würde das Recht des Trustees, eine Abberufung im Anlegerinteresse vorzunehmen, eine Zweckmäßigkeitskontrolle einführen. Das Anlegerinteresse betrifft nicht allein die Recht- und Vertragsmäßigkeit einer Handlung der KAG, sondern auch deren wirtschaftliche Vorteilhaftigkeit. Die Abberufung im Anlegerinteresse würde eine Prüfung der Zweckmäßigkeit des Handelns der KAG voraussetzen. Eine Zweckmäßigkeitskontrolle soll die Depotbank aber nicht vornehmen. Es erscheint nicht sinnvoll, eine Möglichkeit der Abberufung der KAG durch die Depotbank für das deutsche Recht zu erwägen. Vielmehr sollte eine Kontrolle des Handelns der KAG durch die Aufsicht der BaFin erfolgen.

---

410 *Reiss*, Pflichten der Kapitalanlagegesellschaft und der Depotbank gegenüber dem Anleger und die Rechte des Anlegers bei Pflichtverletzungen, S. 162.

411 § 21 I InvG.

6 Ergebnisse der Arbeit

6.1 Bedürfnis nach Anlegerschutz

Privatkunden sind auf Grund ihrer oftmals begrenzten Rationalität, ihrer begrenzten Finanzkenntnisse und der auf den Finanzmärkten bestehenden Informationsasymmetrien schutzbedürftig. Sie werden regelmäßig weder in der Lage sein eine fundierte Anlageentscheidung bei der Auswahl von Investmentvermögen zu treffen noch eine fortlaufende Prüfung des Handelns der KAG vorzunehmen. Daher bedürfen sie anlegerschützender Vorkehrungen. Die bisher bestehenden Anlegerschutzmaßnahmen sollten ausgeweitet werden, da die Implikationen eines Verlustes der Finanzanlage für Privatkunden drastisch sind. Eine stärkere Eigenverantwortung von Privatpersonen für ihre Altersvorsorge darf nur mit einem umfassenden Anlegerschutz einhergehen.

Es erscheint sinnvoll, die bisher bestehenden Publizitätsmaßnahmen stärker auf die Bedürfnisse von Privatkunden zuzuschneiden und um regulative Maßnahmen zu ergänzen, die de facto zu einer Vorauswahl der für Privatkunden in Betracht kommenden Fondstypen führen.

6.2 Verbesserungsvorschläge für die Publizitätsinstrumente bei Investmentvermögen

Generell sollte die Information über verwendete Quoten in dem Dokument erfolgen, in dem die Quote abgedruckt wird, um zu vermeiden, dass die Anleger Fehlvorstellungen von den in die Quote einbezogenen Angaben erhalten. Dies sollte insbesondere bei der Gesamtkostenquote erfolgen. Neben der Gesamtkostenquote wäre es wünschenswert, auch eine Transaktionskostenquote verbindlich einzuführen. Die Angabe der Wert- und Ertragsentwicklung sollte ausgeweitet werden. Die Wertentwicklung sollte nicht nur für einen begrenzten Zeitraum, sondern für den gesamten Zeitraum seit der Gründung des Investmentvermögens angegeben werden.

Für den vereinfachten Prospekt sollte nicht allein eine verbindliche Festlegung seines Inhalts, sondern auch seines Formats erfolgen. Dafür sollten die Reihenfolge der Informationspräsentation sowie das Layout vorgegeben werden. Generell erscheint es vorteilhaft, Quoten zu verwenden, deren Darstellung durch Diagramme erfolgen sollte, da diese die Aufnahme der Informationen erleichtern kann.

6.3 PRINZIPIEN-BASIERTE REGULIERUNG

Die Verwendung von Prinzipien räumt bei einer dem FSA-Ansatz entsprechenden Ausgestaltung den Regulierungsadressaten weite Handlungsspielräume ein. Die durch die Prinzipien verankerten weiten Verhaltensstandards betonen die Verantwortung des oberen Managements und erfordern eine Selbstregulierung der Unternehmen. Eine Selbstregulierung ist Missbrauchsrisiken ausgesetzt. In Deutschland erscheinen die Kapazitäten der Finanzmarktaufsicht nicht den erforderlichen Umfang zu haben, die eine Aufsicht über die Selbstregulierungsmaßnahmen erfordern würde. Erfolgt aber keine effektive Rechtsdurchsetzung, besteht die Gefahr des Missbrauchs der weiten Entscheidungsspielräume der Finanzunternehmen und einer Schwächung des Anlegerschutzes. Daher sollten, würde eine prinzipien-basierte Regulierung eingeführt, die Kapazitäten der BaFin ausgeweitet werden.

Weiterhin wäre erwägenswert, ein verstärktes Augenmerk auf die Entwicklung verfahrensmäßiger und organisatorischer Maßnahmen zu legen, die gemeinsam eine hinreichende demokratische Legitimation des Verwaltungshandelns gewährleisten sollen.

6.4 VERTRIEB ALS ANKNÜPFUNGSPUNKT VON REGULIERUNG

Anstatt einer reinen prinzipien-basierten Regulierung sollte ein Regulierungskonzept verwendet werden, welches die Verwendung von weiten Verhaltensstandards und Regeln je nach Anlegergruppe abschichtet. Dafür bietet sich eine vertriebsbasierte Regulierung an. Frei zu erwerbende, öffentlich vertriebene Investmentvermögen sollten generell auf die Bedürfnisse von Privatkunden ausgerichtet sein. Als Unterkategorie der öffentlichen vertriebenen Investmentvermögen könnte ein Fondstyp für professionelle Anleger nach dem Vorbild der QIS eingeführt werden. Privat platzierte Investmentvermögen sollten sich an professionelle Anleger richten. Sowohl die Investmentvermögen nach dem Vorbild der QIS als auch die privat platzierten Investmentvermögen sollten einer Eintrittsschranke unterliegen. Den Anlegern, die über ausreichende Finanzkenntnisse verfügen, muss aber eine individuelle Entscheidung für ein riskanteres Produkt möglich bleiben.

Die Normierung der für Privatkunden kompatiblen Investmentvermögen sollte durch Regeln erfolgen.

Eine Kategorie öffentlich vertriebener Investmentvermögen nach dem Modell der QIS sollte für professionelle Anleger und erfahrene Privatkunden eingeführt werden. So kann dem Bedürfnis nach flexiblen Anlagemöglichkeiten bei gleichzeitiger Aufsicht durch die BaFin Rechnung getragen werden. Eine Eingangskontrolle würde sicherstellen, dass allein Anleger mit ausreichenden Kenntnissen und Erfahrung in solche Investmentvermögen investieren. Daher könnten für einen solchen Fondstyp Prinzipien auch bei der Ausgestaltung verwendet werden. Prinzipien allein sind bei einer direkten Geltung zu unbestimmt. Es wäre daher erwägenswert, sie zusammen mit einem Anwendungsverfahren zu implementieren, dessen angemessene Durchführung von der BaFin überprüft wird. Für das deutsche Recht scheint im Rahmen einer Form von QIS somit eine abgewandelte Form der prinzipien-basierten Regulierung vorteilhaft.

Die privat platzierten Investmentvermögen sollten allein einer Vertriebsregulierung unterliegen. In ihrer Ausgestaltung sollten sie frei sein. Die Anleger, die in sie investieren, unterliegen durch die Eintrittsschranke einer Vorauswahl und werden im Rahmen des Verkaufsgesprächs über die Risiken der Anlage informiert. So sollte gewährleistet werden, dass allein solche Personen in die privat platzierten Investmentvermögen investieren, die in der Lage sind, die Chancen und Risiken der Anlage zu beurteilen.

Eine Differenzierung nach Anlegerkategorien, wie sie COLL vornimmt, wäre auch für das deutsche Recht sinnvoll. Die Anknüpfung an die Klienten-Klassifikation von MiFiD ist zweckmäßig, da sie klar die Anlegerkategorien benennt und eine eindeutige Einordnung ermöglicht. Zudem ist sie bereits im WpHG implementiert. Ihre Verwendung und somit eine einheitliche Anleger-Klassifikation würde keine neuen Rechtsprobleme aufwerfen. Daher sollte die Klienten-Klassifikation auch auf Investmentvermögen erstreckt werden.

6.5 CORPORATE GOVERNANCE

6.5.1 *Corporate Governance Maßnahmen innerhalb der KAG*

Die Geschäftsleitung der KAG soll im Interesse der Anleger handeln. Dies soll durch Sorgfalts- und Loyalitätspflichten sichergestellt werden. Es kann zu mittelbaren und unmittelbaren Interessenkonflikten kommen, wobei ein besonderes Risiko mittelbarer Interessenkonflikte durch die Verflechtung von KAG und Depotbank auftritt. Durch organisatorische Maßnahmen, insbesondere der Bildung von Vertraulichkeitsbereichen, kann dem Risiko eines dem Anlegerinteresse widersprechenden Handelns aufgrund von Interessenkonflikten teilweise entgegen gewirkt werden. Allerdings können organisatorische Konfliktvermeidungsmaßnahmen nicht verhindern, dass ein Handeln im Konzerninteresse erfolgt.

Die Allgemeinverbindlicherklärung der BVI-Wohlverhaltensregeln stellt eine Verbesserung hinsichtlich der Begrenzung unmittelbarer Interessenkonflikte dar. Die Wohlverhaltensregeln adressieren jedoch nicht mittelbare Interessenkonflikte aus einem Konzernverhältnis mit der Depotbank. Es wäre sinnvoll, strengere, an den fiduziarischen Pflichten orientierte Regeln für die Vermeidung von Interessenkonflikten einzuführen, wie sie für den Unit Trust bestehen.

6.5.2 *Mehrheit unabhängiger Aufsichtsratsmitglieder*

Nach dem Vorbild des US-amerikanischen Rechts sollte eine Mehrheit unabhängiger Aufsichtsratsmitglieder auch für den Aufsichtsrat der KAG vorgeschrieben werden. Unabhängige Aufsichtsratsmitglieder unterliegen weniger Interessenkonflikten und können durch ihre externe Sicht zu einer objektiven Kontrolle beitragen. Hinsichtlich der Höhe des Mehrheitserfordernisses unabhängiger Aufsichtsratsmitglieder wäre es sachgerecht, eine mindestens einfache Mehrheit einzuführen, da sie die Abstimmungsmehrheit sichert. Sollte ersichtlich werden, dass eine einfache Mehrheit keine ausreichende Kontrolle bewirken kann, sollte die Anhebung des Mehrheitserfordernisses erwogen werden.

6.5.3 *Alternativ: Spezifizierung der Anforderungen an das unabhängige Aufsichtsratsmitglied*

Soll keine Ausweitung des Unabhängigkeitserfordernisses erfolgen, so sollten zumindest die Anforderungen an das unabhängige Aufsichtsratsmitglied spezifiziert werden. Wie im Diskussionsentwurf des InvÄndG vorgesehen könnten spezifische Anforderungen an das unabhängige Aufsichtsratsmitglied in das InvG aufgenommen werden. Es wäre sinnvoll zu fordern, dass das unabhängige Aufsichtsratsmitglied ein Vertreter einer anerkannten Anlegerschutzorganisation sein muss. Dies würde eine fachliche Eignung zur Repräsentation der Anlegerinteressen sicherstellen und institutionell absichern, dass das unabhängige Aufsichtsratsmitglied seine Informations- und Ermahnungsfunktion ausfüllen kann.

6.5.4 *Kontrolle durch die Depotbank*

Die Verpflichtung der konzernrechtlichen Entflechtung von KAG und Depotbank wäre ein geeignetes Mittel, Interessenkonflikte durch den Konzernverbund zu mindern. Allerdings stellen sich praktische Probleme, die eine obligatorische Entflechtung nachteilig für die Anleger erscheinen lassen. Daher wäre es sinnvoller, die KAGs zu verpflichten, ihre Beteiligungsverhältnisse offen zu legen, um mögliche Konzernverflechtungen der KAGen mit der Depotbank für die Anleger transparent zu machen. Darüber hinaus sollte die Aufgabe der Wirtschaftsprüfer für eine externe Kontrolle ausgeweitet werden. Sie sollten auch prüfen und im Abschlussbericht vermerken, ob die Depotbank ihre Kontrollaufgabe angemessen ausgeübt hat.

Literaturverzeichnis

[van Aaken 2003] AAKEN, Anne van: *Rational choice in der Rechtswissenschaft*. Baden-Baden : Nomos, 2003

[Abdellaoui u. a. 2008] ABDELLAOUI, Mohammed ; BLEICHROD, Han ; L'HARIDON, Oliver: A tractable method to measure utility and loss aversion under prospect theory. In: *Journal of Risk and Uncertainty* 36 (2008), S. 245–266

[Aghion und Bolton 1992] AGHION, Philippe ; BOLTON, Patrick: An incomplete contracts approach to financial contracting. In: *Review of Economic Studies* 59 (1992), S. 473– 494

[Akerlof 1970] AKERLOF, Georg A.: The Market for "Lemons": Quality Uncertainty and the Market Mechanism. In: *The Quarterly Journal of Economics* 84 (1970), S. 488–500

[Akerlof und Dickens 1982] AKERLOF, Georg A. ; DICKENS, William T.: The Economic Consequences of Cognitive Dissonance. In: *American Economic Review* 72 (1982), S. 307–319

[Albrecht und Maurer 2002] ALBRECHT, Peter ; MAURER, Raimond: *Investment- und Risikomanagement*. Stuttgart : Schäffer Poeschel, 2002

[Alfon 2004] ALFON, Isaac: An additional perspective for retail financial production and their regulation, 2004

[Allen und Thompson 2008] ALLEN, Michael ; THOMPSON, Brian: *Constitutional and Administrative Law*. 9. Oxford : Oxford University Press, 2008

[Amling und Bantleon 2008] AMLING, Thomas ; BANTLEON, Ulrich: Interne Revision - Grundlagen und Ansätze zur Beurteilung deren Wirksamkeit. In: *DStR* (2008), S. 1300–1306

[Anderson 2007] ANDERSON, John R.: *Kognitive Psychologie*. 6. Berlin (u.a.) : Springer, 2007

[Aronson 1994] ARONSON, Elliot: *Sozialpsychologie*. Heidelberg : Spektrum, 1994

[Arrow 1951] ARROW, Kenneth J.: Alternative approaches to the theory of choice in risk-taking situations. In: *Econometrica* 19 (1951), S. 404–437

[Arrow 1963] ARROW, Kenneth J.: *Social Choice and Individual Values*. 9. New Haven/London : Yale University Press, 1963

[Arrow 1969] ARROW, Kenneth J.: *The organization of economic Activity: Issues Pertinent to the choice of market versus nonmarket allocation, in the Analysis and Evaluation of Public Expenditure: The PPB System 1, US Joint Economic Committee, 91st Congress (Washington, DC: Government Printing Office)*. 1969

[Arrow 1982] ARROW, Kenneth J.: Risk Perception in Psychology and Economics. In: *Economic Inquiry* 20 (1982), S. 1–9

[Assmann und Schütze 2007] ASSMANN, Heinz-Dieter ; SCHÜTZE, Rolf A.: *Handbuch des Kapitalanlagerechts*. 3. 2007

[Ayres 1991] AYRES, Ian: Back to Basics: Regulating How Corporations Speak to the Market. In: *Virginia Law Review* 77 (1991), S. 945–999

[Ayres und Braithwaite 1992] AYRES, Ian ; BRAITHWAITE, John: *Responsive Regulation: Transcending the Deregulation Debate*. Oxford University Press, Oxford, 1992

[Baberis u. a. 2001] BABERIS, Nicholas ; HUANG, Ming ; SANTOS, Tano: Prospect theory and Asset Prices. 116 (2001), S. 1–53

[Badura u. a. 2004] BADURA, Peter ; DANWITH, Thomas v. ; HERDEGEN, Matthias ; SEDEMUND, Jochim ; STERN, Klaus: *Beck'scher PostG-Kommentar*. 2. München : C.H. Beck, 2004

[Baird u. a. 1994] BAIRD, Douglas G. ; GERTNER, Robert H. ; PICKER, Randal C.: *Game Theory and the Law*. Cambridge Mass./ London : Harvard University Press, 1994

[Balzer 2003] BALZER, Peter: Der Vorschlag der EG-Kommission für eine neue Wertpapierdienstleistungsrichtlinie. In: *ZBB* (2003), S. 177– 192

[Barnett 2009] BARNETT, Hilaire: *Constitutional & Administrative Law*. 7. London/New York : Routledge Cavendish, 2009

[Barta 2004] BARTA, Sebastian: Die Haftung der depotführenden Bank bei churning des Anlageberaters - Zugleich Besprechung der Entscheidung des BGH v. 13. 7. 2004 - VI ZR 136/03 - "Brokerhaftung". In: *BKR* (2004), S. 433–440

[Barton und Waymire 2004] BARTON, Jan ; WAYMIRE, Gregory: Investor protection under unregulated financial reporting. In: *Journal of Accounting and Economics* 38 (2004), S. 65–116

[Baßler u. a. 2006] BASSLER, Ulrich ; HEINRICH, Jürgen ; UTECHT, Burkhard: *Grundlagen und Probleme der Volkswirtschaft*. 18. Stuttgart : Schäffer Poeschel, 2006

[Baumbach u. a. 2010] BAUMBACH, Adolf ; HOPT, Klaus J. ; MERKT, Hanno: *Handelsgesetzbuch*. 34. München : C.H. Beck, 2010

[Baumol 1965] BAUMOL, William J.: *The Stock Market and economic efficiency*. Fordham, New York, 1965

[Baums und Hopt 2000] BAUMS, Theodor ; HOPT, Norbert: *Corporations, Capital Markets and business in the law: liber amoricum Richard M. Buxbaum*. Kluwer, London, 2000

[Bayes 1763] BAYES, Thomas: An essay towards solving a problem in the doctrine of chances. In: *Philosophical Transaction of the Royal Society of London* 53 (1763), S. 370–418

[Becker 1976] BECKER, Gary S.: *The Economic Approach to human behaviour*. Chicago/London : University of Chicago Press, 1976

[Beckmann u. a. 2010] BECKMANN, Klaus ; SCHOLTZ, Rolf-Detlev ; VOLLMER, Lothar: *Investment, Ergänzbares Handbuch für das gesamte Investmentwesen (Investment-Handbuch)*. Berlin : Erich Schmidt Verlag, 2010

[Bell 1982] BELL, David E.: Regret in Decision Making under Uncertainty. In: *Operations Research* 30 (1982), S. 961–981

[Benartzi und Thaler 1995] BENARTZI, Shlomo ; THALER, Richard H.: Myopic Loss Aversion and the Equity Premium Price Puzzle. In: *Quarterly Journal of Economics* 110 (1995), S. 73–92

[Benjamin 2007] BENJAMIN, Joanna: *Financial Law*. Oxford : Oxford University Press, 2007

[Benston und Kaufman 1996] BENSTON, George G. ; KAUFMAN, George J.: The appropriate role of banking regulation. In: *Economic Journal* 106 (1996), S. 688–697

[Berger 2003] BERGER, Kai-Uwe: Regulierung von Hedgefonds in Deutschland. In: *ZBB* (2003), S. 192–202

[Bernhardt 1995] BERNHARDT, Wolfgang: Aufsichtsrat- die schönste Nebensache der Welt? In: *ZHR* 159 (1995), S. 310 –324

[Bettman u. a. 1986] BETTMAN, James ; PAYNE, John W. ; STAELIN, Richard: Cognitive Considerations in Designing Effective Labels for Presenting Risk Information. In: *Journal of Public Policy and Marketing* 5 (1986), S. 1–28

[Binmor 1988] BINMOR, Kenneth: Modelling Rational Players: Parts II. In: *Economics and Philosophy* 4 (1988), S. 9–55

[Binmor u. a. 1995] BINMOR, Kenneth ; GALE, John ; SAMUELSON, Larry: Learning to be imperfect: the ultimatum game. In: *Games and Economic Behaviour* 8 (1995), S. 56–90

[Binmore 1987] BINMORE, Ken: Modelling Rational Players: Parts I. In: *Economics and Philosophy* 3 (1987), S. 179–214

[Bizer u. a. 2002] BIZER, Kilian ; FÜHR, Martin ; HÜTTIG, Christoph: *Responsive Regulation*. Tübingen : Mohr Siebeck, 2002

[Black u. a. 2007] BLACK, Julia ; HOPPER, Martin ; BAND, Christa: Making a success of principle based regulation. In: *Law and Financial Markets Review* (2007), S. 191–206

[Blair und Walker 2006] BLAIR, M. ; WALKER, G.: *Financial Services Law*. Oxford : Oxford University Press, 2006

[Blair und Walker 2001] BLAIR, Michael ; WALKER, George: *Blackstone's Guide Financial Services & Markets Act*. Oxford : Oxford University Press, 2001

[Bliesener 1998] BLIESENER, Dirk H.: *Aufsichtsrechtliche Verhaltenspflichten*. Berlin/New York : de Gruyter, 1998

[Bollweg 1997] BOLLWEG, Hans-Georg: *Die Wahl des Aufsichtsrats in der Hauptversammlung der Aktiengesellschaft*. Köln (u.a) : Carl Heymanns, 1997

[Boos u. a. 2008] BOOS, Karl-Heinz ; FISCHER, Reinfrid ; SCHULTE-MATTLER, Hermann: *Kreditwesengesetz*. 3. München : C.H. Beck, 2008

[Boutonnet 2007] BOUTONNET, Beatrix: Portfolio-Optimierung- Die Mischung macht's. In: *Kurs* (2007), S. 38

[Bradford u. a. 1990] BRADFORD, De Long J. ; SHLEIFER, Andrei ; SUMMERS, Lawrence H. ; WALDMANN, Robert J.: Noise Trader Risk in Financial Markets. In: *Journal of Political Economy* 98 (1990), S. 703–738

[Brand 2000] BRAND, Dominik: *Die Vereinbarkeit der Rechtsverordnungsermächtigung des Bundes zur Durchführung von EG-Rechtsakten und völkerrechtlichen Verträgen auf dem Gebiet des Umweltschutzes mit Art. 80 I S. 2 Grundgesetz*. Frankfurt a.M. (u.a.) : Lang, 2000

[Brinkhaus und Scherer 2003] BRINKHAUS, Josef ; SCHERER, Peter: *Gesetz über Kapitalanlagegesellschaften Auslandsinvestmentgesetz*. München : C.H. Beck, 2003

[Brinktrine 1998] Brinktrine, Ralf: *Verwaltungsermessen in Deutschland und England, eine rechtsvergleichende Untersuchung von Entscheidungsspielräumen der Verwaltung im deutschen und englischen Verwaltungsrecht*. Heidelberg : C.F. Müller, 1998

[Brudney 1979] Brudney, Victor: Insiders, Outsiders and Information Advantages Under the Federal Securities Laws. In: *Harvard Law Review* 93 (1979), S. 322–376

[Bundesverband Investment- und Assetmanagement 2006] Bundesverband Investment- und Assetmanagement: *Investment 2006 – Daten, Fakten, Entwicklungen*. 2006

[Bundesverband Investment- und Assetmanagement 2009] Bundesverband Investment- und Assetmanagement: *Grundlagenstudie Investmentfonds 2009*. 2009

[Bürgers 2004] Bürgers, Tobias: Das Anlegerschutzverbesserungsgesetz. In: *BKR* (2004), S. 424–432

[Caemmerer 1958] Caemmerer, Ernst v.: Kapitalanlage und Investmentgesellschaften. In: *JZ* (1958), S. 41–50

[Camerer u. a. 2003] Camerer, Colin ; Issacharoff, Samuel ; Loewenstein, George ; O'Donoghue, Ted ; Rabin, Matthew: Regulation for Conservatives: Behavioural Economics and the case for "Asymmetric Paternalism". In: *University of Pennsylvania Law Review* 151 (2003), S. 1211–1254

[Camerer und Weber 1992] Camerer, Colin ; Weber, Martin: Recent Developments in Modeling Preferences: Uncertainty and Ambiguity. In: *Journal of Risk & Uncertainty* 5 (1992), S. 325–370

[Carlton und Fischel 1983] Carlton, Dennis W. ; Fischel, Daniel L.: The Regulation of Insider Trading. In: *Stanford Law Review* 35 (1983), S. 857–895

[Caspari 2005] Caspari, Karl-Burkhard: Anlegerschutz in Deutschland im Lichte der Brüsseler Richtlinien. In: *NZG* (2005), S. 98–103

[Chapman 2003] Chapman, Bruce: Rational Choice and categorical reason. In: *151 University of Pennsylvania Law Review* (2003), S. 1169–1210

[Cheffins 1997] Cheffins, Brian R.: *Company Law*. Oxford : Oxford University Press, 1997

[Choi 1998] Choi, Guzman-A. T.: Portable reciprocity: Rethinking the international reach for securities regulation. In: *71 Southern California Law Review* (1998), S. 903–952

[Choi 2000] CHOI, Stephen J.: Regulation Issuers not Investors: A market based proposal. In: *California Law Review* 88 (2000), S. 279–334

[Choi und Guzman 1997] CHOI, Stephen J. ; GUZMAN, Andrew T.: National Laws, International Money: Regulation in a Global Capital Market. In: *Fordham Law Review* 65 (1997), S. 1855–1908

[Claussen 2001] CLAUSSEN, Carsten P.: Die Hauptversammlung und Internet. In: *AG* (2001), S. 161–171

[Claussen 2008] CLAUSSEN, Carsten P.: *Bank- und Börsenrecht*. 4. München : C.H. Beck, 2008

[Coase 1937] COASE, R.H.: The nature of the Firm. In: *Economica* 4 (1937), S. 386–405

[Coffee 1984] COFFEE, John C. J.: Market Failure and the economic case for a Mandatory Disclosure System. In: *Virginia Law Review* 70 (1984), S. 717–753

[Cooper 2003] COOPER, Richard D.: FSMA - The right way to go? In: *EuZW* (2003), S. 65

[Cromme 2006] CROMME, Gerhard: *Corporate Governance Report 2006*. Stuttgart : Schäffer Poeschel, 2006

[Cunningham 2002] CUNNINGHAM, Lawrence A.: Behavioral Finance and Investor governance. In: *Washington & Lee Law Review* 59 (2002), S. 767–837

[Daniel u. a. 1998] DANIEL, Kent ; HIRSHLEIFER, David ; SUBRAHMANYAM, Avanidhar: Investor Psychology and Security Market Under- and Overreactions. In: *Journal of Finance* 8 (1998), S. 1839–1885

[Daniel u. a. 2001] DANIEL, Kent ; HIRSHLEIFER, David ; SUBRAHMANYAM, Avanidhar: Overconfidence, Arbitrage and Equilibrium Asset Pricing. In: *Journal of Finance* 56 (2001), S. 921–965

[Danwitz 1989] DANWITZ, Thomas v.: *Die Gestaltungsfreiheit des Verordnungsgebers*. Berlin : Duncker & Humblot, 1989

[De Meza u. a. 2008] DE MEZA, David ; IRLENBUSCH, Bernd ; REYNIERS, Diane: *Financial Capability: A behavioural Economics Perspective, prepared for the Financial Service Authority, July 2008*. 2008

[Denninger u. a. 2001] DENNINGER, Erhard ; HOFFMANN-RIEM, Wolfgang ; SCHNEIDER, Hans-Peter ; STEIN, Ekkehart: *Kommentar zum Grundgesetz für die Bundesrepublik Deutschland, 3. Auflage*. Wiesbaden : Luchterhand, 2001

[Derleder u. a. 2009] DERLEDER, Peter ; KNOPS, Kai-Oliver ; BAMBERGER, Heinz G.: *Handbuch zum deutschen und europäischen Bankrecht*. 2. Berlin/Heidelberg : Springer, 2009

[Dhar 2006] DHAR, Raviand Zhu N.: Up Close and Personal: Investor Sophistication and the Disposition Effect. In: *Management Science* 52 (2006), S. 726–740

[Diboky und Fisinger] DIBOKY, Franz ; FISINGER, Jörg: Total Expense Ratio- eine empirische Untersuchung der Zusatzkosten von Investmentfonds. In: *ZFBF* 58, S. 710–729

[Dicey 2002] DICEY, Albert V.: *Einführung in das Studium des Verfassungsrechts*. Baden-Baden : Nomos, 2002

[Diver 1983] DIVER, C.S.: The optimal precision of Administrative Rules. In: *Yale Law Journal* 93 (1983), S. 65–109

[Dreher 1990] DREHER, Meinrad: Interessenkonflikte bei Aufsichtsratsmitgliedern von Aktiengesellschaften. In: *JZ* (1990), S. 896–904

[Dreier 1998] DREIER, Horst: *Grundgesetz Kommentar*. Bd. 2. Tübingen : Mohr Siebeck, 1998

[Duve und Keller 2006] DUVE, Christian ; KELLER, Moritz: MiFID: Die neue Welt des Wertpapiergeschäfts. In: *BB* (2006), S. 2425–2432

[Dworkin 1977] DWORKIN, Ronald: *Taking Rights Seriously*. London : Duckworth, 1977

[Easterbrook 1984] EASTERBROOK, Fischel Daniel L.: Mandatory disclosure and the protection of investors. In: *70 Virginia Law Review* (1984), S. 669–715

[Ebenroth u. a. 2009] EBENROTH, Thomas ; BOUJONG, Karlheinz ; JOOST, Detlev ; STROHN, Lutz: *Handelsgesetzbuch*. Bd. 2. München : C.H. Beck, 2009

[Edwards und Stockwell 2007] EDWARDS, Nigel ; STOCKWELL, Richard: *Trusts and equity*. 8. Harlow : Pearson Education Ltd, 2007

[Eidenmüller 2005] EIDENMÜLLER, Horst: Der homo oeconomicus und das Schuldrecht: Herausforderungen durch Behavioural Law and Economics. In: *JZ* (2005), S. 216–224

[Ekkenga 1998] EKKENGA, Jens: *Anlegerschutz, Rechnungslegung und Kapitalmarkt, Eine vergleichende Studie zum europäischen, deutschen und britischen Bilanz-, Gesellschafts- und Kapitalmarktrecht*. Tübingen : Mohr Siebeck, 1998

[Ellenberger 2001] ELLENBERGER, Jürgen: Die neue Rechtsprechung des Bundesgerichtshofs zu Aufklärungs- und Beratungspflichten bei der Anlageberatung. In: *WM, Beilage 1* (2001)

[Emmerich und Habersack 2008] EMMERICH, Volker ; HABERSACK, Matthias: *Aktien- und GmbH Konzernrecht*. 5. München : C.H. Beck, 2008

[Enderlein 1992] ENDERLEIN, Wolfgang: *Abwägung in Recht und Moral*. Freiburg (i. Br.)/München : Alber, 1992

[Engelkamp und Zimmer 2006] ENGELKAMP, Johannes ; ZIMMER, Hubert D.: *Lehrbuch der Kognitive Psychologie*. Göttingen : Hogrefe, 2006

[Engelkamp und Sell 1998] ENGELKAMP, Paul ; SELL, Friedrich L.: *Einführung in die Volkswirtschaftslehre*. Berlin : Springer, 1998

[Engert 2004] ENGERT, Andreas: *Die Regulierung von Investmentfonds, German Working Papers in Law and Economics, Paper 21, Berkeley Press*. 2004

[Enneccerus und Nipperdey 1960] ENNECCERUS, Ludwig ; NIPPERDEY, Hans-Carl: *Allgemeiner Teil des Bürgerlichen Rechts, 1. Halbband*. 15. Tübingen : Mohr Siebeck, 1960

[Erichsen und Ehlers 2006] ERICHSEN, Hans-Uwe ; EHLERS, Dirk: *Allgemeines Verwaltungsrecht*. 13. Berlin : de Gruyter, 2006

[Ebner von Eschenbach 1960] ESCHENBACH, Hans-Christoph Ebner von: *Die Rechte des Anteilsinhabers nach dem Gesetz über Kapitalanlagegesellschaften*. 1960

[Fama 1970] FAMA, Eugene: Efficient Capital Markets: A Review of Theory and Empirical Work. In: *Journal of Finance* 25 (1970), S. 383–417

[Fanto 1998a] FANTO, James A.: Comparative Investor Education. In: *Brooklyn Law Review* 64 (1998), S. 1083–1110

[Fanto 1998b] FANTO, James A.: We're all capitalists now: The importance, nature, provision and regulation of investor education. In: *Case Western Reserve Law Review* 49 (1998), S. 105–180

[Fazley 2008] FAZLEY, Olga: *Regulierung der Finanzanalysten und Behavioral Finance*. Baden-Baden : Nomos, 2008

[Fellner] FELLNER, Matthias: *Causes, consequences and cures of myopic loss aversion- an experimental investigation, Bonn Economic Discussion Paper, 16/2005*

[Figlewski 1978] FIGLEWSKI, Stephen: Market "Efficiency" in a Market with heterogeneous Information. In: *Journal of Political Economy* 86 (1978), S. 581–597

[Financial Service Authority 1998] FINANCIAL SERVICE AUTHORITY: *Promoting Public Understanding of Financial Services: A Strategy for Consumer Education, Consultation Paper 15 (November 1998).* 1998

[Financial Service Authority 2000] FINANCIAL SERVICE AUTHORITY: *A New Regulator for the New Millenium.* 2000

[Financial Service Authority 2003] FINANCIAL SERVICE AUTHORITY: *Towards a national strategy for financial capability.* 2003

[Financial Service Authority 2004] FINANCIAL SERVICE AUTHORITY: *Implementation of the simplified prospectus in the UCITS Management Company Directive, Consultation Paper 04/18.* 2004

[Financial Service Authority 2006] FINANCIAL SERVICE AUTHORITY: *Financial Promotions and Other Communications.* 2006

[Financial Service Authority 2007] FINANCIAL SERVICE AUTHORITY: *Principle-Based Regulation – Focussing on the Outcomes that Matter.* 2007

[Financial Services Authority 2003] FINANCIAL SERVICES AUTHORITY: *The CIS Sourcebook – A New Approach – Consultation Paper 185.* 2003

[Fischel 1989] FISCHEL, Daniel R.: Efficient Capital Markets, the Crash, and the Fraud on the Market Theory. In: *Cornell Law Review* 74 (1989), S. 907–922

[Fisher u. a. 2003] FISHER, Jonathan ; BEWSEY, Jane ; WALTERS, Malcolm ; OVEY, Elizabeth: *The Law of investor protection.* 2. London : Sweet & Maxwell, 2003

[Fleischer 2001] FLEISCHER, Holger: *Informationsasymmetrie im Vertragsrecht: Eine rechtsvergleichende und interdisziplinäre Abhandung zur Reichweite und Grenzen vertragsschlussbezogener Aufklärungspflichten.* München : Beck, 2001

[Fleischer 2006] FLEISCHER, Holger: Die Richtlinie über Märkte für Finanzinstrumente und das Finanzmarkt-Richtlinie-Umsetzungsgesetz – Entstehung, Grundkonzeption, Regelungsschwerpunkte. In: *BKR* (2006), S. 389–396

[Fleischhauer 2001] FLEISCHHAUER, Jens: Hauptversammlung und neue Medien. In: *ZIP* (2001), S. 1133–1138

[Fock 2006] FOCK, Till: Das neue Recht der Investmentaktiengesellschaft. In: *BB* (2006), S. 2371–2376

[Forster u. a. 1997] FORSTER, Karl-Heinz ; GRUNEWALD, Barbara ; LUTTER, Marcus ; SEMLER, Johannes: *Aktien und Bilanzrecht, Festschrift für Bruno Kropff*. Köln : IDW, 1997

[Fox 1997] FOX, Merrit B.: Securities Disclosure in a Globalizing Market: Who should regulate whom. In: *Michigan Law Review* 95 (1997), S. 2498–2632

[Franke und Hax 2004] FRANKE, Günter ; HAX, Herbert: *Finanzwirtschaft des Unternehmens und Kapitalmarkt*. 5. Berlin : Springer, 2004

[Frankel 2002] FRANKEL, Tamar: Regulation and Investors' trust in the securities Markets. In: *Brooklyn Law Review* 68 (2002), S. 439–448

[Frantzke 2004] FRANTZKE, Anton: *Grundlagen der Volkswirtschaftslehre*. 2. Stuttgart : Schäffer Poeschel, 2004

[Frey und Irle 1993] FREY, Dieter ; IRLE, Martin: *Theorien der Sozialpsychologie*. Bd. 1: Kognitive Theorien. 2. Bern (u.a.) : Huber, 1993

[Frey und Rosenstiel 2005] FREY, Dieter ; ROSENSTIEL, Lutz v.: *Wirtschaftspsychologie*. Weinheim : Beltz PVV, 2005

[Friedman 1953] FRIEDMAN, Milton: *Essays in positive economics*. Chicago : Chicago University Press, 1953

[Frowein 1993] FROWEIN, Jochen A.: *Die Kontrolldichte bei der gerichtlichen überprüfung von Handlungen der Verwaltung*. Berlin : Springer, 1993

[Fuchs 2009] FUCHS, Andrea: *Wertpapierhandelsgesetz (WpHG)*. München : C.H. Beck, 2009

[Gabel und Steinhauer 2010] GABEL, Detlev ; STEINHAUER, Franziska: Neue aufsichtsrechtliche Anforderungen für das Outsourcing durch Versicherungsunternehmen. In: *VersR* (2010), S. 177–183

[Garbade 1982] GARBADE, Kenneth: *Securities Markets*. New York : McGraw-Hill, 1982

[Georgosouli 2007] GEORGOSOULI, Andromachi: The debate over the economic rationale for investor protection regulation: a critical appraisal. In: *Journal of financial regulation and compliance* 15 (2007), S. 236–249

[Gilson und Kraakman 2003] GILSON, Robert J. ; KRAAKMAN, Reinier: The Mechanisms of Market Efficiency twenty years later: The hindsight bias. In: *Journal of Corporation Law* 28 (2003), S. 715–742

[Gilson und Kraakman 1984] GILSON, Ronald J. ; KRAAKMAN, Reinier H.: Mechanisms of Market Efficiency. In: *Virginia Law Review* 70 (1984), S. 549–644

[Goldsworthy 1999] GOLDSWORTHY, Jeffrey: *The Sovereignty of Parliament.* Oxford : Clarendon Press, 1999

[Gondesen 2005] GONDESEN, Helge: Rechtssetzung durch die Exekutive im Investmentrecht. In: *WM* (2005), S. 116–124

[Goodhart u. a. 1998] GOODHART, Charles ; HARTMANN, Philipp ; LLEWELLYN, Liliana ; WEISBROD, Steven: *Financial Regulation.* London/New York : Routledge, 1998

[Gordon und Kornhauser 1985] GORDON, Jeffrey N. ; KORNHAUSER, Lewis A.: Efficient Markets, Costly Information and Securities Research. In: *New York University Law Review* 60 (1985), S. 761–849

[Goshen und Parchomovsky 2006] GOSHEN, Zohar ; PARCHOMOVSKY, Gideon: The Essential Role of Securities Regulation. In: *Duke Law Journal* 55 (2006), S. 711–782

[Gößmann u. a.] GÖSSMANN, Wolfgang ; HELLNER, Thorwald ; SCHRÖTER, Jürgen ; STEUER, Stephan ; WEBER, Ahrend: *Bankrecht und Bankpraxis.* Köln : Bank-Verlag Medien

[Gottwald 2006] GOTTWALD, Peter: *Insolvenzrechts-Handbuch.* 3. München : C.H. Beck, 2006

[Gray und Hamilton 2006] GRAY, Joana ; HAMILTON, Jenny: *Implementing Financial Regulation, Theory and Practice.* Chichester : John Wiley & Sons, 2006

[Green und Shapiro 1994] GREEN, Donald P. ; SHAPIRO, Ian: *Pathologies of rational choice theory, A critique of applications in political science.* New Haven/London : Yale University Press, 1994

[Griffin und Tversky 1992] GRIFFIN, Dale ; TVERSKY, Amos: The Weighting of Evidence and the Determinants of Confidence. In: *Cognitive Psychology* 94 (1992), S. 411–435

[Grossman 1981a] GROSSMAN, Sanford J.: The Informational Role of Warranties and Private Disclosure About Product Quality. In: *Journal of Law and Economics* 24 (1981), S. 461–483

[Grossman 1981b] GROSSMAN, Sanford J.: An Introduction to the Theory of rational expectation under asymmetric information. In: *The Review of Economic Studies* 48 (1981), S. 541–559

[Grossman und Stiglitz 1980] GROSSMAN, Sanford J. ; STIGLITZ, Joseph E.: On the impossibility of informational efficient markets. In: *American Economic Review* 70 (1980), S. 393–408

[Grunewald 2008] GRUNEWALD, Barbara: *Bürgerliches Recht*. 8. München : C.H. Beck, 2008

[Gstädtner 2006] GSTÄDTNER, Thomas: *Investmentbesteuerung im Vergleich: Die Besteuerung von Hedgefonds in Deutschland und im Vereinigten Königreich*. Köln : Bank Verlag, 2006

[Gul 1991] GUL, Faruk: A Theory of Disappointment Aversion. In: *Econometrica* 59 (1991), S. 667–686

[Habersack 2001] HABERSACK, Mathias: Aktienrecht und Internet. In: *ZHR 165* (2001), S. 172–203

[Habersack 2004a] HABERSACK, Mathias: Der Aufsichtsrat im Visier der Kommission. In: *ZHR 169* (2004), S. 373–381

[Habersack 2004b] HABERSACK, Mathias: Europäisches Gesellschaftsrecht im Wandel- Bemerkungen zum Aktionsplan der EG-Kommission betreffend die Modernisierung des Gesellschaftsrechts und die Verbesserung der Corporate Governance in der Europäischen Union. In: *NZG* (2004), S. 1–9

[Habersack u. a. 2008] HABERSACK, Mathias ; MÜLBERT, Peter O. ; SCHLITT, Michael: *Handbuch der Kapitalmarktinformation*. München : C.H. Beck, 2008

[Hahn und Vesting 2008] HAHN, Werner ; VESTING, Thomas: *Rundfunkrecht*. 2. München : C.H. Beck, 2008

[Haidar 2009] HAIDAR, Jamal I.: Investor protection and economic growth. In: *Economic Letters* 103 (2009), S. 1–4

[Halfpap 2008] HALFPAP, Patrick: *Kapitalmarktaufsicht in Europa und den USA*. Frankfurt a.M. : Lang, 2008

[Halfpap 2009] HALFPAP, Patrick: Normsetzungsbefugnisse von Kapitalmarktaufsichtsbehörden. In: *BKR* (2009), S. 65–72

[Haltiwanger und Waldman 1985] HALTIWANGER, John ; WALDMAN, Michael: Rational expectations and the limits of rationality: An Analysis of heterogeneity. In: *American Review* 75 (1985), S. 326– 340

[Hammen 1998] HAMMEN, Horst: KWG-rechtlichte und EG-rechtliche Aspekte des Kreditgeschäfts in § 1 Abs. 1 Satz 2 Nr. 2 KWG. In: *WM* (1998), S. 741–748

[Hannemann u. a. 2008] HANNEMANN, Ralf ; SCHNEIDER, Andreas ; HANENBERG, Ludger: *Mindestanforderungen an das Risikomanagement (MaRisk)*. 2. Stuttgart : Schäffer-Poeschel, 2008

[Hanson und Kysar 1999] HANSON, Jon D. ; KYSAR, Douglas A.: Taking Behavioralism seriously: The Problem of Market Manipulation. In: *New York University Law Review* 74 (1999), S. 630–749

[Hanson und Logue 1998] HANSON, Jon D. ; LOGUE, Kyle D.: The Costs of Cigarettes: The Economic Case for Ex Post Incentive-Based Regulation. In: *Yale Law Journal* 107 (1998), S. 1163–1262

[Hasselbach 2000] HASSELBACH, Kai: Hauptversammlung im Internet. In: *ZGR* (2000), S. 258–268

[Hasskarl 1969] HASSKARL, Horst: Rechtsprechung des Bundesverfassungsgerichts zu Art. 80 Abs. 1 Satz 2 GG. In: *AöR 94* (1969), S. 89–115

[vom Berge und Herrendorff 1962] HERRENDORFF, Hans-Siegmund vom Berge und: *Der Schutz des Investmentsparers: Darstellung unter Berücksichtigung des Gesetzes über Kapitalanlagegesellschaften vom 16.4.1957*. Köln, 1962

[Hesse und Johnson 1995] HESSE, Joachim J. ; JOHNSON, Nevil: *Constitutional Policy and Change in Europe*. Oxford : Oxford University Press, 1995

[Hirte und Möllers 2007] HIRTE, Heribert ; MÖLLERS, Thomas M.: *Kölner Kommentar zum WpHG*. Köln/Berlin/München : Carl Heymanns, 2007

[Hodges 2007] HODGES, Christopher: Encouraging enterprise and rebalancing risk: Implications of Economic policy for regulation, enforcement and compensation. In: *EBLR* (2007), S. 1231–1266

[Hoeren und Sieber 2008] HOEREN, Thomas ; SIEBER, Ulrich: *Handbuch Multimedia-Recht*. München : C.H. Beck, 2008

[Hoffmann-Becking 2006] HOFFMANN-BECKING, Michael: Wider die Entmachtung der Räte. In: *ZHR 170* (2006), S. 2–8

[Hoffmann-Becking 2007] HOFFMANN-BECKING, Michael: *Münchener Handbuch des Gesellschaftsrechts*. 3. München : C.H. Beck, 2007

[Hoffmann-Riem 2005] HOFFMANN-RIEM, Wolfgang: Gesetz und Gesetzesvorbehalt im Umbruch. In: *AöR 130* (2005), S. 7–70

[Hoffmann-Riem u. a. 2008] HOFFMANN-RIEM, Wolfgang ; SCHMIDT-ASSMANN, Eberhard ; VOSSKUHLE, Andreas: *Grundlagen des Verwaltungsrechts*. Bd. 2. München : C.H. Beck, 2008

[Hofmann 2007] HOFMANN, André: *Aufklärung und Anlageberatung: Pflichtenmaßstab und Kausalität*. Frankfurt a.M. : Lang, 2007

[Holzborn und Israel 2004] HOLZBORN, Timo ; ISRAEL, Alexander: Das Anlegerschutzverbesserungsgesetz. In: *WM* (2004), S. 1948–1956

[Hommelhoff u. a. 2003] HOMMELHOFF, Peter ; HOPT, Klaus J. ; WERDER, Axel v.: *Handbuch Corporate Governance*. Stuttgart : Schäffer Poeschel, 2003

[Hommelhoff u. a. 2007] HOMMELHOFF, Peter ; RAWERT, Peter ; SCHMIDT, Karsten: *Festschrift für Hans-Joachim Priester: Zum 70. Geburtstag*. Köln : Schmidt, 2007

[Hopt] HOPT, K. J.:

[Hopt 2004] HOPT, Klaus J.: Interessenwahrung und Interessenkonflikte im Aktien-, Bank und Berufsrecht. In: *ZGR* (2004), S. 1–52

[Hopt 2005] HOPT, Klaus J.: Europäisches Gesellschaftsrecht und deutsche Unternehmensverfassung - Aktionsplan und Interdependenzen. In: *ZIP* (2005), S. 461–474

[Hopt und Wiedemann 2006] HOPT, Klaus J. ; WIEDEMANN, Herbert: *Aktiengesetz, Großkommentar*. 4. Berlin : De Gruyter Recht, 2006

[Hüffer 2006] HÜFFER, Uwe: Die Unabhängigkeit von Aufsichtsratsmitgliedern nach Ziffer 5.4.2 DCGK. In: *ZIP* (2006), S. 637–644

[Hüffer 2008] HÜFFER, Uwe: *Aktiengesetz*. 8. München : C.H. Beck, 2008

[Hunter 1988] HUNTER, Daniel T.: Analyst judgment: The efficient market hypothesis versus a psychological theory of human judgment. In: *Organizational behavior and human decision processes* 42 (1988), S. 284–302

[Immenga 1982] IMMENGA, Ulrich: *Ordnungspolitische Möglichkeiten des Investmentprinzips*. Tübingen : Mohr Siebeck, 1982

[Jacob 1996] JACOB, Michael: *Investmentfonds: Möglichkeiten ihrer Ausgestaltung unter besonderer Berücksichtigung einer neuen Anlegerschutzkonzeption*. Frankfurt a.M., 1996

[Jarass und Pieroth 2009] JARASS, Hans D. ; PIEROTH, Bodo: *Grundgesetz*. München : C.H. Beck, 2009

[Jensen und Meckling 1976] JENSEN, Michael ; MECKLING, William H.: Theory of the Firm: Managerial Behavior, Agency Costs and Ownership Structure. In: *Journal of Financial Economics* 3 (1976), S. 305–360

[Jesch 1982] JESCH, Dietrich: *Gesetz und Verwaltung*. 2. Tübingen : Mohr Siebeck, 1982

[Johnson 2000] JOHNSON, Paul: *CAT Standards and Stakeholders, Their role in financial education, FSA Occasional Paper 11, September 2000*. 2000

[Jolls u. a. 1998] JOLLS, Christine ; SUNSTEIN, Cass R. ; THALER, Richard: A Behavioural Approach to Law and Economics. In: *Stanford Law Review* 50 (1998), S. 1471–1550

[Jordan 2007] JORDAN, Roman: Die Umsetzung der MiFID in Deutschland und die Abschaffung des §37d WpHG. In: *WM* (2007), S. 1827–1831

[Junker 2003] JUNKER, Johannes: *Gewährleistungsaufsicht über Wertpapierdienstleistungsunternehmen-Die hoheitliche Regulierung gesellschaftlicher Selbstregulierung durch die Bundesanstalt für Finanzdienstleistungsaufsicht*. Duncker & Humblot, Berlin, 2003

[Kahan 1992] KAHAN, Marcel: Securities Laws and the Social Costs of "Inaccurate" Stock Prices. In: *Duke Law Journal* 41 (1992), S. 977–1044

[Kahneman u. a. 1990] KAHNEMAN, Daniel ; KNETSCH, Jack L. ; THALER, Richard: Experimental Tests of the Endowment Effect and the Coase Theorem. In: *Journal of Political Economy* 98 (1990), S. 1325–1348

[Kahneman und Tversky 1972] KAHNEMAN, Daniel ; TVERSKY, Amos: Subjective probability: A judgment of representativeness. In: *Cognitive Psychology* 3 (1972), S. 430–454

[Kahneman und Tversky 1979] KAHNEMAN, Daniel ; TVERSKY, Amos: Prospect Theory: An Analysis of Decision under Risk. In: *Econometrica* 47 (1979), S. 263–291

[Kahneman u. a. 1982] KAHNEMAN, Daniel ; TVERSKY, Amos ; SLOVIC, Paul: *Judgement under Uncertainty: Heuristics and Biases*. Cambridge : Cambridge University Press, 1982

[Kaperschmidt 2002] KAPERSCHMIDT, Sabine: Rechtsfragen des Vertriebs von Investmentfonds im Internet. In: *WM* (2002), S. 1747–1756

[Karmel 1998] KARMEL, Roberta S.: The Challenge to financial regulators posed by social securities regulation. In: *Brooklyn Law Review* 64 (1998), S. 1043–1081

[Kasberg 2007] KASBERG, Linda K.: *Steuerliche Aspekte der Investment-Aktiengesellschaft*. Frankfurt a.M. : Lang, 2007

[Kasten 2007] KASTEN, Roman A.: Das neue Kundenbild des §31a WpHG – Umsetzungsprobleme nach MiFID & FRUG. In: *BKR* (2007), S. 261–267

[Kasten und Spindler 2006a] KASTEN, Roman A. ; SPINDLER, Gerald: Der neue Rechtsrahmen für den Finanzdienstleistungssektor – die MiFID und ihre Umsetzung – Teil I. In: *WM* (2006), S. 1749–1756

[Kasten und Spindler 2006b] KASTEN, Roman A. ; SPINDLER, Gerald: Der neue Rechtsrahmen für den Finanzdienstleistungssektor - die MiFID und ihre Umsetzung - Teil II-. In: *WM* (2006), S. 1797–1804

[Kelman 1998] KELMAN, Mark: Behavioural Economics as Part of a rethorical duet: A response to Jolls, Sunstein and Thaler. In: *Stanford Law Review* 50 (1998), S. 1577–1591

[Kershaw 2005] KERSHAW, David: Evading Enron: Taking Principles Too Seriously In Accounting Regulation. In: *Modern Law Review* 68 (2005), S. 594–625

[Keynes 1957] KEYNES, John M.: *The general Theory of employment, interest and money*. London : Macmillan, 1957

[Kilborn 2005] KILBORN, Jason J.: Behavioral Economics, Overindebtness and comparative Consumer Bancruptcy: Searching for Causes and Evaluating Solutions. In: *Bankruptcy Developments Journal* 22 (2005), S. 13–46

[Kirchgässner 2008] KIRCHGÄSSNER, Gebhard: *Homo oeconomicus: The economic model of behavior and its application in economics and other social sciences*. Boston MA/New York : Springer, 2008

[Kirchhof u. a. 2007] KIRCHHOF, Hans-Peter ; LWOWSKI, Hans-Jürgen ; STÜRNER, Rolf: *Münchener Kommentar zur Insolvenzordnung*. Bd. 1. 2. München : C.H. Beck, 2007

[Klenk 1967] KLENK, Friedrich E.: *Die rechtliche Behandlung des Investmentanteils unter Berücksichtigung der Anteilberechtigung des Investmentratensparers*. Köln, 1967

[Klöhn 2006] KLÖHN, Lars: *Kapitalmarkt, Spekulation und Behavioral Finance: eine interdisziplinäre und vergleichende Analyse zum Fluch und Segen der Spekulation und ihrer Regulierung durch Recht und Markt*. Berlin : Duncker & Humblot, 2006

[Klose 1994] KLOSE, Wolfgang: *Ökonomische Analyse von Entscheidungsanomalien*. Frankfurt a.M. : Lang, 1994

[Knight 2002] KNIGHT, Frank H.: *Risk, Uncertainty and Profit*. Washington D.C : Beard Books, 2002

[Kohl u. a. 1974] KOHL, Helmut ; KÜBLER, Friedrich ; WALZ, Rainer ; WÜSTERICH, Wolfgang: Abschreibungsgesellschaften, Kapitalmarkteffizienz und Publizitätszwang. In: *ZHR 138* (1974), S. 1–49

[König 1998] KÖNIG, Markus: *Anlegerschutz im Investmentrecht*. Wiesbaden : Deutscher Universitäts-Verlag, 1998

[Korkeamaki und Smythe 2004] KORKEAMAKI, Timo P. ; SMYTHE, Thomas I.: Effects of Market Concentration and Bank Concentration of Mutual Fund Expenses and Returns: Evidence from Finland. In: *European Financial Management* 10 (2004), S. 413–438

[Korobkin und Ulen 2000] KOROBKIN, Russel B. ; ULEN, Thomas S.: Law and Behavioral Science: Removing the Rationality Assumption from Law and Economics. In: *California Law Review* 88 (2000), S. 1051–1144

[Köster 1974] KÖSTER, Heiner: *Der Schutz der Kapitalanleger im deutschen und nordamerikanischen Wertpapier-Investmentrecht*. München, 1974

[Kowalewski 2008] KOWALEWSKI, Jörn: *Das Vorerwerbsrecht der Mutteraktionäre beim Börsengang einer Tochtergesellschaft : Anlegeraktionärsschutz im Konzern zwischen Neoklassik und Behavioral Finance - eine juristische und ökonomische Analyse*. Tübingen : Mohr Siebeck, 2008

[Kozhan und Schmid 2009] KOZHAN, Roman ; SCHMID, Wolfgang: Asset allocation with distorted beliefs and transaction costs. In: *European Journal of Operational Research* 194 (2009), S. 236–249

[Krause 2003] KRAUSE, Rüdiger: Sarbanes-Oxley Act und deutsche Mitbestimmung. In: *WM* (2003), S. 762–771

[Kress 1996] KRESS, Sabine L.: *Effizienzorientierte Kapitalmarktregulierung: eine Analyse aus institutionenökonomischer Perspektive*. Wiesbaden : Gabler, 1996

[Krol und Schmid 2002] KROL, Gerd-Jan ; SCHMID, Alfons: *Volkswirtschaftslehre*. 21. Tübingen : Mohr Siebeck, 2002

[Kümpel 2004] KÜMPEL, Siegfried: *Bank- und Kapitalmarktrecht*. 3. Köln : Schmidt, 2004

[Ladeur 1998] LADEUR, Karl-Heinz: Regulierung nach dem TKG. In: *K & R* (1998), S. 479–485

[Ladeur 2002] LADEUR, Karl-Heinz: "Regulierte Selbstregulierung" im Jugendmedienschutzrecht. In: *ZUM* (2002), S. 859–868

[Laffont 1989] LAFFONT, Jean-Jacques: *The Economics of Uncertainty and Information*. Cambridge MA : MIT Press, 1989

[Lajili-Jarjir und Rakotondratsimba 2008] LAJILI-JARJIR, Souad ; RAKOTONDRATSIMBA, Yves: The number of securities giving the maximum return in the presence of transaction costs. In: *Quality Quantity* 42 (2008), S. 613– 644

[Langevoort 1999] LANGEVOORT, Donald C.: Rereading "Cady Roberts": The Ideology and Practice of Insider trading Regulation. In: *Columbia Law Review* 99 (1999), S. 1319–1343

[Langevoort 2002] LANGEVOORT, Donald C.: Taming the animal spirits of the stock markets: A behavioural approach to Securities Regulation. In: *Northwestern University Law Review* 97 (2002), S. 135– 188

[Laux 1998] LAUX, Helmut: *Risikoteilung, Anreiz und Kapitalmarkt*. Berlin : Springer, 1998

[Laux 2007] LAUX, Helmut: *Entscheidungstheorie*. 7. Berlin : Springer, 2007

[Lehleiter und Hoppe 2007] LEHLEITER, Gunther ; HOPPE, Christian: Die Haftung des Bankverantwortlichen bei der Kreditvergabe. In: *BKR* (2007), S. 178–185

[Lenenbach 2002] LENENBACH, Markus: *Kapitalmarkt- und Börsenrecht*. Köln : RWS Verlag Kommunikationsforum, 2002

[Lenz 2006] LENZ, Susanne: Steigerung der Hauptversammlungsteilnahme durch monetäre Anreize? In: *NZG* (2006), S. 534–535

[Leyens 2007] LEYENS, Partrick C.: Corporate Governance, Grundsatzfragen und Forschungsperspektiven. In: *JZ* (2007), S. 1061–1072

[Lichtenstein und Fischhoff 1977] LICHTENSTEIN, Sarah ; FISCHHOFF, Baruch: Do those who know more also know more about how much the know? In: *Organisational Behavior & Human Performance* 20 (1977), S. 159–183

[Lieder 2005] LIEDER, Jan: Das unabhängige Aufsichtsratsmitglied - Zu den Änderungen des Deutschen Corporate Governance Kodex. In: *NZG* (2005), S. 569–574

[Llewellyn 1999] LLEWELLYN, David: *The economic rationale for financial regulation, FSA occasional paper series 1, April 1999*. 1999

[Longstaff 2001] LONGSTAFF, Francis A.: Optimal Portfolio Choice and the Valuation of Illiquid Securities. In: *Review of Financial Studies* 14 (2001), S. 407–431

[Lord u. a. 1979] LORD, Charles G. ; ROSS, Lee ; LEPPER, Mark R.: Biased Assimilation and Attitude Polarization, The Effect of Prior Theories on Subsequently Considered Evidence. In: *Journal of Research & Social Psychology* 37 (1979), S. 2098–2109

[Lorie und Hamilton 1985] LORIE, James H. ; HAMILTON, Mary T.: *The Stock Market: Theories and Evidence.* Homewood Illinois : Richard D. Irwin, 1985

[Loritz und Pfnür 2006] LORITZ, Karl-Georg ; PFNÜR, Andreas: *Der geschlossene Immobilienfonds in Deutschland.* Frankfurt a.M. : Lang, 2006

[Lösler 2003] LÖSLER, Thomas: *Compliance im Wertpapierdienstleistungskonzern.* Berlin : De Gruyter Recht, 2003

[Loss u. a. 2009] LOSS, Louis ; STEIGMAN, Joel ; PAREDES, Troy: *Fundamentals of Securities Regulation.* 5. Aspen : Supplement, Aspen Publishers, 2009

[Lutter 1981] LUTTER, Marcus: Bankenvertreter im Aufsichtsrat. In: *ZHR* 145 (1981), S. 224–251

[Lutter und Krieger 2008] LUTTER, Marcus ; KRIEGER, Gerd: *Rechte und Pflichten des Aufsichtsrats.* 5. Köln : Schmidt, 2008

[MacCormick 2006] MACCORMICK, Roger: *Legal Risk in the financial markets.* Oxford : Oxford University Press, 2006

[Macey und Haddock 1985] MACEY, Jonathan R. ; HADDOCK, David D.: Shirking at the SEC: The failure of the National Market System. In: *University of Illinois Law Review* 1985 (1985), S. 315–362

[MacNeil 2005] MACNEIL, Iain: *An Introduction to the Law on Financial Investment.* Portland Oregon : Hart Publishing, Oxford, 2005

[Maginn u. a. 2007] MAGINN, John L. ; TUTTLE, Donald L. ; MCLEAVEY, Dennis W. ; PINTO, Jerald E.: *Managing Investment Portfolios.* 3. Hoboken NJ : Wiley, 2007

[Malkiel 1996] MALKIEL, Burton G.: *A Random Walk down Wall Street.* New York : Norton, 1996

[Mangoldt u. a. 2000] MANGOLDT, Hermann v. ; KLEIN, Friedrich ; STARCK, Christian: *Das Bonner Grundgesetz.* München : Vahlen, 2000

[Mankiw 2004] MANKIW, Gregory N.: *Volkswirtschaftslehre.* 3. Stuttgart : Schäffer Poeschel, 2004

[Maréchal 2007] MARÉCHAL, Michel A.: *Behavioral economics in the wild.* Bamberg : Difo Druck, 2007

[Markowitz 1952] MARKOWITZ, Harry: Portfolio Selection. In: *Journal of Finance* 7 (1952), S. 77–91

[Marsch-Barner und Schäfer 2009] MARSCH-BARNER, Reinhard ; SCHÄFER, Frank A.: *Handbuch börsennotierte AG.* 2. Köln : Schmidt, 2009

[Matthießen 1989] MATTHIESSEN, Volker: *Stimmrecht und Interessenkollision im Aufsichtsrat*. Köln (u.a.) : Carl Heymanns, 1989

[Maurer 2004] MAURER, Hartmut: *Allgemeines Verwaltungsrecht*. 15. München : C.H. Beck, 2004

[Mayer 2008] MAYER, Colin: Trust in Financial markets. In: *European Financial Management* 14 (2008), S. 617–632

[McVea 2005] MCVEA, Harry: Financial Services Regulation under the Financial Service Authority: A Reassertion of the Market Failure Thesis. In: *Cambridge Law Journal* 64 (2005), S. 413–448

[Meier 1993] MEIER, Andréa A.: *Anlegerschutz im schweizerischen Anlagefondsrecht im Vergleich mit dem europäischen Investmentfondsrecht*. Zürich : Schulthess Polygraphischer Verlag, 1993

[Milinski und Wedekind 1989] MILINSKI, Manfred ; WEDEKIND, Claus: *Working Memory Constrains Human Cooperation in the Prisoner's Dilemma, 95 Proceedings of the National Academy of Sciences in the United States of America, 13755-13758*. 1989

[Mitchell 2002] MITCHELL, Gregory: Why Law and Economics' Perfect Rationality Should Not Be Traded for Behavioral Law and Economics' Equal Incompetence. In: *Georgetown Law Journal* 91 (2002), S. 67–167

[Möllers 2009] MÖLLERS, Thomas M.: *Geltung und Faktizität von Standards*. Baden-Baden : Nomos, 2009

[Möllers und Wenninger 2007] MÖLLERS, Thomas M. ; WENNINGER, Thomas: *Schriftliche Stellungnahme zum Gesetzesentwurf der Bundesregierung -Entwurf eines Gesetzes zur änderung des Investmentgesetzes und zur Anpassung anderer Vorschriften (Investmentänderungsgesetz- InvändG, BT-Drs. 16/5576 sowie dem Antrag der Fraktion Bündnis 90/Die Grünen - offene Immobilienfonds- Marktstabilität sichern, Anlegervertrauen stärken (BT-Drs. 16/662) vom 2. Juli 2007*. 2007

[Moloney 2005] MOLONEY, Niamh: Building a retail investment culture through law: The 2004 Markets in financial instruments directive. In: *European Business Law Review* 6 (2005), S. 341–421

[Montet und Serra 2003] MONTET, Christian ; SERRA, Daniel: *Game Theory and Economics*. New York : Palgrave MacMillan, 2003

[Montier 2002] MONTIER, James: *Behavioural Finance: insights into irrational minds and markets*. Chichester : Wiley, 2002

[Mößle 1990] MÖSSLE, Wilhelm: *Inhalt, Zweck und Ausmaß*. Berlin : Duncker & Humblot, 1990

[Mougin 2007] MOUGIN, Fanny: Asymmetric information and legal investor protection. In: *Economic Letters* 95 (2007), S. 253–258

[Mülbert 1996] MÜLBERT, Peter O.: *Aktiengesellschaft, Unternehmensgruppe und Kapitalmarkt.* 2. München : C.H. Beck, 1996

[Mülbert 2007] MÜLBERT, Peter O.: Anlegerschutz bei Zertifikaten- Beratungspflichten, Offenlegungspflichten bei Interessenkonflikten und die änderungen durch das Finanzmarkt-Richtlinie-Umsetzungsgesetz (FRUG). In: *WM* (2007), S. 1149–1163

[Mullainathan 2002] MULLAINATHAN, Sendhil: A memory-based model of bounded rationality. In: *Quarterly Journal of Economics* 3 (2002), S. 735–774

[Müller 1975] MÜLLER, Klaus: Die überwachung der Geschäftsfähigkeit der Kapitalanlagegesellschaft durch die Depotbank. In: *DB* (1975), S. 485–489

[Müller 2001] MÜLLER, Richard C.: *Die Investmentgesellschaft, Eine Untersuchung über die körperschaftlich organisierte kollektive Kapitalanlage unter besonderer Berücksichtigung des Bundesgesetzes über die Anlagefonds.* Zürich : Schulthess Polygraphischer Verlag, 2001

[Münch und Kunig 1996] MÜNCH, Ingo v. ; KUNIG, Philip: *Grundgesetz-Kommentar.* Bd. 3. 3. München : C.H. Beck, 1996

[Münch und Kunig 2001] MÜNCH, Ingo v. ; KUNIG, Philip: *Grundgesetz-Kommentar.* Bd. 2. 5. München : C.H. Beck, 2001

[Muth 1961] MUTH, John F.: Rational Expectations and the theory of price movements. In: *Econometrica* 29 (1961), S. 315–335

[Muthers und Ulbrich 2005] MUTHERS, Christof ; ULBRICH, Martin: Internet und Aktiengesellschaft- ungelöste Probleme bei der Durchführung der Hauptversammlung. In: *WM* (2005), S. 215–222

[Myerson 1997] MYERSON, Roger: *Game Theory: Analysis of conflict.* 3. Cambridge Mass. : Harvard University Press, 1997

[Nagel 2007] NAGEL, Bernhard: Unabhängigkeit der Kontrolle im Aufsichtsrat und Verwaltungsrat: Der Konflikt zwischen der deutschen und der angelsächsischen Konzeption. In: *NZG* (2007), S. 166–169

[von Neumann und Morgenstern 1944] NEUMANN, John von ; MORGENSTERN, Oskar: *Theory of Games and economic Behavior.* Princeton : Princeton University Press, 1944

[Nikoleycik 2009] NIKOLEYCIK, Tobias: Der neue Emittentenleitfaden der BaFin. In: *GWR* (2009), S. 264

[Noack 1998a] NOACK, Ulrich: Hauptversammlung und neue Medien. In: *BB* (1998), S. 2533–2536

[Noack 1998b] NOACK, Ulrich: Moderne Kommunikationsformen vor den Toren des Unternehmensrechts. In: *ZGR* (1998), S. 592–616

[Noack 2001] NOACK, Ulrich: Online-Hauptversammlung - Stand der Dinge und wichtige Reformvorschläge. In: *NZG* (2001), S. 1057–1065

[Oakley 1993] OAKLEY, A.J.: *Trends in Contemporary Trust Law*. Oxford : Clarendon Press, 1993

[Odean 1998] ODEAN, Terrance: Are Investors Reluctant to Realize Their Losses. In: *Journal of Finance* 52 (1998), S. 1775–1798

[Oehler 1992] OEHLER, Andreas: 'Anomalien', 'Irrationalitäten' oder 'Biases' der Erwartungsnutzentheorie und ihre Relevanz für die Finanzmärkte. In: *ZBB* (1992), S. 97–124

[Ohl 1987] OHL, Karl: *Die Rechtsbeziehungen innerhalb des Investment-Dreiecks*. Berlin : Duncker & Humblot, 1987

[Olson 1965] OLSON, Mancur J.: *The Logic of collective Action*. Cambridge Mass. : Harvard University Press, 1965

[Osborne und Gaebler 1992] OSBORNE, David ; GAEBLER, Ted: *Reinventing Government: How the Entrepreneurial Spirit is Transforming the Public Sector*. Reading Mass. : Addison-Wesley Publishing, 1992

[Ossenbühl 1999] OSSENBÜHL, Fritz: Der verfassungsrechtliche Rahmen offener Gesetzgebung und konkretisierender Rechtssetzung. In: *DVBl* (1999), S. 1–7

[Page und Ferguson 1992] PAGE, Alan C. ; FERGUSON, R.B.: *Investor protection*. London : Weidenfels and Nicholson, 1992

[Park 2008] PARK, Tido: *Kapitalmarktstrafrecht*. 2. Baden-Baden : Nomos, 2008

[Päsler 1991] PÄSLER, Rüdiger: *Handbuch des Investmentsparens*. Wiesbaden : Gabler, 1991

[Pearce und John 2006] PEARCE, Robert ; JOHN, Stevens: *The Law of Trusts and Equitable Obligations*. Oxford : Oxford University Press, 2006

[Pegatzky 1999] PEGATZKY, Claus: *Parlament und Verordnungsgeber*. Baden-Baden : Nomos, 1999

[Penner 2006] PENNER, James E.: *The Law of Trusts*. 5. Oxford : Oxford University Press, 2006

[Perry 2001] PERRY, James: *The Financial Services and Markets Act 2000.* Sweet & Maxwell London, 2001

[Philipps 1970] PHILIPPS, Günther: *Handbuch des Auslands-Investmentrechts.* Bad Wörishofen : Hans Holzmann, 1970

[Picot u. a. 2005] PICOT, Arnold ; DIETL, Helmut M. ; FRANCK, Egon: *Organisation: eine ökonomische Perspektive.* 4. Stuttgart : Schäffer Poeschel, 2005

[Plous 1993] PLOUS, Scott: *The Psychology of Judgement and Decision Making.* New York : McGraw-Hill, 1993

[Posner 1973] POSNER, Richard A.: *Economic Analysis of Law.* Boston/Toronto : Little, Brown and Company, 1973

[Posner 1998] POSNER, Richard A.: Rational Choice, Behavioral Economics and the Law. In: *Stanford Law Review* 50 (1998), S. 1551–1575

[Prentice 2002] PRENTICE, Robert: Whither Securities Regulation? Some Behavioral observations regarding proposals for its future. In: *Duke Law Journal* 51 (2002), S. 1397–1511

[Pünder 1995] PÜNDER, Herrman: *Exekutive Normsetzung in den vereinigten Staaten von Amerika und der Bundesrepublik Deutschland.* Berlin : Duncker & Humblot, 1995

[Puszkajler und Weber 2007] PUSZKAJLER, Karl P. ; WEBER, Martin: Wann haftet ein Bankberater für seine Empfehlungen an einen Depotkunden? In: *ZIP* (2007), S. 401–404

[Rabin 1998] RABIN, Matthew: Psychology and Economics. In: *Journal of Economic Literature* 36 (1998), S. 11–46

[Rabin 2002a] RABIN, Matthew: Inference by Believers in the Law of Small numbers. In: *Quarterly Journal of Economics* 117 (2002), S. 775–816

[Rabin 2002b] RABIN, Matthew: A perspective on psychology and economics. In: *European Economic Review* 46 (2002), S. 657–685

[Rabin und Schrag 1999] RABIN, Matthew ; SCHRAG, Joel L.: First Impressions Matter: A Model of Confirmatory Bias. In: *Quarterly Journal of Economics* 114 (1999), S. 37–82

[Rebmann u. a. 2007] REBMANN, Kurt ; RIXECKER, Roland ; SÄCKER, Jürgen: *Münchener Kommentar zum Bürgerlichen Gesetzbuch.* München : C.H. Beck, 2007

[Reichert und Schlitt 1995] REICHERT, Jochem ; SCHLITT, Michael: Konkurrenzverbot für Aufsichtsratsmitglieder. In: *AG* (1995), S. 241–254

[Reiss 2006] Reiss, Malte: *Pflichten der Kapitalanlagegesellschaft und der Depotbank gegenüber dem Anleger und die Rechte des Anlegers bei Pflichtverletzungen.* Berlin : Duncker & Humblot, 2006

[Reuter 1965] Reuter, Gerhard: *Investmentfonds und die Rechtsstellung der Anteilinhaber.* Frankfurt a.M., 1965

[Richter und Furubotn 2003] Richter, Rudolf ; Furubotn, Eirik: *Neue Institutionenökonomik.* 3. Tübingen : Mohr Siebeck, 2003

[Riedl 2008] Riedl, Albert M.: *Transparenz und Anlegerschutz am deutschen Kapitalmarkt : eine empirische Analyse am Beispiel meldepflichtiger Wertpapiergeschäfte nach §15a WpHG (Directors- Dealings).* Ulm : Universitätsdissertation, 2008

[Riegger 2001] Riegger, Bodo: Hauptversammlung und Internet. In: *ZHR 165* (2001), S. 204–218

[Riegger und Mutter 1998] Riegger, Bodo ; Mutter, Stefan: Zum Einsatz neuer Kommunikationsmedien in Hauptversammlungen von Aktiengesellschaften. In: *ZIP* (1998), S. 637–640

[Ringleb u. a. 2008] Ringleb, Henrik-Michael ; Kremer, Thomas ; Lutter, Marcus ; Werder, Axel v.: *Deutscher Corporate Governance Kodex.* 3. München : C.H. Beck, 2008

[Ripperger 1998] Ripperger, Tanja: *Ökonomik des Vertrauens.* Tübingen : Mohr Siebeck, 1998

[Rode 2009] Rode, Oliver: *Der Deutsche Corporate Governance Kodex, Funktionen und Durchsetzungsmechanismen im Vergleich zum britischen Combined Code.* Frankfurt a.M. : Lang, 2009

[Roegele und Görke 2007] Roegele, Elisabeth ; Görke, Oliver: Novelle des Investmentgesetzes. In: *BKR* (2007), S. 393– 400

[Roggatz 2003] Roggatz, Claus C.: *Informationspflichten von Investmentgesellschaften, Analyse der Publizitätsvorschriften zur Verbesserung der investmentrechtlichen Transparenz und des Anlegerschutzes.* Frankfurt a.M. : Lang, 2003

[Roth 1972] Roth, Günther H.: *Treuhandmodell des Investmentrechts: eine Alternative zur Aktiengesellschaft?* Frankfurt a.M. : Athenäum-Verlag, 1972

[Roth und Wörle 2004] Roth, Günther H. ; Wörle, Ulrike: Die Unabhängigkeit des Aufsichtsrats- Recht und Wirklichkeit. In: *ZGR* (2004), S. 565–630

[Rubinstein 1998] Rubinstein, Ariel: *Modeling Bounded Rationality.* Cambridge Mass. : MIT Press, 1998

[Russel und Thaler 1985] RUSSEL, Thomas ; THALER, Richard: The relevance of quasi-rationality in competitive markets. In: *American Economic Review* 75 (1985), S. 1071–1082

[Russen 2006] RUSSEN, Jonathan: *Financial Services, Authorisation, Supervision and Enforcement: A Litigator's Guide*. Oxford : Oxford University Press, 2006

[Sachs 2003] SACHS, Michael: *Grundgesetz Kommentar*. 3. München : C.H. Beck, 2003

[Sargent 1987] SARGENT, Thomas J.: *Macroeconomic Theory*. 2. Boston (u.a.) : Academic Press, 1987

[Sargent 1993] SARGENT, Thomas J.: *Bounded rationality in macroeconomics*. Oxford : Oxford University Press, 1993

[Schädle 2008] SCHÄDLE, Anne: *Exekutive Normsetzung in der Finanzmarktaufsicht, Ein Rechtsvergleich der deutschen und britischen Regelungen*. Baden-Baden : Nomos, 2008

[Schäfer 1987] SCHÄFER, Frank A.: *Anlegerschutz und die Sorgfalt eines ordentlichen Kaufmanns bei der Anlage der Sondervermögen durch Kapitalanlagegesellschaften: Unter besonderer Berücksichtigung der Theorien zur Aktienkursprognose und zur Zusammenstellung von Portefeuilles*. Baden-Baden : Nomos, 1987

[Schäfer 1993] SCHÄFER, Frank A.: Materielle Aspekte der EG-Richtlinie über Wertpapierdienstleistungen. In: *AG* (1993), S. 389–394

[Schäfer und Ott 2005] SCHÄFER, Hans-Bernd ; OTT, Claus: *Ökonomische Analyse des Zivilrechts*. 5. Berlin : Springer, 2005

[Schäfer 2009] SCHÄFER, Lars: *Corporate Governance bei Kapitalanlagegesellschaften - Fund Governance*. Berlin : Duncker & Humblot, 2009

[Schauer 1991] SCHAUER, Frederick: *Playing by the rules, a philosophical examination of rule-based decision making in law and life*. Oxford : Clarendon Press, 1991

[Scheffler 1994] SCHEFFLER, Eberhard: Die überwachungsaufgabe des Aufsichtsrats im Konzern. In: *DB* (1994), S. 793–799

[Schelm 2008] SCHELM, Joachim: *Sorgfalts- und Loyalitätspflichten im Investmentrecht*. Berlin : Duncker & Humblot, 2008

[Scheppele 1994] SCHEPPELE, Kim L.: Legal Theory and Social Theory. In: *Annual Review of Sociology* 20 (1994), S. 383–406

[Schiessl 2002] SCHIESSL, Maximilian: Deutsche Corporate Governance post Enron. In: *AG* (2002), S. 593–604

[Schimansky u. a. 2007] SCHIMANSKY, Herbert ; BUNTE, Hermann-Josef ; LWOWSKI, Hans J.: *Bankrechts-Handbuch*. 3. München : C.H. Beck, 2007

[Schmidt und Lutter 2008] SCHMIDT, Karsten ; LUTTER, Marcus: *Aktiengesetz Kommentar*. Bd. 1. Köln : Schmidt, 2008

[Schmidt-Bleibtreu u. a. 2008] SCHMIDT-BLEIBTREU, Bruno ; HOMANN, Hans ; HOPFAUF, Axel: *Grundgesetz*. 11. Köln/München : Carl Heymanns, 2008

[Schmolke 2007] SCHMOLKE, Klaus U.: Kostentransparenz im Investmentrecht und Behavioral Law & Economics. In: *ZBB* (2007), S. 454–464

[Schneider 2003] SCHNEIDER, Uwe H.: Compliance als Aufgabe der Unternehmensleitung. In: *ZIP* (2003), S. 645–650

[Schröder 2002] SCHRÖDER, Oliver: *Unternehmenspublizität und Kapitalmärkte, eine rechtsvergleichende Untersuchung unter besonderer Berücksichtigung der ökonomischen Analyse des Rechts*. Baden-Baden : Nomos, 2002

[Schwark 2004] SCHWARK, Eberhard: *Kapitalmarktrechts-Kommentar*. 3. München : C.H. Beck, 2004

[Schwartz 2008] SCHWARTZ, Gerhard: *Anlegerschutz im Freiverkehr : Überprüfung der Funktionsfähigkeit des Marktplatzes als Finanzierungsinstrument für kleinere und mittelständische Unternehmen*. Baden-Baden : Nomos, 2008

[Schwarze 2005] SCHWARZE, Jürgen: *Europäisches Verwaltungsrecht*. 2. Baden-Baden : Nomos, 2005

[Schwennicke und Auerbach 2009] SCHWENNICKE, Andreas ; AUERBACH, Dirk: *Kreditwesengesetz (KWG)*. München : C.H. Beck, 2009

[Schwintowski und Schäfer 2004] SCHWINTOWSKI, Hans-Peter ; SCHÄFER, Frank A.: *Bankrecht, Commercial Banking – Investment Banking*. 2. Köln (u.a) : Carl Heymanns, 2004

[Seegebarth 2004] SEEGEBARTH, Niels: *Stellung und Haftung der Depotbank im Investment-Dreieck*. Frankfurt a.M. : Lang, 2004

[Seiler 2000] SEILER, Christian: *Der einheitliche Parlamentsvorbehalt*. Berlin : Duncker & Humblot, 2000

[Selten 1978] SELTEN, Reinhard: The Chain-Store Paradox. In: *Theory and Decision* 9 (1978), S. 127–159

[Semler und Stengel 2003] SEMLER, Johannes ; STENGEL, Arndt: Interessenkonflikte bei Aufsichtsratsmitgliedern von Aktiengesellschaften am Beispiel von Konflikten bei Übernahme. In: *NZG* (2003), S. 1–8

[Sendler 1994] SENDLER, Horst: Über richterliche Kontrolldichte in Deutschland und anderswo. In: *NJW* (1994), S. 1518–1520

[Seyfried 2006] SEYFRIED, Thorsten: Die Richtlinie über Märkte für Finanzinstrumente (MiFID) – Neuordnung der Wohlverhaltensregeln. In: *WM* (2006), S. 1375–1383

[Shapira und Venezia 2001] SHAPIRA, Zur ; VENEZIA, Itzhak: Patterns of behaviour of professionally managed and independent investors. In: *Journal of Banking and Finance* 25 (2001), S. 1573– 1587

[Sharpe 1963] SHARPE, William F.: A Simplified Model for Portfolio Analysis. In: *Management Science* 9 (1963), S. 277–293

[Sharpe und Alexander 1990] SHARPE, William F. ; ALEXANDER, Gordon J.: *Investments*. 4. Englewood Cliffs NJ : Prentice Hall, 1990

[Shears und Stephenson 1996] SHEARS, Peter ; STEPHENSON, Graham: *James' Introduction to English Law*. London : Butterworth's, 1996

[Shefrin und Statman 1985] SHEFRIN, Hersh ; STATMAN, Meir: The Disposition to Sell Winners Too Early and Ride Losers Too Long: Theory and Evidence. In: *Journal of Finance* 40 (1985), S. 777–790

[Shiller] SHILLER, Robert J.: Princeton NJ

[Shiller 1984] SHILLER, Robert J.: Stock Prices and Social Dynamics. In: *Brookings Papers on economic Activity* (1984), S. 457–510

[Shleifer 1999] SHLEIFER, Andrei: *Inefficient Markets: An introduction to behavioural finance*. Oxford : Oxford University Press, 1999

[Shleifer und Vishny 1997] SHLEIFER, Andrei ; VISHNY, Robert W.: The Limits of Arbitrage. In: *Journal of Financial Markets* 52 (1997), S. 35–55

[Sieckmann 1990] SIECKMANN, Jan. R.: *Regelmodelle und Prinzipienmodelle des Rechtssystems*. Baden-Baden : Nomos, 1990

[Simon 1955] SIMON, Herbert A.: A Behavioral Model of Rational Choice. In: *Quarterly Journal of Economics* 69 (1955), S. 99–118

[Simon 1976] SIMON, Herbert A.: *From Substantive to Procedural Rationality, in Method and Appraisal in Economics*. Cambridge : Cambridge University Press, 1976

[Sirri und Tufano 1998] SIRRI, Erik R. ; TUFANO, Peter: Costly Search and Mutual Fund Flows. In: *Journal of Finance* 53 (1998), S. 1589– 1622

[Sommermann 1999] SOMMERMANN, Karl-Peter: Die Bedeutung der Rechtsvergleichung für die Fortentwicklung des Staats- und Verwaltungsrechts in Europa. In: *DöV* (1999), S. 1017–1029

[Spangler 2008] SPANGLER, Timothy: *The Law of Private Investment Funds*. Oxford : Oxford University Press, 2008

[Spindler und Kasten 2006] SPINDLER, G. ; KASTEN, R. A.: Der neue Rechtsrahmen fÃŒr denFinanzdienstleistungssektor - Teil I -. In: *WM* (2006), S. 1749–1755

[Spindler 1998] SPINDLER, Gerald: Deregulierung des Aktienrechts? In: *AG* (1998), S. 53–74

[Spindler 2000] SPINDLER, Gerald: Internet und Corporate Governance-ein neuer virtueller (T)Raum? In: *ZGR* (2000), S. 421–445

[Spindler 2001] SPINDLER, Gerald: *Unternehmensorganisationspflichten: zivilrechtliche und öffentlich-rechtliche Regelungskonzepte*. Köln (u.a.) : Carl Heymanns, 2001

[Spindler 2005] SPINDLER, Gerald: Die Empfehlungen der EU für den Aufsichtsrat und ihre deutsche Umsetzung im Corporate Governance Kodex. In: *ZIP* (2005), S. 2033–2045

[Spindler und Stilz 2007] SPINDLER, Gerald ; STILZ, Eberhard: *Kommentar zum Aktiengesetz*. Bd. 1. München : C.H. Beck, 2007

[Spremann 2003] SPREMANN, Klaus: *Portfoliomanagement*. 2. München : Oldenbourg, 2003

[St Giles u. a. 2000] ST GILES, Mark ; ALEXEEVA, Ekaterina ; BUXTON, Sally: *Managing collective investment funds*. 2. Chichester/Hoboken NJ : Cadogan Financial, 2000

[Staupe 1986] STAUPE, Jürgen: *Parlamentsvorbehalt und Delegationsbefugnis*. Berlin : Duncker & Humblot, 1986

[Steck 2000] STECK, Kai-Uwe: *Regulierung von US-amerikanischen Investmentgesellschaften (Investment Companies), Unter besonderer Berücksichtigung des National Securities Markets Improvment Act of 1996 (NSMIA) und anderer aktueller Rechtsanpassungen*. Frankfurt a.M. : Lang, 2000

[Stigler 1967] STIGLER, Georg J.: Imperfections in the Capital Market. In: *Journal of Political Economy* 75 (1967), S. 287–292

[Stiglitz 1989] STIGLITZ, Joseph E.: Using tax policy to curb speculative short term trading. In: *Journal of Financial Services Research* 3 (1989), S. 101– 115

[Stiglitz 2006] STIGLITZ, Joseph E.: Federalism in Securities Regulation: An Economist's Perspective. In: *University of San Francisco Law Review* 40 (2006), S. 805–822

[Stirton und Lodge 2001] STIRTON, Lindsay ; LODGE, Martin: Transparency Mechanisms: Building Publicness into Public Services. In: *Journal of Law and Society* 28 (2001), S. 471–489

[Stone u. a. 1997] STONE, Eric R. ; YATES, Frank ; PARKER, Andrew M.: Effects of Numerical and Graphical Displays on Professed Risk-taking Behaviours. In: *Journal of Experimental Psychology: Applied* 3 (1997), S. 243–256

[Stout 1995] STOUT, L. A.: Are Stock markets costly casinos? Disagreement, market failure and securities regulation. In: *Virginia Law Review* 81 (1995), S. 611–712

[Stout 1988] STOUT, Lynn A.: The Unimportance of Being Efficient: An Economic Analysis of Stock Market Pricing and Regulation. In: *Michigan Law Review* 87 (1988), S. 613–709

[Stout 1997] STOUT, Lynn A.: Irrational Expectations. In: *Legal Theory* 3 (1997), S. 227–248

[Stout 2002] STOUT, Lynn A.: The investor Confidence Game. In: *Brooklyn Law Review* 68 (2002), S. 407–437

[Stout 2003] STOUT, Lynn A.: The Mechanisms of Market Inefficiency: An Introduction to new finance. In: *Journal of Corporation Law* 28 (2003), S. 635–669

[Strahilevitz und Loewenstein 1998] STRAHILEVITZ, Michal A. ; LOEWENSTEIN, George: The Effect of Ownership History on the valuation of objects. In: *Journal of Consumer Research* 25 (1998), S. 276–289

[Summers 1986] SUMMERS, Lawrence H.: Does the stock market rationally reflect fundamental values? In: *Journal of Finance* 41 (1986), S. 591– 601

[Sunstein 1997] SUNSTEIN, Cass R.: Behavioural Analysis of Law. In: *University of Chicago Law Review* 64 (1997), S. 1175–1195

[Teichmann 2006] TEICHMANN, Christoph: *Binnenmarktkonformes Gesellschaftsrecht*. Berlin : de Gruyter, 2006

[Teuber 2006] TEUBER, Hanno: Finanzmarkt-Richtlinie (MiFID) - Auswirkungen auf Anlageberatung und Vermögensverwaltung im Überblick. In: *BKR* (2006), S. 429–437

[Thaler und Johnson 1990] THALER, R. ; JOHNSON, E.T.: Gambling with the House Money and Trying to Break Even: The Effects of Prior Outcomes on Risky Choice. In: *The Journal of Political Economy* 98 (1990), S. 643–660

[Thaler 1985] THALER, Richard H.: Mental Accounting and consumer choice. In: *Marketing Science* 4 (1985), S. 199–214

[Thaler 1990] THALER, Richard H.: Saving, fungibility and mental accounts. In: *Journal of Economic Perspectives* 4 (1990), S. 193–205

[Thaler 1993] THALER, Richard H.: *Advances in Behavioral Finance*. New York : Russel Sage Foundation, 1993

[Thaler 1994] THALER, Richard H.: Psychology and Saving Policies. In: *American Economic Review* 84 (1994), S. 186–192

[Thaler 1999] THALER, Richard H.: Mental accounting matters. In: *Journal of behavioral Decision Making* 12 (1999), S. 183–206

[Thaler und Shefrin 1981] THALER, Richard H. ; SHEFRIN, Hersh: An economic theory of self control. In: *Journal of Political Economy* 89 (1981), S. 392–406

[Thiel 1982] THIEL, Jürgen: *Der Schutz der Anleger von Wertpapierfonds im deutschen und amerikanischen Recht*. Frankfurt a.M. (u.a.) : Lang, 1982

[Tobin 1984] TOBIN, J.: On the efficiency of the financial system. In: *Lloyd's Bank Review* 153 (1984), S. 1–15

[Tobin 1958] TOBIN, James: Liquidity Preferences as behavior towards risk. In: *Review of Economic Studies* 25 (1958), S. 65–86

[Trantas 1998] TRANTAS, Georgios: *Die Anwendung der Rechtsvergleichung*. Dresden : Dresdener Universitäts-Verlag, 1998

[Trautmann 2007] TRAUTMANN, Siegfried: *Investitionen*. 2. Berlin : Springer, 2007

[Trute u. a. 2001] TRUTE, Hans-Heinricht ; SPOERR, Wolfgang ; BOSCH, Wolfgang: *Telekommunikationsgesetz mit FTEG*. Berlin : de Gruyter, 2001

[Tulving und Schacter 1990] TULVING, Endel ; SCHACTER, Daniel L.: Priming and Human Memory Systems. In: *Science, New Series* 247 (1990), S. 301–306

[Tunkel 2001] TUNKEL, Daniel: *Managed Funds*. London : Butterworth's, 2001

[Tvede 1990] TVEDE, Lars: *The psychology of finance*. Oxford : Oxford University Press, 1990

[Tversky und Kahneman 1972] TVERSKY, Amos ; KAHNEMAN, Daniel: Belief in the law of small numbers. In: *Psychological Bulletin* 76 (1972), S. 105–110

[Tversky und Kahneman 1974] TVERSKY, Amos ; KAHNEMAN, Daniel: Judgement under Uncertainty: Heuristics and Biases. In: *Science* 185 (1974), S. 1124–1131

[Tversky und Kahneman 1981] TVERSKY, Amos ; KAHNEMAN, Daniel: The Framing of Decisions and the Psychology of Choice. In: *Science* 211 (1981), S. 453–458

[Tversky und Kahneman 1986] TVERSKY, Amos ; KAHNEMAN, Daniel: Rational Choice and the Framing of Decisions. In: *Journal of Business* 59 (1986), S. 251–278

[Tversky und Kahneman 1991] TVERSKY, Amos ; KAHNEMAN, Daniel: Loss Aversion in Riskless Choice: A Reference-Dependent Model. In: *Quarterly Journal of Economics* 106 (1991), S. 1039–1061

[Tversky und Kahneman 1992] TVERSKY, Amos ; KAHNEMAN, Daniel: Advances in Prospect Theory: Cumulative Representation of Uncertainty. In: *Journal of Risk and Uncertainty* 5 (1992), S. 297–323

[Ullrich 2005] ULLRICH, Michael: Defizite bei der Regulierung der Selbstregulierung. In: *MMR* (2005), S. 743–750

[Ulmer 1980] ULMER, Peter: Aufsichtsratsmandat und Interessenkollision. In: *NJW* (1980), S. 1603–1607

[Ulmer 2002] ULMER, Peter: Paritätische Arbeitnehmermitbestimmung im Aufsichtsrat von Großunternehmen- noch zeitgemäß? In: *ZHR 166* (2002), S. 271–277

[Veil 2006] VEIL, Rüdiger: Der Schutz des verständigen Anlegers durch Publizität und Haftung im europäischen und nationalen Kapitalmarktrecht. In: *ZBB* (2006), S. 162–171

[Veil 2007] VEIL, Rüdiger: Anlageberatung im Zeitalter der MiFID. In: *WM* (2007), S. 1821–1827

[Veil 2008] VEIL, Rüdiger: Vermögensverwaltung und Anlageberatung im neuen Wertpapierhandelsrecht – eine behutsame Reform der Wohlverhaltensregeln. In: *ZBB* (2008), S. 34–42

[Veltmann 2007] VELTMANN, Till: *Instrumente des Anlegerschutzes im Investmentrecht*. Berlin : Berliner Schriftenreihe zum Steuer- und Wirtschaftsrecht, 2007

[Verbraucherzentrale Bundesverband 2007] VERBRAUCHERZENTRALE BUNDESVERBAND: *Stellungnahme zum Entwurf eines Gesetzes zur Änderung des Investmentgesetzes und anderer Gesetze vom 18.01.2007*. 2007

[Vetter 2005] VETTER, Eberhard: Update des Deutschen Corporate Governance Kodex. In: *BB* (2005), S. 1689–1695

[Viswanathan und Childers 1996] VISWANATHAN, Madhubalan ; CHILDERS, Terry L.: Processing of Numerical and Verbal Product Information. In: *Journal of Consumer Psychology* 5 (1996), S. 359–386

[Volhard und Wilkens 2008] VOLHARD, Patricia ; WILKENS, Sarah: Änderungen im Investmentrecht. In: *DB* (2008), S. 1195–1199

[Wackerbarth 2005] WACKERBARTH, Ulrich: Investorvertrauen und Corporate Governance. In: *ZGR* (2005), S. 686–725

[Wade und Forsyth 2004] WADE, William ; FORSYTH, Christopher F.: *Administrative Law*. 9. Oxford : Oxford University Press, 2004

[Waldeck und Süssmann 1993] WALDECK, Werner M. ; SÜSSMANN, Rainer: Die Anwendung des Wertpapier-Verkaufsprospektgesetzes. In: *WM* (1993), S. 361–367

[Walker 2009] WALKER, David: *A review of corporate governance in UK banks and other financial institutions- Final recommendations, 26. November 2009*. 2009

[Wardenbach 1996] WARDENBACH, Frank: *Interessenkonflikte und mangelnde Sachkunde als Bestellungshindernisse zum Aufsichtsrat der AG*. Köln : Schmidt, 1996

[Wärneryd 1994] WÄRNERYD, Karl: Transaction Cost, Institutions and Evolution. In: *Journal of Economic Behavior and Organization* 25 (1994), S. 219–239

[Watt 2008] WATT, Gary: *Trusts and Equity*. 3. Oxford : Oxford University Press, 2008

[Weber und Camerer 1998] WEBER, Martin ; CAMERER, Colin: The disposition effect in securities trading: An experimental analysis. In: *Journal of Economic Behavior and Organization* 33 (1998), S. 167–184

[Weichert und Wenninger 2007] WEICHERT, Tilman ; WENNINGER, Thomas: Die Neuregelung der Erkundigungs- und Aufklärungspflichten von Wertpapierdienstleistungsunternehmen gem. Art. 19 RiL 2004/39/EG (MiFID) und Finanzmarkt-Richtlinie-Umsetzungsgesetz. In: *WM* (2007), S. 627–636

[Werder und Wieczorek 2007] WERDER, Axel v. ; WIECZOREK, Bernd J.: Anforderungen an Aufsichtsratsmitglieder und ihre Nominierung. In: *DB* (2007), S. 297–303

[Wiedemann 1998] WIEDEMANN, Herbert: *Organverantwortung und Gesellschafterklagen in der Aktiengesellschaft*. Opladen : Westdeutscher Verlag, 1998

[Williams 2007] WILLIAMS, Toni: Empowerment of whom and for what? Financial literacy education and the new regulation of consumer financial services. In: *Law & Policy* 29 (2007), S. 226–256

[Williamson 1983] WILLIAMSON, Olliver.E.: *Markets and Hierarchies*. New York : Free Press, 1983

[Williamson 1987] WILLIAMSON, Olliver.E.: Transaction Cost Economics, the comparative contracting perspective. In: *Journal of Economic Behavior and Organization* 8 (1987), S. 617–635

[Willis 2008] WILLIS, Lauren E.: Against consumer financial literacy education. In: *Iowa Law Review* 94 (2008), S. 197–285

[Winterfedt und Edwards 1986] WINTERFEDT, Detlof v. ; EDWARDS, Ward: *Decision Analysis and Behavioral Research*. Cambridge : Cambridge University Press, 1986

[Wohlwend 2001] WOHLWEND, Corrado: *Die Hauptversammlung im Wandel der Kommunikationsformen, eine vergleichende Studie des US-amerikanischen und deutschen Rechts*. Frankfurt a.M. : Lang, 2001

[Wollenhaupt 1982] WOLLENHAUPT, Hartmut: *Rationale Entscheidungen bei unscharfen Wahrscheinlichkeiten*. Thun/Frankfurt a.M. : Deutsch, 1982

[Zacharakis und Shepherd 2001] ZACHARAKIS, Andrew L. ; SHEPHERD, Dean A.: The Nature of Information and Overconfidence on venture capitalists' decision making. In: *Journal of Business Venturing* 16 (2001), S. 311–332

[Zätsch und Gröning 2000] ZÄTSCH, Jörg ; GRÖNING, Moritz: Neue Medien im deutschen Aktienrecht: Zum RefE des NaStraG. In: *NZG* (2000), S. 393–401

[Zeidler 2008] ZEIDLER, Simon-Alexander: Marketing nach MiFID. In: *WM* (2008), S. 238–244

[Zetsche 2001] ZETSCHE, Dirk: NaStrag- ein erster Schritt in Richtung virtuelle Hauptversammlung für Namens- und Inhaberaktien. In: *ZIP* (2001), S. 682– 691

[Zetsche 2007] ZETSCHE, Dirk: Zwischen Anlegerschutz und Standortwettbewerb: Das Investmentänderungsgesetz. In: *ZBB* (2007), S. 438–454

[Zöllner 1994] ZÖLLNER, Wolfgang: Aktienreform in Permanenz – Was wird aus den Rechten des Aktionärs. In: *AG* (1994), S. 336–342

[Zöllner 1998] ZÖLLNER, Wolfgang: *Kölner Kommentar zum Aktiengesetz*. Bd. 2. 2. Köln (u.a.) : Carl Heymanns, 1998

Schriftenreihe zum Gesellschafts- und Kapitalmarktrecht

Herausgegeben von Lutz Michalski,
Axel Jäger und Klaus-Rudolf Wagner

Band 1 Volker Schulenburg: Bankenhaftung bei geschlossenen Immobilienfonds. Zugleich eine Untersuchung der Wissenszurechnung im Konzern. 2002.

Band 2 Jan Wittenberg: Der Bestandsschutz von Arbeitsverhältnissen im Umwandlungsrecht. 2002.

Band 3 Christian A. Eichner: Management-Buy-Out-Gestaltungen beim Konzern-Spin-Off. Unter besonderer Berücksichtigung der Unternehmenssteuerreform. 2002.

Band 4 Thomas Wunsch: Tracking Stocks – Geschäftsbereichsbezogene Gewinnbeteiligungen bei Aktiengesellschaften. Eine systematische gesellschafts- und steuerrechtliche Betrachtung. 2002.

Band 5 Jan Blumentritt: Die privatrechtlich organisierte Börse. Ein Beitrag zur Diskussion um die Neuordnung des Börsenwesens. 2003.

Band 6 Michael Grüner: Die Beendigung von Gewinnabführungs- und Beherrschungsverträgen. 2003.

Band 7 Holger Pittroff: Die Zurechnung von Stimmrechten gemäß § 30 WpÜG. 2004.

Band 8 Wolfgang Höhn: Ausgewählte Probleme bei Lock-up Agreements. 2004.

Band 9 Gunter Reiff: Gesellschaftsrechtliche Aspekte des regulären Delistings. 2004.

Band 10 Christoph Radke: Die Entsprechenserklärung zum Deutschen Corporate Governance Kodex nach § 161 AktG. Grundlagen und Haftungsfragen. 2004.

Band 11 Gordon Geiser: Gesellschaftsorganisation und Gesellschaftsinnenrecht virtueller Unternehmen. 2004.

Band 12 Gero F. Pfeiffer: Die Kommanditgesellschaft auf Aktien als Beteiligte eines Beherrschungsvertrags und einer Eingliederung. Ein Beitrag zum Konzernrecht einer hybriden Rechtsform. 2005.

Band 13 Markus Rasner: Die Pflichten der Zielgesellschaft bei unfreundlichen Übernahmeangeboten nach dem neuen deutschen WpÜG. Unter besonderer Berücksichtigung europäischer und US-amerikanischer Übernahmeregelungen sowie der Konzeption des Gemeinsamen Entwurfs einer EU-Übernahmerichtlinie. 2005.

Band 14 Julia Kraft: Die Europäisierung der deutschen Mitbestimmung durch das SE-Beteiligungsgesetz. Eine europa- und verfassungsrechtliche Analyse der Richtlinienumsetzung 2001/86/EG zur Ergänzung des Statuts der Europäischen Gesellschaft hinsichtlich der Beteiligung der Arbeitnehmer. 2005.

Band 15 Tobias A. Heinrich: Kapitalmarktrechtliche Transparenzbestimmungen und die Offenlegung von Beteiligungsverhältnissen. Eine rechtsvergleichende Untersuchung des europäischen, deutschen, englischen und US-amerikanischen Rechts. 2006.

Band 16 Hendrik Mielke: Die Rechtsstellung der Verfahrensbeteiligten im gesellschaftsrechtlichen Spruchverfahren. 2006.

Band 17 Florian Mahler: Rechtsgeschäftliche Verfügungen über sonder- und sammelverwahrte Wertpapiere des Kapitalmarktes. 2006.

Band 18 Ines Tauscher: Der Anwendungsbereich der §§ 293a–293g Abs. 1, 2 S. 1, Abs. 3 AktG. In einstufigen vertraglichen Unternehmensverbindungen. 2007.

Band 19 Wolfgang Böh: Die Aufklärungspflicht einer Bank bei der Finanzierung einer Beteiligung an einem geschlossenen Immobilienfonds. 2007.

Band 20 Angela Koch: Die Abkehr von der „bilanziellen Betrachtungsweise“ und ihre Auswirkungen auf die Existenzvernichtungshaftung. 2007.

Band 21 Markus Käppler: Die Rücknahme von Erwerbs- und Übernahmeangeboten nach dem WpÜG. 2008.

Band 22 Lars M. Laeger: Deutsch-amerikanisches Internationales Gesellschaftsrecht. Festschreibung der Gründungstheorie durch den deutsch-amerikanischen Freundschaftsvertrag? 2008.

Band 23 Wolf Rainer Bussian: Due Diligence bei Pakettransaktionen. Zur Rechtsstellung des Vorstands zwischen Auskunftsanspruch der Aktionäre, Insiderverboten und Datenschutz. 2008.

Band 24 Arne Kießling: Der übernahmerechtliche Squeeze-out gemäß §§ 39a, 39b WpÜG. Analyse eines neuen Instituts zum Ausschluss von Minderheitsaktionären. 2008.

Band 25 Uwe Trafkowski: Kreditderivate und Versicherungsderivate als Risikotransferverträge. 2009.

Band 26 Jörg Christoph Bussian: Die Verantwortung der Organe einer Aktiengesellschaft bei Fehlinformation des Sekundärmarkts. 2009.

Band 27 Dennis A. Lepczyk: Rechtliche Aspekte internationaler Börsenfusionen. Gesellschaftsrecht – Organisationsrecht – Aufsichtsrecht. 2009.

Band 28 Anna Lucia Izzo-Wagner: Kollisionsrecht und Gesellschaftsrecht nach der EuGH-Rechtsprechung und europäischen Normgebung. Konsequenzen für grenzüberschreitende Sitzverlegungen nach Inspire Art und Restrukturierungen von Kapitalgesellschaften nach Sevic, der Verschmelzungsrichtlinie und SEStEG unter Berücksichtigung steuerrechtlicher Aspekte. 2009.

Band 29 Hans-Georg Schulze: Geschäfte der Kapitalgesellschaft mit ihren Organmitgliedern. Ein Rechtsvergleich zwischen Deutschland, England und Frankreich. 2010.

Band 30 Annette Christoph: Insiderhandel unter besonderer Berücksichtigung von M&A-Transaktionen. 2010.

Band 31 Magdalena Boguslawska: Das Verbot des Handels in eigenen Aktien und seine Ausnahmen. 2010.

Band 32 Philipp Storm: Alternative Freiverkehrssegemente im Kapitalmarktrecht. Zugleich ein Beitrag zur rechtsökonomischen Analyse emittentenbezogener Regulierung durch einen Marktveranstalter und zum System der Segmentierung. 2010.

Band 33 Manuel M. Meder: Die persönliche Unabhängigkeit der Aufsichtsratsmitglieder und Directors in börsennotierten Aktiengesellschaften. Eine vergleichende Untersuchung zum deutschen und US-amerikanischen Aktienrecht. 2010.

Band 34 Niko Oertel: Fungibilität von Anteilen an Publikumskommanditgesellschaften. Der Entscheidungsspielraum unter Vinkulierungs- und Erwerbsvorrechtsklauseln. 2010.

Band 35 Henning Blaufuß: Rechtsfähige Wohnungseigentümergemeinschaft und nicht rechtsfähige Gemeinschaft der Wohnungseigentümer. Entstehung der rechtsfähigen Wohnungseigentümergemeinschaft als Folge richterlicher Rechtsumgestaltung und ausgewählte Folgeprobleme. 2010.

Band 36 Christoph R. Wolter: Der Gläubigerschutz bei der grenzüberschreitenden Verschmelzung von Kapitalgesellschaften unter Beteiligung einer GmbH. 2012.

Band 37 Andreas Voth: Beratende Hauptversammlungsbeschlüsse – zugleich eine kritische Betrachtung des § 120 Abs. 4 AktG. 2012.

Band 38 Marcus Jerg: Eine Analyse der Unternehmergesellschaft (haftungsbeschränkt) unter besonderer Berücksichtigung des Gläubigerschutzes. 2013.

Band 39 Dörthe Imberg: Die „Best Execution" im deutschen Wertpapierhandel gemäß § 33a WpHG. Der mit der europäischen MiFID bezweckte Anlegerschutz und seine Berücksichtigung im nationalen Aufsichts- und Haftungsrecht. 2013.

Band 40 Anja Wiedemann: Die GmbH nach ihrer Löschung aus dem Handelsregister. Erfordernis einer „Nach-GmbH"? 2013.

Band 41 Katja Scharkowski: Anlegerschutz durch die Regulierung von Investmentvermögen und Corporate Governance. Eine rechtsvergleichende Studie des deutschen und britischen Investmentrechts. 2013.

www.ingramcontent.com/pod-product-compliance
Ingram Content Group UK Ltd.
Pitfield, Milton Keynes, MK11 3LW, UK
UKHW021832290926
8980IPUK00004B/414

9 783631 640661